高等学校**计算机专业**
新形态教材精品系列

数据结构

——基于C++语言实现

熊才权 吴歆韵 叶志伟 罗茂◎编著

Data Structures in C++

人民邮电出版社
北京

图书在版编目（CIP）数据

数据结构 ： 基于C++语言实现 ： 微课版 / 熊才权等编著. -- 北京 ： 人民邮电出版社, 2025. --（高等学校计算机专业新形态教材精品系列）. -- ISBN 978-7-115-67643-6

Ⅰ. TP311.12；TP312.8

中国国家版本馆CIP数据核字第2025GB2308号

内容提要

本书系统讲解了数据结构课程的核心内容，共6章。第1章介绍数据结构与算法的基本概念，第2～4章详细讲解顺序表、链表、栈、队列、树与二叉树、图等基本数据结构及其运算，第5、6章重点介绍查找与排序等算法及其应用。本书内容精练、结构清晰，理论与实践相结合，强调相关知识的工程应用，并提供大量典型例题与应用实例。前言中附有的C++基础知识学习二维码，可为学生学习算法描述和实现相关算法提供帮助。

本书可作为计算机科学与技术、软件工程、网络工程、数字媒体技术、数据科学与大数据技术、人工智能、电子信息工程、信息管理与信息系统等专业的教材，也可供计算机相关领域的技术人员参考使用。

◆ 编　　著　熊才权　吴歆韵　叶志伟　罗　茂
责任编辑　王　宣
责任印制　胡　南

◆ 人民邮电出版社出版发行　　北京市丰台区成寿寺路11号
邮编　100164　　电子邮件　315@ptpress.com.cn
网址　https://www.ptpress.com.cn
北京天宇星印刷厂印刷

◆ 开本：787×1092　1/16
印张：16.5　　2025年8月第1版
字数：475千字　　2025年8月北京第1次印刷

定价：59.80元

读者服务热线：(010)81055256　印装质量热线：(010)81055316
反盗版热线：(010)81055315

前言

写作背景

近年来，随着人工智能技术的迅猛发展和广泛应用，教育信息化进程加速推进，人们获取知识的方式日趋多元，学生的自主学习能力显著提升，这对高校课程资源建设（尤其是教材编写）提出了更高要求。

数据结构课程作为计算机相关专业的核心课程，其教材内容和教学方法必须与时俱进，以更好地适应现代教学需求。数据结构是一门实践性很强的课程，不仅要求学生掌握基本概念和基础理论，还要求学生开展大量的编程实践；而且教师选用不同的程序设计语言描述数据结构，其教学理念和实践内容存在显著差异。如何在教学中兼顾理论讲解与编程实践，成为数据结构课程改革的重要方向。

在此背景下，国内外高校在数据结构课程教学中逐渐形成了一些新的趋势和要求，即理论基础更深，课程资源更全，编程实践更多，实际应用更强。通过借鉴国内外先进的教学理念和实践经验，编者编成本书，力图在数据结构课程内容组织和教学方法创新上有所突破。

本书内容

本书共 6 章。第 1 章绪论，介绍数据结构的基本概念、术语、逻辑结构和物理结构，同时介绍算法设计与性能分析的基本方法，阐述数据结构、算法及程序的关系。第 2 章线性结构，介绍常用的线性结构，包括顺序表、链表、栈、队列、串，以及多维数组与特殊矩阵，并讲解它们的实现方法和应用场景。第 3 章树与二叉树，介绍树与二叉树的基本概念，二叉树的存储结构和遍历方法，深入讲解堆、哈夫曼树与哈夫曼编码，并通过实例展示树与二叉树的应用。第 4 章图，介绍图的基本概念和存储结构，讲解图的广度优先搜索算法、深度优先搜索算法、最小生成树、最短路径、拓扑排序和关键路径等内容，并通过实例讲解图的应用。第 5 章查找，介绍各种查找方法，包括顺序查找、折半查找、分块查找、二叉搜索树、平衡二叉搜索树、B-树（B+树）和散列查找，详细讲解每种查找方法的原理和实现。第 6 章排序，介绍各种排序算法，包括插入排序、交换排序、选择排序、归并排序、基数排序，比较各种内排序算法的性能，并介绍外排序的基本概念和实现方法。

本书特色

本书具有如下特色。

1. 基于 C++语言描述，更好实现数据结构

目前国内大部分数据结构教材采用抽象数据类型（abstract data type，ADT）描述数据的逻辑结构，并使用 C 语言进行实现。然而，C 语言缺乏类和对象等面向对象特性，无法像

C++语言那样直接通过类和对象实现数据封装。此外，C 语言结构体成员默认具有 public 访问权限，难以实现严格的数据访问控制。C++作为一种面向对象语言，不仅能够更好地封装数据和操作，还能提高代码的可维护性和可扩展性。因此，本书采用 C++语言描述和实现数据结构，以帮助学生深入理解抽象数据类型及其封装机制。

2. 优化教材内容布局，强化知识阐述逻辑

本书一是舍去了传统教材中的部分内容，如广义表、静态链表等，以及存储管理与文件系统的相关内容。广义表在实际项目中使用较少，静态链表在现代编程中使用较少，现代编程语言和操作系统已内置动态存储管理和文件管理机制，因此本书舍去了这些内容。二是重构、优化了树和图的相关内容。比如，在第 3 章“树与二叉树”中，增加了递归程序转换为非递归程序的一般方法，并对书中的大部分递归程序都给出了相应的非递归程序；在第 4 章“图”中，去掉了十字链表、邻接多重表等图存储结构，增加了克鲁斯卡尔算法的实现；在第 5 章“查找”中，增加了平衡二叉树删除节点、B-树（B-tree）与 B+树（B+ tree）的实现。这些内容的增减保证了教材内容的实用性和算法实现的完整性。三是对部分内容的先后顺序进行了调整，优化了内容逻辑结构。比如将“堆”提前到第 3 章“树与二叉树”中介绍，实现了 Heap 类，并将其运用于哈夫曼树构建、普里姆（Prim）算法、克鲁斯卡尔（Kruskal）算法和迪杰斯特拉（Dijkstra）算法等，这有助于读者理解这些算法的实现；将线索二叉树内容延后到第 5 章的“二叉搜索树”这一节中介绍，为二叉搜索树增设中序线索和中序迭代器，这便于读者理解线索二叉树的应用价值。

3. 注重编程实践教学，侧重实际工程应用

数据结构的学习需要结合编程实践，主要理论知识需要通过编程实现来验证。本书为各主要算法提供 C++实现，针对重点数据结构和算法，还配有应用实例，并给出了全部源代码。比如顺序表的应用实例是 Todo 计划表、链表的应用实例是一元多项式相加、栈的应用实例是括号匹配、队列的应用实例是打印机模拟、串的应用实例是文本检索、树的应用实例是八数码问题（8-puzzle problem）、图的应用实例是迷宫求解、平衡二叉搜索树的应用实例是词频统计、排序的应用实例是国际大学生程序设计竞赛成绩排序。本书充分利用了 C++标准库中的 list、vector 等标准模板库（standard template library，STL）容器及算法库，更为适合 C++方向的学习者，符合现代编程的实际需求。

4. 配套资源丰富齐全，助力院校教师教学

本书内容充实，教学资源齐全。编者为本书配套了 PPT 课件、教案、教学大纲、习题答案、源代码、实验指导等；此外，本书还配有丰富的数字资源，如电子文档、微课视频等，且支持扫码阅读/观看。为了帮助学生提前了解 C++基础知识，学习算法描述和实现的相关内容，编者整理了“C++基础知识”相关内容，学生可以扫码学习。

C++基础知识

教学建议

用书教师可以根据自己学校数据结构课程的教学大纲选用本书内容，使之满足自己课程的教学要求。使用本书开展教学时，建议理论教学 48 学时，实验教学 16 学时，具体学时建议如表 1 所示。

表 1　学时建议

章	教学内容	理论教学/学时	实验教学/学时
第 1 章　绪论	1.1　数据结构概述	2	0
	1.2　算法与性能分析 1.3　数据结构、算法及程序的关系	2	
第 2 章　线性结构	2.1　问题导入：数组的局限性 2.2　顺序表	2	4
	2.3　链表	2	
	2.4　栈 2.5　队列	2	
	2.6　串 2.7　多维数组与特殊矩阵	2	
第 3 章　树与二叉树	3.1　树的基本概念 3.2　二叉树的基本概念 3.3　二叉树的存储结构	2	4
	3.4　二叉树遍历	2	
	3.5　堆	2	
	3.6　哈夫曼树与哈夫曼编码	2	
	3.7　树与森林	2	
第 4 章　图	4.1　图的基本概念 4.2　图的存储结构 4.3　Graph 类	2	4
	4.4　图的遍历	2	
	4.5　最小生成树	2	
	4.6　最短路径	2	
	4.7　拓扑排序与关键路径 4.8　图的应用：迷宫求解	2	
第 5 章　查找	5.1　查找的基本概念 5.2　静态查找	2	2
	5.3　二叉搜索树	2	
	5.4　平衡二叉搜索树	2	
	5.5　B-树	2	
	5.6　散列	2	
第 6 章　排序	6.1　排序的基本概念 6.2　插入排序 6.3　交换排序	2	2
	6.4　选择排序 6.5　归并排序	2	
	6.6　基数排序 6.7　外排序 6.8　排序的应用：国际大学生程序设计竞赛成绩排序	2	

编者团队与致谢

本书由熊才权、吴歆韵、叶志伟、罗茂编著，全书由熊才权负责统稿。

本书部分内容参考了王立柱教授所著《数据结构与算法》，编者团队在实际教学过程中也曾得到王立柱教授的帮助与启发，在此谨致谢忱。此外，张吉昕、吴聪、董新华、谢芳、严盟等老师参与了本书编写讨论和文字校对工作，袁律、杜佳荣、夏庆哲、赵金玲、孙意等同学参与了本书部分程序调试工作，在此一并表示衷心感谢。

由于编者水平有限，书中难免存在不足之处，恳请同行和广大读者批评指正。

编　者

2025 年 5 月

第1章 绪论

第2章 线性结构

第 3 章 树与二叉树

第 4 章 图

第 5 章 查找

第 6 章 排序

参考文献

第1章 绪论

数据结构与算法是计算机程序设计的核心要素，直接影响软件系统的执行效率与资源消耗。本章首先阐述数据结构的基本概念与术语，以及数据的逻辑结构与物理结构，分析不同结构的特点与应用场景，帮助读者理解数据组织的基本原理；随后深入讲解算法的基本概念、描述方法以及设计要求，重点讲解时间复杂度与空间复杂度的分析方法，通过具体案例说明算法性能评估方法；最后阐明数据结构、算法与程序三者之间的内在联系。通过学习本章内容，读者将建立起对数据结构的整体认知框架，掌握算法分析与描述的基本方法，为后续各章具体数据结构内容的学习建立统一的分析框架。

1.1 数据结构概述

1.1.1 数据结构的基本概念与术语

使用计算机解决实际问题通常包括以下步骤。

（1）分析问题：首先，对问题进行深入分析，了解问题的需求和约束，提出合适的解决方案。在分析问题时，要考虑问题的规模、复杂度和实际应用场景。

（2）选择数据结构：根据问题的需求，选择合适的数据结构来组织和存储数据。例如，如果要快速查找元素，就可以使用二叉搜索树；如果要实现消息的发送和接收，则可以使用队列。

（3）设计算法：基于所选的数据结构，设计相应的算法来解决问题。算法设计要考虑时间复杂度和空间复杂度，以确保在有限的计算资源内能够有效地解决问题。

（4）编写代码：根据设计的算法，使用编程语言实现代码。在编写代码时，要考虑代码的可读性、可维护性和可扩展性，以便后续的优化和升级。

（5）测试和调试：对编写好的代码进行测试，以验证解决方案的正确性和有效性。在测试过程中，如果发现代码中的错误或不足，就需要对代码进行调试和优化，以确保解决方案能够有效地解决问题。

（6）部署和维护：将测试好的解决方案部署到实际环境中，以便用户能够使用。解决方案部署完成后，还需接受持续的维护和优化，以适应不断变化的需求和环境。

在上述过程中数据结构与算法起着十分重要的作用。

数据结构是一门研究计算机程序中的数据组织、数据存储以及数据操作的学科。数据结构研究的问题主要有三个方面。一是数据元素的表示，包括如何定义数据元素的类型，如何将多个数据项组合成一个数据结构（如结构体、类），以及如何在内存中分配空间来存储这些数据。不同的数据结构有不同的应用范围，选择合适的数据结构对于提升程序的功能和效率至关重要。二是数据元素之间的逻辑关系，这些关系可以是线性的，如线性表（如数组和链表）；也可以是树状的，如树与二叉树；或者是网状的，如图。三是对数据元素的操作，如插入、删除、修改、查询、排序等。这些操作是针对特定的数据结构而设计的，目的是有效地处理和管理数据。选择合适的操作方法可以显著提升程序的性能。

下面介绍数据结构中的一些重要术语。

（1）数据：数据是能够输入计算机中，并被计算机识别、存储和处理的对象，它可以是数值、字符、声音、图形、图像等。

（2）数据元素：数据元素是数据中具有独立意义的个体，也称为记录、节点、顶点等。

（3）数据项：数据项是对数据元素的详细描述，通常情况下，数据元素可能包含多个数据项。例如，一个学生的数据元素可以包含学号、姓名、性别、年龄等多个数据项。

（4）数据对象：数据对象则是指具有一定共同特征的数据元素的集合。在面向对象的编程中，数据对象通常被称为类的实例。

（5）数据结构：数据结构研究数据元素的组成结构、数据元素之间的关系，以及其在计算机中的存储表示，并设计相应算法对数据元素进行添加、删除、修改、查询等操作。因此，通常认为：数据结构=数据元素+数据元素之间的关系+数据操作。在计算机程序设计中，数据操作通常通过算法来实现，因此，也可以将数据结构表示为：数据结构=数据元素+数据元素之间的关系+算法。

数据结构分为逻辑结构和物理结构。

（6）数据的逻辑结构：逻辑结构是对现实世界中数据关系的抽象和建模，从用户的角度描述数据元素之间的关系。它独立于数据在计算机中的存储方式和具体的程序实现。

（7）数据的物理结构：物理结构也称为存储结构，是指数据在计算机内部的实际存储方式。不同的逻辑结构可以通过不同的物理结构来表示，以实现高效的数据操作和程序实现。

1.1.2 数据的逻辑结构

在逻辑上数据元素之间的关系有 4 种，即无关系、一对一关系、一对多关系和多对多关系。根据数据元素之间逻辑关系的不同，可将数据结构分为 4 种基本逻辑结构，即集合结构、线性结构、树结构和图结构。

1. 集合结构

集合结构的所有数据元素属于同一个集合，数据元素相互独立，没有任何联系。集合结构的抽象表示如图 1.1 所示。集合结构的特点如下。

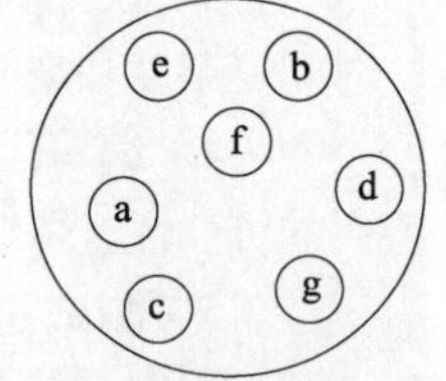

图 1.1 集合结构的抽象表示

（1）互异性：集合中的每个元素都是唯一的，集合内不存在重复元素。

（2）无序性：集合中的元素没有特定的顺序，即元素的排列顺序不影响集合的定义。

（3）独立性：集合中的元素相互独立，元素之间没有相邻、父子或其他特定的关系。

集合结构通常支持的基本操作有添加元素、删除元素、检查元素是否存在等。

2. 线性结构

线性结构的数据元素之间存在一对一的关系，每个元素如果有前驱，则只有唯一前驱；如果有后继，则只有唯一后继。线性结构的抽象表示如图 1.2 所示。线性结构的主要操作有插入、删除、查找、修改、排序等。

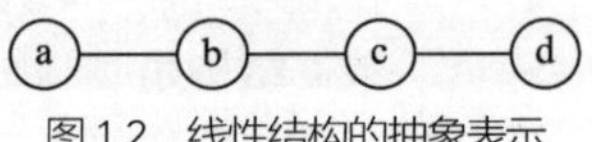

图 1.2 线性结构的抽象表示

例如，可以用线性结构表示一组学生信息，如表 1.1 所示。表中每一行是一条记录或一个数据元素，每个数据元素有学号、姓名、性别、年龄和专业等 5 个数据项。在数据库中，数据项也称为字段。这些数据元素可以顺序存储，也可以链式存储，它们之间是一对一的关系。

表 1.1 学生基本信息表

学号	姓名	性别	年龄	专业
1001	张强	男	18	计算机
1002	李桂	女	19	计算机
1003	王山	男	19	电气工程
…	…	…	…	…

3．树结构

树结构的数据元素之间存在一对多的关系，每个数据元素如果有前驱，则只有唯一前驱；如果有后继，则可以有一个或多个后继。一个节点如果没有前驱，则称该元素为根节点；如果没有后继，则称该元素为叶子节点；其他节点称为分支节点。连接节点的连线称为边。树结构的抽象表示如图 1.3 所示。树结构的主要操作包括插入、删除、查找、修改和遍历等，其中遍历是树结构的基本操作，包括深度优先遍历和广度优先遍历。

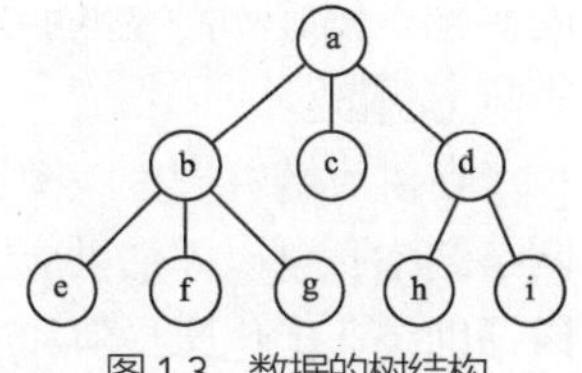

图 1.3 数据的树结构

树结构可以用来表示现实世界中的层级关系，如单位的组织结构、家族谱系等。在计算机信息处理中也有很多树结构，如文件系统（如图 1.4 所示）、数据库索引、XML/HTML 文档等。树结构还有多种变体，如二叉树、平衡树、B 树等，它们在不同的应用中展现了不同的性能和特性。

树结构可以用来表示树搜索。树的每个节点表示一个搜索状态，这个状态可以用特定的数据结构来描述。例如，在井字棋这样的棋盘游戏中，可以使用一个数组或向量来表示棋盘的当前布局，其中每个数组或向量的元素对应棋盘上的一个格子。在更复杂的应用中，可能需要用结构体或类来描述节点状态，它包含当前棋盘布局、当前玩家、得分等信息。边则表示从当前节点出发的一步搜索操作，这一步操作会导致状态的变化，并生成新的节点。树搜索的目标是从根节点开始，沿着树的边进行扩展，直到找到满足特定目标的叶子节点。以井字棋为例，可以将棋盘的所有状态表示为一个树结构，如图 1.5 所示。每个节点表示一个棋局状态，每个子节点表示在当前状态下进行的一步落子。可以使用树搜索算法（如广度优先搜索或深度优先搜索）在状态空间中寻找最优解。

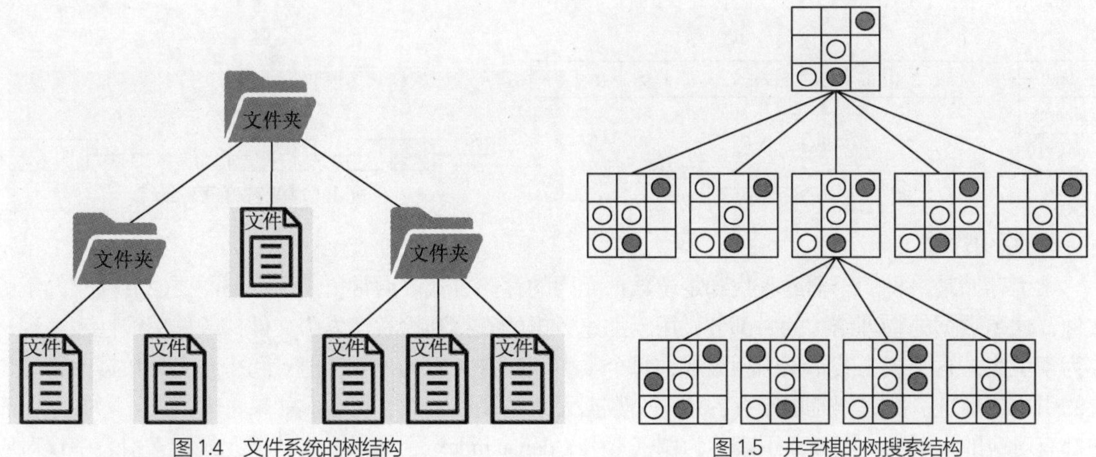

图 1.4 文件系统的树结构

图 1.5 井字棋的树搜索结构

4．图结构

图结构表示数据元素之间存在多对多的关系，每个元素可以有若干前驱或后继。图结构的抽象表示如图 1.6 所示。图结构的主要操作有插入、删除、查找、修改和遍历、最小生成树、最短路径、拓扑排序、关键路径等，其中最小生成树、最短路径、拓扑排序、关键路径等是图结构的特有操作。

图结构在许多领域都有广泛的应用，以下是一些实际例子。

在交通运输系统中，图结构可以用来表示城市节点和城市之间的公路、铁路、航空连线。最短路径算法可以帮助规划行驶路线，以便以最小代价到达目的地。此外，交通网络连通性分析可以帮助了解交通状况，以便制定应对突发事件的策略。

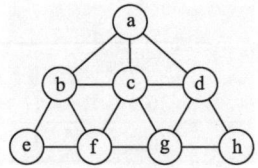

在电力系统中，图结构可以用来表示电力系统的输电网和配电网。通过对电网的拓扑分析，可以评估电网的稳定性和安全性，确保电力供应的可靠性。最短路径分析则有助于优化电力输送计划，降低输电成本。

图 1.6　图结构

在社交网络中，图结构可以用来表示用户之间的关系。通过分析社交网络的结构，可以挖掘用户的兴趣、偏好和潜在的朋友。此外，社交网络中的最短路径和最长路径分析可以用来研究信息传播和影响力扩散。

在供应链管理中，图结构可以用来表示供应商、制造商和分销商之间的关系。通过分析供应链的网络结构，可以评估供应链的稳定性和弹性，以便应对市场波动和突发事件。此外，最短路径算法可以帮助企业优化原材料和产品的运输路线，降低物流成本。

1.1.3　数据的物理结构

数据的物理结构主要有以下 4 种。

1．顺序存储

在顺序存储结构中，数据元素按照逻辑顺序依次存储在连续的存储单元中，数据的逻辑关系和物理关系是一致的。顺序存储结构通常用于线性结构（如数组、顺序表等）和部分非线性结构（如二叉树、堆等）。图 1.7 是一个顺序存储的线性表，数组容量为 10，节点个数为 9。

2．链式存储

在链式存储结构中，数据元素存储在非连续的存储单元中，每个存储单元不仅包含数据元素，还包含一个或多个指针，这些指针用于指向与该节点有逻辑关系的其他节点，即用指针表示数据的逻辑关系，数据的逻辑顺序和物理存储位置顺序通常不一致。链式存储结构常用于链表和非线性结构（如树和图等）中。图 1.8 展示了一个单链表的存储结构。

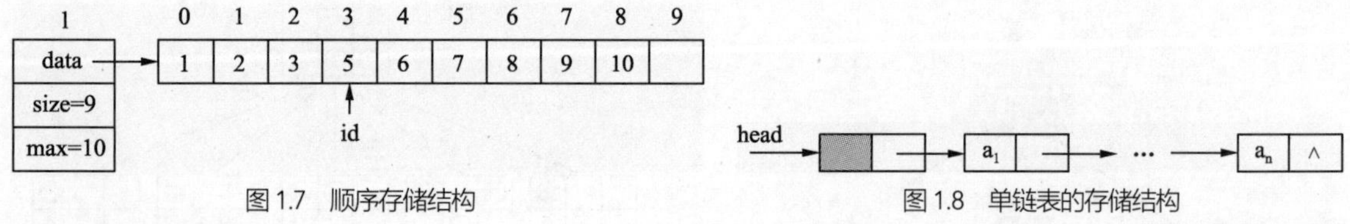

图 1.7　顺序存储结构　　图 1.8　单链表的存储结构

3．索引存储

索引存储是一种用于辅助查找和定位数据元素的存储方式。通常，索引存储需要建立独立的索引文件，这是数据的物理结构的一部分，用于加速数据的查找和检索。索引文件一般采用线性表实现，称为索引表。索引表由若干索引项组成，每个索引项包含关键码（或键值）和指向实际数据的物理位置的引用或地址。关键码是能唯一标识一个数据元素的属性或属性组合。如果每个数据元素在索引表中都有对应的索引项，则该索引表称为稠密索引（dense index）；如果一组数据元素在索引表中仅对应一个索引项，则该索引表称为稀疏索引（spare index）。在稠密索引中，索引项的地址指示数据元素的确切存储位置；在稀疏索引中，索引项的地址指示一组数据元素的起始存储位置。如果数据量比较大，还可以建立多级索引，以进一步优化检索效率。

索引存储是数据管理的一个重要技术，尤其在数据库管理系统中，通过建立索引，可以提高数据检索的效率。索引通常由数据库管理系统自动维护，但在某些情况下，用户也可以根据需要手动创建和管理索引。

4．散列存储

散列存储又称为哈希存储，通过建立散列表（hash table），使用散列函数（hash function）将数据元素的关键码映射为唯一的存储位置索引。这种映射机制能极大地提高查找效率，因为通过散列表能直接定位数据在表中的位置，省去逐一比较的操作。

散列存储的主要优点如下。

（1）快速的存储和检索：散列函数将数据元素映射到特定的存储位置，检索时通过散列表能快速找到数据元素的存储位置，通常能实现常数级时间复杂度的查找。

（2）高效的插入和删除操作：一旦确定数据的存储位置，插入和删除操作通常只需少量步骤即可完成，时间复杂度也是常数级。因此，散列存储非常适用于需要频繁更新数据集的应用。

（3）高效的空间利用率：散列存储通常不需要额外的指针或链接字段，数据元素直接存储在散列地址对应的位置上，从而减少了存储开销。这对于内存资源有限或需要存储大量数据的应用非常有利。

散列存储的实现通常涉及以下步骤。

（1）选择合适的散列函数：根据数据的特点选择合适的散列函数，如数字分析法、平方取中法、除留余法等，以获得较好的散列效果。

（2）计算散列值：根据选定的散列函数，计算数据元素的散列值，以确定其在存储空间中的位置。

（3）存储数据：将数据元素存储在计算得到的位置上，以便在需要时进行检索。

（4）检索数据：在检索数据时，使用相同的散列函数计算数据元素的散列值，并在对应的存储位置找到并获取数据。

图 1.9 是一组关键码{01,10,11,14,19,20,23,27,55,68,79}对 13 取模得到的散列表。

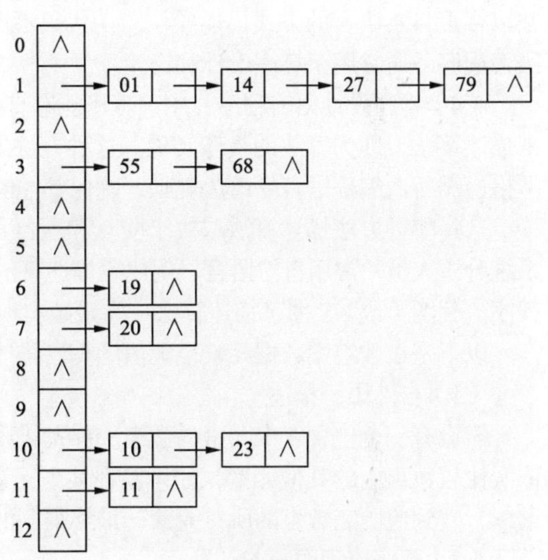

图 1.9 散列存储结构示例

1.2 算法与性能分析

1.2.1 算法的基本概念

算法是指建立在数据结构基础上求解问题的一系列确切的步骤。算法有以下 5 个基本特征。

（1）有穷性：一个算法必须具有有限的步骤和明确的终止条件，每一步都能在有限时间内完成，即计算机运行算法程序能在有限时间内结束。

（2）确定性：算法中的每一条指令都必须具有确切的含义，不存在二义性。

（3）可行性：算法所涉及的操作必须是可行的，不管是人还是机器都可以经过有限次运算后完成操作。

（4）输入：输入是算法在解决问题时所需的数据。算法可以没有输入，也可以有一个或多个输入。在实际问题求解中，输入的数据可以来自计算机已存储的数据，如数据库，也可以来自人机交互得到的数据。

（5）输出：执行算法后产生的结果称为输出。算法可以有一个或多个输出，这些输出是与输入数据相关的数据。

1.2.2 描述算法的方法

描述算法的方法有多种，以下是一些常用的描述算法的方法。

（1）自然语言：使用自然语言（如中文、英文）来解释算法的步骤和操作。这种方法通常用于面向非技术人员的文档中。它虽然通俗易懂，但可能存在歧义或不够严谨。

（2）程序流程图（或 NS 图，即 nassi-shneiderman 图）：使用图形元素表示算法的操作和流程，如用矩形框表示处理步骤、菱形框表示条件判断、箭头表示流程方向。这种表示方法简洁、直观，便于理解。NS 图是流程图的另一种结构化表示形式，由纳希（Nassi）和施奈德曼（Shneiderman）于 1973 年提出，它采用完全嵌套的矩形框表示算法结构：基本操作仍用矩形框表示，选择结构用特殊的分支框表示，循环结构则通过嵌套的边界框来体现，框与框之间的上下位置关系表示顺序结构。NS 图具有简洁、易于理解和易于修改等优点，适合表示结构化程序或算法。

（3）伪代码：一种近似编程语言的算法描述方式。它使用程序设计语言的关键字表示控制结构，并以接近自然语言的方式描述操作。伪代码不局限于特定的程序设计语言，便于翻译成多种程序设计语言程序，通常用于算法设计和讨论。

（4）程序设计语言程序：用计算机能够直接执行的程序设计语言（如 C、C++、java、Python 等）来描述算法，即为算法的具体实现。这种方法最为详细，但阅读理解起来较为困难。编写代码时，需严格遵循所选编程语言的语法规则，确保其能够编译或解释并正确执行。

选择哪种方法描述算法取决于受众和项目开发的阶段。通常，在系统分析阶段，面向普通用户或系统分析人员，常用自然语言、伪代码描述算法；在系统设计阶段，面向程序设计人员，常用伪代码、程序流程图（或 NS 图）描述算法；在系统实现阶段，则要编写程序实现算法。

以下是求数组中数据元素最大值的算法描述。

（1）自然语言描述

假设有一个包含 n 个元素的数组。首先从数组的第一个元素开始，将其暂时设定为最大值；然后，依次比较数组中的其他元素，如果发现某个元素大于当前最大值，则将该元素设为新的最大值；如此继续，直到遍历完数组的所有元素；最终得到的值即为数组中元素的最大值。

（2）程序流程图与 NS 图

该算法的程序流程图如图 1.10（a）所示。由于这个算法具有结构化的特点，因此也可以用 NS 图表示，如图 1.10（b）所示。

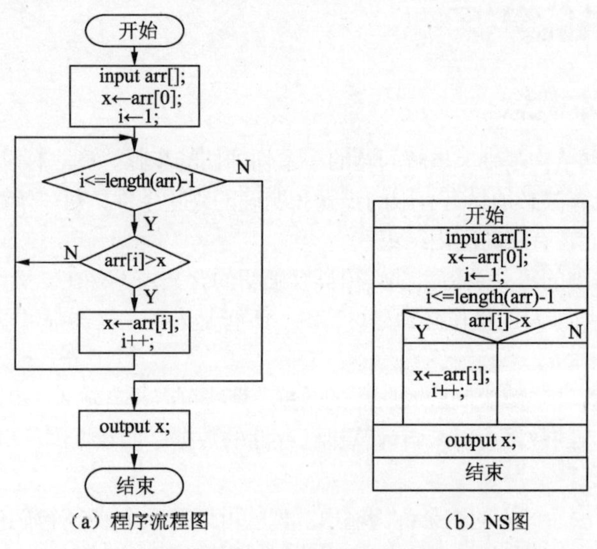

（a）程序流程图　　（b）NS图

图 1.10　求数组元素最大值算法的程序流程图和 NS 图

（3）伪代码

算法 1.1 求数组元素最大值的算法

```
输入：数组arr[ ]
输出：数组arr[ ]中的最大值
1 定义变量x，置其初始值为 arr[0];        //假设数组的第一个元素为最大值
2 定义整型变量i，置其初始值为 1;         //用于指示数组下标
3 循环，当(i<=length(arr)-1)，执行以下操作：
   3.1 如果(arr[i]>x)，则将x的值更新为arr[i];
   3.2 i增1;
4 输出x的值;                           //它就是数组 arr 中的最大值
```

此伪代码明确指明了“输入”与“输出”，并借鉴了程序设计语言的控制结构，包括顺序、循环和选择等。顺序结构通过行文顺序表示，语句前面所加的序号表示语句执行的顺序；循环结构以“循环”开头，后接“当（ ）”表示循环条件，“执行以下操作”后面的语句序列表示循环体；选择结构以“如果”开头，“则”后面的语句序列表示条件成立时执行的操作。“//”后面的文字为注释。伪代码与实际的程序结构非常接近，但不受限于特定的程序设计语言。相比自然语言描述，伪代码更为严谨，便于系统设计和编程人员阅读、理解和实现。

（4）程序设计语言程序

下面是用C++语言实现算法 1.1 的程序。

```
int findMaxValue(int arr[], int length) {
   int x = arr[0];                       // 假设第一个元素是最大的
   for (int i = 1; i <= length; i++) {
      if (arr[i] > x) {
         x = arr[i];                     // 更新最大值
      }
   }
   return x;
}
```

函数 int findMaxValue(int arr[], int length)可以认为是用程序设计语言对求数组中数据元素最大值的算法的描述。

1.2.3 算法设计的要求

算法设计应满足以下基本要求。

1．正确性

正确性是指算法应能满足问题求解的需求，在各种合法输入下依据预定逻辑产生正确的输出，并能合理处理异常情况，对非法输入做出适当响应。正确性主要体现在以下方面。

（1）明确需求和规范：算法必须准确理解问题的需求和规范，清楚地界定输入、输出及其约束条件。

（2）描述清晰无歧义：算法的每一步骤都应具有明确的含义，避免产生歧义或误解。

（3）充分测试和验证：通过多样化的测试，包括合法与非法输入，验证算法是否能在各种情形下产生预期结果。测试中应特别关注边界值输入，这些情况往往是算法出错的高风险因素。此外，还可通过数学推导和逻辑证明进一步验证算法的正确性，增强其理论可靠性。

2．可读性

可读性是指算法描述应该便于人的阅读、理解和交流。无论使用自然语言、流程图、伪代码或编程语言，算法描述都应具备简洁、清晰和易于理解的特点。可读性体现在以下方面。

（1）简洁性：用最简短的语句表达算法逻辑，删除冗余语句，避免过多的嵌套结构，保持代码简洁。这有助于阅读、理解和维护。

（2）清晰性：算法描述应清晰明了，可通过适当的注释、模块化设计和使用有意义的变量名与函数名，来增强描述的清晰度。

（3）易于理解性：算法描述应易于理解，不需要读者费力猜测。可以通过遵循算法描述规范、保持一致性、避免复杂逻辑等手段来降低理解难度。

3．健壮性

健壮性指算法在处理各种输入数据，特别是不合法或异常数据时，能够正常运行并做出适当响应，避免程序异常终止或产生不可预测的结果。健壮性体现在以下方面。

（1）容错性：容错性是指算法在面对不合法输入或异常情况时，能够继续运行或提供恰当的错误处理，避免系统崩溃或产生错误结果。

（2）能应对边界处理：健壮性要求算法对边界条件有明确的处理，确保在极端情况下仍然能够正确运行。

（3）可移植性：可移植性是指算法在不同计算机或操作系统上都能够正确运行。为了提高可移植性，应采用通用的数据结构和算法，避免依赖于特定的硬件和软件环境。

4．较高的时空效率

时空效率指算法在执行过程中所消耗的时间和占用的空间资源的程度。在进行算法设计时，需要在保证问题正确解决的前提下，尽量提高时间效率和空间效率。时空效率体现在以下方面。

（1）时间效率：时间效率指算法在执行过程中所需时间的多少。通常用时间复杂度来度量，即随着问题规模的增长，算法运行时间的增长趋势。

（2）空间效率：空间效率指算法在执行过程中所占用的内存空间大小。通常用空间复杂度来度量，即随着问题规模的增长，算法所需内存空间的增长趋势。

（3）时间与空间的权衡：在算法设计中，往往需要在时间效率和空间效率之间进行权衡。有些算法可能通过占用更多内存来提升速度，或者增加时间消耗以节省内存。因此，具体策略应根据应用场景选择。

1.2.4 算法效率分析

算法效率分析主要评估算法的时空效率，目的是帮助人们针对具体问题选择合适的算法并进行优化。算法效率分析通常包括时间效率分析和空间效率分析两个方面。确定算法效率的方法包括程序分析（performance analysis）法和程序测量（performance measurement）法。程序分析法又称为事先分析估算法，通过分析算法语句或程序代码估算出算法的时间和空间复杂度。程序测量法又称为事后统计法，通过实际运行算法来收集和分析数据，并确定其效率。程序测量法需要将算法转换成可执行代码，并在计算机上运行。它依赖于计算机的软硬件环境，容易掩盖算法本身的优劣。在实际工程应用中，通常采用程序分析法，通过计算算法的渐近复杂度来度量算法的效率。下面重点讨论程序分析法。

1．问题规模

在算法分析中，问题规模是指输入数据的大小或数量，通常用 n 来表示。例如，在排序问题中，n 为参加排序的元素的个数；在树的有关运算中，n 为树的节点的个数；在图的有关运算中，n 为图的顶点数或边数。问题规模是衡量算法复杂度的重要指标，它直接影响算法的执行时间和所需存储空间。显然，n 越大，所需的运行时间越长，消耗的存储空间越多。

2．时间频度

程序的实际运行时间与计算机的软硬件环境（如机器速度、编译程序质量等）有关，在相同软硬件环境下，一条语句执行的次数越多，则其所消耗的时间也越多。所以算法分析并非精确统计语句的实际运行时间，而是针对算法中的语句的执行次数做出估计。一条语句执行的次数称为该语句的时间频度（time frequency），一个算法的所有语句的执行次数之和称为该算法的时间频度。时间频度是一个与问题规模有关的量，如果问题规模为 n，则语句 i 的时间频度记为 $T_i(n)$，算法的时间频度记为 $T(n)=\sum_{i=1}^{k}T_i(n)$，其中 k 为语句的条数。

设有以下 3 个程序段。

```
A: {x++;}                             //程序 A 总执行次数为 1
B: for (i = 1;i <= n;i++)             //第一条语句执行次数为 n+1
     x++;                             //第二条语句执行次数为 n
                                      //程序 B 总执行次数为 2n+1
C:  for (i = 1;i <= n;i++)            //第一条语句执行次数为 n+1
     for (j = 1;j <= n;j++) {         //第二条语句执行次数为 n*(n+1)
         x++;                         //第三条语句执行次数为 n^2
         s+= x;                       //第四条语句执行次数为 n^2
     }                                //程序 C 总执行次数为 3n^2+2n+1
```

程序 A 的时间频度为 1，程序 B 的时间频度为 $2n+1$，程序 C 的时间频度为 $3n^2+2n+1$。

3．算法的时间效率分析（时间复杂度）

统计算法的时间频度涉及很多细节，对于一个复杂算法，要给出精确的时间频度往往是很困难的。在实际应用中，一般用算法的时间频度 $T(n)$的渐近表达式 $f(n)$作为算法的时间复杂度。$f(n)$是通过略去 $T(n)$中的低阶项和常数项后得到的高阶项。它比 $T(n)$简单，但能够代表 $T(n)$的数量级和趋势。当数据规模 n 趋向无穷大时，如果有：

$$\lim_{n\to\infty}\frac{T(n)}{f(n)}=\mathrm{c}\quad(\mathrm{c}>0)$$

则称 $f(n)$为算法的时间复杂度（time complexity），记作：$O(f(n))$。

例如，假设有一个算法的时间频度为 $T(n)=3n^2+2n+1$，因为有

$$\lim_{n\to\infty}\frac{T(n)}{f(n)}=\lim_{n\to\infty}\frac{3n^2+2n+1}{n^2}=3$$

所以该算法的时间频度的渐近表达式为 $f(n)=n^2$，其时间复杂度为 $O(n^2)$。从这个例子可以看出，如果 $T(n)$是一个一元多项式，则只需要考虑最高阶项。相应地，如果算法程序存在多重循环，则只需要考虑最里层循环语句的时间频度。

下面举例说明如何求算法的时间复杂度。

例 1.1 下面程序是求 1 到 n 的阶乘的和，试分析其时间复杂度。

```
int sum(int n) {
    int i,j,p,sum = 0;
    for (i = 1; i <= n; i++) {
        p = 1;
        for (j = 1; j <= i; j++)
            p *= j;
        sum += p;
    }
    return sum;
}
```

这个程序的主体是两层循环，最里层循环的语句是“p*=j;”其执行次数与外循环的 i 有关，当 i=1 时，执行次数为 1；当 i=2 时，执行次数为 2；依此类推，当 i=n 时，执行次数为 n，因此，其总的时间频度为

$$T(n)=1+2+\cdots+n=\frac{1}{2}n(n+1)=\frac{1}{2}n^2+\frac{1}{2}n$$

$T(n)$的最高阶项为$\frac{1}{2}n^2$，所以其时间复杂度为 $O(n^2)$。

例 1.2 下面程序是求连续自然数之和，试分析其时间复杂度。

```
int sum(int n) {
    int i = 0, sum = 0;
    while (sum < n) {
        i++;
        sum += i;
    }
    return i;
}
```

这个程序的功能是计算并返回从 1 开始累加到的最小整数 i，使其和首次达到或超过给定的数值 n。假设循环次数为 x，有 sum=1+2+⋯+x=$\frac{1}{2}$c(2^n)，根据循环终止条件$\frac{1}{2}x^2+\frac{1}{2}x<n$，得到$x<\frac{-1\pm\sqrt{1+8n}}{2}$，$x$ 也是循环体内语句的时间频度，所以该程序的时间复杂度为$O(\sqrt{n})$。

例 1.3 下面是汉诺塔问题求解的递归算法程序，试分析其时间复杂度。

```
void Hanoi(int n, char S, char M, char E) {
    if (n == 1)
        cout << "(" << n << ")" << S << "-" << E << endl;
    else {
        Hanoi(n - 1, S, E, M);
        cout << "(" << n << ")" << S << "-" << E << endl;
        Hanoi(n - 1, M, S, E);
    }
}
```

汉诺塔问题是一个经典的递归问题，要求将 n 个盘子从源柱 S 移动到目标柱 E，且只能借助一个辅助柱 M。每次只能移动一个盘子，而且大盘子不能放在小盘子上。假设问题规模为 n，即有 n 个盘子时，算法的时间频度为 $T(n)$；当问题规模为 n−1 时，时间频度为 $T(n-1)$。具体而言，当规模为 1 时，只需要移动一步即可，设耗时为常数 c。当规模大于 1 时，先将 n−1 个盘子从 S 经过 E 移动到 M，时间频度为 $T(n-1)$；剩下的 1 个盘子直接从 S 移动到 E，耗时为 c；再将 n−1 个盘子从 M 经过 S 移动到 E，时间频度为 $T(n-1)$。所以总的时间频度为

$$T(n)=\begin{cases}c & n\leqslant 1\\ 2T(n-1)+c & n>1\end{cases}$$

当 n>1 时，采用迭代法递推：

$T(n)=2T(n-1)+c$

$=2(2T(n-2)+c)+c$

$=2^2T(n-2)+2c+c$

$=2^3T(n-3)+2^2c+2c+c$

$=\cdots$

$=2^{n-1}T(n-(n-1))+2^{n-2}c+\cdots+2^2c+2c+c$

$=2^{n-1}c+2^{n-2}c+\cdots+2^2c+2c+c$

$=c(2^{n-1}+2^{n-2}+\cdots+2+1)$

$=c(2^n-1)$

因此，该算法的时间复杂度为 $O(2^n)$。

算法的时间复杂度还与输入数据的初始状态有关。例 1.4 给出了一个在数组 $a[n]$中查找数据元素 key 的算法的程序。

例 1.4 下面是在数组中查找数据元素的程序，试分析其时间复杂度。

```
int findKeyInArray(int a[], int length, int key) {
   int i = length - 1;
   while (i >= 0 && a[i] != key) {
      i--;
   }
   return i;
}
```

该程序从数组的最后一个元素开始向前检索，如果找到与 key 相同的元素，则查找成功并返回该元素所在的数组下标；如果返回值为-1，则表示查找失败，即数组中不存在值为 key 的元素。在最好情况下，当数组的最后一个元素的值为 key 时，只需要进行一次比较即可找到，时间复杂度为 $O(1)$。在最坏情况下，当 key 位于数组的第一个元素或数组中不存在 key 时，需要进行 n 次比较，时间复杂度为 $O(n)$。在平均情况下，该函数需要进行约 $n/2$ 次比较，因此平均时间复杂度为 $O(n)$。

常见时间复杂度从好到坏的级别依次是：$O(1)<O(\log n)<O(n)<O(n\log n)<O(n^2)<O(n^3)<O(2^n)$。

$O(1)$：常数时间复杂度，表示算法的执行时间与输入规模无关。

$O(\log n)$：对数时间复杂度，表示算法的执行时间与输入规模成对数关系。例如，二分查找算法的时间复杂度是 $O(\log n)$。

$O(n)$：线性时间复杂度，表示算法的执行时间与输入规模成线性关系。例如，顺序查找算法的时间复杂度是 $O(n)$。

$O(n\log n)$：线性对数时间复杂度，表示算法的执行时间与输入规模成线性对数关系。例如，快速排序算法的时间复杂度是 $O(n\log n)$。

$O(n^2)$：平方时间复杂度，表示算法的执行时间与输入规模的平方成正比。例如，冒泡排序算法的时间复杂度是 $O(n^2)$。

$O(n^3)$：立方时间复杂度，表示算法的执行时间与输入规模的立方成正比。例如，矩阵乘法的时间复杂度是 $O(n^3)$。

$O(2^n)$：指数时间复杂度，表示算法的执行时间与输入规模呈指数级增长关系。例如，汉诺塔问题的时间复杂度是 $O(2^n)$。

4．算法的空间效率分析（空间复杂度）

算法的空间效率一般称为空间复杂度（space complexity）。空间复杂度是通过分析算法在执行过程中所需的额外空间来确定的。在算法执行过程中，除了需要存储输入数据和输出数据之外，可能还需要额外的空间来存储中间结果、临时变量等。空间复杂度也与数据规模 n 相关。假设问题规模为 n 时，算法所需的额外存储空间为 $K(n)$，设有渐近表达式 $f(n)$，当 $\lim_{n\to\infty}\frac{K(n)}{f(n)}=c$（c 为常数）时，则该算法的空间复杂度记为 $O(f(n))$。

例 1.5 下面是两个用于交换两个整数的程序，试分析其空间复杂度。

```
void exchange1(int& a, int& b) {
   int temp = a;
```

```
    a = b;
    b = temp;
}
```

在该程序中，主要的额外空间开销来自变量 temp，它仅占用一个整型变量所需的空间，且与输入规模无关。因此，该程序的空间复杂度为 $O(1)$。

```
void exchange2(int& a, int& b){
    a = a + b;
    b = a - b;
    a = a - b;
}
```

这个程序采用加减运算的方式实现交换，不引入任何额外变量，因此也属于常量级空间开销，其空间复杂度仍为 $O(1)$。不过，该方法对初学者而言在理解上略显复杂，且在某些编程语言或当输入数据超出整型表示范围时可能会产生整数溢出的风险，因此使用时应特别注意输入数据的取值范围。

例 1.6 下面是数组逆置的算法程序，试分析此算法的空间复杂度。

```
void inversion1(int* arr, int length) {
    int* b = new int[length];              // 创建一个新数组 b 来存储倒置后的元素
    int i;
    for (i = 0; i < length; i++) {
        b[i] = arr[length - 1 - i];        // 倒置元素
    }
    for (i = 0; i < length; i++) {
        arr[i] = b[i];                     // 将倒置后的元素复制回原数组 a
    }
    delete[] b;                            // 释放动态分配的内存
}
```

这个程序首先动态创建一个与原数组 arr 大小相同的新数组 b，用于暂存逆置后的元素。然后，通过一个循环，将原数组 arr 的元素从后向前依次复制到新数组 b 中，这一步将原数组的顺序逆置。接着，通过第二个循环，将新数组 b 中的元素依次复制回原数组 arr 中。最后，释放动态分配的内存 b，避免内存泄漏。该程序动态分配了一个大小为 length 的新数组 b，用于存储逆置后的元素，这个数组占用了 $O(\text{length})$的空间。除了数组 b，程序还使用了一个常量级的变量 i，其空间需求是 $O(1)$，即与输入规模无关。因此，总的空间复杂度为 $O(n)$。

下面是另一个数组逆置的算法程序，它通过交换数组首尾元素，实现了就地逆置。程序中只使用了 3 个额外的整型变量：i、j 和 temp。这些变量的空间需求都是常量级的，因此该程序的空间复杂度为 $O(1)$。

```
void inversion2(int* arr, int length){
    int i, j, temp;
    for (i = 0, j = length - 1; i < j; i++, j--) {
        temp = arr[i];
        arr[i] = arr[j];
        arr[j] = temp;
    }
}
```

1.3 数据结构、算法及程序的关系

数据结构、算法与程序是计算机科学中的三个核心概念，它们相辅相成，共同构成了计算机系统数据处理的基础。理解这三者之间的关系对于设计高效、可靠、可维护的软件系统至关重要。

1.3.1 数据结构的作用

数据结构是组织和存储数据的方式，决定了数据操作的方式，是算法设计的基础。不同的数据结构适用于不同的操作场景，例如，顺序表适用于随机访问操作较多的场景，链表则更适合需要频繁插入和删除操作的场景。因此，在实际工程应用中，要根据具体的应用场景选择合适的数据结构。例如，在线性表操作中，如果数据稳定且大部分的操作是查找，很少涉及插入、删除或移动数据的操作，则选择顺序存储结构较为合适；如果需要频繁进行插入和删除操作，则选择链式存储结构更为合适；如果数据量大，且对查找效率要求高，同时需要动态插入和删除元素，则多叉平衡搜索树是较优级的选择。可见，数据结构的选择直接影响算法的设计，两者密不可分。

1.3.2 算法的作用

算法是解决问题的方法和步骤。算法操作的对象是数据，算法设计的基础是数据结构。不同的数据结构决定了算法设计的不同方式。例如，针对顺序表，查找算法可以选择顺序查找或随机查找，其时间复杂度分别为 $O(n)$和 $O(1)$；而对于单链表，查找必须从第一个元素开始，通过移动指针进行，其时间复杂度为 $O(n)$。算法设计不仅要考虑数据结构的特点，还需要注重效率，即要求有较低的时间复杂度和空间复杂度。即使是针对相同的数据结构和相同的输入输出要求，算法的设计也可能千差万别。通过设计合适的数据结构与高效的算法，可以优化解决方案，提升程序的性能。

1.3.3 程序的作用

程序是用特定的程序设计语言编写的计算机可执行的代码。计算机通过运行程序来求解问题。一个程序通常包括数据结构定义和数据操作两部分，前者对应数据结构的实现，后者对应算法的实现。程序的质量很大程度取决于数据结构的选择和算法的设计。数据结构与算法设计的目的是在计算机上有效解决问题。要评估数据结构和算法的优劣，必须通过编程实现。要学好数据结构与算法也需要经过大量的编程训练。

1.3.4 三者之间的关系

数据结构、算法和程序三者密不可分。数据结构为算法的实现提供了操作对象，而算法则通过程序在计算机上执行。数据结构和算法设计直接影响程序的执行效率和性能。在解决问题的过程中，程序员首先需要选择合适的数据结构以便高效地存储和操作数据，然后设计或选取相应的算法来解决问题，最后通过编程实现这些算法。

（1）算法与数据结构相互影响：算法的发展推动了数据结构的创新，例如，图的遍历算法推动了图结构的发展；反之，数据结构的优化也可以促进算法的改进，例如，哈希表的大规模应用显著提高了查找和插入操作的效率。

（2）数据结构与算法不可分割：在实际应用中，数据结构和算法必须结合使用。没有合适的数据结构，算法无法高效操作数据；同样，没有有效的算法，数据结构也难以发挥作用。因此，二者在计算机科学中具有重要地位，相辅相成、密切相关。

（3）程序的核心是算法和数据结构：程序执行效率不仅依靠计算机软硬件性能，也仰赖于数据结构与算法。因此，图灵奖获得者瑞士计算机科学家尼古拉斯·沃斯（Niklaus Wirth）认为，程序的核心是算法和数据结构，即程序=算法+数据结构。理解和掌握数据结构、算法及程序之间的关系，有助于编写出高效、可靠的程序。

1.4 本章小结

本章介绍了数据结构和算法的基本概念。首先，介绍了数据结构的基本概念与术语，包括数据、数据元素、数据项、数据结构与数据对象等。然后，介绍了集合结构、线性结构、树结构和图结构等四种基本的数据逻辑结构，分析了线性结构和非线性结构的区别；同时还介绍了数据的物理结构，包括顺序存储、链式存储、索引存储和散列存储。这些知识有助于读者更好地理解数据在计算机中的存储和组织方式。接下来，介绍了算法的基本概念，包括算法的定义、特点和算法描述方法等。重点分析了算法的性能，包括时间复杂度和空间复杂度。通过这些知识，读者可以更好地理解如何衡量算法的优劣以及如何选择合适的算法来解决问题。最后，讨论了数据结构与算法的关系，指出了数据结构是算法的基础，而算法是数据结构的运用，算法和数据结构是程序的核心。数据结构与算法的结合，使得计算机科学能够更好地解决实际问题。

通过本章的学习，读者将对数据结构和算法的基本概念有一定的理解，为后续的学习打下坚实的基础。在接下来的章节中，将进一步介绍各种具体的数据结构和算法，并探讨它们在实际问题中的应用。

练习题

1. 选择填空题

（1）以下数据结构中，属非线性结构的是（　　）。

A. 字符串　　B. 栈　　C. 队　　D. 树

（2）具有相同特性的数据元素的集合称为（　　）。

A. 数据项　　B. 记录　　C. 数据对象　　D. 数据结构

（3）下面程序的时间复杂度为（　　）。

```
for(i=1; i<n; i++)
   for(j=1; j<n; j++)
     {x=x+1;}
```

A. $O(2^n)$　　B. $O(n)$　　C. $O(n^2)$　　D. $O(\log_2 n)$

（4）算法的时间复杂度不取决于（　　）。

A. 问题的规模　　B. 待处理数据的初态

C. 计算机的性能　　D. 以上都不对

（5）在内存中，逻辑上相邻的数据元素在物理位置上不一定相邻，这种存储方式称为（　　）。

A. 存储结构　　B. 逻辑结构　　C. 链式存储结构　　D. 顺序存储结构

2. 解答题

（1）数据元素之间的逻辑关系有哪几种？它们各有什么特点？

（2）什么是数据的存储结构？常见的存储结构有哪几种？

（3）试举一例，说明对相同的逻辑结构，同一种运算在不同的存储方式下实现，其运算效率不同。

（4）应从哪几个方面考虑解决问题时所选择的数据结构？

（5）试列举最少七种算法复杂度的时间数量级，按从低复杂度到高复杂度排列。

3. 程序分析题

请分析下列程序段的时间复杂度。

（1）

```
void main(){
   int i, j, k, x;
```

```
    x = 1;
    for (i = 1; i <= n; i++)
        for (j = 1; j <= 2 * i; j++)
            x++;
}
```

（2）

```
void main(){
    int i = 1, n = 9;
    while (i <= n)
        i = i * 3;
}
```

（3）

```
int fibonacci(int n) {
    if (n <= 1) return n;
    return fibonacci(n - 1) + fibonacci(n - 2);
}
```

第2章 线性结构

线性结构是计算机科学中最基本、应用最广泛的数据结构之一，其特点是数据元素之间存在一对一的逻辑关系，即除了第一个元素没有前驱、最后一个元素没有后继外，其余每个元素都只有一个前驱和一个后继。在计算机实际应用中，线性结构随处可见。例如，数组通过一段连续的内存空间存储元素，支持高效的随机访问；而链表则使用指针将各个节点连接起来，节点在内存中的位置可以不连续，插入和删除操作更为高效。此外，函数调用过程中使用的栈、任务调度过程中使用的队列，都是线性结构的典型应用。

本章将系统介绍线性结构的常见类型及其实现方法。首先，通过分析数组的局限性，引出顺序表（数组的抽象扩展），并讲解其随机访问特性与容量管理机制；其次，介绍链表结构，分析单链表和双向链表在插入、删除和查找等基本操作上的实现方式与性能特点；接着，讲解栈的“后进先出”（LIFO）和队列的“先进先出”（FIFO）特性，并结合实际问题分析其应用场景；最后，讲解串及其模式匹配算法，以及多维数组的压缩存储策略。为了帮助读者理解标准库中的 vector 与 list，本章通过模仿其核心功能，详细讲解相关成员函数的具体实现。

通过本章学习和实际编程练习，读者能够全面掌握线性结构的基本概念、实现方法与工程应用，为后续非线性结构的学习打下坚实基础。

2.1 问题导入：数组的局限性

数组是一种基本的数据类型，用于在连续的存储空间中存储一组数据元素。存储单元之间的相邻关系代表数据元素之间的关系，这是一种一对一的线性关系。数组具有以下特征。

（1）数据元素类型统一。数组中的所有元素必须是相同的数据类型。这使得数组能够在内存中以一致的方式存储和访问数据，并且在执行数组操作时，编译器能够进行类型检查，从而减少类型错误。

（2）连续内存分配。数组的所有元素在内存中是连续存储的，允许程序通过计算偏移量快速访问数组中的任意元素。例如，第 i 个元素的地址可以通过基地址加上 i 乘以元素大小来计算，从而使得随机访问的时间复杂度为 $O(1)$。

（3）固定容量与数据元素个数。数组的容量（length）在创建时确定，并且在整个生命周期内保持不变。数组中实际存储的元素个数必须少于或等于数组的容量，不能超出其容量的范围进行访问或插入元素。

（4）通过下标（索引）访问数据元素。数组的下标从零开始，即第一个元素的下标是 0，最后一个元素的下标是（length−1）。通过下标可以直接定位和访问数组中的任何元素，这使得数组在处理需要频繁访问或更新的场景中非常高效。

在数据结构设计中，不仅要定义数据的存储方式，还要定义数据之间的逻辑关系及操作方法。而数组只提供数据的存储功能，它通过顺序存储实现一对一的逻辑结构，但它并不包含内置的操作与管理机制。

在 C++中，数组本身并不存储其元素的个数，因此程序员需要通过一个额外的变量来手动维护这一信息。程序 2.1 的功能是删除数组中的重复元素，它通过定义变量 n 来表示数组中元素的个数，从而实现对数组元素的逐一比较与对重复元素的删除。读者可以扫码阅读程序 2.1“删除数组中的重复元素”。

程序 2.1　删除数组中的重复元素

程序 2.1

虽然程序 2.1 可以实现预期功能，但它依赖一个与数组本身无关的变量 n。程序 2.2 将删除重复元素的逻辑封装为一个函数，通过指针传递数组和数组元素的个数，进而实现对数组的修改，并动态更新数组元素的个数。尽管如此，主程序中仍然需要显式地声明一个变量来维护这一信息，而这个变量与数组本体并无直接关联。读者可以扫码阅读程序 2.2“删除数组中的重复元素（函数版）”。

程序 2.2　删除数组中的重复元素（函数版）

程序 2.2

综上所述，数组虽然是最基础的数据存储结构之一，但它在某些方面存在明显的局限性。

（1）固定大小：数组大小在初始化时必须指定，并且一旦确定，无法在运行时动态调整。这在处理数据量不确定的场景时，会导致内存浪费或空间不足的问题。

（2）缺乏内置操作机制：数组仅提供顺序存储数据的功能，但不支持插入、删除、查找等常用操作。程序员需要手动编写代码来实现这些功能，同时还需要手动维护相关信息（如元素个数）。

（3）不支持动态扩容：当数组容量已满时，无法直接插入新元素。程序员必须手动实现扩容，创建一个更大的数组并将原数据复制过去，这增加了编程的复杂度和运行时的开销。

（4）缺少辅助信息管理功能：数组本身不存储诸如元素个数等管理信息，这些信息必须由程序员手动维护。这增加了出错的可能性，尤其是在进行复杂操作时。

正因如此，数组在某些应用场景中并不是最理想的选择。为了解决这些问题，通常使用顺序表、链表等更高级的数据结构。

2.2 顺序表

顺序表（sequential list）是线性表的一种顺序存储实现方式，它使用一段连续的存储空间来依次存储数据。数据元素之间具有一对一的线性关系，即每个元素如果有前驱则只有一个前驱，如果有后继则只有一个后继。与数组不同，顺序表除了存储数据本身，还维护元素个数、容量等辅助信息，并提供一组实现插入、删除、读取等操作的函数。

2.2.1 非封装的顺序表

本小节介绍如何使用 C++语言实现非封装的顺序表。尽管代码中使用了 C++的语法，但实现方式仍然使用传统的结构化编程思路。函数直接操作结构体的数据成员，而没有使用 C++的类和封装特性。这种实现方式更接近早期的编程风格，有助于初学者理解顺序表的基本操作。

1．非封装的顺序表结构体定义和操作函数声明

为了实现顺序表的基本功能，首先需要定义其结构体，并声明常用的操作函数。下面给出顺序表结构体 SeqList 的定义以及常用操作函数的声明。

```
typedef int Type;
typedef struct SeqList{              //顺序表结构体定义
```

```
    Type* data;                         //数组的首地址，要为它分配存储空间
    int size;                           //顺序表的数据元素个数
    int max;                            //顺序表的容量
}SeqList;
//辅助处理函数
void error(const char* c);              //报错
void display(const SeqList* l);         //输出表
//准构造函数与准析构函数
void iniList(SeqList* l, int maxSize);     //准构造函数，给结构体成员赋初值，生成空表
void freeList(SeqList* l);                 //准析构函数，释放动态数组空间
//用于修改顺序表的基本操作函数
void insertRear(SeqList* l, Type item);          //尾插
void insert(SeqList* l, int id, Type item);      //定点插入
void erase(SeqList* l, int id);                  //定点删除。将下标 id 的数据删除
void clear(SeqList* l);                          //清表。令数据元素个数 size 为 0
//用于读取顺序表的基本操作函数
Type getData(const SeqList* l, int id);          //取值。读取下标为 id 的数据
int getSize(const SeqList* l);                   //取数据个数。读取 size 的值
bool isEmpty(const SeqList* l);                  //判空
bool isFull(const SeqList* l);                   //判满
```

2．结构体成员说明

SeqList 结构体定义了顺序表的基础结构，并通过 typedef 关键字为该结构体定义了一个新的类型别名 SeqList。这样一来，SeqList 既是结构体名称，也是新类型名称，可以直接使用 SeqList 来定义变量。该结构体包含 3 个成员（介绍如下），分别用于存储数据、记录当前元素个数以及表示顺序表的最大容量，其表结构的示例如图 2.1 所示。

（1）数据存储（data）：data 是指向 Type 类型数据的指针，可以指向顺序表中实际存储数据元素的连续内存空间。该空间的大小由顺序表的容量 max 决定。

（2）数据元素个数（size）：size 是一个整数，表示当前顺序表中实际存储的元素数量。size 的初始值为 0，随着插入和删除操作的执行，其值会动态变化。

（3）容量（max）：max 表示顺序表能够容纳的最大元素数量。它在顺序表初始化时设定，并在顺序表的生命周期内保持不变（除非进行扩容操作）。如果顺序表中数据元素的数量达到容量上限，就需要进行扩容操作，以便继续插入新的元素。

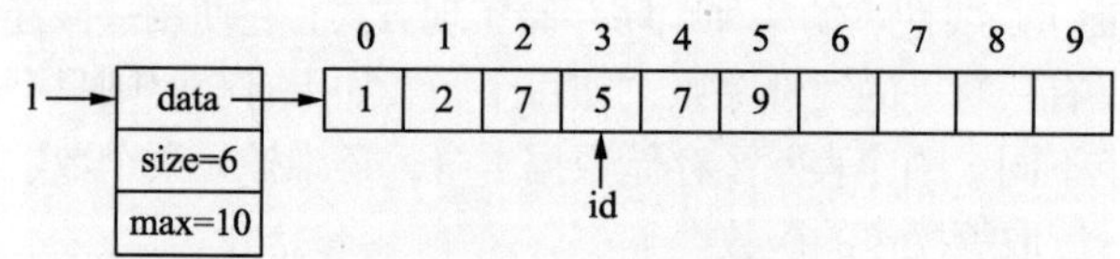

图 2.1　顺序表的表结构的示例

3．顺序表主要操作的算法及其实现

（1）初始化：初始化操作是指为顺序表申请一个动态数组，数组的容量为 n，初始时数据元素的个数为 0。

```
void iniList(SeqList* l, int n){
    l->data = new Type[n];              //分配数据存储空间
    l->size = 0;
    l->max = n;
}
```

在 C++中，new 操作符用于动态地分配内存，并调用类型的默认构造函数来初始化这片内存。

“l–>data=new Type[n]”语句用于为 data 成员分配一个大小为 n 的 Type 类型数组，并对其进行默认初始化（如果 Type 类型有默认构造函数）。

（2）释放动态数组：该操作用于释放动态数组所占用的内存空间，并将指针置为空，以避免悬空指针。

```
void freeSeqList(SeqList* l) {
    delete[] l->data;
    l->data = nullptr;            //将指针置为空
    l->size = 0;
    l->max = 0;
}
```

在 C++中，对于使用 new[ ]分配的动态数组应使用 delete[]运算符进行释放，以确保正确调用析构函数，避免内存泄漏。在 C 语言中，通常使用函数 malloc()进行内存分配，并通过函数 free()释放内存。但在 C++中，建议使用 new 和 delete[]运算符管理动态数组，以充分利用 C++的内存管理特性。

（3）插入：插入操作是指在顺序表的数组下标为 id 的位置插入一个新元素 item。由于在顺序表中逻辑上相邻的元素在物理位置上也是相邻的，因此，插入前，id 以后的所有元素都要往后移动一个位置。

算法 2.1　顺序表指定位置插入元素的算法

```
输入：顺序表 l，数据元素 item，插入位置 id
输出：插入元素后的顺序表
1 如果(id 合法，即 0≤id≤l->size，并且顺序表未满，即 l->size<l->max)，则：
    1.1 循环，从下标 l->size - 1 开始，元素将往后移动一个位置，直到 id;
    1.2 将新元素 item 插入 id 位置;
    1.3 l->size 增 1;
2 否则，执行错误处理，给出错误提示信息;
```

程序 2.3　顺序表指定位置插入元素的算法的实现

程序 2.3

在顺序表插入元素的算法中，时间复杂度主要由元素移动的操作决定。

① 最坏情况：当 id = 0 时（在顺序表的第一个位置之前插入元素），需要移动 l->size（当前顺序表的大小，假设为 n）个元素来为新元素腾出空间。因此，移动元素的时间复杂度为 $O(n)$。加上插入新元素的一次赋值操作，时间复杂度为 $O(1)$，总的时间复杂度仍然为 $O(n)$。

② 最好情况：当 id = l->size 时（在顺序表的末尾插入元素），实际上不需要移动任何元素，因为新元素可以直接放在最后一个位置之后。此时，插入新元素的时间复杂度为 $O(1)$，因为没有进行任何元素移动。

③ 平均情况：平均情况的时间复杂度依赖于 id 的具体分布。然而，由于不知道 id 的具体分布情况，通常考虑最坏情况作为算法性能的指标。因此，顺序表插入元素的时间复杂度为 $O(n)$。

顺序表插入操作的示例如图 2.2 所示。

0	1	2	3	4	5	6	7	8	9
1	2	3	5	6	7	8	9		

l → data / size=8 / max=10（id 指向下标 3，i 指向下标 7）

0	1	2	3	4	5	6	7	8	9
1	2	3	4	5	6	7	8	9	

l → data / size=9 / max=10（i 指向下标 2，id 指向下标 3）

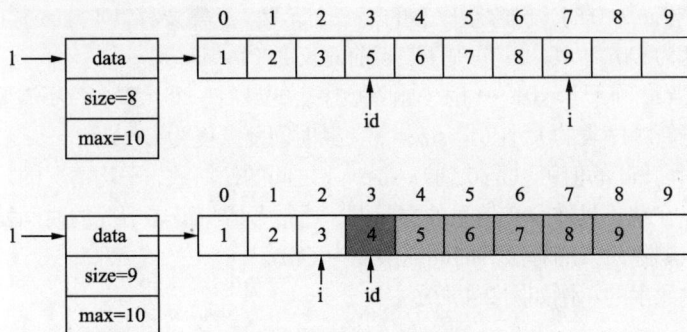

图 2.2　顺序表插入操作的示例

（4）尾插：尾插操作是指将一个数据元素添加到顺序表的末尾，即插入在最后一个元素之后。

算法 2.2　顺序表尾插元素的算法

```
输入：顺序表 l，数据元素 item
输出：插入元素后的顺序表
1 如果(顺序表未满，即 l->size 小于 l->max)，则：
    1.1 将新元素 item 插入下标为 l->size 的位置；
    1.2 l->size 增 1，以反映当前元素个数；
2 否则，执行错误处理，给出错误提示信息；
```

程序 2.4　顺序表尾插算法的实现

程序 2.4

在尾插操作中，无论顺序表的当前大小 l->size 和最大容量 l->max 是多少，操作过程仅包括将新元素 item 插入数组下标为 l->size 的位置，并更新顺序表的大小 l->size++。这些操作都是常数时间的赋值操作，与顺序表的大小无关。因此，尾插算法在任何情况下的时间复杂度都为 $O(1)$。顺序表尾插操作的示例如图 2.3 所示。

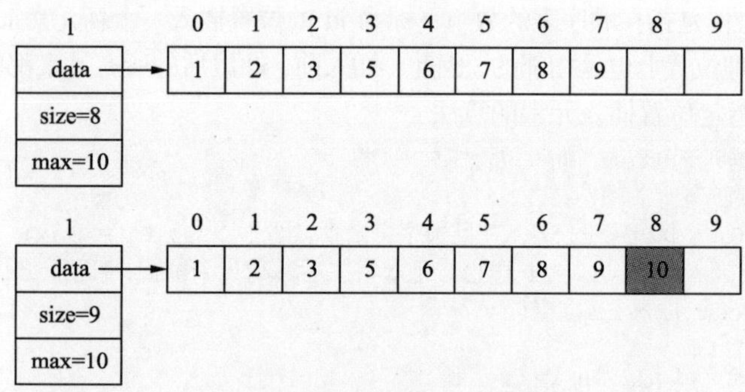

图 2.3　顺序表尾插操作的示例

（5）删除：删除操作是指从顺序表中删除指定位置的元素。

算法 2.3　顺序表删除指定位置的元素的算法

```
输入：顺序表 l，待删除位置 id
输出：删除元素后的顺序表
1 如果(待删除位置 id 合法，即 id >= 0 且 id < l->size)，则：
    1.1 从位置 id 开始，将 id 后的每个元素逐个前移一位，以覆盖被删除的元素；
    1.2 更新顺序表的大小 l->size--；
2 否则，执行错误处理，给出错误提示信息；
```

程序 2.5　顺序表删除指定位置的元素的算法的实现

程序 2.5

该算法的时间复杂度由向前移动元素的操作决定。在删除位置 id 的元素时，需要将位置 id 后面的元素依次向前移动一个位置，共需要移动 l->size － 1−id 个元素来填补空缺。

① 最坏情况：当 id 为 0 时（删除顺序表的第一个元素），需要移动 l->size − 1 个元素，其时间复杂度为 $O(n)$，其中 n 是顺序表当前的长度（l->size）。

② 最好情况：当 id 等于 l->size − 1 时（删除顺序表的最后一个元素），不需要移动任何元素，只需要在常数时间内更新顺序表的大小（l->size--），其时间复杂度为 $O(1)$。

③ 平均情况：由于 id 的值可以是 0 到 l->size − 1 之间的任何数，平均情况的时间复杂度依赖于 id 的具体分布。然而，在缺乏具体分布信息的情况下，通常考虑将最坏情况的时间复杂度作为算法性能的指标。因此，定点删除元素的算法的时间复杂度为 $O(n)$。

顺序表定点删除元素的示例如图 2.4 所示。

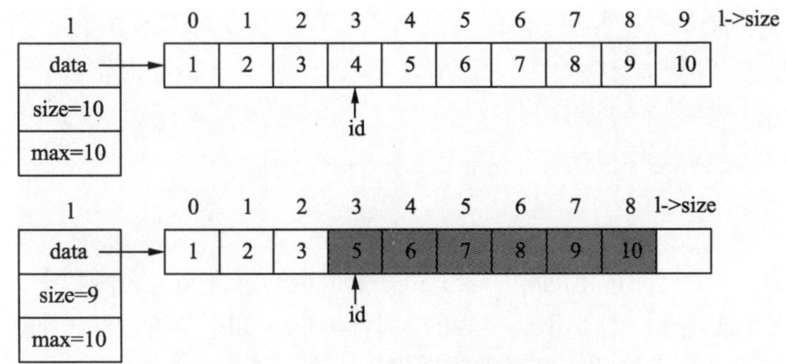

图 2.4　顺序表定点删除元素的示例

（6）清空：清空操作是指移除顺序表中的所有元素，使其恢复为初始状态。

```
void clear(SeqList* l){
    l->size = 0;            //清空顺序表，表的空间还存在，这与析构函数不同
}
```

该函数仅将顺序表中的元素个数（l->size）设置为 0，使得用户无法访问表中原有的数据。但顺序表的数据仍然保留在内存中，只是表现在逻辑上为空。在后续操作中，用户将无法通过顺序表预定义函数访问这些数据。这一点与析构函数的作用有所不同。析构函数不仅会清除顺序表中的数据，还会释放占用的内存，将其归还给系统。顺序表清空的示例如图 2.5 所示。

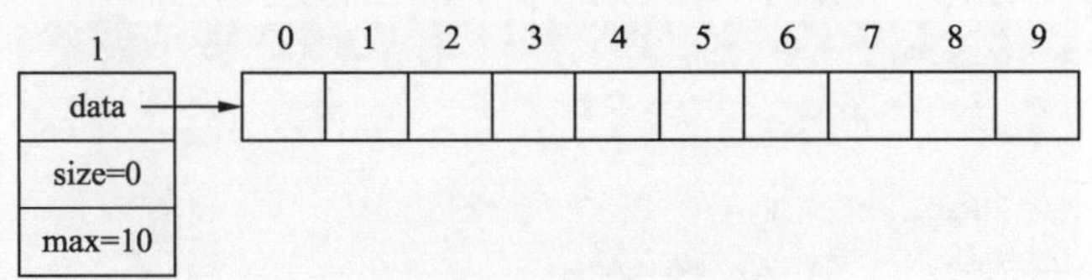

图 2.5　顺序表清空的示例

（7）查找：查找操作是指在顺序表中查找与指定值相等的元素，并返回其所在位置的下标。

算法 2.4　顺序表查找元素的算法

```
输入：顺序表 l，待查找元素 item
输出：目标元素的下标，若未找到则返回 -1
1 初始化数组下标 i 为 0。
2 循环，当(i < l->size)，则：
    2.1 如果(当前元素等于目标元素 item)，则跳出循环，返回下标 i；
    2.2 否则，继续检查下一个元素；
3 返回 -1，表示查找失败；
```

程序 2.6　顺序表查找元素的算法的实现

函数 find()接受一个顺序表 l 和一个要查找的目标元素 item，通过 for 循环从顺序表的第一个元素开始遍历，检查每个元素是否等于目标元素 item。如果找到匹配的元素，函数立即退出循环并返回该元素在顺序表中的下标 i。如果循环结束仍未找到目标元素，则返回-1，表示查找失败。

程序 2.6

查找算法的时间复杂度主要由元素的比较次数决定。

① 最好情况：当目标元素 item 位于顺序表的第一个位置时，查找只需比较一次，时间复杂度为 $O(1)$。

② 最坏情况：若目标元素位于顺序表的最后一个位置或不存在，则需要遍历整个顺序表，时间复杂度为 $O(n)$。

③ 平均情况：通常情况下，查找需要遍历顺序表一半的元素，其时间复杂度仍为 $O(n)$。

（8）读取元素：读取操作是指从顺序表中获取指定位置的元素的 data 值。

```
Type getData(const SeqList* l, int id){
```

```
    if (id >= 0 && id < l->size) {
        return l->data[id];
    }
    else {
        error("Invalid index. Cannot get data.");
    }
}
```

函数 getData()接收一个指向常量的顺序表 l 和一个指定的位置 id。在函数中，首先检查 id 是否在合法范围内，即 id 大于或等于 0 且小于顺序表的大小 l->size。如果位置合法，则返回指定位置 id 处的元素值 l->data[id]。如果位置不合法，则触发错误提示，表示下标无效。

以下是其他一些辅助函数。

（9）求顺序表的大小：该操作用于获取顺序表中元素的个数。

```
int getSize(const SeqList* l) {
    return l->size;
}
```

函数 getSize()直接返回顺序表的大小，即 l->size，表示顺序表中元素的个数。由于 size 是顺序表结构体中的一个成员变量，函数仅需读取该变量并返回其值。该操作的时间复杂度为 $O(1)$，因为只涉及一次成员变量的访问。

（10）判空与判满：这两个操作的作用是判断顺序表是否为空或已满。

```
bool isEmpty(const SeqList* l){
    return l->size == 0;
}
bool isFull(const SeqList* l){
    return l->size == l->max;
}
```

函数 isEmpty()通过检查 l->size 是否为 0 来判断顺序表是否为空。若为空，则返回 true，否则返回 false。函数 isFull()则通过判断 l->size 是否等于 l->max 来确定顺序表是否已满。若已满，则返回 true，否则返回 false。这两个函数的时间复杂度均为 $O(1)$，因为仅涉及简单的比较操作，不需要遍历或执行复杂的逻辑。

（11）输出错误信息：该操作用于输出错误提示，并根据需要决定是否退出程序。

```
void error(const char* errorMessage) {
    cerr << "错误提示: " << errorMessage << endl;
    exit(1);
}
```

cerr 是 C++中用于输出错误信息的标准输出流，与 cout 类似，但通常用于打印错误或警告信息。errorMessage 是描述错误的字符串，会在 cerr 中显示。exit（1）用于终止程序，1 代表程序异常退出。如果不希望程序中止，可以移除这条语句，让程序继续执行后续代码。

（12）输出全部元素：该操作用于输出顺序表中的所有元素。

```
void display(const SeqList* l){//这条语句要在初始化后使用
    if (l->size==0) {
        error("这是一个空表，不能显示.");
    }
    else {
        for (int i=0; i<l->size; i++) {
            cout<<l->data[i]<<" ";
        }
        cout<<endl;
    }
```

```
    return;
}
```

函数 display()接收一个指向常量的顺序表 l。首先检查顺序表是否为空（l->size==0），如果为空则调用函数 error()输出错误提示。否则，通过 for 循环依次输出每个元素，元素之间以空格分隔，末尾输出换行。其时间复杂度为 $O(n)$，其中 n 是顺序表中的元素个数 l->size。

非封装的顺序表设计的不足之处在于，用户可以不通过预定义函数直接操作顺序表的内部数据，也可以根据需要自定义函数，这违背了数据封装的原则。例如，程序 2.7 中的 removeDuplicates1(SeqList* L)和 removeDuplicates2(SeqList* L)是用户新增的两个函数，虽然它们的功能都是删除顺序表中的重复元素，但两者在实现上存在显著差异。removeDuplicates1 通过预定义函数进行操作，而 removeDuplicates2 则不通过这些预定义函数，直接操作顺序表的内部数据，缺乏封装性。

程序 2.7

程序 2.7 针对顺序表增加 removeDuplicates1 和 removeDuplicates2 两个新的函数

2.2.2 顺序表类

顺序表类封装了顺序表的内部数据和操作逻辑，通过公有成员函数向外提供接口，避免外部直接访问和操作内部数据，从而实现了数据隐藏，提高了程序的安全性与可维护性。

1. 顺序表类的定义

下面介绍顺序表类 SeqList 的定义，其中声明了所有成员变量与成员函数。

```
const int DEFAULT_MAXSIZE = 2;                      // 默认最大容量
typedef int Type;                                   // 将 Type 定义为整型数据类型
using namespace std;
class SeqList {
private:
    Type* data;                                     // 指向顺序表数据的指针
    int size;                                       // 当前顺序表中的元素个数
    int maxSize;                                    // 顺序表的最大容量
    void error(const char* c) const;                // 错误处理函数
public:
    SeqList(int maxSize = DEFAULT_MAXSIZE);         // 构造函数，支持指定容量并提供默认值
    SeqList(const SeqList& l);                      // 复制构造函数
    ~SeqList();                                     // 析构函数
    SeqList& operator=(const SeqList& l);           // 复制赋值运算符重载
    Type& operator[](int id);                       // 下标运算符重载（非 const 版本）
    const Type& operator[](int id) const;           // 下标运算符重载（常量版本）
    void insertRear(const Type& item);              // 尾部插入
    void insert(int id, const Type& item);          // 定点插入
    void erase(int id);                             // 删除指定元素
    void swap(int id1, int id2);                    // 交换两个位置的元素
    void replace(int id, const Type& item);         // 替换指定位置的元素
    void clear();                                   // 清空顺序表
    int find(const Type& item) const;               // 查找指定元素的位置
    const Type& getData(int id) const;              // 获取指定位置的元素
    int getSize() const;                            // 获取顺序表中的元素个数
    bool isEmpty() const;                           // 判断顺序表是否为空
    bool isFull() const;                            // 判断顺序表是否已满
    void display() const;                           // 输出顺序表中的所有元素
};
```

类 SeqList 封装了顺序表的内部数据及其操作。该类的私有数据成员包括指向顺序表数据的指针

data、当前元素个数 size 以及顺序表的最大容量 maxSize。公有成员函数则提供了顺序表的基本操作接口，包括构造函数、复制构造函数、析构函数，以及重载的赋值运算符和下标运算符。功能性的成员函数如插入、删除、查找、替换、交换、判空、判满等，进一步丰富了对顺序表的管理。

2．顺序表类的成员函数的实现

（1）构造函数：用于创建一个空的顺序表。

```
SeqList::SeqList(int maxSize) {
    if (maxSize <= 0) {
        error("错误提示：maxSize 必须大于 0");
    }
    this->maxSize = maxSize;
    data = new Type[maxSize];           // 分配内存
    size = 0;                           // 初始化 size
}
```

该构造函数为顺序表分配了大小为 maxSize 的数组 data，并将 size 初始化为 0，表示顺序表为空。maxSize 记录顺序表的最大容量。如果 maxSize 不合法，会调用 error 函数抛出错误提示。

（2）复制构造函数：用于通过复制已有的顺序表对象来初始化一个新的顺序表对象。

```
SeqList::SeqList(const SeqList& l) {
    size = l.size;
    maxSize = l.maxSize;
    data = new Type[maxSize];
    for (int i = 0; i < size; i++) {
        data[i] = l.data[i];
    }
}
```

该复制构造函数通过已有的 SeqList 对象 l 来创建一个新的顺序表对象。首先，将 size 设置为 l.size，以确保新对象的元素个数与原对象相同。接着，将 maxSize 设置为 l.maxSize，确保新对象的容量与原对象一致。然后，分配一个大小为 maxSize 的数组，并通过循环将原对象 l 中的元素逐个复制到新对象的 data 中。这样，新对象就拥有与原对象相同的数据。

使用这样的复制构造函数，在创建新的 SeqList 对象时，可以将已存在的顺序表对象 l 的内容复制到新的对象中，实现顺序表对象的初始化和深度复制。需要注意的是，新对象和原对象是独立的实体，对一个对象的修改不会影响到另一个对象，因为它们分别拥有自己独立的存储空间。

例如，以下代码将对象 l1 的内容复制到对象 l2 中。

```
SeqList l1;
SeqList l2(l1);                         // 调用复制构造函数
```

这样，对象 l2 将拥有与对象 l1 相同的数据，但它们是两个独立的对象。复制构造函数执行过程如图 2.6 所示。

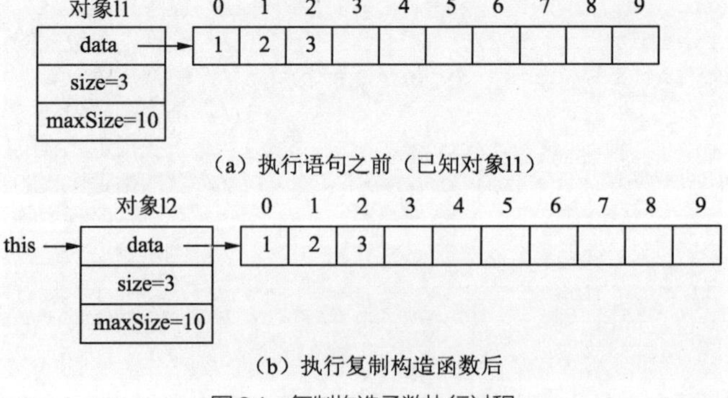

图 2.6　复制构造函数执行过程

（3）复制赋值运算符重载函数：用于将一个顺序表对象的内容复制到另一个已存在的顺序表对象中。

```
SeqList& SeqList::operator=(const SeqList& l) {
    if (this == &l) {
        return *this;
    }                                       // 判断是否是自我赋值
    delete[] data;                          // 释放当前对象已有的资源
    size = l.size;
    maxSize = l.maxSize;                    // 将 max 的值设置为和原顺序表一样
    data = new Type[l.maxSize];             // 分配新的 data 数组并复制元素
    for (int i = 0; i < size; i++) {        // 复制元素
        data[i] = l.data[i];
    }
    return *this;
}
```

在该函数中，if(this == &l)用于检查是否发生了自我赋值，避免资源误释放或内存出错。“delete[] data;”语句用于释放当前对象已有的资源，为分配新资源做准备。然后，分配新数组并将原对象的元素逐个复制到当前对象中。最后，返回当前对象的引用 *this，以支持链式赋值操作。

通过这个函数，顺序表对象可以被安全赋值，并实现深度复制。例如，

```
SeqList l1;
SeqList l2;
l2 = l1;                                    // 调用复制赋值运算符重载函数
```

“l2 = l1;”也可写为“l2. operator=（l1）;”。其执行过程如图 2.7 所示。

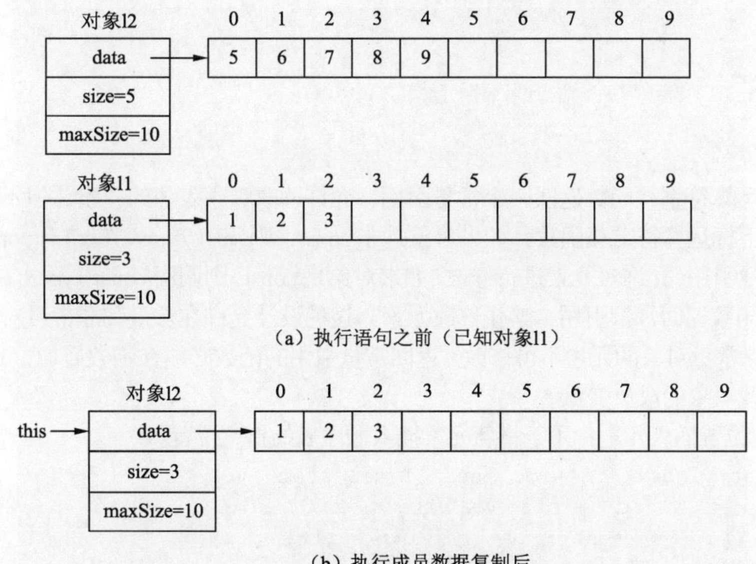

图 2.7 复制赋值运算符重载函数执行过程

复制赋值运算符重载函数与复制构造函数的区别如下。

① 触发时机不同：复制构造函数在创建新对象时触发，用于初始化新对象；而复制赋值运算符重载函数在已有对象赋值时触发，用于将一个对象的内容赋值给另一个已存在的对象。

② 形式不同：复制构造函数没有返回值，而复制赋值运算符重载函数返回类的引用，支持链式赋值。

③ 使用场景不同：复制构造函数用于对象的初始化，而复制赋值运算符重载函数主要用于对象赋值，即在对象已存在的前提下修改其内容。

（4）析构函数：用于释放顺序表的内存空间。

```
SeqList::~SeqList(){
    delete[]data;
}
```

析构函数 SeqList::~SeqList()是 SeqList 类的特殊成员函数，在对象销毁时自动调用，用于释放动态分配的内存资源。在这个析构函数中，通过“delete[] data;”语句释放了之前为顺序表 data 动态分配的内存空间，防止内存泄漏。

（5）数组下标运算符重载函数：用于通过下标访问顺序表中的元素。

```
Type& SeqList::operator[](int id) {
    if (id >= 0 && id < size) {
        return data[id];
    }
    else {
        error("下标越界，无法访问数据元素。");
    }
}
```

该函数首先检查下标 id 是否在合法范围[0, size）之内，若合法，则返回对应元素的引用；若越界，则调用 error()输出错误信息。为了增强程序的健壮性，可以采用异常处理机制来处理下标越界的情况，抛出 out_of_range 异常，以便调用者进行处理。

（6）常量型数组下标运算符重载函数：用于通过下标访问顺序表中的元素，但不允许修改。

```
const Type& SeqList::operator[](int id) const {
    if (id >= 0 && id < size) {
        return data[id];
    }
    else {
        error("下标越界，无法访问数据元素。");
    }
}
```

常量型下标运算符重载函数返回一个常量引用，允许读取顺序表中的元素，但不允许修改。顺序表类定义了两个下标运算符重载函数：如果对象是非 const，则调用 Type& SeqList::operator[](int id)，该函数返回非常量引用，允许对元素进行修改；如果对象是 const，则调用 const Type& SeqList::operator[](int id)const，该函数返回常量引用，禁止修改元素。这种设计允许在常量和非常量对象上都使用下标运算符，同时确保常量对象的元素不可修改。返回常量引用的函数必须在函数后加上 const 关键字，表示该函数不会修改对象的成员变量。

（7）在指定位置插入元素：用于将新元素插入顺序表的指定位置。

```
void SeqList::insert(int id, const Type& item) {
    if (id >= 0 && id <= size && size < maxSize) {
        for (int i = size - 1; i >= id; --i) {
            data[i + 1] = data[i];
        }
        data[id] = item;
        ++size;
    }
    else {
        if (size == maxSize)
            error("顺序表已满，无法插入新元素。");
        else
            error("下标越界，无法插入元素。");
```

```
    }
}
```

该函数首先检查插入位置是否有效且顺序表是否未满。如果插入位置有效且顺序表未满，则函数会通过循环从 size-1（最后一个元素）开始，逐个将元素向后移动一个位置。然后，将新元素 item 插入数组下标为 id 的位置。最后，将顺序表的元素个数增 1。否则，调用函数 error()输出相应的错误提示信息，表示无法插入新元素。

该操作的时间复杂度为 $O(n)$，因为插入时需要移动 size − id 个元素。在最坏情况下（当元素插入第一个位置，即 id=0 时），需要移动所有元素，即移动 size 个元素，时间复杂度为 $O(n)$；而在最好情况下（当元素插入最后一个位置，即 id=size 时），不需要移动元素，时间复杂度为 $O(1)$。

（8）尾插：用于在顺序表末尾插入新元素。

```
void SeqList::insertRear(const Type& item) {
    if (size < maxSize) {
        data[size] = item;
        ++size;
    }
    else
        error("顺序表已满，无法尾插元素!");
}
```

该函数首先检查顺序表是否已满。如果未满，则将新元素插入顺序表末尾，将 item 赋值给数组 data 下标为 size 的位置，并将顺序表的元素个数增 1。否则，调用函数 error()输出错误提示信息，表示无法插入新元素。由于不需要移动其他元素，该操作的时间复杂度为 $O(1)$。

（9）删除指定位置元素：用于从顺序表中删除指定位置的元素。

```
void SeqList::erase(int id) {
    if (size > 0 && id >= 0 && id < size) {
        for (int i = id + 1; i < size; ++i) {
            data[i - 1] = data[i];
        }
        --size;
    }
    else {
        if (size == 0)
            error("顺序表为空，不能删除元素!");
        else
            error("删除位置超出顺序表范围，不能删除元素!");
    }
}
```

该函数首先检查顺序表是否为空，以及删除位置是否有效。如果顺序表非空且位置有效，函数会通过循环将 id 后面的元素依次向前移动一个位置，从而覆盖被删除的元素。然后，将顺序表的元素个数减 1。否则，调用函数 error()输出相应的错误提示信息，表示不能删除元素。

该操作的时间复杂度为 $O(\text{n})$，因为删除时需要移动 size − 1− id 个元素。在最坏情况下（删除第一个位置的元素），需要移动 size − 1 个元素；而在最好情况下（删除最后一个元素），不需要移动其他元素，时间复杂度为 $O(1)$。

（10）读取指定元素：用于从顺序表中读取指定位置的元素。

```
const Type& SeqList::getData(int id) const {
    if (size > 0 && id >= 0 && id < size) {
        return data[id];            // 返回指定位置的元素
    }
```

```
    else {
        if (size == 0)
            error("顺序表为空，不能读取元素!");
        else
            error("位置超出顺序表范围，不能读取元素!");
    }
}
```

该函数首先检查顺序表是否为空，以及指定位置是否有效。如果顺序表非空且位置有效，函数会返回数组中对应位置 id 的元素的常量引用。否则，函数会调用函数 error()输出相应的错误提示信息，表示不能读取指定元素。该操作的时间复杂度为 $O(1)$，因为数组元素可以通过下标直接访问，无须其他操作。

（11）查找：用于在顺序表中查找指定元素。

```
int SeqList::find(const Type& item) const {
    for (int i = 0; i < size; ++i) {
        if (data[i] == item) {
            return i;              // 找到，直接返回下标
        }
    }
    return -1;                     // 遍历结束，未找到，返回 -1
}
```

该成员函数用于查找顺序表中与 item 相等的元素。函数通过遍历顺序表的每一个元素，依次比较当前元素和 item 是否相等。如果找到相等元素，则返回其下标。如果遍历完整个顺序表后仍未找到该元素，则返回-1，表示查找失败。该算法的时间复杂度为 $O(n)$，其中 n 是顺序表的大小，最坏情况下需要遍历整个顺序表。

（12）清空：用于将顺序表中的所有元素在逻辑上移除。

```
void SeqList::clear(){
    size=0;
}
```

该成员函数将顺序表的 size 置为 0，从而实现清空顺序表的效果。虽然顺序表的内存空间未被释放，但逻辑上顺序表已经变为空表，后续可以插入新元素。与析构函数不同，clear()只是在逻辑上清空数据，不释放内存。析构函数则会在对象销毁时释放顺序表的动态内存，彻底移除对象。

（13）求顺序表的长度：用于返回顺序表中元素的个数。

```
int SeqList::getSize()const {
    return size;
}
```

该成员函数通过返回顺序表的 size 变量，获取顺序表中的元素个数。由于函数声明为 const，保证其不会修改顺序表的成员变量。

（14）判空与判满：这两个操作的作用是判断顺序表是否为空或已满。

```
bool SeqList::isEmpty()const {//判空。判断顺序表是否空
    return(size == 0);
}
bool SeqList::isFull()const {//判满。判断顺序表是否满
    return(size == maxSize);
}
```

这两个成员函数通过检查顺序表的 size 变量是否为 0 或等于 maxSize 来判断顺序表的状态。函数 isEmpty()用于判断顺序表是否为空，函数 isFull()则用于判断顺序表是否已满。两者均被声明为 const，

保证不会修改顺序表的状态。

（15）输出错误信息：用于在发生错误时输出提示并终止程序。

```
void SeqList::error(const char* c)const {
    cerr << "错误: " << c << endl;
    exit(1);
}
```

该函数用于输出错误信息。当函数的参数 c 指定的错误信息被传入时，函数将在标准错误流中打印该信息，并调用 exit(1)终止程序的执行。返回码 1 通常表示程序因错误而异常终止。在使用 exit()函数时，需要包含头文件<cstdlib>。如果不增加这条语句，则程序将继续执行。

（16）输出顺序表：用于输出顺序表中的所有元素及其相关信息。

```
void SeqList::display() const {
    cout << "顺序表的 Data 值为: ";
    for (int i = 0; i < size; i++) {
        cout << data[i] << " ";
    }
    cout << endl;
    cout << "顺序表的元素的个数为: " << size << endl;
    cout << "顺序表的容量为: " << maxSize << endl;
}
```

该函数首先会遍历顺序表中的每个元素，将其打印到标准输出流中，接着会显示顺序表中当前元素的个数和总容量，帮助用户了解顺序表的状态。

对于类 SeqList 中的成员函数实现，可以将其放置在一个名为 SeqListClass.cpp 的源文件中，而类的声明则放在头文件 SeqListClass.h 中。这样组织代码有助于代码的可读性和维护性，通常不需要将 SeqListClass.cpp 文件直接包含到 main.cpp 文件中。

2.2.3 顺序表类模板

在前述顺序表类中，为了便于类型扩展，使用“typedef”进行类型抽象，方便日后进行类型替换。语句“typedef int Type;”将 int 重命名为 Type，以后使用 Type 就等同于使用 int，如果需要将顺序表中的元素类型改为 double，只须修改 typedef 语句即可，无须逐个调整代码中的 int 类型。这种方法提高了代码的可维护性和复用性。但这样的做法仍然是静态的，即一旦定义了 Type 的数据类型，在程序运行时无法处理其他数据类型。

为了解决这一问题，C++引入了类模板（Class Template）。类模板允许定义通用的模板类，用户可以在实例化时指定不同的数据类型，避免为每种数据类型编写重复的代码。顺序表类模板声明如下所示，仅列出与顺序表类的差异部分，其他结构与成员函数保持一致。

```
#ifndef SEQLIST_T_H
#define SEQLIST_T_H
const int DEFAULT_MAXSIZE = 10;
using namespace std;
template <class T>
class SeqList {
private:
    T* data;                                // 指向顺序表数据的指针
    int size;                               // 当前顺序表中的元素个数
    int maxSize;                            // 顺序表的最大容量
    void error(const char* c) const;        // 错误处理函数
public:
```

```
    SeqList(int maxSize = DEFAULT_MAXSIZE);     // 构造函数，支持指定容量并提供默认值
    SeqList(const SeqList& l);                  // 复制构造函数
    ~SeqList();                                 // 析构函数
    SeqList& operator=(const SeqList& l);       // 复制赋值运算符重载
    T& operator[](int id);                      // 下标运算符重载（非 const 版本）
    const T& operator[](int id) const;          // 下标运算符重载（常量版本）
    // 其他成员函数与顺序表类相同，只将 Type 替换为模板参数 T
};
```

与之前的顺序表类相比，类模板的主要区别在于删除了 typedef int Type;，并增加了 template <class T>。在现代 C++编程中，使用 template <typename T>更为常见，但 template <class T>同样简洁有效。本书统一使用 template <class T>来声明类模板。

类模板的每个成员函数的实现，都需要在类名后添加模板参数<T>。程序 2.8 是顺序表类模板部分函数的实现。

程序 2.8　顺序表类模板的函数实现

程序 2.8

程序 2.9

使用 SeqList 类模板的测试主函数如程序 2.9 所示，它实例化了两个对象，其数据类型分别是 int 和 char。

程序 2.9　顺序表类模板的测试主函数

2.2.4 模仿的向量（vector）类模板

在上述的顺序表类模板中，数组容量（maxSize）是固定的，不能在运行时动态调整，如果需要存储更多的元素，就必须手动创建新的顺序表并复制已有数据。这种操作既复杂又容易导致内存浪费和性能下降。另外，顺序表类模板中多数函数的边界检查都是通过自定义的错误提示或函数（如函数 error()）来处理的，而不是通过抛出标准化的异常。虽然这种方式可以在调试时提供错误信息，但在实际应用中，程序并不会抛出异常并停止运行，从而使得错误处理的健壮性不足。

1．C++标准模板库（STL）的 vector 简介

vector 是 C++标准模板库（STL）中的一个动态数组容器，支持高效的随机访问和自动内存管理，其特性如下。

（1）动态调整数组大小：vector 使用连续内存块存储数据，既保证了高效访问，同时可以根据需要自动调整数组容量，无须手动处理内存分配与扩容问题，减少了内存浪费和性能开销。

（2）标准化的异常处理：vector 在进行访问元素时会检查边界，防止越界访问，减少了出现程序崩溃或异常的可能性。

（3）与算法库的无缝集成：vector 支持与 C++标准库的各种算法（如排序、查找等）无缝集成，使开发更加高效。

（4）迭代器支持：vector 提供了完整的迭代器支持，便于高效地遍历、插入和删除元素。

为了帮助读者加深对标准库 vector 类模板的理解，接下来介绍一个模仿其功能的自定义 vector 类模板，为了区别起见，将该模板起名为 vector，并存于头文件 vector.h 中。为了以示区别，vector.h 中的所有函数都是以大写字母开头。这里介绍模仿的 vector 类模板是为了帮助读者理解标准库中的 vector 类模板，以后如果需要使用 vector 类模板，建议仍使用标准库中的 vector 类模板。

2．vector 类模板的定义

```
template<class T>
class vector{
private:
    T *data;                                  //指向动态数组指针
    int size;                                 //数组的数据元素个数
```

```
    int max;                                        //数组容量
    void error(const char* cs) const;               //错误信息报告
public:
    enum{SPARE_MAX=16};                             //枚举常量表示数组最小长度
    explicit vector(int n = 0);
                        //explicit 关键字用于修饰单参数的构造函数,其作用是防止隐式转换
    vector(const vector& v);                        //复制构造函数
    ~vector();                                      //析构函数
    vector& operator=(const vector<T>& v);          //复制赋值函数
    T& operator[](int id);                          //下标运算符函数
    const T& operator[](int id)const;               //常量型下标运算符函数
    bool isEmpty()const;                            //判空
    int getSize()const;                             //求数据个数
    int Max()const;                                 //求数组容量
    void Push_back(const T& item);                  //尾插
    void Pop_back();                                //尾删
    const T& Back()const;                           //返回尾元素的引用
    const T& Front()const;                          //返回首元素的引用
    void Clear();                                   //清空，删除所有数据元素
    void Reserve(int newMax);                       //扩大数组容量为 newMax，保留原来数据
    void Resize(int newSize,const T& item=T());
                            //把数据个数增加为 newsize,原来的数据保留,其余的值为 item
    //迭代器类型
    typedef T* iterator;                            //定义迭代器类型
    typedef const T* const_iterator;                //指向 const 常量的迭代器
    iterator begin();                               //使迭代器指向容器起始位置
    const_iterator begin()const;                    //使 const 常量的迭代器指向容器起始位置
    iterator end();                                 //使迭代器指向容器结束位置
    const_iterator end()const;                      //使 const 常量的迭代器指向容器结束位置
    iterator Insert(iterator itr,const T& item);//将元素插入迭代器的指向的位置
    iterator Erase(iterator itr);                   //删除迭代器的指向元素
    void display()const;
};
```

vector 类成员变量和成员函数与顺序表类模板的成员变量和成员函数基本相同。“enum { SPARE_MAX = 16 };”的作用是定义一个枚举常量 SPARE_MAX，目的是为动态数组在创建时预留一些额外的空间，以减少频繁的内存分配和扩容操作。

3．vector 类部分成员函数的实现

（1）构造函数

```
template<class T>
vector<T>::vector(int n): size(0), max(n + SPARE_MAX){
    if (max > 0)
        data = new T[max];
}
```

这个构造函数的作用是创建一个向量对象，其元素个数为 0，初始容量为 n + SPARE_MAX。如果没有提供参数，则默认为 0，向量的容量为 SPARE_MAX。冒号后面是初始化列表（Initialization List），它在函数体执行之前执行，设置成员变量的初始值。构造函数的声明中加上 explicit 关键字，表明该构造函数禁止隐式转换。

（2）复制构造函数

```
template<class T>
```

```
vector<T>::vector(const vector& v) : size(v.size), max(v.max){
    data = new T[max];
    for (int i = 0; i < size; i++) {
        data[i] = v.data[i];
    }
}
```

（3）析构函数

```
template<class T>
vector<T>::~vector(){
    delete[] data;
}
```

（4）复制赋值函数

```
template<class T>
vector<T>& vector<T>::operator=(const vector<T>& v){
    if(max!=v.Max()){
        delete[]data;
        max=v.Max;
        data=new T[max];
    }
    size=v.getSize();
    for(int i=0;i<size;i++)
        data[i]=v.data[i];
    return(*this);
}
```

（5）下标运算符重载函数

```
template<class T>
T& vector<T>::operator[](int id){
    return (data[id]);
}
```

（6）常量型下标运算符重载函数

```
template<class T>
const T& vector<T>::operator[](int id) const{
    return (data[id]);
}
```

（7）判空

```
template<class T>
bool vector<T>::isEmpty() const{
    return (size == 0);
}
```

在 vector 类中没有判满函数，因为它采用了动态数组的方式存储数据，当数组容量不足时，可以自动调整大小。

（8）读取数据元素的个数

```
template<class T>
int vector<T>::getSize() const{
    return (size);
}
```

（9）读取数组空间容量

```
template<class T>
int vector<T>::Max() const{
```

```
    return (max);
}
```

（10）尾插

```
template<class T>
void vector<T>::Push_back(const T& item) {
    if(size==max)                                //如果空间数据已满，就要先扩大容量
        Reserve(2*max+ SPARE_MAX);               //扩展容量，通常扩展为 2 倍
    data[size++]=item;                           //插入元素到尾部，数据元素个数增 1
}
```

（11）尾删

```
template<class T>
void vector<T>::Pop_back(){
    if (size == 0)
        error("错误提示，向量为空！");
    else size--;
}
```

（12）返回尾元素的引用

```
template<class T>
const T& vector<T>::Back() const{
    if (size == 0)
        error("错误提示，向量为空！");
    else return (data[size - 1]);
}
```

这里返回引用可以保持对数据的访问一致性，确保返回的是实际存储在 vector 中的那个尾元素的地址，而不是一个临时的副本。这在修改操作或链式调用中尤为重要。返回 const 引用意味着调用者不能通过引用修改这个元素，保证了对向量尾元素的只读访问，避免了意外的修改。

（13）返回首元素的引用

```
template<class T>
const T& vector<T>::Front() const{
    if (size == 0)
        error("错误提示，向量为空！");
    else return (data[0]);
}
```

（14）清空

```
template<class T>
void vector<T>::Clear(){
    size = 0;
}
```

（15）扩容

```
template<class T>
void vector<T>::Reserve(int newmax){
    if (newmax < max)                        //如果数组容量满足要求，则返回
        return;
    T* old = data;                           //保留原数组
    data = new T[newmax];                    //重新分配新数组
    for (int i = 0;i < size;i++)             //把原数组中的数据复制到新数组
        data[i] = old[i];
    max = newmax;                            //修改数组容量
    delete[]old;                             //释放原数组空间
```

```
}
```

Reserve()用于增加数组的容量，但不改变当前数据元素的个数。当预计将要插入大量元素时，提前调用 Reserve()可以避免多次重新分配内存，从而提高性能。

（16）调整数组容量的大小

```
template<class T>          //数据个数增为 newsize，原数据保留，增加的数据元素初始化为 item
void vector<T>::Resize(int newsize, const T& item){
    if (newsize > max)                            //如果数据元素个数大于数组容量
        Reserve(newsize * 2 + SPARE_MAX);         //扩大数组容量
    for (int i = size;i < newsize;i++)            //把增加的数据元素初始化为 item
        data[i] = item;
    size = newsize;
}
```

函数 Resize()既可以改变数组的容量，也可以改变数据元素的个数。当 Resize()增加数组容量时，新增加的元素会被初始化为 item（或默认值）。如果 Resize()减少容量，则超出的元素将被删除。标准库中的 std::vector 同样提供了扩容和调整大小的函数，它们的行为与自定义的 vector 类类似。

4．迭代器

在 C++标准库中，迭代器（iterator）是一种用于遍历容器中元素的对象。迭代器类似于指针，可以访问容器中的元素，并支持遍历操作。具有迭代器的容器称为标准容器，基于标准容器的算法被称为通用算法。在模仿标准容器的 vector 类中，也定义了迭代器类型，如下所示。

```
typedef T* iterator;                              //迭代器
typedef const T* const_iterator;                  //常量迭代器
```

这里通过 typedef T*和 typedef const T*分别定义了新的类型别名 iterator 和 const_iterator，用于普通迭代器和常量迭代器。以下是与迭代器相关的操作函数。

（1）获取第一个元素的迭代器

```
template<class T>
typename vector<T>::iterator vector<T>::begin(){
    return &data[0];
}
```

typename vector<T>::iterator 是返回值的类型。C++使用 typename 关键字来明确表示 vector<T>::iterator 是一个类型而非成员或函数。typename 是在使用模板依赖类型时强制要求的，以避免歧义。早期的 C++编译器（如 VC6.0）即使没有 typename 也能编译通过，但现代标准要求使用。

（2）获取常量型对象的第一个元素的迭代器

```
template<class T>
typename vector<T>::const_iterator vector<T>::begin() const{
    return &data[0];
}
```

（3）获取最后一个元素的迭代器

```
template<class T>
typename vector<T>::iterator vector<T>::end(){
    return (&data[size]);
}
```

（4）获取常量型对象的最后一个元素的迭代器

```
template<class T>
typename vector<T>::const_iterator vector<T>::end() const{
    return (&data[size]);
}
```

（5）删除迭代器指定的元素

```
template<class T>
typename vector<T>::iterator vector<T>::Erase(iterator itr) {
    if (size == 0) {                                    //检查是否是空表
        error("错误提示，向量为空!");
        return end();                                   //错误时返回 end()表示操作失败
    }
    else if (itr < begin() || itr >= end()) {           //检查删除位置是否合法
        error("错误提示，删除位置不合法!");
        return end();                                   //错误时返回 end()表示操作失败
    }
    else {
        for (iterator p = itr; p != end() - 1; ++p) {
            *p = *(p + 1);                              //元素后移
        }
        size--;                                         //删除后数据元素个数减 1
        return itr;                                     //返回删除元素后的迭代器
    }
}
```

图 2.8 展示了删除迭代器指定的元素的一个示例，删除操作将移除迭代器指定的元素，并将后续的元素依次前移一位，以便保持容器的连续性。

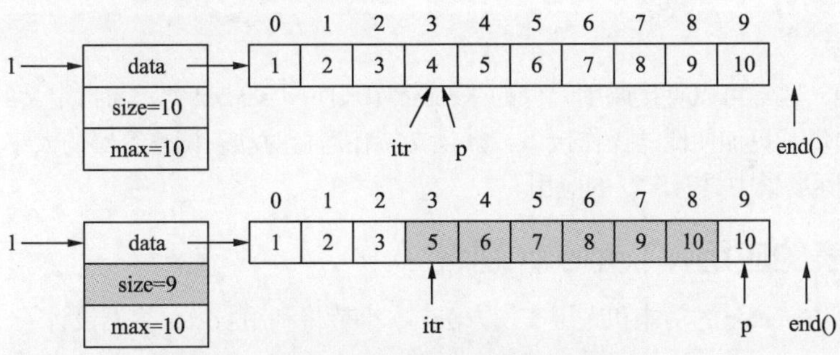

图 2.8 删除迭代器指定的元素

（6）在迭代器指定位置插入一个元素

```
template<class T>
typename vector<T>::iterator vector<T>::Insert(iterator itr, const T& item) {
    if (size == max) {
        Reserve(2 * max + SPARE_MAX);          // 如果空间数据已满，就先扩大容量
    }
    if (itr < begin() || itr > end()) {        // 检查插入位置是否合法
        error("误提示：插入位置不合法!");        // 显示错误提示
        return end();                          // 插入失败时，返回一个无效的迭代器
    }
    for (iterator p = end(); p != itr; --p) {
        *p = *(p - 1);                         // 从尾元素到插入位置上元素往后移动一个位置
    }
    *itr = item;                               // 插入元素到指定位置
    size++;                                    // 数据元素个数增 1
    return itr;                                // 返回插入位置的迭代器
}
```

在迭代器指定位置插入一个元素示例如图 2.9 所示。

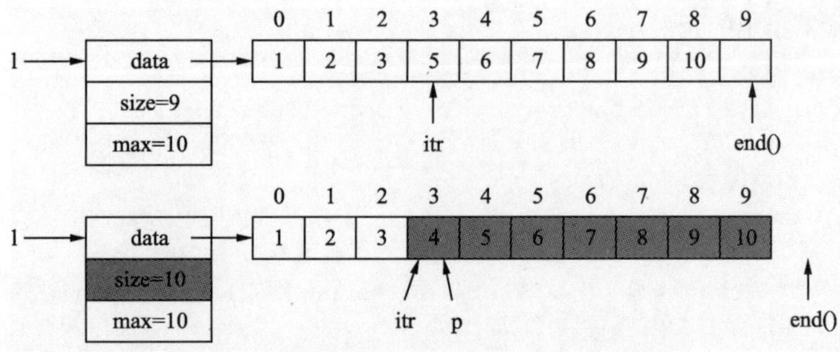

图 2.9　在迭代器指定位置插入一个元素示例

（7）输出错误信息

```
template<class T>
void vector<T>::error(const char* cs) const{
    cerr << cs << endl;
}
```

（8）输出元素 display()函数

```
template<class T>
void vector<T>::display(){
    typename vector<T>::iterator first =begin(), last = end();
    for (;first != last;++first)
        cout << *first << ' ';
}
```

在实际应用中，通常可以直接调用 C++的 vector 库来使用 vector 类。与自定义的 vector 类相比，C++的 vector 类提供了更加便捷的操作接口，并且支持在运行时动态调整容器的大小。这使得 C++的 vector 类在许多实际场景中具有广泛的应用。

2.2.5　顺序表的应用：Todo 计划表

前面介绍了模仿 vector 的功能和底层实现方法。本小节将利用 vector 容器设计一个“Todo 计划表”应用程序。

1．问题描述

Todo 计划表是生活中常见的任务管理工具，用户可以添加任务，并能够在任务完成后将其标记为完成或从列表中移除。此外，还可以根据任务的优先级对其排序。这个过程与顺序表的操作相似，因此可以通过顺序表来模拟一个简单的 Todo 计划表，实现任务的添加、删除、修改、查询等功能。

2．解决思路

在该案例中，TodoList 类使用 vector 来存储待办事项信息。每个待办事项（TodoItem）包含任务描述、优先级、是否完成标记和截止日期 4 个属性。addTask 函数用来向列表中添加任务，markTaskAsCompleted 函数用来标记某任务已完成，displayTasks 函数用来显示当前的待办事项列表，包括任务的完成状态。deleteTask 函数用来通过任务序号删除任务。此外，sortTasksByPriority 函数可以按优先级对任务列表进行排序，这里使用冒泡排序算法对其排序。

3．算法及程序

Todo 计划表的实现如程序 2.10 所示。

程序 2.10　Todo 计划表的实现

程序 2.10

这个实例程序展示了 vector 在实际项目中的典型应用场景。程序员借助 vector 的自动内存管理机制和灵活的接口，可以高效地管理任务列表，实现任务的添加、删除、遍历、排序等功能。

2.3 链表

2.3.1 链表的基本概念

链表（linked list）是一种常见的数据结构，它由一系列节点（node）组成，每个节点包含数据域和指针域两部分，数据域存入数据元素，指针域存放指向下一个或前一个节点的指针。链表中的节点可以在内存中不连续地分布，可利用指针将它们链接在一起。链表在物理存储单元上是非连续、非顺序的，而逻辑顺序是连续的，是利用链表中的指针实现链接顺序的。

链表有多种类型，最常见的有单链表、双向链表和循环链表。

2.3.2 单链表

1．单链表概述

单链表（singly linked list）的每个节点包含一个数据元素 data 和一个指向下一个节点的指针 next。单链表的最后一个节点的 next 指针为空指针（通常为 nullptr），表示链表的结束。由于单链表的节点只含有指向后继节点的指针，因此只能从头节点开始逐个访问，无法从任一节点逆向访问前驱节点。

单链表的主要优势在于插入和删除操作的时间复杂度为 $O(1)$，只需修改相邻节点的指针即可，无须像数组那样移动大量元素。然而，单链表访问特定节点的时间复杂度为 $O(n)$，因为必须从头节点开始逐个访问，直到找到目标节点。

单链表广泛应用于需要频繁插入和删除的场景，如栈（stack）和队列（queue）的实现，以及操作系统中的动态内存管理等。单链表的节点结构如图 2.10 所示。

data	next

图 2.10 单链表的节点结构

2．单链表的类型

单链表有不带头节点的单链表和带头节点的单链表两种。

（1）不带头节点的单链表

在不带头节点的单链表中，链表的第一个节点即为头节点，直接存储数据元素，并保存指向下一个节点的指针。如果链表为空，头节点指针为 nullptr。链表的最后一个节点的指针也为 nullptr，表示链表的结束。在这种情况下，插入和删除操作需要特别处理链表的头部，因为没有额外的头节点来简化这些操作。不带头节点的单链表判断是否为空的语句是（head == nullptr）。不带头节点的单链表结构如图 2.11 所示。

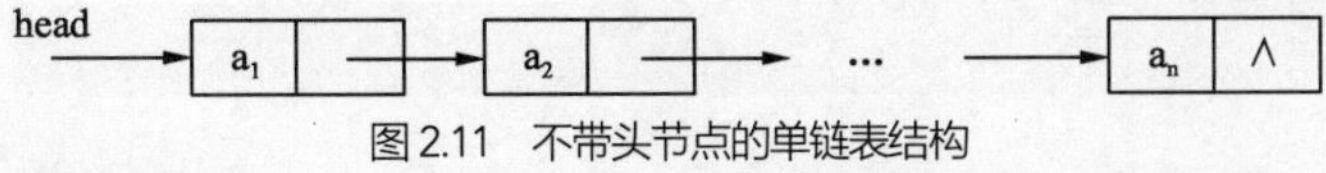

图 2.11 不带头节点的单链表结构

（2）带头节点的单链表

带头节点的单链表在第一个节点之前增加了一个额外的头节点。该头节点不存储实际的数据元素，只存储指向第一个实际数据节点的指针。带头节点的单链表判断是否为空的语句是（head ->next== nullptr）。带头节点的单链表的优势是简化了在链表头部进行插入和删除操作的过程，因为无论链表中是否包含数据节点，头节点始终存在，不需要单独处理第一个数据节点。这样做不仅提高了链表操作的统一性，还增强了代码的简洁性和可读性。带头节点的单链表结构如图 2.12 所示。

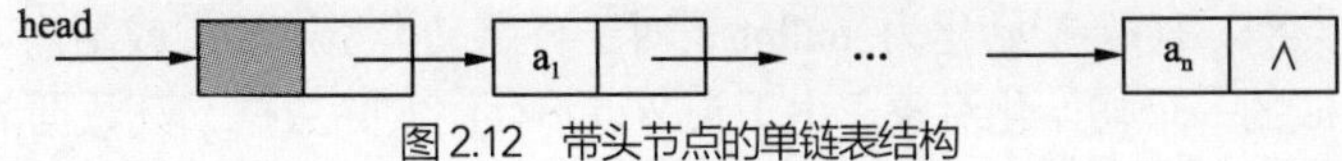

图 2.12 带头节点的单链表结构

3．带头节点的单链表类

带头节点的单链表类的声明如下。

```
using namespace std;
template <class T>
class SingleLinkedList{
private:
    struct Node{
        T data;
        Node* next;
        Node(const T& item): data(item), next(nullptr) {}
    };
    Node* head;
    void removeAfter(Node* P);      //删除指针 P 所指向的下一个节点（私有函数）
    void insertAfter(Node* P, const T& item);//指针 P 所指向的节点的后面插入一个节点
public:
    SingleLinkedList();
    ~SingleLinkedList();
    void insertFront(const T& item);
    void insertBack(const T& item);
    void insertAfter_i(int i, const T& item);
    void removeFront();
    void removeAfter_i(int i);
    bool remove(const T& item);     //删除值 item 的节点
    bool isEmpty() const;
    void display() const;
};
```

在上述单链表类中，定义了一个节点的结构体 Node。

```
struct Node{
        T data;
        Node* next;
        Node(const T& item) : data(item), next(nullptr) { }
    };
```

这个结构体封装了节点的数据和指针，并且作为单链表类的私有成员，使得节点的实现细节对外部不可见。构造函数 Node（const T& item）将新创建的节点初始化为存储 item 的数据，且其 next 指针被设置为 nullptr，表示节点暂时没有后继节点。

接下来，将实现并解释单链表类中的各个成员函数。

（1）构造函数

```
template <class T>
SingleLinkedList<T>::SingleLinkedList(){
    head = new Node(T());              // 创建头节点，数据默认值为零元
}
```

这个构造函数的作用是创建一个头节点，它调用了 Node 结构体中的构造函数“Node（const T& item）”，将新生成的头节点的数据初始化为类型 T 的默认值 T()，并将 next 指针初始化为 nullptr，表示该节点暂时没有指向后续节点。在 C++中，T()表示对类型 T 进行值初始化（value initialization）。它的实际含义取决于 T 的类型。对于内置类型（如 int, float, char 等基本数据类型），T()会将值初始化为“零”；对于指针类型，T()会初始化为 nullptr；对于自定义类型（如类或结构体），T()会调用类型 T 的默认构造函数生成的一个初始化对象。由于头节点不存储实际数据，其数据部分 data 的值在逻辑上并不重要。

（2）析构函数

```
template <class T>
SingleLinkedList<T>::~SingleLinkedList() {
    Node* current = head;
    while (current != nullptr) {
        Node* next = current->next;
        delete current;
        current = next;
    }
}
```

这个析构函数通过循环遍历整个单链表，从头节点开始，依次删除每个节点，它使用了两个指针：current 用于跟踪当前要删除的节点，next 用于保存当前节点的下一个节点指针。循环结束后，链表的所有节点都会被释放，确保了没有内存泄漏。

（3）头插

在头节点后插入一个新的节点。

```
template <class T>
void SingleLinkedList<T>::insertFront(const T& item){
    Node* newNode = new Node(item);     //产生一个新节点
    newNode->next = head->next;         //第 1 步：将新节点接入头节点的下一个节点位置
    head->next = newNode;               //第 2 步：让头节点的 next 指针指向新节点
}
```

该函数首先创建一个新的节点 newNode，并将其数据初始化为 item。接着，将新节点的 next 指针指向头节点的下一个节点，以确保链表保持完整连接。最后，更新头节点的 next 指针，使其指向新节点，从而完成新节点在链表头部的插入操作。由于该操作仅涉及指针的修改，因此头插的时间复杂度为 $O(1)$。单链表的头插操作如图 2.13 所示。

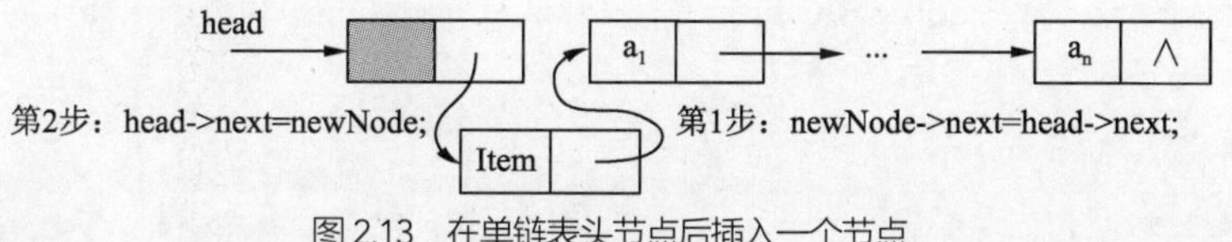

图 2.13　在单链表头节点后插入一个节点

（4）尾插

在单链表末尾插入一个新的节点。

```
template <class T>
void SingleLinkedList<T>::insertBack(const T& item){
    Node* newNode = new Node(item);     //产生一个新节点
    Node* current = head;
    while (current->next != nullptr) {
        current = current->next;        //找到最后一个节点
    }
    current->next = newNode;            //将新产生的节点接到最后一个节点的后面
}
```

该函数的关键操作是使用一个循环从头节点开始遍历链表，找到最后一个节点（其 next 指针为 nullptr 的节点），一旦找到这个节点，将其 next 指针指向新创建的节点。尾插的时间复杂度为 $O(n)$，其中 n 是链表的长度，因为需要遍历整个链表才能定位到最后一个节点。单链表的尾插操作如图 2.14 所示。

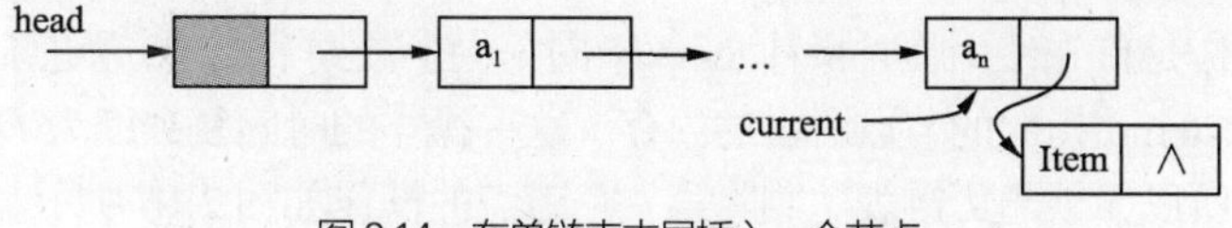

图 2.14　在单链表末尾插入一个节点

（5）在指针 P 所指向的节点的后面插入一个新节点（私有成员函数）

```
template <class T>
void SingleLinkedList<T>::insertAfter(Node* P, const T& item){
    if (P == nullptr) { // 如果 P 为空指针，直接返回，无法在空指针后面插入节点
        return;
    }
    Node* newNode = new Node(item);    // 创建新的节点
    newNode->next = P->next;  // 先接上：将新节点的 next 指针指向 P 的 next 节点
    P->next = newNode;        // 再断开：将 P 的 next 指针指向新节点
}
```

该函数的操作分为两步：第一步“先接上”，即将新节点的 next 指针指向 P 的 next 节点，确保链表连接不被打断；第二步“再断开”，即将 P 的 next 指针指向新节点，从而完成插入。由于不需要遍历链表，插入操作的时间复杂度为 $O(1)$。在指针 P 所指向的节点的后面插入一个新节点的操作如图 2.15 所示。

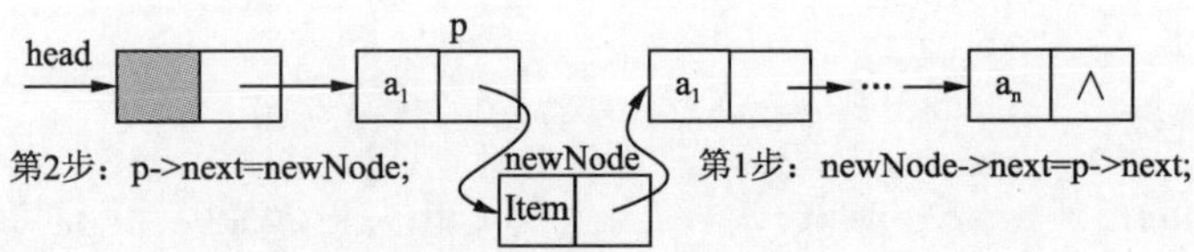

图 2.15　在指针 P 所指向的节点的后面插入一个新节点

（6）在单链表的第 i 个位置的节点的后面插入一个新节点（头节点为第 0 个节点）

```
template <class T>
void SingleLinkedList<T>::insertAfter_i(int i, const T& item){
    Node* current = head;              // 从头节点开始遍历
    int count = 0;
    while (current && count < i){  // 找到第 i 个节点的指针
        current = current->next;
        count++;
    }
    if (!current || i < 0) {          // 如果没有找到第 i 个节点或者 i 小于 0，直接返回
        return;
    }
    insertAfter(current, item);    // 调用 insertAfter 函数在第 i 个节点后面插入新节点
}
```

该函数首先遍历链表，找到第 i 个节点的指针，时间复杂度为 $O(n)$。接着调用 insertAfter 函数，在该节点后插入新节点，插入操作的时间复杂度为 $O(1)$。因此，整个操作的时间复杂度为 $O(n)$。

（7）删除第一个节点

```
template <class T>
void SingleLinkedList<T>::removeFront(){
    if (head->next != nullptr) {
        Node* temp = head->next;
        head->next = temp->next;
        delete temp;
    }
}
```

该函数的关键操作是首先使用临时指针 temp 指向第一个数据节点，然后更新头节点的 next 指针以跳过 temp，最后释放 temp 指向的节点所占的内存。这一操作的时间复杂度为 $O(1)$，因为只需进行指针更新和内存释放，所以无须遍历链表。删除第一个节点的操作如图 2.16 所示。

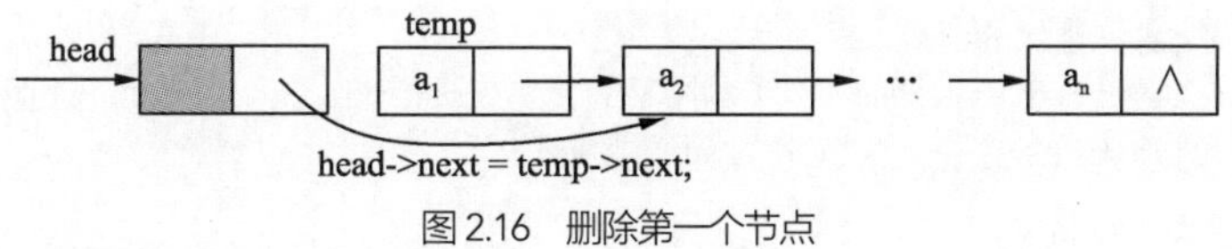

图 2.16　删除第一个节点

（8）删除指针 P 所指向的节点的下一个节点

```
template <class T>
void SingleLinkedList<T>::removeAfter(Node* P){
    if (P == nullptr || P->next == nullptr){
        // 如果 P 为空指针或者 P 指向的节点没有下一个节点，直接返回，无法删除
        return;
    }
    Node* temp = P->next;       // 将 P 的下一个节点保存在临时指针 temp 中
    P->next = temp->next;       // 将 P 的 next 指针跳过 temp，直接指向 temp 的下一个节点
    delete temp;                // 释放 temp 指向的节点，完成删除操作
}
```

该函数的关键操作是首先使用临时指针 temp 指向 P 的下一个节点，然后更新 P 的 next 指针以跳过 temp，最后释放 temp 指向的节点的内存。该操作与链表的长度无关，因此其时间复杂度为 $O(1)$。删除指针 P 所指向的节点的下一个节点的操作如图 2.17 所示。

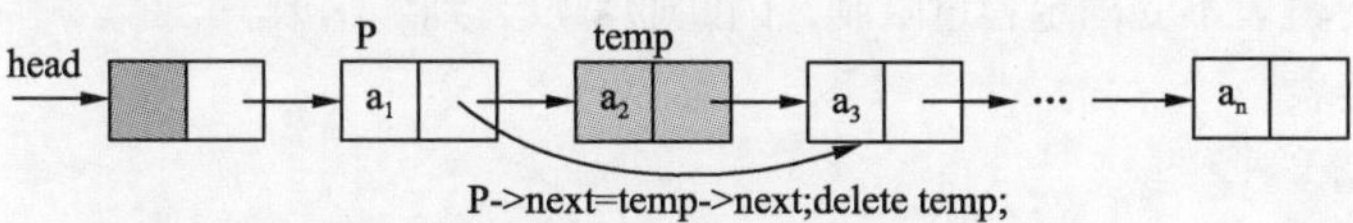

图 2.17　删除指针 P 所指向的节点的下一个节点

（9）删除第 i 个位置的节点的后继节点（头节点为第 0 个节点）

```
template <class T>
void SingleLinkedList<T>::removeAfter_i(int i) {
    Node* current = head;                    // 从头节点开始遍历
    int count = 0;
    while (current && count < i) {           // 找到第 i 个节点的指针
        current = current->next;
        count++;
    }
    if (!current || i < 0) {                 // 如果没有找到第 i 个节点或者 i 小于 0，直接返回
        return;
    }
    removeAfter(current);                    // 调用 removeAfter 函数删除 current 的后继节点
}
```

该函数首先从头节点开始遍历链表，找到第 i 个节点。若 i 超出范围或链表为空，则直接返回。找到节点后，调用函数 removeAfter 删除该节点的后继节点。遍历链表的时间复杂度为 $O(n)$，删除操作的时间复杂度为 $O(1)$。

（10）删除数据值为 item 的节点

```
template <class T>
bool SingleLinkedList<T>::remove(const T& item) {
    Node* prev = head;                       // 前驱节点指针，初始指向头节点
    Node* current = head->next;              // 当前节点指针，初始指向第一个数据节点

    while (current != nullptr) {
        if (current->data == item) {
```

```
            // 找到要删除的节点
            removeAfter(prev);  // 调用私有函数 removeAfter 删除前驱节点的下一个节点
            return true;        // 返回删除成功
        }
        prev = current;
        current = current->next;
    }
    return false;               // 没找到要删除的节点，返回删除失败
}
```

该函数首先通过遍历单链表，找到与 item 相匹配的节点的前驱节点（prev），然后调用函数 removeAfter 删除其后继节点（current），并返回删除成功。若遍历结束后未找到匹配节点，则返回删除失败。删除操作的时间复杂度为 $O(n)$。

（11）判空

```
template <class T>
bool SingleLinkedList<T>::isEmpty() const {
    return head->next == nullptr;
}
```

该函数用于判断单链表是否为空。如果头节点的 next 指针为 nullptr，则链表为空，函数返回 true；否则，返回 false。单链表不受固定容量限制，因此通常没有判满函数。

（12）输出单链表

```
template <class T>
void SingleLinkedList<T>::display() const{
    Node* current = head->next;
    while (current != nullptr) {
        cout << current->data << " ";
        current = current->next;
    }
    cout << endl;
}
```

该函数从头节点的 next 指针开始，逐个访问每个节点并输出其数据，直到遍历完整个链表。每个数据之间以空格分隔，最后输出一个换行符。时间复杂度为 $O(n)$。

4．不带头节点的单链表类

以上是带头节点的单链表类的声明及其实现。不带头节点的单链表和带头节点的单链表的类声明基本上是一样的，只是在构造函数、插入操作和删除操作上有一些区别。

（1）构造函数

带头节点的单链表类在构造函数中创建了一个头节点，即一个空的哨兵节点，用于简化链表的插入和删除操作。这种方式下，链表即使没有实际数据节点，头指针 head 也会指向这个头节点。不带头节点的单链表类在构造函数中没有创建头节点，而是直接将头指针 head 初始化为 nullptr，表示链表为空。对于这种实现，在执行插入和删除操作时需要额外判断头指针是否为空。不带头节点的单链表类的构造函数为：

```
template <class T>
SingleLinkedList<T>::SingleLinkedList() : head(nullptr) { }
```

（2）插入操作

带头节点的单链表由于存在头节点，能够统一处理所有位置的插入操作。不带头节点的单链表插入操作需要考虑特殊情况。

① 不带头节点的单链表的头插，新插入节点即成为首节点。其头插函数为：

```
template <class T>
void SingleLinkedList<T>::insertFront(const T& item){
    Node* newNode = new Node(item);
    newNode->next = head;
    head = newNode;
}
```

② 不带头节点的单链表类的尾插，当链表为空时，新插入节点即成为首节点。其尾插函数为：

```
template <class T>
void SingleLinkedList<T>::insertBack(const T& item){
    Node* newNode = new Node(item);
    if (head == nullptr) {      // 如果链表为空，头节点需要指向新插入的节点
        head = newNode;
    }
    else {
        Node* current = head;
        while (current->next != nullptr) {
            current = current->next;
        }
        current->next = newNode;
    }
}
```

（3）删除操作

带头节点的单链表由于存在头节点，能够统一处理所有位置的删除操作，删除第一个节点与删除其他节点的操作是一样的。不带头节点的单链表删除第一个节点，需要特别处理，因为头指针 head 直接指向首个数据节点，其函数实现为：

```
template <class T>
void SingleLinkedList<T>::removeFront(){
    if (head != nullptr) {
        Node* temp = head;
        head = head->next;
        delete temp;
    }
}
```

总之，带头节点的单链表在操作时不需要额外判断是否为空，有助于简化和统一插入与删除操作，尤其是涉及头节点的操作。不带头节点的单链表需要对空链表进行特殊处理，但节省了存储头节点的空间。

链表的一个优点是在插入和删除元素时不需要像顺序表那样移动大量元素，只需要修改指针的指向即可完成操作。相比之下，顺序表在执行这些操作时需要移动多个元素，性能较低。然而，链表在访问特定位置的元素时效率较低，必须从头节点开始逐个访问，无法像顺序表那样通过下标直接访问。因此，链表适合频繁插入或删除操作的场景，而顺序表更适合频繁随机访问的场景。

2.3.3 双向链表

双向链表（doubly linked list）的每个节点由 3 个部分组成：数据元素、指向前一个节点的指针（prev）以及指向下一个节点的指针（next）。双向链表的第一个节点的 prev 为空（nullptr），表示没有前驱节点；最后一个节点的 next 也为空（nullptr），表示链表的结束。由于双向链表中的每个节点都同时包含前驱节点和后继节点的指针，可以在链表中进行双向遍历。即不仅能够从头节点顺序访问后续节点，还可

以从尾节点逆序访问前面的节点。这样的特性使得双向链表在插入和删除操作上更为灵活，尤其是在删除已知节点时，无须像单链表那样先查找其前驱节点。双向链表的节点结构如图 2.18 所示。

双向链表也可以分为带头节点的双向链表和不带头节点的双向链表两种。带头节点的双向链表包含一个额外的头节点，该节点不存储任何实际数据，其 next 指向第一个数据节点，如果链表为空，则指向空（nullptr），而 prev 也指向空（nullptr）。第一个数据节点的 prev 指向头节点，next 指向第二个数据节点，依此类推，最后一个数据节点的 next 指向空，表示链表的结束，而 prev 指向倒数第二个数据节点。带头节点的双向链表为空时，尽管没有数据节点，但头节点仍然存在，此时头节点的 next 和 prev 均为 nullptr。由于有头节点，插入和删除操作在空链表和非空链表的情况下是一致的，不需要特别处理空链表的情况。带头节点的双向链表示意如图 2.19 所示。

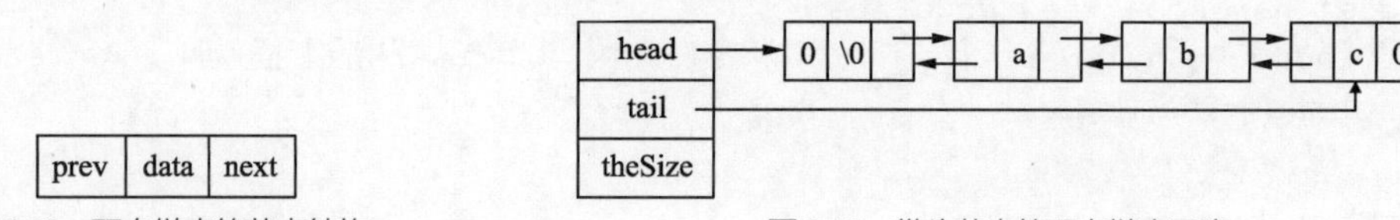

图 2.18　双向链表的节点结构

图 2.19　带头节点的双向链表示意

不带头节点的双向链表中，第一个节点用于存储实际数据，该节点的 next 指针指向下一个节点，而 prev 指针为空。最后一个数据节点的 next 指针为 nullptr，表示链表的结束，而其 prev 指针指向倒数第二个节点。不带头节点的双向链表为空时，其头指针通常会被初始化为 nullptr，表示链表为空，没有任何节点。

与单向链表相比，双向链表的优势在于可以进行双向遍历，并且能够在常数时间内删除当前节点，无须像单向链表那样先找到前驱节点。不过，双向链表的每个节点还需要额外的空间来存储 prev 指针，因此占用的内存比单向链表更多。

C++ 标准库的 List 类模板采用的就是双向链表。在 2.3.5 节中，将设计一个类似的 List 类模板，并详细介绍双向链表的操作。

2.3.4 循环链表

循环链表（circular linked list）的每个节点包含 2 个部分：数据元素和指向下一个节点的指针（next）。与普通单链表不同的是，循环链表的最后一个节点的 next 指针不为 nullptr，而是指向链表的头节点，从而形成一个环形结构。由于这种设计，链表的遍历可以从任意一个节点开始，沿着 next 指针循环访问链表中的所有节点。

循环链表的特点在于其头节点与尾节点是相连的，没有明确的链表结束标志，遍历时需要特别注意避免进入死循环。在这种结构下，循环链表的插入、删除等操作在某些场景下比普通单链表更加灵活。例如，若需要频繁地循环访问链表中的元素，则使用循环链表能够避免在每次遍历到最后一个节点时返回头节点的额外操作。

循环链表可以分为带头节点的循环链表和不带头节点的循环链表两种。带头节点的循环链表有一个额外的头节点，它不存储任何数据，仅用于指向第一个存储实际数据的节点，同时也用于判断链表是否为空。头节点的 next 指向第一个数据节点，而最后一个数据节点的 next 指向头节点，形成一个闭环。带头节点的循环链表示意如图 2.20 所示。

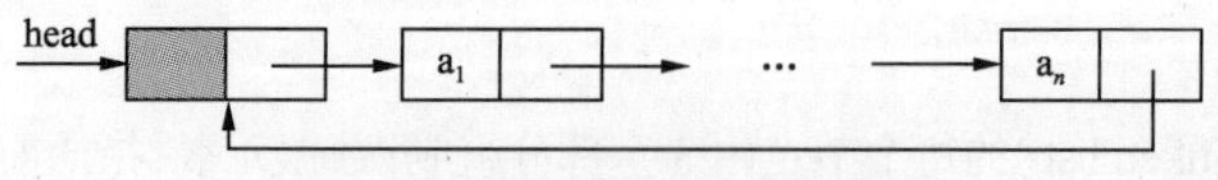

图 2.20　带头节点的循环链表示意

不带头节点的循环链表的第一个节点就存储实际数据，第一个节点的 next 指针指向第二个节点，而最后一个节点的 next 指针指向第一个节点，形成一个闭环。不带头节点的循环链表示意如图 2.21 所示。

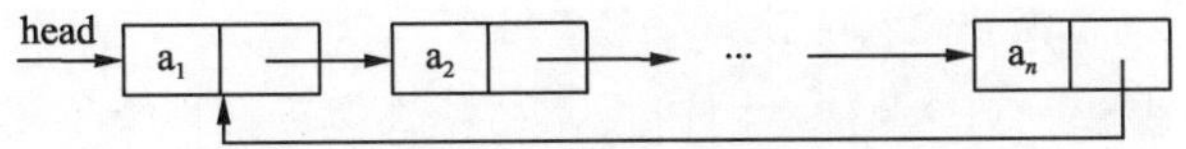

图 2.21 不带头节点的循环链表示意

循环链表相较于单链表，最大的优点在于没有 NULL 指针，操作时不需要判空，避免了一些边界情况的处理。循环链表常用于需要循环遍历的场景，如循环队列和循环缓冲区等。

程序 2.11

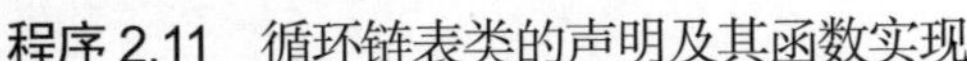

程序 2.11 循环链表类的声明及其函数实现

2.3.5 模仿的链表类模板 list

下面是一个自定义双向链表类模板 list，其功能模仿了 C++标准库中的 std::list，并实现了类似的插入、删除、查找等操作。本书后续内容将频繁使用链表，读者可以根据需要选择标准库提供的 std::list，或者使用本节中定义的 list 类模板。如果选择 std::list，需在程序开头添加#include <list>语句；如果使用自定义的 list 类模板，假设 List.h 文件与主程序（如 main.cpp）位于同一目录下，则需要在程序开头添加#include "List.h"。自定义双向链表类模板 List 的类定义如下。

```
#include<iostream>
using namespace std;
template<class T>
class List{
    struct Node{                    //双向节点声明
        T data;
        Node *prev,*next;
        Node(const T &d=T(),Node *p=NULL,Node *n=NULL):data(d),prev(p),next(n){}
    };
    int size;                       //数据节点个数
    Node *head;                     //头节点指针
    Node *tail;                     //尾节点指针
    void init(){                    //初始化函数
        size=0;head=new Node;
        tail=new Node;head->next=tail;tail->prev=head;
        }
public:
    class const_iterator{
    protected:
        Node *current;
        T& retrieve()const{return current->data;}
        const_iterator(Node *p):current(p){}
        friend class List<T>;
    public:
        const_iterator():current(NULL){}
        const T& operator*()const{return retrieve();}//current->data
        const_iterator& operator++(){ //前++
            current=current->next;
            return *this;
        }
        const_iterator operator++(int){ //后++
            const_iterator old=*this;    //old=current;
            ++(*this);                   //current=current->next;
            return old;
```

```
        }
        const_iterator& operator--(){                  //前--
            current=current->prev;
            return *this;
        }
        const_iterator operator--(int){                //后--
            const_iterator old=*this;                  //old=current;
            --(*this);                                 //current=current->next;
            return old;
        }
        bool operator==(const const_iterator & rhs)const
            {return current==rhs.current;}
        bool operator!=(const const_iterator & rhs)const
            {return current!=rhs.current;}

    };
    class iterator:public const_iterator{
        using const_iterator::current;                 //加作用域，跟原来比所做的修改
    protected:
        iterator(Node *p):const_iterator(p){}
        friend class List<T>;
    public:
        iterator(){}
        T& operator*(){return const_iterator:: retrieve();}//因为 retrieve()是
const_iterator 里受保护的成员，所以也加作用域
        const T& operator*()const{return const_iterator::operator*();}
        iterator& operator++(){                        //前++
            current=current->next;
            return *this;
        }
        iterator operator++(int){                      //后++
            iterator old=*this;                        //old=current;
            ++(*this);                                 //current=current->next;
            return old;
        }
        iterator& operator--(){                        //前--
            current=current->prev;
            return *this;
        }
        iterator operator--(int){                      //后--
            iterator old=*this;                        //old=current;
            --(*this);                                 //current=current->next;
            return old;
        }
    };
    List(){init();}                                    //默认构造函数
    List(const List<T> &l){init();operator=(l);}       //复制构造函数
    ~List(){Clear();delete head;delete tail;}          //析构函数
    const List& operator=(const List& l);              //复制赋值运算符函数
    int getSize()const{return size;}                   //求数据个数
    bool isEmpty()const{return size==0;}               //判空函数
    void Clear(){ while(!isEmpty())Pop_front();}       //清表
```

```
    iterator begin(){ return iterator(head->next);}
    const_iterator begin()const{return const_iterator(head->next);}
    iterator end(){return iterator(tail);}
    const_iterator end()const{return const_iterator(tail);}
    T& Front(){return *begin();}                     //返回首元素的引用
    const T& Front()const{return *begin();}          //返回首元素的常量型引用
    T& Back(){return *--end();}                      //返回尾元素的引用
    const T& Back()const{return *--end();}           //返回尾元素的常量型引用
    void Push_front(const T& item){Insert(begin(),item);}  //首插
    void Push_back(const T& item){Insert(end(),item);}     //尾插
    void Pop_front(){Erase(begin());}                //删除首节点
    void Pop_back(){Erase(--end());}                 //删除尾节点
    iterator Erase(iterator itr);                    //删除指示器位置上的节点
    iterator Insert(iterator itr,const T& item);     //在指示器的位置插入 item
};
```

这个自定义的 list 类模板与 std::list 在功能上是类似的，都实现了双向链表的基本操作，如插入、删除、遍历等。但是该类模板没有完全覆盖标准库中 std::list 的所有功能，如排序、合并等操作，这些在标准库的 std::list 中是有的。下面对以上代码进行解释。

（1）私有初始化函数 void init()与构造函数 List(){init();}

函数 init()是 list 类中一个私有函数，用于初始化 list 类的成员变量。list()是默认构造函数，它会在创建 list 对象时被调用，并自动调用函数 init()进行初始化。函数 init()的代码也可以直接写入默认构造函数。将初始化逻辑放在一个独立的函数中，可以在需要的时候进行调用，从而使构造函数的实现更加简洁。

（2）迭代器类

迭代器类分常量型迭代器 const_iterator 和非常量型迭代器 iterator 两类。const_ iterator 用于遍历容器中的元素，但不能通过迭代器修改元素的值，从而确保容器的内容在遍历过程中不会被意外地改变。iterator 允许对容器中的元素进行修改、添加或删除元素等操作，适用于需要修改容器内容的情况。

将迭代器类放在 list 类的内部，作为 list 类的内部类的好处是，能够访问 list 类的私有成员和保护成员，而不需要使用额外的接口函数。这样做可以增强迭代器类与 list 类之间的关联性和互操作性，使得迭代器能够更方便地遍历 list 类的数据。同时，将迭代器类作为 list 类的内部类还可以避免在全局命名空间中引入过多的类名，从而减少命名冲突和代码的复杂性。将迭代器类作为 list 类的内部类也是 C++中一种常用的设计模式，可以更好地组织和封装代码，提高代码的可读性和可维护性。在标准库中，如 std::list，也使用了类似的设计方式，将迭代器类嵌套在容器类内部。

list 的迭代器的实现比 vector 要麻烦许多，因为内存不连续，所以采用了内部嵌套类的方式，重载了*（解引用）、++EXP（前置++）、++EXP（后置++）、==和！=等操作符。

（3）关于“friend class list<T>;”

这条语句的作用是将 list<T>类声明为 const_iterator 类的友元类。在 C++中，友元类的成员函数可以访问 friend 语句所在当前类的私有成员和保护成员，即使这些成员对于其他类是不可访问的。即 List<T>类可以访问 const_iterator 类的私有成员 Node *current，以及 const_iterator 类的其他成员函数，从而实现迭代器与链表之间的交互。友元类之间的关系是单向的，即友元类可以访问当前类的私有成员和保护成员，但反过来当前类不能访问友元类的私有成员和保护成员。

（4）关于 const_iterator 类中的 protected 访问控制

const_iterator 类成员被声明为 protected 是为了在 const_iterator 类的派生类中能够直接访问它。如果将 current 声明为 private，派生类将无法直接访问该成员。

（5）关于迭代器的运算

① 前置递增（前++）：iterator& operator++()，它是一种操作符重载，使迭代器移动指向下一个节点，并返回递增后的迭代器。注意，这个函数的返回类型为 iterator&，这是为了实现前置递增操作的连续性。如果返回类型是 iterator，则每次调用前置递增后，会返回一个临时副本，而不是原始的迭代器本身，这会导致连续的递增操作无效。因此，返回引用是为了确保每次递增操作都是在原始的迭代器上进行的。

② 后置递增（后++）：iterator operator++(int)，它使迭代器指向下一个节点，但返回递增前的迭代器。先用“old = *this;”保存当前迭代器的副本，然后用“current = current->next;”将当前迭代器指向下一个节点，最后用“return old;”返回指向递增前的迭代器。后置递增在参数列表中添加一个 int 类型的参数，这个参数并不实际使用，它只是为了与前置递增的函数签名有所区别，从而使得编译器能够正确识别是使用前置递增操作符还是后置递增操作符。

使用前置递增操作符时，代码会像下面这样使用：

```
iterator itr = list.begin();  // itr 是迭代器，指向链表的头节点
++itr;                        // 将 itr 指向链表的第二个节点
```

使用后置递增操作符时，代码会像下面这样使用：

```
iterator itr = list.begin();  // itr 是迭代器，指向链表的头节点
iterator old = itr++;         // 将 itr 指向链表的第二个节点，但 old 仍然指向链表的头节点
```

③ 前置递减（前--）：iterator& operator--()，使迭代器指向上一个节点，并返回递减后的迭代器。

④ 后置递减（后--）：iterator operator—(int)，使迭代器指向上一个节点，但返回递减前的迭代器。

⑤ 迭代器比较运算符：

bool operator==(const iterator &rhs) const，用于比较当前迭代器和参数 rhs 所指向的节点是否相等。如果两个迭代器指向同一个节点，则它们被认为是相等的，函数返回 true，否则返回 false。

bool operator!=(const iterator &rhs) const，用于比较当前迭代器和参数 rhs 所指向的节点是否不相等。如果两个迭代器指向不同的节点，则它们被认为是不相等的，函数返回 true，否则返回 false。

这些迭代器的运算符的实现使得迭代器可以进行类似指针的操作，能够用迭代器对链表进行遍历。通过这些迭代器运算符，可以实现类似于 C++标准库中的迭代器用法，方便地遍历链表中的元素。

⑥ 读取头节点指针和尾节点指针：

```
iterator begin(){return iterator(head->next);}
const_iterator begin()const{return const_iterator(head->next);}
iterator end(){return iterator(tail);}
const_iterator end()const{return const_iterator(tail);}
```

begin()返回指向第一个存储实际数据的节点的指针，end()返回指向最后一个节点的下一个节点的指针，即指向尾节点指针。list 类所定义的链表是带头节点和尾节点的双向链表，头节点和尾节点不存储数据，其结构如图 2.22 所示。

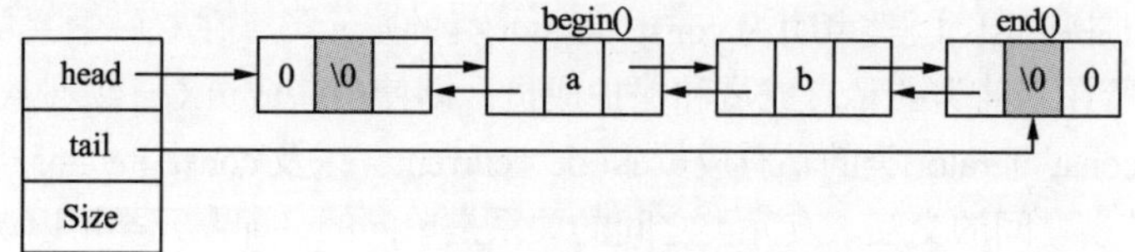

图 2.22 读取头节点指针和尾节点指针

（6）关于迭代器继承问题

非常量型迭代器类 iterator 是从常量型迭代器 const_iterator 继承而来的，所以要用这条语句：class iterator:public const_iterator。

① 为了在派生类 const_iterator 中使用基类 iterator 的成员数据 Node *current，在 iterator 类中需要加上“using const_iterator::current;”这条语句。当在派生类中出现与基类相同名称的成员时，基类的成员会被派生类的成员隐藏起来，称为名称隐藏问题。在标准的 C++中，名称隐藏问题会导致编译错误，使用 using 关键字可以避免潜在的问题。虽然在某些编译器（如 VC6.0）中可能不需要加上“using const_iterator::current;”也能编译通过，但在标准 C++中加上这条语句是更为安全和正确的做法。

② 关于派生类 iterator 的构造函数 iterator(Node *p):const_iterator(p){}。这个构造函数使用成员初始化列表的方式来初始化基类 const_iterator。基类 const_iterator 中的构造函数：const_iterator(Node *p) : current(p) {}，其作用是创建 const_iterator 对象时将指针 p 传递给成员 current。iterator(Node *p) : const_iterator(p) {}这个构造函数通过成员初始化列表，显式地调用了 const_iterator 类的构造函数，并通过基类的构造函数将指针 p 传递给 current。这样，iterator 类就可以通过继承 const_iterator 类，共享 current 成员，而不需要在 iterator 类中再单独声明一个 current 成员。这也是通过“using const_iterator::current;”这条语句，让派生类 iterator 可以直接访问基类 const_iterator 的 current 成员，而不需要重新定义一个新的成员。

③ 关于构造函数的继承。iterator 类的构造函数为：iterator(){}，而 const_iterator 类的构造函数为：const_iterator():current(NULL){}。由于 iterator 类继承了 current 成员，它不需要提供自己的构造函数来再次初始化 current 成员。在创建 iterator 对象时，它可以使用 const_iterator 类的构造函数来初始化 current 成员。

总之，iterator 类从 const_iterator 类继承了以下内容：一是继承了 const_iterator 类中的 current 成员变量，这是因为 iterator 类需要访问和操作迭代器所指向的节点，而 current 正是用来指向当前节点的指针；二是继承了 const_iterator 类的构造函数，在 iterator 类的构造函数中，调用了 const_iterator 的构造函数来完成初始化工作；三是继承了 const_iterator 类中返回当前节点数据的成员函数 operator*()，但是在 iterator 类中它的返回类型会被修改为非常量引用，以支持可变迭代器的操作。iterator 类中重新实现了部分成员函数，如 operator++和 operator--，以便实现可变迭代器的功能，这样 iterator 类和 const_iterator 类在迭代器的操作行为上就有了区别。

（7）复制赋值成员运算符函数的实现

```
template<class T>                          //复制赋值成员运算符函数的实现
const List<T>& List<T>::operator=(const List<T>& l){
    Clear();                               //清为空表
    for(const_iterator itr=l.begin();itr!=l.end();++itr) //把表 l 的节点逐个复制
        Push_back(*itr);
    return *this;
}
```

（8）双向链表类模板 List 的插入与删除节点操作

① 插入节点（在迭代器 itr 之前插入一个节点，返回指向新节点的迭代器）

```
template<class T>
typename List<T>::iterator List<T>::Insert(iterator itr,const T& item){
    //这里加了 typename，这是因为 List<T>::iterator 是一个类型而不是一个变量
    Node *p=itr.current;                             //让 p 指向当前迭代器 itr 所指的节点
    size++;
    p->prev->next=new Node(item,p->prev,p);    //第 1 步
    p->prev=p->prev->next;                           //第 2 步
    return iterator(p->prev);
}
```

这个函数首先让 p 指向当前迭代器 itr 所指的节点，如图 2.23（a）所示。插入操作一共两步：第 1

步生成新节点，并使新节点的 prev 指向 p 的前驱（p->prev），next 指向 p，同时使 p 的前驱的后继指向新节点，如图 2.23（b）所示；第 2 步让 p 的前驱指向新节点，如图 2.23（c）所示。

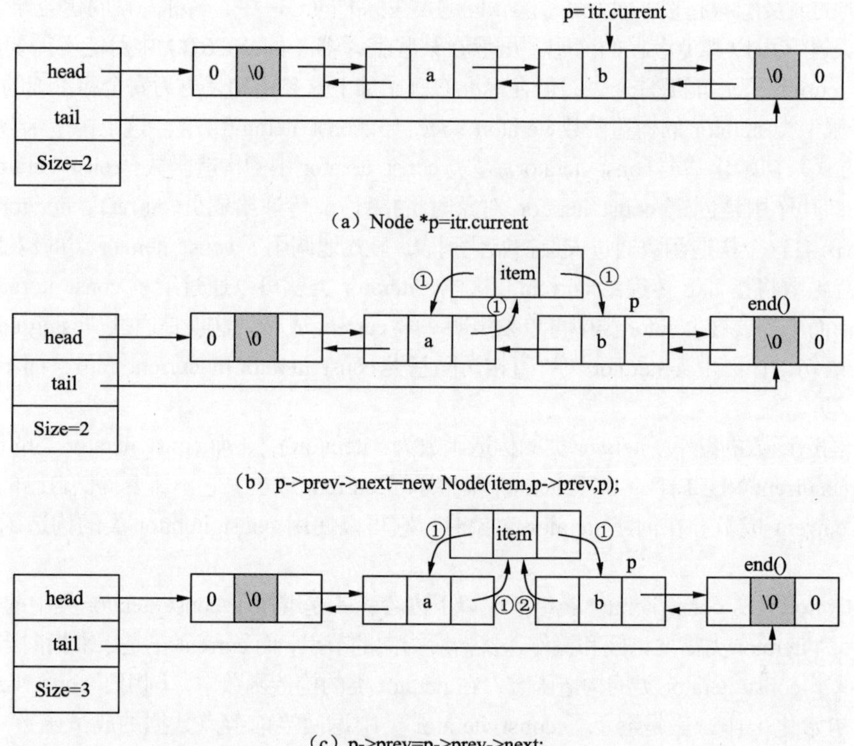

图 2.23　双向链表类模板 List 的插入节点（1）

这个函数也可以把生成节点的操作单独列出来，让 q 指向新生成的节点，然后再修改指针，其程序如下所示。

```
template<class T>
typename List<T>::iterator List<T>::Insert(iterator itr, const T& item){
    Node* p = itr.current;          //让 p 指向当前迭代器 itr 所指的节点
    Node* q = new Node(item);       //生成一个新节点
    q->prev = p->prev;              //第 1 步：让新节点的 prev 指针指向 p 的前驱
    q->next = p;             //第 2 步：让新节点的 next 指针指向 p。第 1 步与第 2 步的顺序可以变
    p->prev->next = q;       //第 3 步：让 p 的前驱的后继指向新节点
    p->prev= q;              //第 4 步：让 p 的前驱的指向新节点
    size++;
    return iterator(p->prev);
}
```

双向链表插入元素的过程如图 2.24 所示。

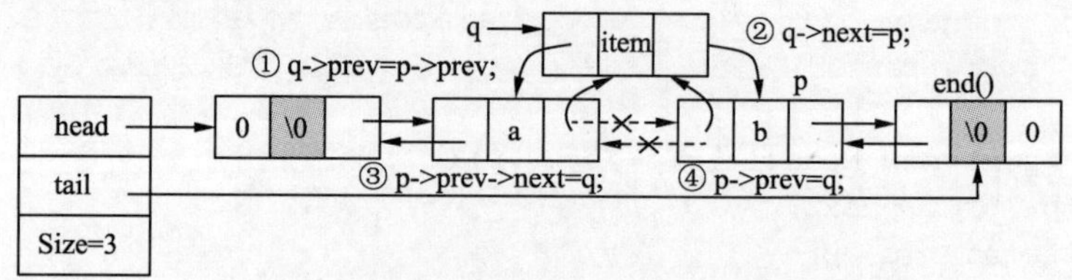

图 2.24　双向链表类模板 List 的插入节点（2）

第 1 步和第 2 步的顺序是可以颠倒的，第 1 步和第 2 步必须在第 3 步和第 4 步之前，第 3 步和第

4 步的顺序是不能颠倒的。

② 删除迭代器指向的节点

```
template<class T>
typename List<T>::iterator List<T>::Erase(iterator itr){
    Node *p=itr.current;        //让p指向当前迭代器itr所指的节点
    iterator re(p->next);       //创建要返回的迭代器re，它指向被删除节点的后继节点
    p->prev->next=p->next;      //令删除节点的前驱的后继指向删除节点的后继
    p->next->prev=p->prev;      //令删除节点的后继的前驱指向删除节点的前驱
    delete p;                   //删除节点
    size--;                     //节点个数减1
    return re;                  //返回被删除节点的后继的迭代器
}
```

双向链表类模板 List 的删除节点的过程如图 2.25 所示。

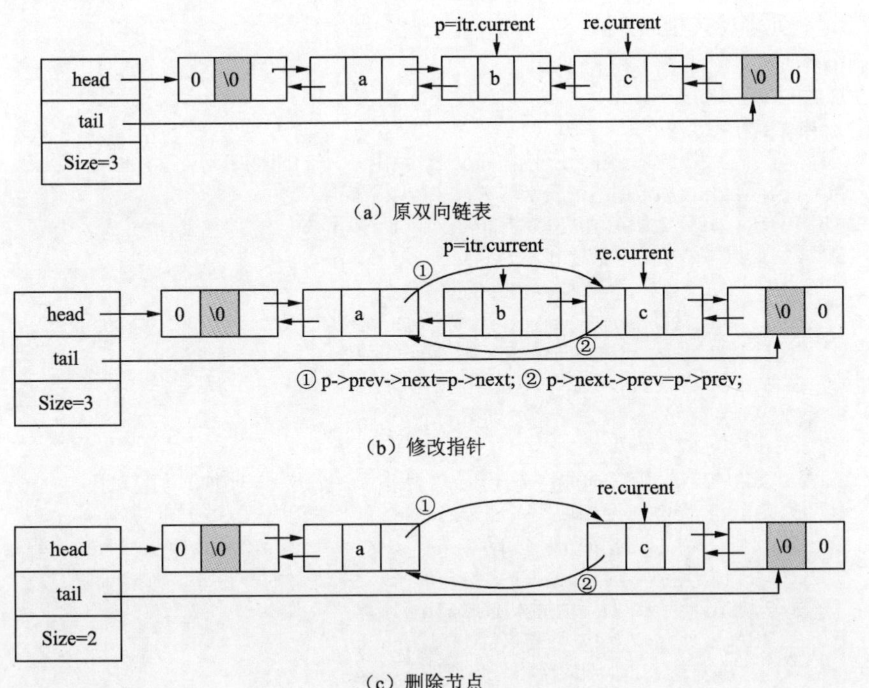

图 2.25 双向链表类模板 List 的删除节点

另外还有其他插入删除操作函数。

```
void Push_front(const T& item){Insert(begin(),item);}        //首插
void Push_back(const T& item){Insert(end(),item);}           //尾插
void Pop_front(){Erase(begin());}                  //删除首节点
void Pop_back(){Erase(--end());}                   //删除尾节点
```

2.3.6 链表的应用：一元多项式相加

本节介绍链表的一个典型应用场景——一元多项式相加。

（1）问题描述

一个一元多项式可以表示为

$$P_n(X)=P_0+P_1X^1+P_2X^2+\cdots+P_iX^i+\cdots+P_nX^n$$

其中，每一项由系数 P_i 和对应的指数 X^i 组成。给定两个一元多项式，要求实现它们的加法操作，并输出相加后的结果多项式。在进行多项式相加时，指数相同的两项需要进行合并，将它们的系数相加，

若和为零则该项应删除；未参与合并的项直接添加到结果中。

（2）解决思路

可将每个多项式表示为一个链表，链表中的每个节点表示一项，包含该项的系数和指数。链表按指数升序排列，这样在遍历两个链表时，可以直接比较对应项，完成合并。本例使用结构体 Term 表示多项式的每一项，其定义如下：

```
struct Term {
    int coef;           // 系数
    int exp;            // 指数
};
```

这里使用 C++的标准模板库的::list 存储一元多项式，并且根据多项式相加的规则，设计一元多项式函数，实现一元多项式相加。

（3）算法及程序

算法 2.5　一元多项式相加算法

```
输入：两个多项式链表 poly1 和 poly2
输出：相加后的多项式链表 result
1 初始化 result 为空链表；
2 定义两个迭代器 it1 和 it2，用于分别指向 poly1 和 poly2 的表头；
3 循环，当（it1 和 it2 都未到达链表末尾），执行以下操作：
    3.1 如果（it1 和 it2 所指项的指数相同），则执行以下操作：
        3.1.1 如果（两项的系数之和不为 0），则执行以下操作：
            3.1.1.1 生成一个新项 sumTerm；
            3.1.1.2 设置 sumTerm.coef 为两项的系数之和；
            3.1.1.3 设置 sumTerm.exp 为当前的指数；
            3.1.1.4 将 sumTerm 插入 result；
        3.1.2 否则，将 it1 和 it2 都分别指向下一项；
    3.2 否则，执行以下操作：
        3.2.1 如果（it1 所指项的指数小于 it2 所指项的指数），则执行以下操作：
            3.2.1.1 将 it1 所指项插入 result；
            3.2.1.2 将 it1 指向下一项；
        3.2.2 否则，执行以下操作：
            3.2.2.1 将 it2 所指项插入 result；
            3.2.2.2 将 it2 指向下一项；
4 如果（it1 未到达链表表尾），则依次将剩余项插入 result；
5 如果（it2 未到达链表表尾），则依次将剩余项插入 result；
```

程序 2.12

程序 2.12　一元多项式相加算法的实现

2.4 栈

2.4.1 栈的基本概念

栈是一种操作受限的线性表，它限定只能在表的一端进行插入和删除操作。允许插入和删除操作的一端称为栈顶，而不允许操作的另一端称为栈底。栈的特点是后进先出（last in first out, LIFO），即最后插入的元素最先被删除。因此，栈又被称为后进先出表。

根据底层的实现方式，栈可分为顺序栈和链栈两类。顺序栈基于顺序表实现，并在其上重新定义插入和删除操作；而链栈则基于链表实现，并对链表的插入和删除操作进行了重新定义。

栈有着广泛的应用。例如，使用除 2 取余法将十进制数转换为二进制数时，可以利用栈的结构来实现。具体做法是，先将十进制数不断除以 2，记录每次的余数，并将其压入栈中；最后，将栈中的余数依次弹出，即可得到对应的二进制数。如图 2.26 展示了这一过程的具体实现。

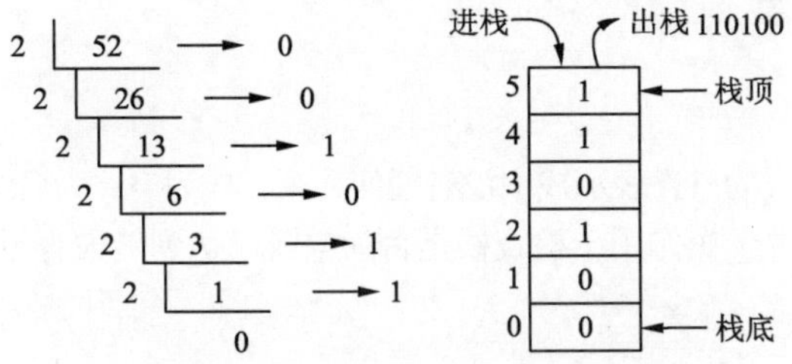

图 2.26 栈的应用：十进制转为二进制数

2.4.2 顺序栈

顺序栈使用数组来模拟栈的结构，并通过指针 top 指向栈顶。假设数组的容量为 maxSize，当 top = −1 时，表示栈为空；当 top = maxSize − 1 时，表示栈已满。图 2.27 展示了一个顺序栈进栈出栈过程的示例。

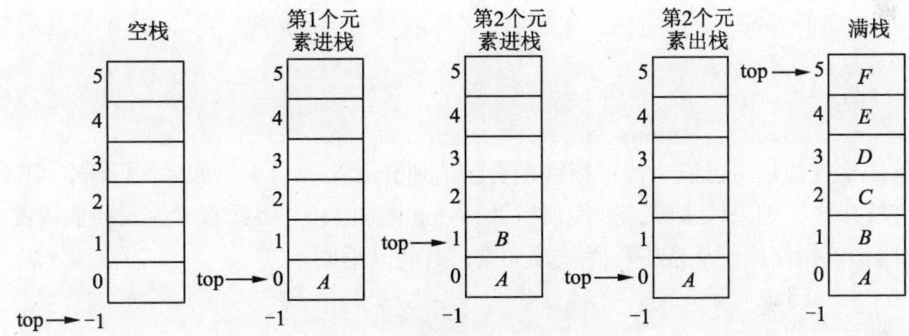

图 2.27 顺序栈进栈出栈过程的示例

1. 非封装的顺序栈的定义及其常用函数的声明

下面是一个非封装的顺序栈的定义及其常用函数的声明。该定义过程采用结构体的方式定义了栈的基本结构，并通过一组独立的函数实现了对栈的基本操作，适合作为读者理解栈工作原理的入门示例。

```
#include <iostream>
using namespace std;
#define maxSize 2                          // 栈的最大容量
typedef int Type;                          // 栈元素的类型
typedef struct{
   Type data[maxSize];                     // 存放元素的一维数组
   int top;                                // 存放栈顶元素的下标
} SeqStack;
void error(const char* errorMessage);      //报错
void initStack(SeqStack* s);               //初始化栈
bool isEmpty(const SeqStack* s);           // 判空
bool isFull(const SeqStack* s);            // 判满
void push(SeqStack* s, Type x);            // 进栈
void pop(SeqStack* s, Type* x);            // 出栈
```

结构体 SeqStack 定义了顺序栈的基本结构。data[maxSize]是存放栈中元素的数组，maxSize 表示栈的最大容量，即栈能存储的元素个数上限；top 是指向栈顶的指针，表示当前栈顶元素在数组中的位置。当元素入栈时，top 递增；当元素出栈时，top 递减。

2．非封装的顺序栈的基本操作的实现

（1）初始化栈：将栈初始化为空栈状态。

```
void initStack(SeqStack* s){
    s->top = -1;                                // 初始化栈顶指针为-1，表示栈为空
}
```

该函数将栈顶指针 top 设为-1，表示栈中没有任何元素，栈为空，为后续进栈和出栈操作做好准备。

（2）判空与判满：这两个操作用于检查栈是否为空或已达到最大容量。

```
bool isEmpty(const SeqStack* s) {               // 判断栈是否为空
    return s->top == -1;
}
bool isFull(const SeqStack* s) {                // 判断栈是否已满
    return s->top == maxSize - 1;
}
```

（3）进栈：该操作用于在不超出栈的容量限制的情况下将新元素压入栈中。

```
void push(SeqStack* s, Type x){
    if (isFull(s))
        error("栈已满，无法进栈。");
    s->top++;
    s->data[s->top] = x;
}
```

该函数首先检查栈是否已满（栈顶指针是否已达到 maxSize - 1）。如果栈已满，则输出错误提示信息并中止进栈操作。如果栈未满，则栈顶指针 s->top 增加 1，并将元素 x 放入栈顶位置。

（4）出栈：该操作用于从栈中移除栈顶元素，并将其返回。

```
void pop(SeqStack* s, Type* x) {
    if (isEmpty(s)) {
        error("栈为空，无法出栈。");
        return;
    }
    *x = s->data[s->top];
    s->top--;
}
```

该函数首先检查栈是否为空（栈顶指针是否为-1）。如果栈为空，则输出错误提示信息并中止出栈操作。若栈不为空，则将栈顶元素赋值给指针 x 所指向的位置，并将栈顶指针 s->top 减 1，完成出栈操作。

2.4.3 以标准模板库的 vector 类为底层结构的顺序栈

顺序栈可以基于多种底层数据结构实现，其中标准模板库的 vector 类是一种常见且高效的选择。利用 vector 提供的动态扩展特性，可以使栈在运行过程中根据需要自动调整存储空间，从而避免手动管理数组容量的问题。下面给出一个以标准模板库的 vector 类为底层结构实现的顺序栈类 SeqStack。该类封装了栈的基本操作，包括压栈 push()、弹栈 pop()、获取栈顶元素 top()、判空 isEmpty()、获取栈中元素个数 getSize()，以及清空栈 clear()等。

```
#include <vector>                       // 包含 C++标准模板库中的 vector 类
#include <stdexcept>                    // 包含异常处理类
using namespace std;                    // 使用标准命名空间
template<class T>                       // 使用 T 作为模板类型
class SeqStack {
private:
```

```
    vector<T> vec;                          // 使用vector作为底层存储结构，命名为vec
public:
    // 默认构造函数和析构函数
    SeqStack() = default;
    ~SeqStack() = default;
    // 判空：返回栈是否为空
    bool isEmpty() const {
        return vec.empty();
    }
    // 获取栈的元素个数
    int getSize() const {
        return vec.size();
    }
    // 压栈操作：添加元素到栈顶
    void push(const T& element) {
        vec.push_back(element);             // 使用vector的push_back添加元素
    }
    // 弹栈操作：移除栈顶元素
    void pop() {
        if (isEmpty()) {
            throw runtime_error("栈为空，无法弹出元素。");
        }
        vec.pop_back();                     // 移除栈顶元素
    }
    // 获取栈顶元素：返回栈顶元素的引用
    const T& top() const {
        if (isEmpty()) {
            throw runtime_error("栈为空，无法获取栈顶元素。");
        }
        return vec.back();                  // 获取栈顶元素
    }
    // 清空栈：移除所有元素
    void clear() {
        vec.clear();
    }
};
```

下面对SeqStack类的主要操作进行解释。

（1）构造函数与析构函数：该类使用了默认构造函数和析构函数，因为 vector 会自动管理内存分配和释放，因此不需要特别的内存管理操作。

（2）isEmpty()方法：该方法调用了vector的empty()方法，用于判断栈是否为空。

（3）getSize()方法：通过调用vector的size()方法，返回栈中当前元素的数量。

（4）push()方法：该方法将元素压入栈顶，调用vector的push_back()方法将新元素添加到向量末尾，即实现了栈的“后进先出”特性。

（5）pop()方法：弹出栈顶元素之前，首先检查栈是否为空，若为空则抛出运行时错误异常。若栈非空，则调用vector的pop_back()方法移除末尾元素。

（6）top()方法：返回栈顶元素，即vector的末尾元素。若栈为空，则抛出运行时错误异常。

（7）clear()方法：清空栈，调用vector的clear()方法删除所有元素。

（8）异常处理：该类使用了runtime_error来处理异常情况，如栈为空时的弹栈和取栈顶元素的操作。调用方应当使用try-catch块来捕获这些异常，确保程序的鲁棒性。

vector 作为底层数据结构，能够自动管理内存分配，使得栈具有动态扩展能力，无须预先指定大小。同时，vector 支持快速的随机访问，但在进行插入和删除操作时，尾部操作效率更高，这与栈的操作特性相符。

通过以上实现，SeqStack 类可以直接用于各种应用中，例如，表达式求值、深度优先搜索等需要栈结构的场景。

2.4.4 链栈

链栈是一种以链表为底层结构实现的栈。如果使用带头节点的单链表来实现栈，则栈顶为链表的第一个数据节点，而头节点作为辅助节点，不存储数据。新的元素插入时，会放在链表的第一个数据节点位置，即紧跟在头节点之后的节点；出栈操作则是删除紧跟在头节点之后的第一个数据节点。由于链表结构不需要预先分配固定空间，链栈相比顺序栈在空间利用上更加灵活，因此适合处理栈大小动态变化的场景。

用带头节点的单链表来实现的链栈，其结构如图 2.28 所示。链表的头节点通过指针 next 指向第一个数据节点，而每个数据节点又通过指针指向下一个数据节点。链表的尾节点指向 nullptr，表示栈底。

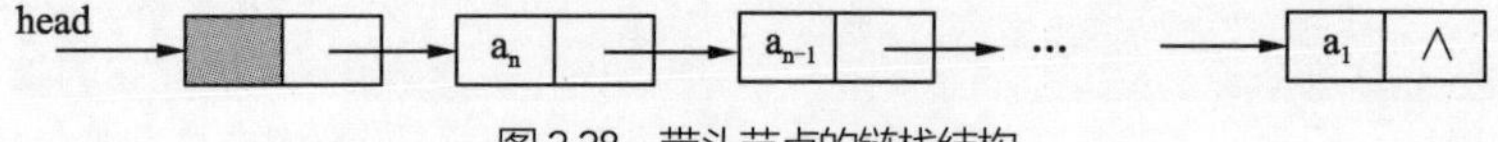

图 2.28　带头节点的链栈结构

下面给出一个以带头节点的单链表为底层结构的链栈类 SingleLinkedStack，其主要操作包括入栈 push()、出栈 pop()、获取栈顶元素 top()、判空 isEmpty()、获取栈中元素个数 getSize()等。

```
#include <stdexcept>                                    // 用于异常处理
using namespace std;
template<class T>
class SingleLinkedStack {
private:
    struct Node {
        T data;                                         // 节点存储的数据
        Node* next;                                     // 指向下一个节点的指针
        Node() : next(nullptr) {}                       // 无参构造函数（头节点）
        Node(const T& item) : data(item), next(nullptr) {} // 数据节点
    };
    Node* head;                                         // 头节点指针，不存储数据
public:
    SingleLinkedStack() : head(new Node()) {}  // 构造函数，初始化头节点
    ~SingleLinkedStack() { clear(); delete head; } // 析构函数，清空栈并释放头节点内存
    bool isEmpty() const {                              // 判断栈是否为空
        return head->next == nullptr;
    }
    void push(const T& item) {                          // 入栈操作
        Node* newNode = new Node(item);
        newNode->next = head->next;               // 新节点的 next 指向当前第一个数据节点
        head->next = newNode;                     // 头节点的 next 指向新节点，更新栈顶
    }
    void pop() {                                  // 出栈操作
        if (isEmpty()) {
            throw runtime_error("栈为空，不能执行弹栈操作。");
        }
        Node* temp = head->next;                  // 保存当前栈顶节点
        head->next = temp->next;                  // 头节点的 next 指向下一个数据节点
        delete temp;                              // 删除原栈顶节点，释放内存
```

```
    }
    const T& top() const {              // 获取栈顶元素
        if (isEmpty()) {
            throw runtime_error("栈为空，不能获取栈顶元素。");
        }
        return head->next->data;        // 返回第一个数据节点的数据
    }
    int getSize() const {               // 获取栈中元素的个数
        int count = 0;
        Node* current = head->next;     // 从第一个数据节点开始遍历
        while (current != nullptr) {
            count++;                    // 每遍历到一个节点，计数器加 1
            current = current->next;    // 移动到下一个节点
        }
        return count;
    }
    void clear() {                      // 清空栈操作
        while (!isEmpty()) {
            pop();                      // 循环出栈，释放所有节点
        }
    }
};
```

下面对 SingleLinkedStack 类的主要操作进行解释。

（1）push()方法：每次入栈时，创建一个新节点，将该节点插入链表的头节点之后（链表的第一个数据节点位置），并更新头节点指针为新节点。进栈操作如图 2.29 所示。

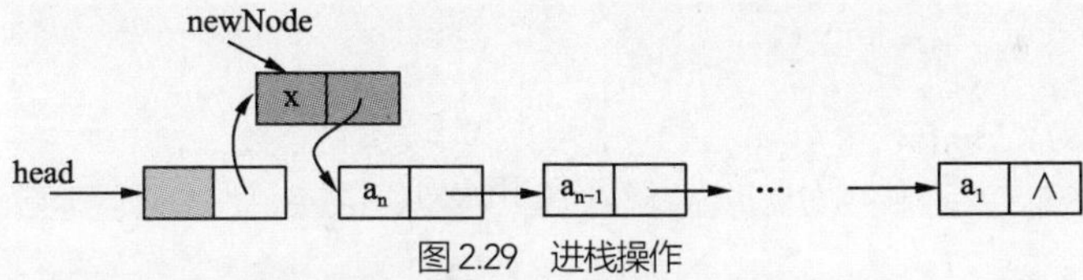

图 2.29 进栈操作

（2）pop()方法：出栈时，删除紧跟头节点之后的第一个数据节点，并将头节点的 next 指针指向被删除节点的后续节点。出栈操作如图 2.30 所示

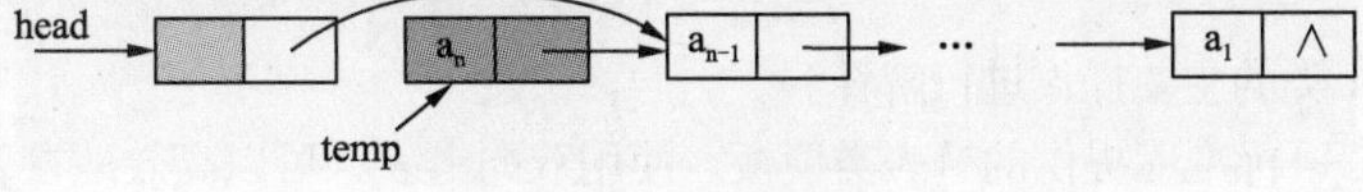

图 2.30 出栈操作

（3）top()方法：返回链表头节点之后的第一个数据节点，即栈顶元素。

（4）isEmpty()方法：判断链栈是否为空。若头节点的 next 指针指向 nullptr，则表明栈为空。

（5）getSize()方法：用于获取栈中元素的个数。通过遍历从头节点开始的链表，依次访问每一个数据节点，并通过计数器 count 来记录节点的数量。遍历时，指针从头节点的 next 开始，直到到达 nullptr（表示栈底）。

（6）clear()方法：通过循环调用 pop()方法来清空栈中所有元素。

（7）异常处理：在 pop()和 top()操作中，如果栈为空，将抛出 std::runtime_error 异常，确保操作的安全性。

2.4.5 以标准模板库的 list 类为底层结构的链栈

链栈可借助 C++标准库中的链表类模板 list 类来实现，类名为 ListStack，其定义如下。

```
#include <list>                     // 引入标准库的链表模板类
#include <stdexcept>                // 用于异常处理
using namespace std;                // 使用命名空间 std
template<class T>
class ListStack {                   // 类名为 ListStack
private:
    list<T> stackL;                 // 使用 std::list 作为底层存储结构，变量名为 stackL
public:
    ListStack() = default;          // 默认构造函数
    ~ListStack() = default;         // 默认析构函数
    void push(const T& item) {      // 入栈操作
        stackL.push_front(item);    // 将元素插入链表头部
    }
    void pop() {                    // 出栈操作
        if (isEmpty()) {
            throw runtime_error("栈为空，不能执行弹栈操作。");
        }
        stackL.pop_front();         // 弹出链表头部元素
    }
    const T& top() const {          // 获取栈顶元素
        if (isEmpty()) {
            throw runtime_error("栈为空，不能获取栈顶元素。");
        }
        return stackL.front();      // 返回链表头部的元素，即栈顶元素
    }
    bool isEmpty() const {          // 判断栈是否为空
        return stackL.empty();
    }
    int getSize() const {           // 获取栈中元素的个数
        return stackL.size();       // 使用链表的 size()方法获取元素个数
    }
    void clear() {                  // 清空栈
        stackL.clear();             // 调用链表的 clear()方法清空所有元素
    }
};
```

下面对 ListStack 类的主要操作进行解释。

（1）std::list：C++标准库提供的链表类模板。使用双向链表，可以高效地在表头或表尾进行元素插入和删除操作。

（2）push()方法：利用 std::list 的 push_front()方法，将新元素压入链表的头部，这样最新的元素总是位于栈顶。

（3）pop()方法：使用 pop_front()删除链表头部的元素，从而完成弹栈操作。如果栈为空，会抛出 std::runtime_error 异常。

（4）top()方法：使用 front()方法获取链表头部的元素，即栈顶元素。如果栈为空，同样会抛出异常。

（5）isEmpty()方法：直接调用 std::list 的 empty()方法判断栈是否为空。

（6）getSize()方法：使用 size()获取栈中元素的个数，std::list 的 size()方法可以直接返回当前链表的长度。

（7）clear()方法：通过调用 clear()来清空链表中的所有元素，从而清空栈。

通过使用标准模板库中的list作为底层结构，这种链栈由于具有链表的动态内存分配特性，能够灵活应对栈的大小变化。

2.4.6 栈的应用：括号匹配

括号匹配是一个经典的栈的应用问题，主要用于判断一个表达式中的括号是否正确配对和嵌套。常见的括号包括圆括号()、方括号[]和花括号{}，这些括号可能出现在数学表达式、编程语言代码等场景中。

（1）问题描述

给定一个字符串，其中包含不同类型的括号：()、[]、{}，判断这些括号是否配对正确，即每个左括号必须有一个对应的右括号，并且括号必须按照正确的顺序嵌套。

例如：

输入："()[]{}"

输出：true（括号配对正确）

输入："([)]"

输出：false（括号配对错误）

（2）解决思路

在解决括号匹配问题时，可以通过栈（Stack）数据结构来辅助判断，因为括号的匹配是嵌套关系，符合栈的特点。具体的思路如下。

① 遍历字符串：逐个读取字符串中的字符，并对每个字符进行判断，如果是左括号（如(、{、[），则将其入栈；如果是右括号（如)、}、]），则需要与栈顶的左括号进行匹配。

② 匹配规则：每当遇到右括号时，检查栈顶的元素：如果栈为空，说明没有对应的左括号，这时直接返回不匹配。如果栈顶元素与当前右括号匹配，如栈顶为"("时当前字符为")"，则弹出栈顶元素，继续处理下一个字符。如果栈顶元素与当前右括号不匹配，直接返回不匹配。

③ 最终判断：遍历完成后，如果栈为空，说明所有的左括号都找到了匹配的右括号，返回匹配；如果栈中仍然有元素，说明有些左括号没有找到匹配的右括号，返回不匹配。

（3）算法及程序

括号匹配算法描述如算法2.6所示。

算法 2.6　括号匹配算法

```
输入：含括号的字符串
输出：括号匹配，返回 true，或括号不匹配，返回 false
1 创建一个空栈 s，用于存放左括号；
2 循环，遍历字符串中的每个字符 c，执行以下操作：
    2.1 如果(c 是左括号)，则将其入栈；
    2.2 如果(c 是右括号)，则执行以下操作：
        2.2.1 如果(栈为空)，则返回 false，表示括号不匹配；
        2.2.2 否则，执行以下操作：
            2.2.2.1 获取得到栈顶元素(即左括号)；
            2.2.2.2 如果(栈顶元素与当前字符(右括号)匹配)，则将栈顶元素出栈；
            2.2.2.3 否则，返回 false，表示括号不匹配；
3 遍历完字符串后，检查栈是否为空：
    3.1 如果(栈为空)，则返回 true，表示所有的左括号都已匹配；
    3.2 如果(栈为非空)，则返回 false，表示括号不匹配；
```

与前面的章节一致，本节使用的栈来自c++标准库的std::stack。

程序2.13

程序 2.13　括号匹配算法的实现

2.5 队列

2.5.1 队列的基本概念

队列也是一种操作受限的线性表，它限定只能在表的一端进行插入操作，在表的另一端进行删除操作。允许插入的一端称作队尾，允许删除的一端称作队头。队列的结构特性是先进先出（First In First Out，FIFO），因此，队列又称为先进先出表。

队列分为顺序队列和链队列两类。顺序队列的基底为顺序表，在顺序表的基础上重新定义插入、删除操作。链队列的基底为链表，在链表的基础上重新定义插入、删除操作。

2.5.2 顺序队列

顺序队列使用一组地址连续的存储单元，依次存储从队首到队尾的数据元素，并通过指针 front 和 rear 分别指示队首元素和队尾元素在顺序队列中的位置。采用顺序存储结构实现的队列，称为顺序队列（Sequential Queue）。其结构体类型定义如下。

```
typedef struct {
    Type data[MAX];
    int front, rear;
}SeqQueue;
```

在顺序队列中，判空的条件为 Q.front＝＝Q.rear。例如，图 2.31 中的（1）和（7）都是空队列状态。然而，图 2.31 的（7）中，队列已满，无法继续入队列。如果尝试插入新元素，将发生上溢出。这种溢出是假溢出（也称为虚溢出），因为此时队列并未真正占满存储空间。

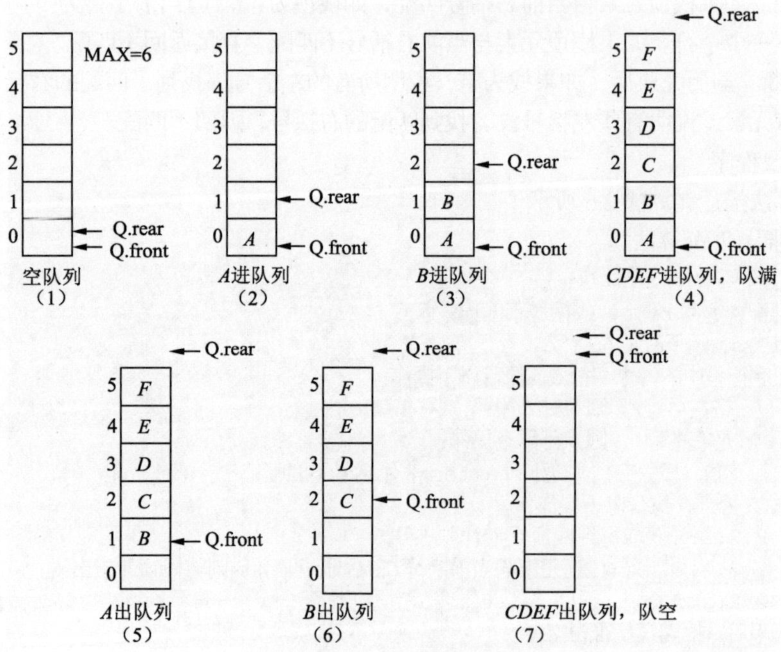

图 2.31　队列入队出队过程

为了解决假溢出问题，可采用循环顺序队列。在入队操作中，当 Q.rear 达到最大下标 MAX-1 时，令其下一个位置为最小下标。同样，在出队操作中，当 Q.front 达到最大下标 MAX-1 时，也令其下一个位置为最小下标。

在循环顺序队列中，front 和 rear 的取下一个位置操作通过取模运算实现，即

```
Q.front =(Q.front + 1)% MAX
Q.rear =(Q.rear + 1)% MAX
```

循环顺序队列入队出队过程如图 2.32 所示。如图 2.32（1）队列为空，此时 Q. front = Q.rear；图 2.32（2）*A* 进队列；图 2.32（3）*B* 进队列；图 2.32（4）*C*、*D*、*E*、*F* 依次进队列，此时队列为满，同时有 Q. front = Q.rear。图 2.32（5）*A* 出队列；图 2.32（6）*B* 出队列；图 2.32（7）*C*、*D*、*E*、*F* 依次出队列，此时队列为空，同时有 Q. front = Q.rear。这就产生了一个问题，当 Q.front = =Q.rear 时，无法判断此时循环队列是空还是满。

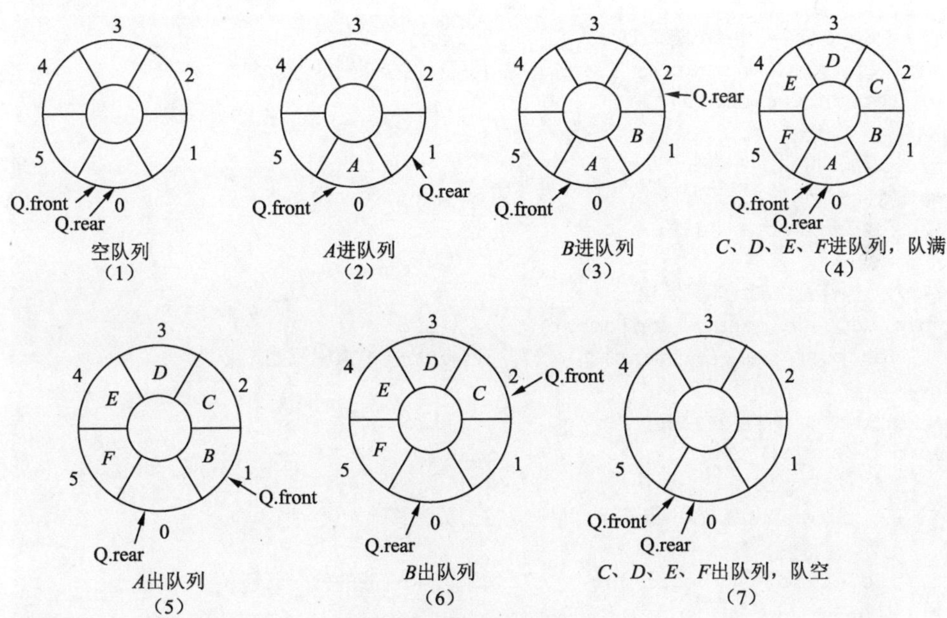

图 2.32　循环队列入队出队过程

为了解决这个问题，可以牺牲一个存储单元，这个单元不存放数据元素，规定当队尾指针的下一个位置等于队首指针所指示的位置时，队列为满。例如，在图 2.33 中，当数据元素 *E* 入队列后，队列达到满状态。

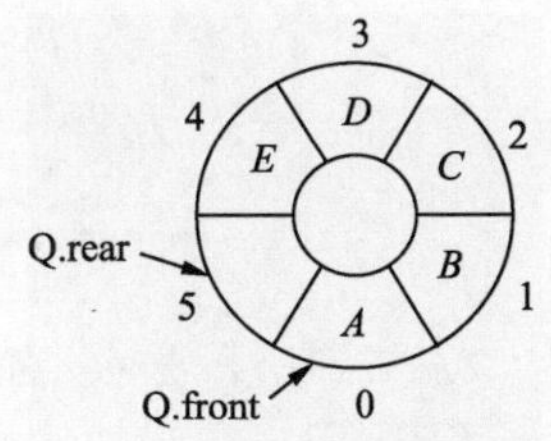

图 2.33　循环队列牺牲一个元素判断队列满

在这种条件下，判断队列为满的条件为：

（(Q.rear+1) %MAX ）== Q.front

而判断队列为空的条件仍为：

Q.front = =Q.rear

在循环顺序队列中，队列元素的个数可通过以下公式计算：

length = （Q.rear – Q.front + MAX）% MAX

非封装的循环顺序队列的实现如程序 2.14 所示。

程序 2.14　非封装的循环顺序队列

程序 2.14

2.5.3 以标准模板库的 vector 类为底层结构的顺序队列

顺序队列可以基于多种底层数据结构实现，其中标准模板库的 vector 类是一种常用且高效的选择。以下是以标准模板库的 vector 类为底层结构实现的顺序队列类 SeqQueue 的定义。该类封装了队列的基本操作，包括入队 enQueue()、出队 deQueue()、获取队首元素 getFront()、判空 isEmpty()、获取队列中

元素个数 getSize()等。此外，vector 的动态扩展特性允许队列在运行时根据需要自动调整存储空间。

```
#include <vector>                       // 包含 C++标准模板库中的 vector 类
#include <stdexcept>                    // 包含异常处理类
using namespace std;                    // 使用标准命名空间
template<class T>                       // 使用 T 作为模板类型
class SeqQueue {
private:
    vector<T> vec;                      // 使用 vector 作为底层存储结构，命名为 vec
public:
    SeqQueue() = default;
    ~SeqQueue() = default;
    bool isEmpty() const {              // 判空：返回队列是否为空
        return vec.empty();
    }
    // 获取队列的元素个数
    int getSize() const {
        return vec.size();
    }
    // 入队操作：添加元素到队尾
    void enQueue(const T& element) {
        vec.push_back(element);         // 在 vector 的末尾添加元素
    }
    // 出队操作：移除队首元素
    void deQueue() {
        if (isEmpty()) {
            throw runtime_error("队列为空，无法移除元素。");
        }
        vec.erase(vec.begin());         // 移除 vector 的第一个元素
    }
    // 获取队首元素：返回队首元素的引用
    const T& getFront() const {
        if (isEmpty()) {
            throw runtime_error("队列为空，无法获取队首元素。");
        }
        return vec.front();             // 返回 vector 的第一个元素
    }
    // 清空队列：移除所有元素
    void clear() {
        vec.clear();
    }
};
```

以下是对 SeqQueue 类主要操作的说明，修正了相关方法名。

（1）构造函数与析构函数：这里使用了默认构造函数和析构函数，vector 会自动管理内存分配和释放，因此不需要额外的内存管理操作。

（2）isEmpty()方法：调用 vector 的 empty()方法，用于判断队列是否为空。

（3）getSize()方法：通过调用 vector 的 size()方法，返回队列中当前元素的数量。

（4）enQueue()方法：入队操作将新元素添加到队尾，调用 vector 的 push_back()方法实现。

（5）deQueue()方法：移除队首元素。首先检查队列是否为空，若为空，则抛出运行时错误异常；若队列非空，则调用 vector 的 erase()方法移除第一个元素。

（6）getFront()方法：返回队首元素，即 vector 的第一个元素。若队列为空，则抛出运行时错误异常。

（7）clear()方法：调用 vector 的 clear()方法清空所有元素。

该类使用了 runtime_error 处理异常情况，如队列为空时的出队和取队首操作。调用方应当使用 try-catch 块捕获这些异常，确保程序的健壮性。

vector 作为底层数据结构，自动管理内存分配，使得队列可以动态扩展，无须提前指定大小。在实现入队和出队时，入队效率较高，而出队操作由于需要移动元素，其效率较低。此实现适用于小型数据集的队列操作场景。

2.5.4 链队列

链队列是一种以链表为底层结构的队列。由于链表的动态存储特性，链队列能够根据需要动态地添加或移除元素，不受固定容量的限制，可以灵活适应不同的队列长度。链队列通常使用链表的头节点和尾节点分别作为队首（front）和队尾（rear）的标识。新元素的入队通过更新尾节点完成，出队通过更新头节点完成。链队列符合先进先出特性：新加入的元素总是插入链表的尾部，而删除操作始终从链表的头部开始。以链表为底层结构的链队列结构如图 2.34 所示。

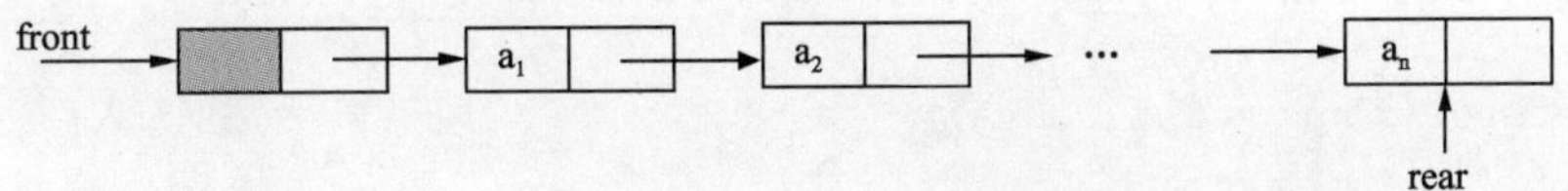

图 2.34　带头节点的链队列结构

链队列的主要操作包括入队 enQueue()、出队 deQueue()、获取队首元素 getFront()、判空 isEmpty()、获取队列中元素个数 getSize()、清空队列 clear()等。下面是以带头节点的单链表为底层结构实现的链队列类 SingleLinkedQueue。

```
#include <stdexcept>                      // 用于异常处理
using namespace std;
template<class T>
class SingleLinkedQueue {
private:
    struct Node {
        T data;
        Node* next;
        Node() : next(nullptr) {}           // 无参构造函数（头节点）
        Node(const T& item) : data(item), next(nullptr) {} // 数据节点
    };
    Node* front;                          // 指向头节点
    Node* rear;                           // 指向最后一个数据节点
public:
    SingleLinkedQueue() {
        front = new Node();               // 创建头节点
        rear = front;                     // 初始化时，尾指针与头节点重合
    }
    ~SingleLinkedQueue() {
        clear();
        delete front;                     // 释放头节点
    }
    bool isEmpty() const {
        return front->next == nullptr;    // 判断头节点后是否还有数据节点
    }
```

```
    void enQueue(const T& item) {
        Node* newNode = new Node(item);
        rear->next = newNode;                      // 尾节点的 next 指向新节点
        rear = newNode;                            // 更新 rear 为新节点
    }
    void deQueue() {
        if (isEmpty()) {
            throw std::runtime_error("队列为空，不能执行出队操作。");
        }
        Node* temp = front->next;                  // 当前第一个数据节点
        front->next = temp->next;                  // 头节点的 next 指向下一个数据节点
        if (rear == temp) {                        // 如果队列中只有一个节点，更新 rear
            rear = front;
        }
        delete temp;                               // 删除原头节点
    }
    const T& getFront() const {
        if (isEmpty()) {
            throw std::runtime_error("队列为空，不能获取队列头部元素。");
        }
        return front->next->data;                  // 返回第一个数据节点的数据
    }
    int getSize() const {                          // 获取队列中元素的个数
        int count = 0;
        Node* current = front->next;               // 从第一个数据节点开始遍历
        while (current != nullptr) {
            count++;                               // 每遍历到一个节点，计数器加 1
            current = current->next;               // 移动到下一个节点
        }
        return count;
    }
    void clear() {
        while (!isEmpty()) {
            deQueue();
        }
    }
};
```

下面对 SingleLinkedQueue 类的主要操作进行解释。

（1）enQueue()方法：入队时，创建一个新节点，将该节点插入链表的末尾（rear 指针所指节点的后面），并更新 rear 指向新节点。入队操作如图 2.35 所示。

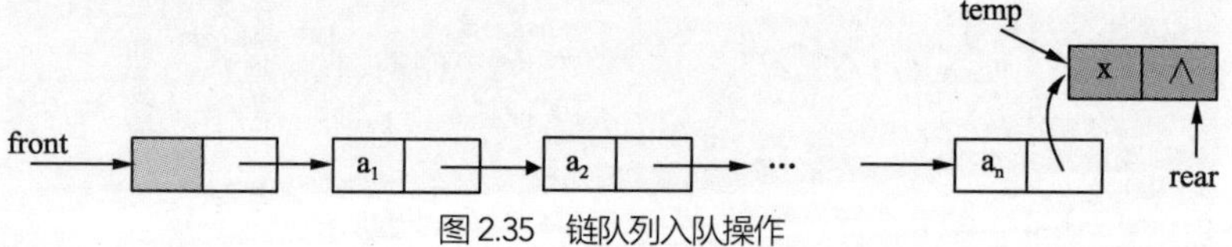

图 2.35　链队列入队操作

（2）deQueue()方法：出队时，删除紧跟在头节点之后的第一个数据节点，并将头节点的指针指向被删除节点的后续节点。如果队列中只有一个节点，则将 rear 重置为头节点。出队操作如图 2.36 所示。

（3）getFront()方法：获取队首元素的数据值，即链表中第一个数据节点的内容。

（4）getSize()方法：遍历链表统计数据节点的个数并返回。

（5）clear()方法：调用 deQueue()循环删除所有数据节点。

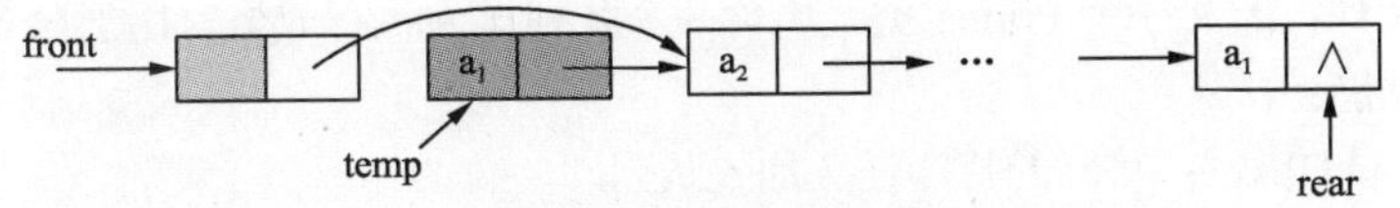

图 2.36　链队列出队操作

2.5.5　以标准模板库的 list 类为底层结构的链队列

程序 2.15

链队列可借助 C++标准库中的链表类模板 list 类来实现，类名为 ListQueue，其实现如下。

程序 2.15　以标准模板库的 list 类为底层结构的链队列

2.5.6　优先级队列

优先级队列是一种特殊的队列，其中每个元素都带有一个优先级或权重。在执行出队操作时，总是优先移除优先级最高的元素。在本小节的实现中，优先级按照元素值的大小定义，值越小则优先级越高。优先级队列可以基于已有的线性结构构建。例如，利用标准模板库中的 vector 可以实现一个简单的优先级队列，实现过程参见程序 2.16。

程序 2.16

程序 2.16　以标准模板库的 vector 类为底层结构的优先级队列

程序 2.16 定义的优先级队列以标准模板库的 vector 类为底层结构，适合存储小规模数据，支持快速的随机访问和插入操作。查找最小值采用简单选择算法，通过遍历容器的每个元素找到最小值，时间复杂度为 $O(n)$。后续 3.5 节将介绍的基于堆的优先级队列，通过维护一个堆结构，在 $O(\log_2 n)$时间内完成插入和删除操作，效率更高。

程序 2.17

程序 2.16 引入 auto 关键字，用于定义变量 minIterator 和 current。auto 会根据变量的初始值自动推导出类型。例如，auto minIterator = vec.begin(); 推导出的类型为 std::vector<T>::iterator。使用 auto 不仅可以避免书写复杂类型声明，还能提高代码的简洁性和可读性。

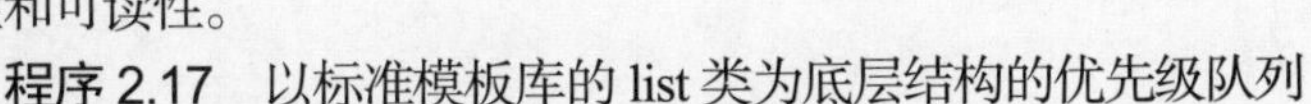

程序 2.17　以标准模板库的 list 类为底层结构的优先级队列

2.5.7　队列的应用：打印机模拟

在日常生活中，排队是一个常见的现象，如超市结账、医院挂号或交通工具检票等场景。队列的数据结构正是这种先进先出排队机制的抽象体现。打印机模拟是一个典型的队列应用场景，用于模拟打印任务的提交和处理过程。

如果有一台打印机，同时有多人需要打印文件，每个人提交打印任务的时间不同，打印机会按照任务提交的先后顺序依次处理打印请求。这一过程可以使用队列来模拟，确保打印任务按照正确的顺序完成。

（1）问题描述

模拟一台打印机处理打印任务的过程。每个打印任务包含文档名称和页数，当任务提交后，按照先后顺序加入打印队列，打印机从队首开始依次取出任务进行打印，直到队列为空。

输入：一组打印任务，包括文档名称和页数。

输出：打印任务按顺序完成的消息。

（2）解决思路

打印机模拟可以用队列数据结构实现，因为队列具有先进先出的特点，非常适合表示打印任务的处理顺序。

① 定义打印任务：使用一个 document 结构体表示打印任务，每个任务包含文档名和页数。

② 存储打印队列：定义一个 Printer 类，包含一个队列作为私有成员，用于存储待打印的任务。

③ 实现基本功能：

a. 添加任务（addTask）：将新的打印任务加入队列。

b. 开始打印（beginPrinting）：按队列顺序依次处理任务，并删除任务，直至队列为空。

（3）算法及程序

打印机模拟的算法描述如算法 2.7 所示。

算法 2.7　打印机模拟算法

```
输入：多个打印任务，包括文档名称和页数。
输出：按顺序完成打印任务，并输出打印信息。
1 创建一个空队列 Pqueue 表示打印任务队列；
2 添加任务：将打印任务按顺序加入 Pqueue；
3 开始打印：循环处理队列中的任务：
    3.1 获取队首任务，打印文档名及页数；
    3.2 打印完成后，将任务从队列中移除；
4 队列为空时，打印任务完成；
```

打印机模拟算法的实现如程序 2.18 所示。程序中使用了 C++标准库中的<queue>，该头文件提供了 std::queue 类模板。std::queue 是一个先进先出的容器适配器，支持以下主要操作。

① push()：向队列中添加元素。

② pop()：移除队列中最前面的元素。

③ front()：访问队首元素。

④ back()：访问队尾元素。

⑤ empty()：判断队列是否为空。

程序 2.18

程序 2.18　打印机模拟算法的实现

2.6 串

2.6.1 串的基本概念

串（或称为字符串，string）是由零个或多个字符组成的有限序列。通常表示为：S=“$a_1a_2a_3a_4\cdots a_n$”（$n\geqslant0$）。其中，S 是串的名称，双引号括起来的内容表示串 S 的值，a_i（$1\leqslant i\leqslant n$）是串中的每个字符。以下是串的一些重要概念。

（1）长度（length）：串的长度指的是其包含的字符个数 n。例如，串 "Hello" 的长度为 5。

（2）子串（substring）：串中任意连续字符组成的子字符序列称为子串。例如，在串 "Hello" 中，"Hel" 是其一个子串，"Ho"则不是。

（3）空串（empty string）：一个不包含任何字符的串称为空串，记作""，其长度为 0。

从逻辑结构上看，串是一种特殊的线性表，其元素类型被限定为字符。但与线性表不同的是，串的基本操作通常以子串为单位进行，如查找、插入、删除、替换等，甚至包括一些更复杂的操作，如模式匹配、拼接等；而线性表的基本操作则通常以单个元素为单位进行。

2.6.2 模仿的 String 类及其实现

std::string 是 C++标准库中提供的一个功能完善的字符串类，定义在<string>头文件中。该类封装了丰富的字符串处理函数，如拼接、查找、替换、截取、比较等，能够显著简化代码并提升编程效率。为了帮助读者深入理解 std::string 的基本设计思路和实现原理，下面通过实现一个自定义的 String 类，模拟其核心功能。为了避免与标准库中的 string 类名混淆，类名采用首字母大写，文件命名为 String.h。

1．模仿的 String 类的定义

下列代码展示了模仿的 String 类的定义。该类采用动态字符数组存储字符串数据，并实现了字符串构造、修改、比较和模式匹配等基本功能。

```
class String {                              // 模仿 c++ string 库
private:
    char* str;                              // 字符串存储
    int size;                               // 当前字符串长度
    int maxSize;                            // 当前分配的最大容量
    void Reserve(int newmaxSize);           // 动态调整容量
    void getNext(const String& p, int next[]) const; //求 next 数组，用于 KMP 算法
public:
    // 构造和析构函数
    String() : str(new char[1]{'\0'}), size(0), maxSize(1) { // 默认构造函数
    String(const char* s);                  // 构造函数，用字符数组初始化字符串
    String(const String& other);            // 复制构造函数
    ~String() { delete[] str; }             // 析构函数
    // 常用运算符重载
    String& operator=(const String& other);     // 重载赋值运算符
    char& operator[](int pos) const;            // 重载下标运算符
    // 常用功能函数
    int getSize() const { return size; }        // 获取当前字符串长度
    bool isEmpty() const { return size == 0; } // 字符串是否为空
    String Substr(int begin, int len);      // 返回从下标 begin 开始的长度为 len 的子串
    String& Insert(int pos, const String& s); // 在下标 pos 处插入字符串 s
    String& Append(const String& s);            // 在当前字符串尾部接上字符串 s
    String& Erase(int begin, int len);      // 删除从下标 begin 开始的长度为 len 的子串
    void Push_back(char c);                     // 尾部追加字符
    void Pop_back();                            // 删除最后一个字符
    vector<int> Find_BF(const String& p, int start = 0) const;   // 朴素模式匹配
    vector<int> Find_KMP(const String& p, int start = 0) const; // KMP 模式匹配
    //输入/输出
    friend ostream& operator<<(ostream& ostr, const String& s);
    // 提取运算符重载，输入字符串
    friend istream& operator>>(istream& istr, String& s);
    void Clear() {
        size = 0;
        str[0] = '\0';                          // 将字符串设置为空字符
    }                                           // 插入运算符重载，输出字符串
};
```

2．String 类成员函数的实现

（1）构造函数：用字符数组初始化 String 对象

```
String::String(const char* s) {
    size = strlen(s);                           //获取字符数组长度
    maxSize = size + 1;
    str = new char[maxSize];
    strcpy(str, s);
}
```

这里用到了 C 字符串的函数 strlen()和 strcpy()，尽管一些 C++编译器可能会自动包含 C 标准库中的头文件，如<cstring>，但为了保证代码的可移植性和正确性，建议显式包含#include <cstring>。在

Microsoft Visual Studio 中，strcpy 被标记为不安全函数，原因是它不会检查目标缓冲区是否有足够的空间来容纳源字符串，这可能导致缓冲区溢出，从而带来潜在的安全问题。为此，微软建议使用更加安全的函数 strcpy_s，它可以检查缓冲区大小。如果确定代码的安全性，并且需要继续使用 strcpy，可以通过定义宏_CRT_SECURE_NO_WARNINGS 来禁用安全警告。在代码顶部添加如下代码。

```
#define _CRT_SECURE_NO_WARNINGS
```

（2）复制构造函数：用另一个 String 对象初始化 String 对象

```
String::String(const String& other) : size(other.size), maxSize(other.maxSize) {
    str = new char[maxSize];
    strcpy(str, other.str);
}
```

该构造函数分配的内存大小基于 maxSize，复制后字符串可以继续增长，符合标准库 std::string 的行为。

（3）赋值运算符重载

```
String& String::operator=(const String& other) {
    if (this != &other) {
        delete[] str;
        size = other.size;
        maxSize = other.maxSize;
        str = new char[maxSize];
        strcpy(str, other.str);
    }
    return *this;
}
```

赋值运算符必须先释放原有内存，再深度复制新内容，并返回自身引用，同时还要防止自赋值错误。

（4）下标运算符获取字符

```
char & String::operator[](int pos) const {
    if(pos>size-1||pos<0)
        throw std::out_of_range("下标越界");            //c++中的异常
    return str[pos];
}
```

该函数重载了[]运算符，使得 String 对象可以像数组一样通过下标访问字符串中的字符。

（5）输入与输出运算符重载

```
ostream& operator<<(ostream& ostr, const String& s) {
    ostr << s.str;
    return ostr;
}
```

该函数将 String 对象 s 中保存的 C 风格字符串 str 输出到流 ostr 中，实现了字符串的输出功能。

```
istream& operator>>(istream& istr, String& s) {
    char temp[1024];                // 定义临时缓冲区，防止过长输入导致崩溃
    istr >> temp;                   // 从输入流读取一个字符串（以空白字符分隔）
    s = temp;
    return istr;
}
```

该函数从输入流中读取一个字符串（以空格、回车等空白字符为结束），并将其赋值给 s。

以下展示 String 类的子串操作的实现方法。

（6）求子串

```
String String::Substr(int begin, int len) {
```

```
    // 检查下标是否合法
    if (begin < 0 || len < 0 || begin + len > size) {
        throw std::out_of_range("访问错误：下标越界");
    }
    String subString;
    subString.str = new char[len + 1];            // 分配新内存
    subString.size = len;                         // 设置子串长度
    subString.maxSize = len + 1;                  // 设置子串的容量
    for (int i = 0; i < len; ++i) {               // 复制子串内容
        subString.str[i] = str[begin + i];
    }
    subString.str[len] = '\0';                    // 添加字符串结束符
    return subString;
}
```

该函数的作用是从主串下标 begin 开始连续取 len 个字符组成新字符串，并将其作为返回值。

（7）在指定位置插入子串

```
String& String::Insert(int pos, const String& s) {
        if (pos < 0 || pos > size) {              // 检查起始位置是否合法
        throw out_of_range("插入位置越界");
    }
    if (size + s.size >= maxSize) {               //判断插入后容量是否超过最大容量
        Reserve((size + s.size) * 2);             // 扩容
    }
    for (int i = size - 1; i >= pos; --i) {       // 后移原有字符
        str[i + s.size] = str[i];
    }
    for (int i = 0; i < s.size; ++i) {            // 插入新字符
        str[pos + i] = s.str[i];
    }
    size += s.size;
    str[size] = '\0';
    return *this;
}
```

该函数将字符串 s 插入当前字符串对象的指定位置 pos 处，原有字符依次后移。

（8）在字符串末尾插入子串

```
String& String::Append(const String& s) {
    //判断尾接后是否超过最大容量
    if (size + s.size >= maxSize) {
        Reserve((size + s.size) * 2);             // 扩容
    }
    for (int i = 0; i < s.size; ++i) {
        str[size + i] = s.str[i];
    }
    size += s.size;
    str[size] = '\0';
    return *this;
}
```

该函数将字符串 s 追加到当前字符串对象的末尾，操作完成后更新字符串的长度并补上结尾符号\0。

（9）删除指定位置开始的子串

```
String& String::Erase(int begin, int len) {
```

```
    // 检查删除位置和长度是否合法
    if (begin < 0 || len < 0 || begin + len > size) {
        throw std::out_of_range("访问错误：下标越界");
    }
    // 将删除部分之后的内容向前移动覆盖
    for (int i = begin + len; i < size; ++i) {
        str[i - len] = str[i];
    }
    // 更新字符串长度并添加结束符
    size -= len;
    str[size] = '\0';
    return *this;
}
```

该函数从字符串中删除了从 begin 下标开始长度为 len 的子串，后续字符前移覆盖删除部分，更新字符串长度并保证字符串以\0 结尾。

2.6.3 模式匹配

串的模式匹配是指判断一个字符串是否包含于另一个字符串中，或者找到一个字符串在另一个字符串中的首次出现位置。串的模式匹配是计算机科学中非常基础且实用的问题，广泛应用于文本搜索、编辑器中的查找功能、数据库查询、字符串处理等领域。下面介绍两种常用的模式匹配算法。

1．朴素模式匹配算法

朴素模式匹配是一种蛮力算法（brute force，BF 算法），它从主串的第一个字符开始，逐一与模式串的字符进行比较。其基本思想是在主串上滑动模式串进行匹配，一旦发现不匹配的字符，则将模式串向右滑动一位，继续匹配，直到完成匹配或遍历结束，其算法描述如算法 2.8 所示。

算法 2.8　朴素模式匹配算法

```
输入：主串 t，模式串 s，起始位置 start
输出：模式串在主串中首次出现的位置，匹配失败则返回-1
1 定义变量 n，初始化为 t 的长度；定义变量 m，初始化为 s 的长度；
2 定义变量 i，初始化为 t 模式匹配起始位置 start；定义变量 j，初始化为 s 的起始位置；
3 如果(s 为空)，则是直接返回 start；
4 如果(start 小于 0 或大于或等于 n)，则返回 -1；
5 循环，当(i 从 start 遍历到 n-m)，执行以下操作：
   5.1 内层循环，当(j 从 0 遍历到 m-1)，执行以下操作：
       5.1.1 如果(s 的字符与 t 的当前对齐位置的字符不相同)，则跳出内层循环；
   5.2 如果(内层循环未被提前终止)，则表示完全匹配，返回当前起始位置 i；
6 如果(循环结束仍未匹配)，则表示匹配失败，返回 -1；
```

程序 2.19　朴素模式匹配算法的实现

程序 2.19

假设主串为“ababdababcd”，模式串为“ababc”，start=0，即从主串的第一个字符开始匹配。

第 1 趟，以主串第 0 位置作为起点开始匹配，模式串从第 0 到第 4 字符与主串从第 0 到第 4 字符匹配，模式串第 5 字符与主串第 5 字符不匹配，匹配失败；

第 2 趟，主串匹配起点右移一位，即从主串第 1 字符开始重新匹配，在模式串第 0 字符处失配；

第 3 趟，主串匹配起点右移一位，即从主串第 2 字符开始重新匹配，在模式串第 2 字符处失配；

第 4 趟，主串匹配起点右移一位，即从主串第 3 字符开始重新匹配，在模式串第 0 字符处失配；

第 5 趟，主串匹配起点右移一位，即从主串第 4 个字符开始重新匹配，模式串第 0 字符处失配；

第 6 趟，主串匹配起点右移一位，即从主串第 5 个字符开始重新匹配，这时匹配成功，j=5。

外循环一共执行 6 次，最后匹配成功，如图 2.37 所示，其中带深色底纹的字符为失配点。

假设 n 为主串长度，m 为模式串长度。在朴素模式匹配算法中，当匹配失败时，将主串匹配起点后移一位重新开始匹配，如此循环，直到匹配成功，或匹配趟数达到 $n-m+1$ 仍未完成匹配，则返回匹配失败。每趟匹配最多进行 m 次比对。最坏情况下，要经过 $n-m+1$ 趟匹配，因此朴素模式匹配算法的时间复杂度为 $O((n-m+1)m)$，其效率较低。

在朴素模式匹配算法中，分析已匹配子串信息，不难发现有些匹配趟是可以省去的。例如，在上例中，第 1 趟匹配中，失配点 j=4 前面的已匹配子串是“abab”，该子串的最前两个字符构成的子串与最后两个字符构成的子串相同，下一趟匹配时，主串匹配起点可以向后移两位，即从主串第 2 字符开始匹配。因此，利用已匹配的信息可以对朴素模式匹配算法进行改进。在这些改进算法中，KMP 算法是影响较大的算法。

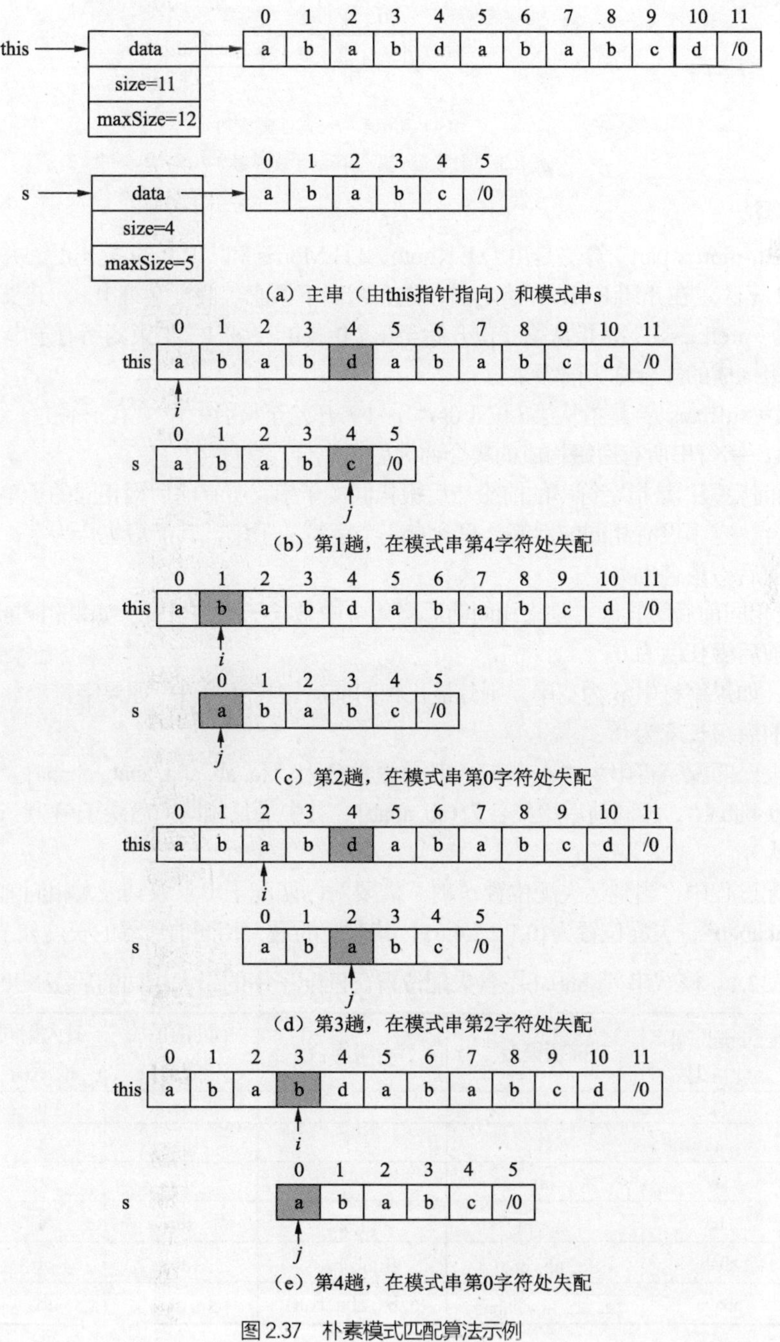

图 2.37　朴素模式匹配算法示例

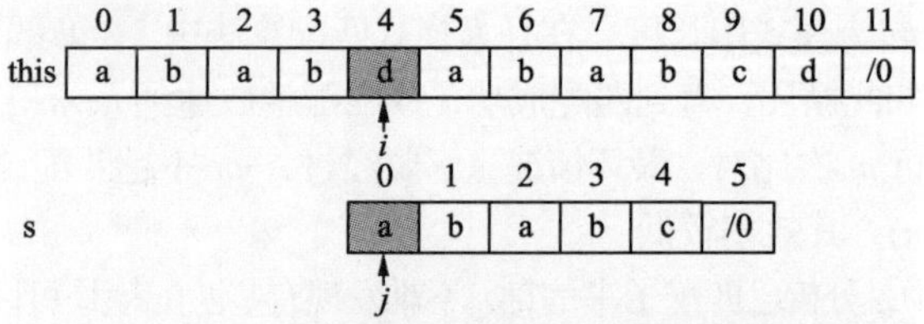

	0	1	2	3	4	5	6	7	8	9	10	11
this	a	b	a	b	d	a	b	a	b	c	d	/0

i

	0	1	2	3	4	5
s	a	b	a	b	c	/0

j

（f）第5趟，在模式串第0字符处失配

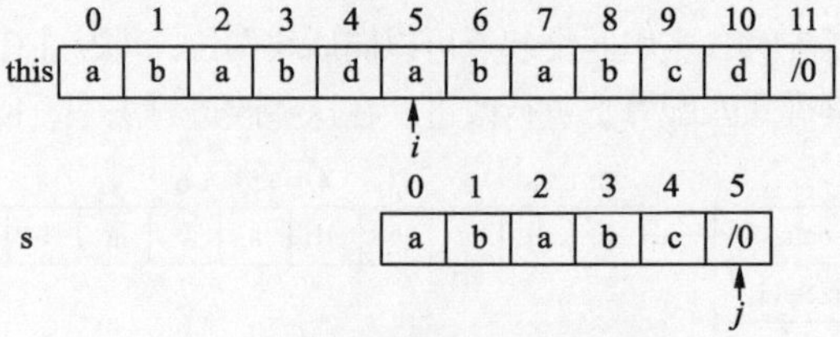

	0	1	2	3	4	5	6	7	8	9	10	11
this	a	b	a	b	d	a	b	a	b	c	d	/0

i

	0	1	2	3	4	5
s	a	b	a	b	c	/0

j

（g）第6趟，j=5，匹配成功

图 2.37　朴素模式匹配算法示例（续）

2．KMP 算法

KMP（knuth-morris-part）算法是由 D.E.Knuth，J.H.Morris 和 V.R.Pratt 提出的，并以他们的名字命名，简称 KMP 算法。在介绍 KMP 算法之前，先介绍以下概念。假设字符串 p，其长度为 n。

（1）前缀（prefixess）：是指从第 0 位开始至第 i 位（$0\leqslant i<n-1$）结束的所有子串，其个数为 $n-1$，字符串所有前缀构成的集合称为前缀集合。

（2）后缀（suffixes）：是指从第 i 位（$0<i\leqslant n-1$）开始至最后一位（第 n-1 位）结束的所有子串，其个数也为 n-1，字符串所有后缀构成的集合称为后缀集合。

（3）相同前后缀：是指字符串的前缀与后缀相同的子串，所有前后缀相同的子串构成的集合称为相同前后缀集合。空串没有相同前后缀；只含有一个字符的子串，其前缀集合为空，后缀集合为空，因此，其相同前后缀集合也为空。

（4）最长相同前后缀长度：是指相同前后缀集合中最长子串的长度。如果相同前后缀集合为空，则其最长相同前后缀长度为 0。

特别规定，如果字符串 p 为空串，则其最长相同前后缀长度为-1；如果字符串 p 只有一个字符，则其最长相同前后缀长度为 0。

例如，假设已匹配字符串为“ababab”，其前缀集合为：{a, ab, aba, abab, ababa}，其后缀集合为：{b, ab, bab, abab, babab}，相同前后缀集合为{ab, abab}，其中最长相同前后缀子串为“abab”，其最长相同前后缀长度为 4。

在模式匹配过程中，当到达失配位置 j 时，需要对已匹配子串求取其最大相同前后缀的长度。假设模式串为“ababab”，失配位置为{0,1,2,3,4,5}，其对应的最大相同前后缀的长度如下表所示。

表 2.1　模式串“ababab”各失配位置已匹配子串的最大相同前后缀长度

模式串失配位置 j	已匹配子串 s[0:j-1]	前缀集合	后缀集合	相同前后缀集合	最大相同前后缀	最大相同前后缀长度
0	{}	{}	{}	{}	0	-1
1	a	{}	{}	{}	无	0
2	ab	{a}	{b}	{}	无	0
3	aba	{a, ab}	{a,ba}	{a}	a	1
4	abab	{a, ab, aba}	{b,ab,bab}	{ab}	ab	2
5	ababa	{a, ab, aba, abab}	{a, ba, aba, baba}	{a, aba}	aba	3

（5）模式串 s 的 next 数组：用于记录匹配失败时（假设失败点对应模式串的位置为 j）已匹配子串（对应模式串从 0 到 j-1 位置）的最长相同前后缀长度。假设模式串 s= “$s_0s_1...s_{n-1}$”，其长度为 n，如果失配字符为 s_0（j=0），则已匹配子串为空串 “{}”，next[0]=−1；如果失配字符为 s_1（j=1），则已匹配子串为 “s_0”，next[1]=0；如果失配字符为 s_2，则已匹配子串为 “s_0s_1”，next[2]=（“s_0s_1” 的最长相同前后缀长度）；依此类推，如果失配字符为 s_{n-1}，则已匹配子串为 “$s_0s_1...s_{n-2}$”，next[n−1]=（“$s_0s_1...s_{n-2}$” 的最长相同前后缀长度）。假设模式串：s = “ababab”，求得的 next[]={−1,0,0,1,2,3}。

KMP 算法的基本思想是，先求出模式串已匹配的模式串 s 的 next 数组，当匹配失败时，假设失配点对应模式串的位置是 j，则下次匹配时将模式串整体向后移动 j - next[j]距离，即置 j 为 next[j]，实现在匹配过程中的跳跃式移动，从而减少朴素模式匹配算法的匹配趟数。

KMP 算法的关键是如何求 next 数组。其算法描述如算法 2.9 所示。算法中 j 是遍历指针，初始时 j=0，指向串 s 的第 0 字符。k 是上次匹配的最长前缀末尾位置指针，初始为 k=−1，表示无相同前后缀。

算法 2.9 KMP 算法中求 next 表的算法

```
输入：串 s
输出：next 数组
1 求出模式串的长度 n=s.size()
2 初始化 k=-1，j=0，next[0]=-1。
3 循环，当（j < n - 1），执行以下操作：
    3.1 如果（k == -1 或者匹配成功，即 s[j] == s[k]），则：
        3.1.1 继续匹配，即++j，++k；
        3.1.2 更新 next[j] 为匹配长度，即 next[j] = k;
    3.2 否则，k 到 next[k]，即 k = next[k];
```

程序 2.20

程序 2.20 KMP 算法中求 next 表

在程序 2.20 中，j 用来指向当前位置，k 用来指向匹配到的前缀的末尾位置（初始为-1，表示无匹配）。对于模式串 s = “ababab”，其 next 数组求解过程如图 2.38 所示。

（a）初始时，k=−1，j=0，next[0]=−1

（b）第1次循环，if语句条件成立（因为k=−1），k=0，j=1，next[1]=0

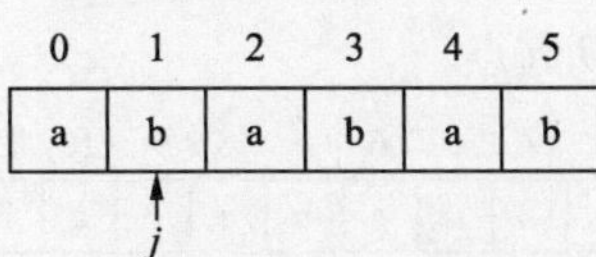

（c）第2次循环，if语句条件不成立，执行else语句，k=−1，j=1

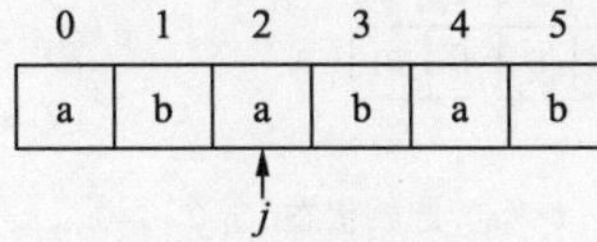

（d）第3次循环，if语句条件成立（因为k=−1），k=0，j=2，next[2]=0

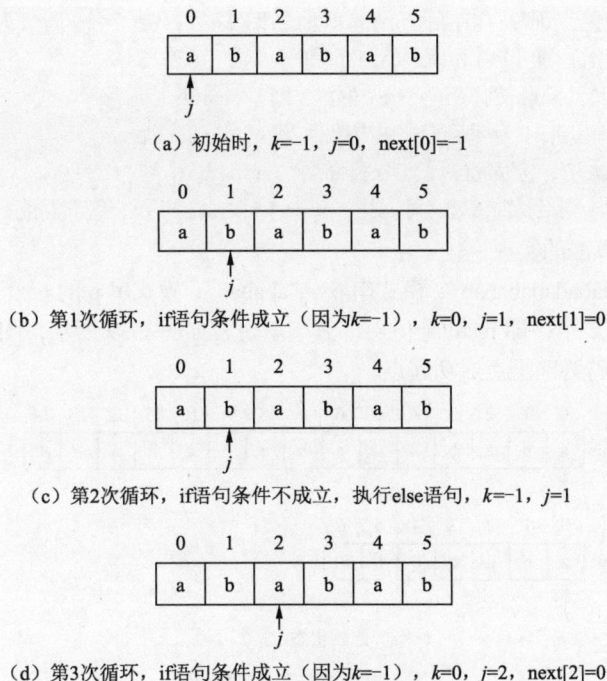

图 2.38 next 数组求解示例

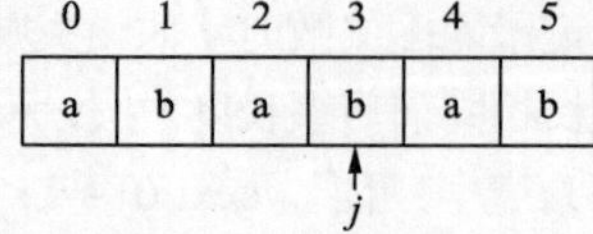

（e）第4次循环，if语句条件成立（因为s[j] == s[k]），*k*=1，*j*=3，next[3]=1

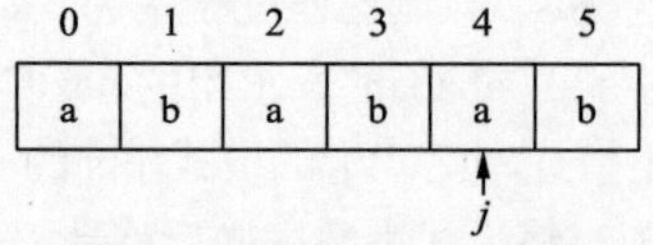

（f）第5次循环，if语句条件成立（因为s[j] == s[k]），*k*=2，*j*=4，next[4]=2

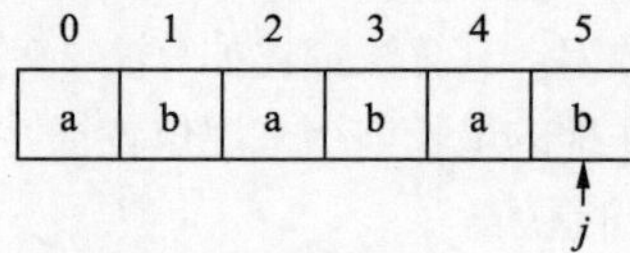

（g）第6次循环，if语句条件成立（因为s[j] == s[k]），*k*=3，*j*=5，next[5]=3

图 2.38　next 数组求解示例（续）

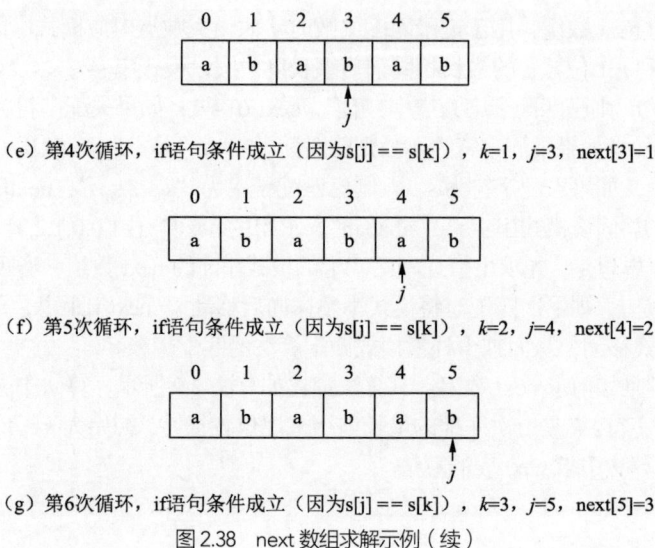

KMP 算法描述如算法 2.10 所示。

算法 2.10　KMP 算法

```
输入：主串 s，模式串 pattern
输出：模式串匹配位置向量 results(考虑到有多个匹配位置)
1 求出模式串的长度 n=s.size()，求出模式串的长度 m=pattern.size()；
2 定义变量 i=0，用于遍历主串；
3 定义变量 j=0，用于遍历模式串；
4 使用 getNext 函数求出 next 数组；
5 循环，当(i < n)，执行以下操作：
    5.1 如果(当前位置前面没有可用的前缀需要尝试,即 j=-1,或者字符匹配,即 s[i] == pattern[j])，
        则移动主串指针(即 i++)和模式串指针(即 j++)；
    5.2 否则，将 j 移动到最长前缀的下一个位置，即 j = next[j]；
    5.3 如果(模式串指针 j 移动到模式串末尾时，即 j==m)，则：
        5.3.1 匹配成功，将匹配位置(i-m)存储到 results；
        5.3.2 退回 j 到最长前缀处，即 j = next[j - 1] + 1，继续匹配；
```

程序 2.21　KMP 算法的实现

对于模式串 s = “ababadababab”，模式串 p = “ababab”，模式串 p 的 next 数组值为{−1,0,0,1,2,3}。最后匹配成功的位置有 2 个，即 results={6,8}。其求解过程如图 2.39 所示，图中蓝色底纹字符为匹配失败起点，黄色底纹字符为匹配点成功起点。

程序 2.21

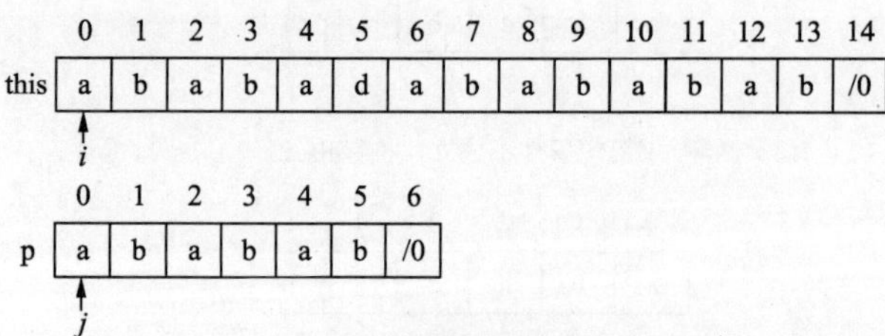

（a）起始状态：*i*=0，*j*=0

图 2.39　KMP 算法求解示例

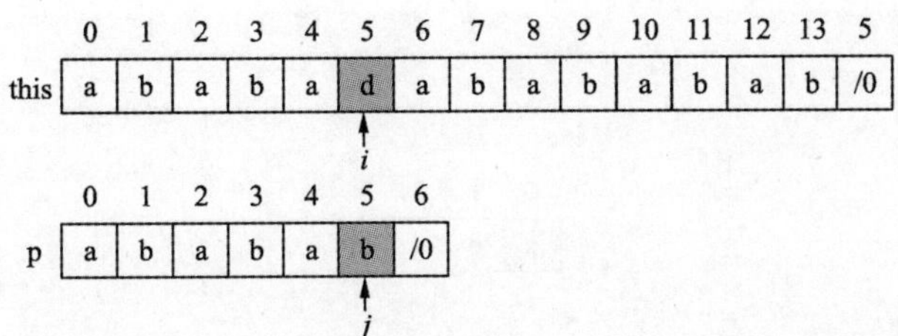

（b）第1到第5次循环，字符匹配，第5次循环结束时i=5，j=5，在模式串下标为5的字符处失配

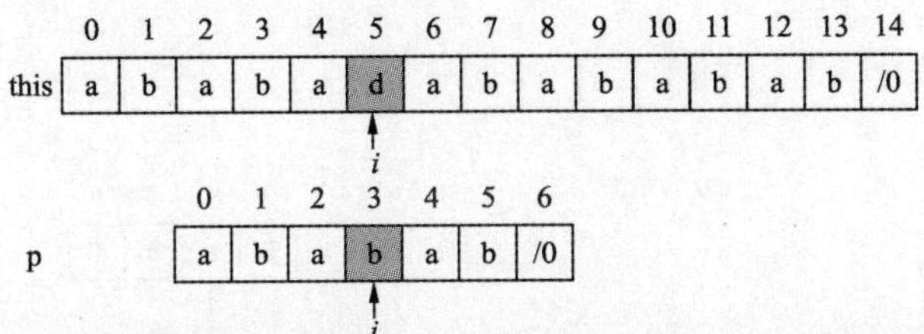

（c）第6次循环，由于next[5]=3，将j移到3，在模式串下标为3的字符处失配

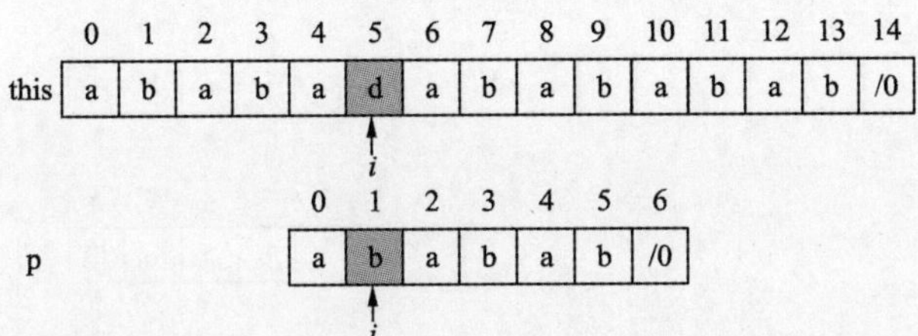

（d）第7次循环，由于next[3]=1，将j移到1，在模式串下标为1的字符处失配

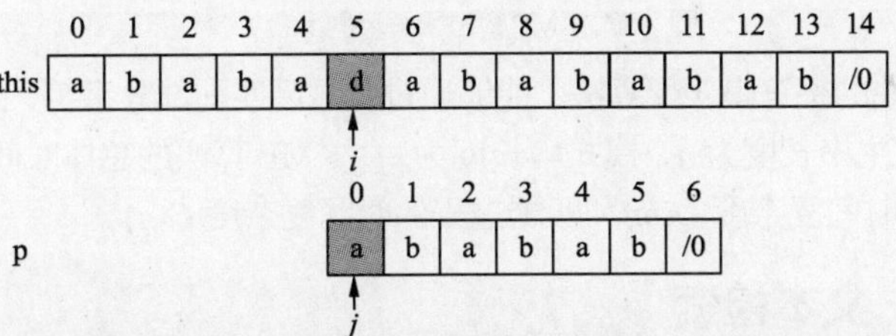

（e）第8次循环，由于next[1]=0，将j移到0，在模式串下标为0的字符处失配

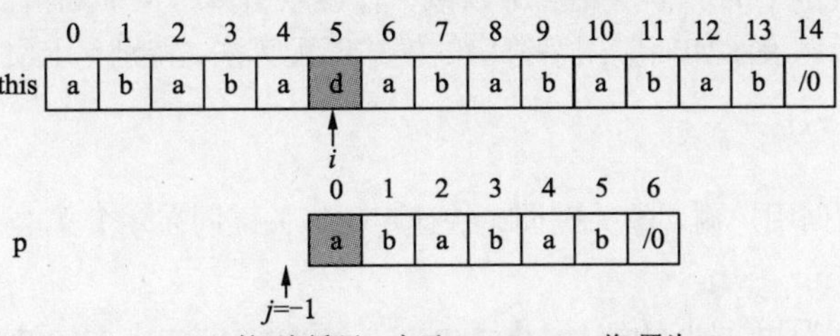

（f）第9次循环，由于next[0]=−1，将j置为−1

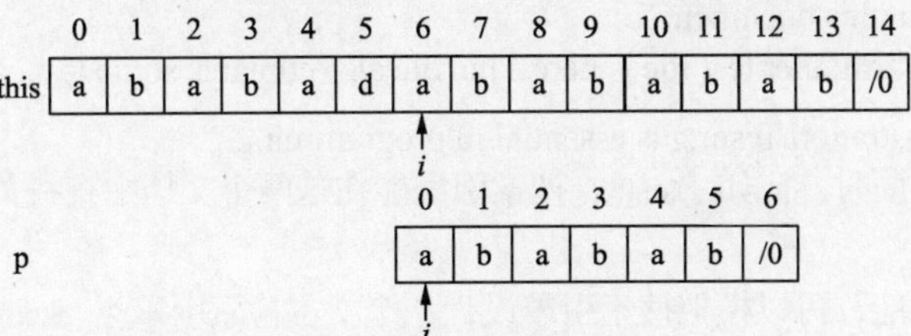

（g）第10次循环，当前位置无相同前后缀，执行++i和++j，得到i=6，j=0

图 2.39 KMP 算法求解示例（续）

（h）第11到第16次循环，字符匹配，i=12，j=6，得到第1个匹配点，对应主串位置为6

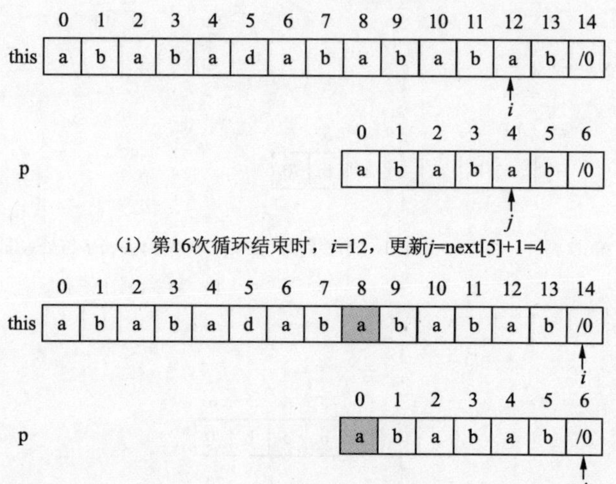

（i）第16次循环结束时，i=12，更新j=next[5]+1=4

（j）第17到第18次循环，字符匹配，i=14，j=6，得到第2个匹配点，对应主串位置为8，这时i>n，循环结束

图 2.39　KMP 算法求解示例（续）

KMP 算法是一种高效的字符串匹配算法，能够通过跳过已匹配部分字符，避免重复比较，从而实现匹配过程的加速。假设主串长度为 n，模式串长度为 m，KMP 算法的总体时间复杂度为 $O(n+m)$，其中包含 next 数组计算的时间复杂度 $O(m)$和匹配过程的时间复杂度 $O(n)$。

2.6.4 串的应用：文本检索

文本检索是计算机科学中的一个重要应用领域，在搜索引擎、文本编辑器等场景有广泛应用。本小节将通过一个实际示例展示如何应用字符串的模式匹配算法，特别是 KMP 算法，来实现文本检索功能。

（1）问题描述

文本检索的目标是根据用户输入的关键词，快速定位该关键词在多个文本中的出现位置。例如，假设有以下两个文本文件：

word1.txt，其内容为："This is the first test document.It contains a few keywords for testing.The keyword test appears multiple times in this document."

word2.txt，其内容为："Another test file is here.This file also contains some test cases.We use the keyword test several times for demonstration.Testing is essential in programming."

当用户输入某个关键词时，比如“test”，搜索引擎能在这两个文档中查找关键词的所有位置。

（2）解决思路

为了实现文本检索功能，可以模拟搜索引擎设计一个文本检索引擎类 SearchEngine，该类包含一个容器 documents，用于存储多个文本（字符串类型）；并提供两个主要函数，一个是 addDocument()，用于添加文章到文本库中；另一个是 search()，用于根据用户输入的关键词，在所有文本中进行匹配并返回匹配位置。

（3）算法及程序

文本检索的实现如程序 2.22 所示。该程序定义了一个 SearchEngine 类，其成员数据 documents 是一个元素为 String 类字符串的向量，向量中的每个元素存储来自文本文件中的字符串。其成员函数 addDocument（const char* filename）的作用是提供文本文件中的字符串，并将这些字符串添加到 documents 中。成员函数 search（const String& keywords）的作用是调用自定义 String 类中的 KMP 算法，在 documents 的字符串中查找 keywords 出现的位置。

程序 2.22　文本搜索引擎

程序 2.22

上面的程序利用自定义的 String 类实现了一个简单的文本检索引擎，利用 String 类中的模式匹配算法（KMP 算法）来快速定位关键词在文本中的位置。实际的搜索引擎要比上面的示例复杂得多，不仅需要处理大量文本数据，还要考虑多种优化策略，以提供更准确、高效的搜索结果，涉及信息检索、分布式系统、机器学习等多个领域的知识。希望读者能够通过本节内容，掌握模式匹配算法的实际应用，并为后续深入学习信息检索相关知识打下基础。

2.7 多维数组与特殊矩阵

2.7.1 多维数组的定义

多维数组是指二维及以上的数组。在编程中，数组是下标和值组成的序对集合，每个有定义的下标都与一个值对应，这个值称作数组元素。多维数组的逻辑结构可以类比为数学中的矩阵，其中每个元素都可以通过多个下标来唯一确定其位置。

1．二维数组

二维数组可以看作“数组的数组”，即其数组元素本身是一个一维数组。在定义二维数组时，通常指定两个维度的大小，如 int array[行][列];。这里的“行”和“列”分别代表了二维数组的两个维度，即行数和列数。二维数组在内存中以行优先的顺序连续存储，每一行都是一个一维数组。二维数组的每个元素可以通过行索引和列索引来访问，记作 array[*i*][*j*]，其中 *i* 是行索引，*j* 是列索引。

例如，int array[3][4] = {{1, 2, 3, 4}, {5, 6}, {9, 10}}矩阵表示如图 2.40 所示。

array[0]	1	2	3	4
array[1]	5	6	0	0
array[2]	9	10	0	0

→

array[0][0]	array[0][1]	array[0][2]	array[0][3]
array[1][0]	array[1][1]	array[1][2]	array[1][3]
array[2][0]	array[2][1]	array[2][2]	array[2][3]

图 2.40　二维数组表示

2．三维数组

三维数组则是“二维数组的数组”，即其数组元素是一个二维数组。在定义三维数组时，要指定三个维度的大小，如 int array[层][行][列]。这里的“层”“行”和“列”分别代表了三维数组的三个维度。三维数组在内存中也是以行优先的顺序连续存储，每一个二维数组都是一个平面。三维数组的每个元素可以通过层索引、行索引和列索引来访问，记作 array[*i*][*j*][*k*]，其中 *i* 是层索引，*j* 是行索引，*k* 是列索引。

例如，int array[5][3][4] = {{1, 2, 3, 4}, {5, 6, 7, 8}, {9, 10, 11, 12}}矩阵表示如图 2.41 所示。

多维数组的存储方式在内存中是连续的，尽管它们在概念上是多维的。这意味着，尽管可以按多个维度来访问数组元素，但在物理存储上，它们是作为一个连续的一维数组来处理的。这种存储方式使得多维数组在编程中既灵活又高效，能够模拟各种复杂的数据结构，如图像处理中的像素矩阵、科学计算中的多维数据集等。

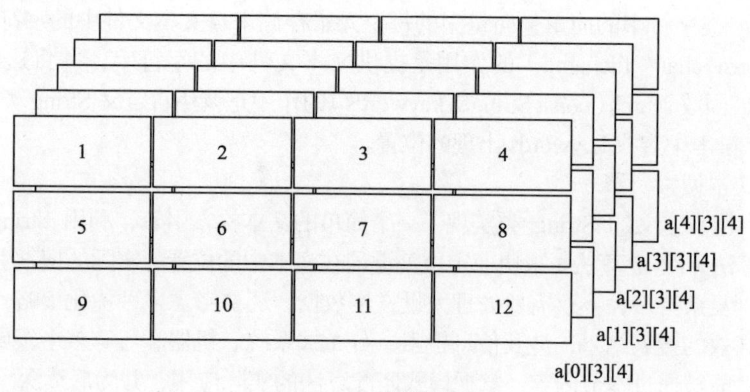

图 2.41 三维数组表示

2.7.2 多维数组的存储方式

多维数组的存储方式主要包括行优先存储和列优先存储两种。以下分别介绍其特点和实现方式。

1．行优先存储方式

在 C/C++中，多维数组通常采用行优先存储方式，即按照行的顺序将数组元素依次连续存储到内存中。例如，对于一个二维数组，内存中首先存储第一行的所有元素，然后是第二行，以此类推。

假设数组首元素的地址为 b，二维数组 array[i][j]中某个元素的地址可通过以下公式计算：

地址=b+（行号 × 列数+列号）× 元素大小

程序 2.23 二维数组在内存中的存储顺序及偏移量的计算

程序 2.23

在上述程序中，“int array[4][3] = { 0 }; ”定义了一个 4×3 的二维数组，并将所有元素初始化为 0。程序按行优先顺序输出每个元素的值、地址和偏移量。array[0][0] 的偏移量为 0，元素 array[i][j]的偏移量可以通过“(&array[i][j] - &array[0][0]) * sizeof（int）”计算得到，其中（&array[i][j] - &array[0][0]）是指针算术，其结果为元素索引的差值，sizeof（int）为元素大小，通常为 4 字节（因为是 int 类型）。偏移量也可以按公式（$i \times 3 + j$）×4 计算得到。array[0][0]的地址为随机值，每次运行结果可能不同，其余元素的地址在此基础上按照偏移量递增。例如，假设 array[0][0]的地址为 000000DB71CFFB88，则 array[0][1]的地址为 000000DB71CFFB8C，依此类推。

2．列优先存储方式

列优先存储是多维数组的另一种内存排列方式，常见于一些编程语言（如 Fortran）及数学计算库。在列优先存储中，数组元素按列顺序连续存储。例如，对于一个二维数组 array[3][4]，内存中首先存储第一列的所有元素，然后是第二列，以此类推。其内存布局为：array[0][0], array[1][0], array[2][0], array[0][1], array[1][1], array[2][1], array[0][2], array[1][2], array[2][2], array[0][3], array[1][3], array[2][3]。

程序 2.24 模拟列优先存储及其访问

程序 2.24

尽管 C++默认采用行优先存储方式，但可以通过调整循环的顺序来模拟列优先存储方式（外层循环遍历列，内层循环遍历行）。程序 2.24 输出每个元素的值、地址和偏移量，帮助理解二维数组在内存中的布局。

3．动态内存分配

除了静态分配，多维数组还可以通过动态内存分配来创建。这种方法通过指针灵活管理数组的行和列，便于动态调整数组大小。

程序 2.25 动态分配和释放二维数组的内存

程序 2.25

在这个代码示例中，首先为指向行的指针数组分配内存，然后为每一行分配内存，最后，通过循环释放每一行的内存和行指针数组的内存。这样可以有效管理动态创建的多维数组，避免内存泄漏。

2.7.3 特殊矩阵

特殊矩阵是一类具有特定元素分布特点的矩阵，通常包含大量相同的元素或零元素，并且这些元素的排列遵循某种规律性。由于这些结构上的特点，特殊矩阵在存储和计算上具备独特的优势，通过特定的存储方式，可以有效减少空间占用并提升运算效率。常见的特殊矩阵类型有对称矩阵、上三角矩阵、下三角矩阵、对角矩阵等。

1．对称矩阵

对称矩阵的特征是关于主对角线对称。设有一个（$n\times n$）的矩阵 $\boldsymbol{A}$，如果矩阵中的元素满足 $\boldsymbol{A}[i][j]=A[j][i]$，其中 $0\leqslant i\leqslant n-1$，$0\leqslant j\leqslant n-1$，则称矩阵 $\boldsymbol{A}$ 为对称矩阵。如下示例是一个五阶对称矩阵。

$$\boldsymbol{M}=\begin{bmatrix}0&1&2&3&4\\1&0&1&2&3\\2&1&0&1&2\\3&2&1&0&1\\4&3&2&1&0\end{bmatrix}$$

对于一个 n 阶对称矩阵，所有元素可以按照位置分为三个部分。

① 主对角线元素：包括从矩阵的左上角到右下角的对角线上的元素，即 $a_{11},a_{22},\cdots,a_{nn}$。

② 上三角元素：包括所有满足 $i<j$ 的元素 $A[i][j]$。

③ 下三角元素：包括所有满足 $i>j$ 的元素 $A[i][j]$，且与上三角对应元素相同，即 $a_{21}=a_{12},a_{31}=a_{13},\cdots,a_{n1}=a_{1n},\cdots,a_{n(n-1)}=a_{(n-1)n}$。

程序 2.26 判断矩阵是否为对称矩阵

程序 2.26

程序 2.26 使用二维容器 vector<vector<int>>存储矩阵，可以更灵活地处理任意大小的矩阵。在现代 C++中，优先考虑使用 std::vector 或类似容器，而不是固定大小的二维数组，这样代码更灵活、可扩展。

对于对称矩阵，由于它的行与列位置互换后的元素值相同，只须存储主对角线及其一侧的元素即可。若将 $n\times n$ 的对称矩阵 $\boldsymbol{A}$ 的主对角线及其下三角元素存储在一维数组 B 中，则可以将矩阵 $\boldsymbol{A}$ 的 $n\times n$ 个元素压缩到 $n(n+1)/2$ 个元素的空间中。不失一般性，假设以行序优先将矩阵 $\boldsymbol{A}$ 的主对角线及其下三角的元素存储到一组数组 B 中，则矩阵 $\boldsymbol{A}$ 的元素 $A[i][j]$对应一维数组 B 中的下标 k 可以通过以下公式计算：

$$k=\begin{cases}\dfrac{i(i+1)}{2}+j，当 i\geqslant j\\[2ex]\dfrac{j(j+1)}{2}+i，当 i<j\end{cases}$$

程序 2.27 先判断矩阵是不是对称矩阵，如果是对称矩阵就把它压缩为一维数组存储。

程序 2.27 压缩对称矩阵到一维数组

程序 2.27

2．三角矩阵

三角矩阵分上三角矩阵和下三角矩阵两种。上三角矩阵是指主对角线及其上方的元素为非零元素，而其他元素均为零的矩阵。对于 $n\times n$ 的上三角矩阵 $\boldsymbol{A}$，可以通过将其

压缩存储在大小为 $n(n+1)/2$ 的一维数组 B 中，$\boldsymbol{A}$ 中的元素 $A[i][j]$对应一维数组 B 中的下标 k 可以通过以下公式计算：

$$k=\frac{i(2n-i+1)}{2}+(j-i)$$

程序 2.28

程序 2.28 将上三角矩阵 matrix 压缩为一维数组 compressed。

程序 2.28　上三角矩阵的压缩存储

下三角矩阵与上三角矩阵相反，是指主对角线及其下方的元素为非零元素，而其他元素均为零的矩阵，可以只存储主对角线及其下三角部分的元素来节省存储空间。$\boldsymbol{A}$ 的元素 $A[i][j]$ 对应一维数组 B 中的下标 k 可以通过以下公式计算：

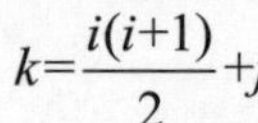

$$k=\frac{i(i+1)}{2}+j$$

程序 2.29

程序 2.29 将下三角矩阵 matrix 压缩为一维数组 compressed。

程序 2.29　下三角矩阵的压缩存储

3．对角矩阵

对于一个 $n\times n$ 的矩阵 $\boldsymbol{A}$，如果 $\boldsymbol{A}$ 的元素满足以下条件：

$$A[i][j]=0，当 i\neq j 时$$

则称矩阵 $\boldsymbol{A}$ 为对角矩阵。对角矩阵的一般形式如下所示：

$$\boldsymbol{A}=\begin{pmatrix} d_1 & 0 & 0 & \cdots & 0 \\ 0 & d_2 & 0 & \cdots & 0 \\ 0 & 0 & d_3 & \cdots & 0 \\ \vdots & \vdots & \vdots & \ddots & \vdots \\ 0 & 0 & 0 & \cdots & d_n \end{pmatrix}$$

其中 $d_1,d_2,\cdots,d_n$ 是对角线上的元素，为非零元素。

对于一个 $n\times n$ 的对角矩阵 $\boldsymbol{A}$，可以用一个长度为 n 的一维数组 B 存储对角线上的元素来实现压缩存储。

除了对角矩阵之外，还有三对角矩阵、五对角矩阵等。

三对角矩阵是指矩阵中的主对角线、上对角线和下对角线上的元素为非零元素，其他位置的元素为零。对于一个 $n\times n$ 的三对角矩阵 $\boldsymbol{A}$，其元素满足：

$$A[i][j]=0，当 |i-j|>1$$

即仅有以下位置的元素为非零：主对角线元素 $A[i][j]$；上对角线元素 $A[i][i+1]$；下对角线元素 $A[i][i-1]$。

三对角矩阵的一般形式如下所示：

$$\boldsymbol{A}=\begin{bmatrix} a_{11} & a_{12} & 0 & \cdots & 0 & 0 & 0 \\ a_{21} & a_{22} & a_{23} & \cdots & 0 & 0 & 0 \\ 0 & a_{32} & a_{33} & \cdots & 0 & 0 & 0 \\ 0 & 0 & a_{43} & \ddots & \vdots & \vdots & \vdots \\ \vdots & \vdots & \vdots & \cdots & a_{(n-1)2(n-2)} & a_{(n-2)(n-1)} & 0 \\ 0 & 0 & 0 & \cdots & a_{(n-1)(n-2)} & a_{(n-1)(n-1)} & a_{(n-1)n} \\ 0 & 0 & 0 & \cdots & 0 & a_{n(n-1)} & a_{nn} \end{bmatrix}$$

五对角矩阵是指一个矩阵中的元素仅存在主对角线、上两条对角线和下两条对角线上的非零元素，其他位置的元素为零。具体来说，对于一个 $n\times n$ 的五对角矩阵 $\boldsymbol{A}$，其元素满足：

$$A[i][j]=0，当 |i-j|>2$$

即仅有以下位置的元素为非零：主对角线元素 $A[i][j]$；上两条对角线元素：$A[i][i+1]$，$A[i][i+2]$；下两条对角线元素：$A[i][i-1]$，$A[i][i-2]$。

2.7.4 稀疏矩阵

稀疏矩阵（sparse matrix）是指零元素数量显著多于非零元素的矩阵，且其非零元素的分布通常没有明显的规律。由于稀疏矩阵中的大部分元素为零，直接存储所有元素会浪费大量存储空间。因此，在计算机科学与工程领域中，稀疏矩阵常通过特殊的存储结构进行压缩存储，如使用三元组表示法、压缩行或压缩列等方式，仅记录非零元素的位置和数值。下面将依次介绍这些存储方法。

1．三元组表示法存储稀疏矩阵

三元组表示法可以存储稀疏矩阵中非零元素的行和列，并对应到其值。三元组表是一个一维数组，因其中的每一个存储位置需要存储原稀疏矩阵中非零数据的 3 个信息（行、列、值）。三元组表名由此而来，也就是说数组中存储的是对象。根据这个我们可以想到将非零元素及其相应的行和列构成一个三元组（行、列、值）。

矩阵 $\boldsymbol{M}=\begin{bmatrix}4 & 0 & 0 & 0\\0 & 0 & 6 & 0\\0 & 9 & 0 & 0\\0 & 23 & 0 & 0\end{bmatrix}$ 对应的三元组表示为：

i	j	v
0	0	4
1	2	6
2	1	9
3	1	23

程序 2.30 稀疏矩阵的压缩存储的实现

程序 2.30

2．压缩列存储（compressed column storage, CCS）稀疏矩阵

CCS 这一存储方式由以下 3 部分组成。

① 值数组（values）：存储矩阵中的所有非零元素，按列优先顺序排列。

② 行索引数组（row_index）：存储每个非零元素所在的行号，与 values 一一对应。

③ 列指针数组（col_ptr）：存储每列非零元素在 values 数组中的起始位置及结束位置。

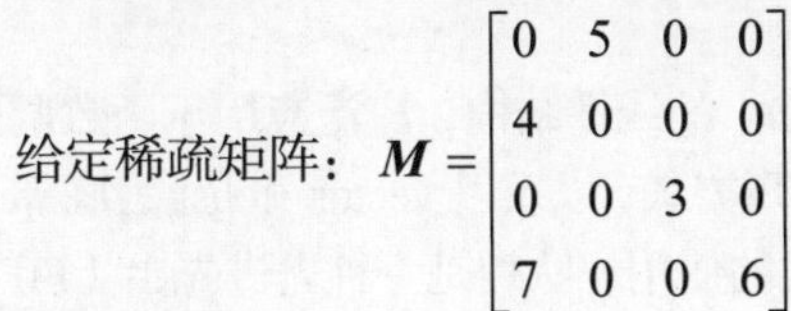

给定稀疏矩阵：$\boldsymbol{M}=\begin{bmatrix}0 & 5 & 0 & 0\\4 & 0 & 0 & 0\\0 & 0 & 3 & 0\\7 & 0 & 0 & 6\end{bmatrix}$

CCS 表示为：

① 值数组（values）：[4,7,5,3,6]。

② 行索引数组（row_index）：[1,3,0,2,3]。

③ 列指针数组（col_ptr）：[0,2,3,4,5]。

程序 2.31 将稀疏矩阵转换为 CCS 格式的实现

程序 2.31

3．压缩行存储（compressed row storage, CRS）稀疏矩阵

CRS 以行为主导，按行存储矩阵中的非零元素及其列索引，并记录每行非零元素的起始位置。

CRS 稀疏矩阵需要 3 个一维数组。

① Values（非零元素值数组）：存储稀疏矩阵中所有非零元素的值，按行优先顺序排列。

② Column Index（列索引数组）：存储对应每个非零元素所在的列索引，顺序与 Values 数组一一对应。

③ Row Pointer（行指针数组）：存储每一行的非零元素在 Values 数组中的起始位置（累计索引）。其长度为行数+1，最后一个元素指向 Values 数组末尾。

以下是一个稀疏矩阵示例：$\boldsymbol{M}=\begin{bmatrix}0 & 5 & 0 & 0\\ 4 & 0 & 0 & 0\\ 0 & 0 & 3 & 0\\ 7 & 0 & 0 & 6\end{bmatrix}$

转换为 CRS 格式：

① Values（存储所有非零元素的值）：[5,4,3,7,6]

② Column Index（表示非零元素所在的列索引，顺序与 Values 对应）：[1,0,2,0,3]

③ Row Pointer（表示每行非零元素的起始位置）：[0,1,2,3,5]

第 0 行有 1 个非零元素，Values 起始位置为索引 0。

第 1 行有 1 个非零元素，Values 起始位置为索引 1。

第 2 行有 1 个非零元素，Values 起始位置为索引 2。

第 3 行有 2 个非零元素，Values 起始位置为索引 3，结束于索引 5。

程序 2.32　将稀疏矩阵转换为 CRS 格式的实现

程序 2.32

2.8 本章小结

本章系统阐述了线性结构的基本概念、实现方式及实际应用，重点介绍了顺序表、链表、栈、队列、串等常用的线性结构。首先，通过分析数组的局限性，引出了顺序表这一线性结构，详细介绍了顺序表的不同实现方式，包括用 C 语言实现的非封装的顺序表，以及用 C++语言实现的顺序表类和顺序表类模板，重点介绍了模仿的向量类模板 vector 的实现，并通过应用实例——Todo 计划表，展示顺序表在实际中的应用。其次，详细讲解了链表这一重要的线性结构，包括单链表、双向链表和循环链表，它们各自具有不同的特点和实现方式。重点介绍了模仿的链表类模板 list 的实现，并通过应用实例——一元多项式相加，展示链表在实际中的应用。顺序表和链表从逻辑结构上看都是线性表，即每个元素只有一个前驱和一个后继，它们的主要区别在于物理结构的不同，顺序表通过连续的存储空间来体现一对一关系，而链表则通过指针来维系元素之间的关系。

栈和队列是操作受限的线性表。栈是一种后进先出（LIFO）的线性结构，广泛应用于函数调用、表达式求值和算法实现等领域。本章介绍了顺序栈和链栈的实现方式，以及以 vector 和 list 为底部结构的栈的实现，并通过应用实例——括号匹配，帮助读者理解栈的使用。队列是一种先进先出（FIFO）的线性结构，常用于排队和任务调度等领域。本章介绍了顺序队列、链队列及优先级队列，以及如何使用 vector 和 list 为底部结构来构建这些队列，并结合应用实例——打印机模拟，帮助读者加深对队列操作的理解。

串（string）作为一种特殊的线性结构，是由零个或多个字符组成的有限序列，串与其他线性表的主要区别在于其数据对象被限定为字符集。本章讲解了模仿的 String 类的实现，以及模式匹配的基本算法，并通过应用实例——文本检索，进一步展示了串的实际应用价值。本章还介绍了多维数组的定义和存储方式，着重讲解了特殊矩阵中的稀疏矩阵压缩存储方法及其实现。

通过本章的学习，读者将掌握线性结构的基本概念与实现方法，并结合多个应用实例深入理解这些数据结构的实际应用价值，为后续学习树、图等非线性结构，以及查找和排序算法奠定基础。

练习题

1. 选择填空题

（1）长度为 n 的线性表采用顺序存储结构，当在任意位置插入一个元素的概率相等时，则插入一个元素所需要移动元素的平均个数是（　　）。

A. （n-1）/2　　B. n/2　　C. （n+1）/2　　D. （n+2）/2

（2）链表不具有的特点是（　　）。

A. 随机访问　　B. 不必事先估计存储空间

C. 插入删除不需要移动元素　　D. 所需空间与线性表长度成正比

（3）带头节点的单链表 head 为空的判断条件是（　　）。

A. head = = Null　　B. head–>next = = NULL

C. head–>next = = head　　D. head = = head

（4）在单链表指针为 p 的节点之后插入指针为 q 的节点，正确的操作是（　　）。

A. p->next=q; q->next=p->next;　　B. q->next=p->next; p->next=q;

C. p->next=q; p->next=q->next;　　D. p->next=q->next; p->next=q;

（5）设 abcd 以所给的次序进栈，若在进栈操作时，允许退栈操作，则不可能得到的序列是（　　）。

A. cbad　　B. abdc　　C. cabd　　D. bacd

（6）栈操作数据的原则是（　　）。

A. 先进先出　　B. 先进后出　　C. 后进后出　　D. 不分顺序

（7）若已知一个栈的入栈序列是 1,2,3,…,n，其输出序列为 p1,p2,p3,…,pn，若 p1=n，则 pi 为（　　）。

A. i　　B. n–i　　C. n–i+1　　D. 不确定

（8）假设循环队列的最大容量为 m，队尾指针是 rear，队头指针是 front，则队列为满的条件是（　　）。

A. (rear+1)% m==front　　B. rear==front

C. rear+1==front　　D. (rear-l)% m==front

（9）设计判别表达式中左、右括号是否配对出现的算法时，最好采用（　　）数据结构。

A. 栈　　B. 队列

C. 线性表的链式存储结构　　D. 数组

（10）当线性表的元素总数基本稳定，且很少进行插入和删除操作，但要求以最快的速度存取线性表中的元素时，应采用（　　）存储结构。

A. 顺序表　　B. 单链表　　C. 循环链表　　D. 双链表

（11）若用一个大小为 6 的数组来实现循环队列，且当前 rear 和 front 的值分别为 0 和 3。当从队列中加入 1 个元素，删除 2 个元素，再加入 3 个元素后，再删除 1 个元素，rear 和 front 的值分别是(　　)。

A. 1 和 3　　B. 0 和 4　　C. 4 和 0　　D. 3 和 1

（12）判断顺序栈（最多节点数为 m）为栈满的条件是（　　）。

A. top= =0　　B. top!=m　　C. top!=0　　D. top= =m

（13）二维数组 C[6][7]以行为主顺序存储，若元素 C[0][0]的地址为 b，每个元素占 4 个存储单位，则元素 C[4][6]的存储地址是（　　）。

A. b+144　　B. b+136　　C. b+102　　D. b+72

（14）***A***[n，n]是对称矩阵，将下三角（包括对角线）以行序存储到一维数组 T[n（n+1）/2]中，则对任一上三角元素 $a[i][j]$对应 $T[k]$的下标 k 是（　　）。

A. $i(i-1)/2+j$　　B. $j(j-1)/2+i$　　C. $i(i-1)/2+j-1$　　D. $j(j-1)/2+i-1$

2. 解答题

（1）栈的操作原则是什么？举出两个栈的应用例子。

（2）设双向链表节点的前驱和后继指针分别为 prev 和 next，试写出在指针 p 指向的节点前插入指针 q 指向新节点的操作语句。

（3）一个栈用一个一维数组 S[0,…,N−1]表示，栈顶指针为 top，且约定 top=−1 时栈为空。

① 分别写出入栈和出栈语句。

② 写出判断栈满的条件语句。

3. 算法设计题

（1）实现 list 的成员函数：T& removeMin()，删除链表中值最小的元素，返回最小元素的值。

（2）实现 list 的成员函数：T& removeVal()，删除所有值为 val 的元素。

（3）以 list 为底部结构，实现栈、队列和优先级队列。

（4）写一个算法程序，实现顺序表就地逆置。

（5）编程实现：对于头指针为 q 的单链表，用 C++语言写一个函数 delete()，删除其偶数号节点。设 p 指针指向第一个节点，节点链域名称为 link。

（6）编程实现：设有一个以 h1 为头指针的带头节点的单链表，其节点数据域存储的都是正整数，试用 C++语言写一个函数把该单链表分解为两个单链表，一个单链表以 h1 为头指针，只存储奇数；另一个单链表以 h2 为头指针，只存储偶数。要求只增设一个头节点 h2，不再另开辟存储空间。

第3章 树与二叉树

树是一种重要的非线性数据结构，适用于描述具有层次关系的数据。其特点是数据元素之间存在一对多的逻辑关系，即除根节点和叶子节点外，其余节点只有一个前驱，但可能有多个后继，根节点没有前驱，叶子节点没有后继。树形结构常用于描述诸如家族谱系、组织架构、文件系统等层次化信息。在各种树形结构中，二叉树最为重要，常用于查找、排序与表达式运算中。

本章系统介绍树与二叉树的基本概念、性质、存储结构、遍历算法，以及它们在实际工程中的应用。首先，介绍了二叉树的层次遍历、前序遍历、中序遍历和后序遍历算法，以及递归程序向非递归程序转化的一般方法，帮助读者理解非递归算法设计的统一思路。其次，引入一种特殊二叉树——堆，介绍堆的创建和堆排序算法，并实现了 Heap 类。再次，讲解哈夫曼树构建与哈夫曼编码，展示树结构在数据压缩与编码中的经典应用。最后，介绍了树与森林的存储结构与遍历算法，以及其与二叉树的相互转换方法，并结合实际案例分析树结构在问题建模与求解中的应用，如八数码问题的状态空间搜索。

本章内容有助于读者系统掌握树结构及其实际应用，为后续复杂数据结构的学习打下基础。

3.1 树的基本概念

3.1.1 树的定义

定义 3.1 树（tree）是由$m(m\geqslant 0)$个节点构成的有限集合。在任何一棵非空树中：

（1）有且仅有一个称为根的节点；

（2）除根节点外，其余节点被分成$n(n\geqslant 0)$个互不相交的子集；

（3）每个子集又是一棵树，它们是根的子树。

图 3.1 所示是树的示例。

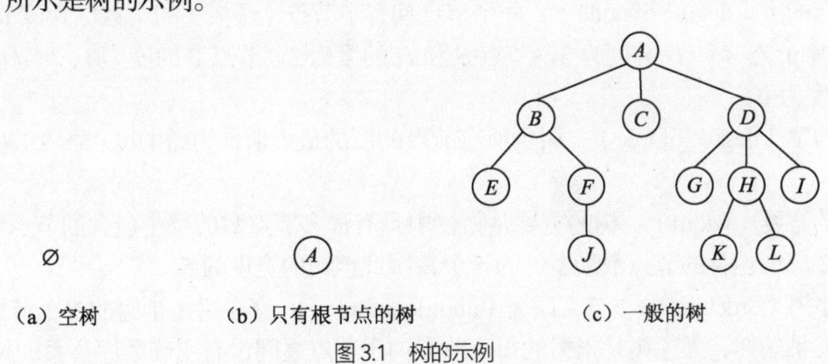

图 3.1 树的示例

3.1.2 树的基本术语

下面介绍有关树的一些术语，它们在后续章节将经常用到。

（1）根节点（root）：没有父节点的节点叫根节点。根节点简称根，它是整个树的起点。所有非空树有且仅有一个根节点。图 3.1（b）和图 3.1（c）所示的树的根节点为 *A*。

（2）父节点（parent）：一个节点的直接上级节点称为该节点的父节点。根节点没有父节点。图 3.1（c）所示的树中节点 *G* 的父节点是节点 *D*，节点 *B* 的父节点是节点 *A*，节点 *A* 没有父节点。

（3）孩子节点（child）：一个节点的直接下级节点称为该节点的孩子节点，简称子节点。树的一个节点可以有零个、一个或多个子节点。图 3.1（c）所示的树的节点 *A* 有 3 个子节点，分别为 *B*、*C*、*D*。

（4）叶子节点（leaf）：没有子节点的节点称为叶子节点或终端节点。只要树非空，就一定存在叶子节点。图 3.1（c）所示的树的叶子节点有 *C*、*E*、*G*、*I*、*J*、*K* 和 *L*。

（5）分支节点（branch node）与内部节点（internal node）：子节点数不为 0 的节点称为分支节点。除了叶子节点之外的所有节点都是分支节点。如果一棵二叉树只有一个节点，这个节点既是根节点，也是叶子节点，但不是分支节点。除根节点外的所有分支节点称为内部节点。图 3.1（c）所示的树的分支节点有 *A*、*B*、*D*、*F*、*H*，内部节点有 *B*、*D*、*F*、*H*。

（6）兄弟节点（sibling）：一个父节点可以有多个子节点，这些子节点互为兄弟，称为兄弟节点。图 3.1（c）所示的树中 *B*、*C*、*D* 是兄弟节点，（*E*、*F*）、（*G*、*H*、*I*）、（*K*、*L*）也是兄弟节点。

（7）堂兄弟节点（cousin）：处于树的同一层但父节点不同的节点称为堂兄弟节点。图 3.1（c）所示的树中 *G* 与 *E*、*F* 为堂兄弟节点。

（8）祖先节点（ancestor）：一个节点的祖先节点是指从根到该节点所经过的所有节点，根节点是所有节点的祖先。图 3.1（c）所示的树中节点 *J* 的祖先节点有 *A*、*B* 和 *F*。

（9）子孙节点（descendant）：一个节点的子孙节点是指以该节点为根的所有子树中的所有节点。图 3.1（c）所示的树中节点 *B* 的子孙节点有 *E*、*F* 和 i。

（10）路径（path）和路径长度：设有节点序列 $K_0,K_1,\cdots,K_n$，其中 K_i 是 K_{i+1} 的父节点，则称该序列为从 K_0 到 K_n 的路径。若 $i<j$，则 K_i 是 K_j 的祖先节点，K_j 是 K_i 的子孙节点。路径上连接相邻节点的连线称为边（edge），也叫作分支，路径上边的个数称为该路径的路径长度。图 3.1（c）所示的树中节点 *A*、*B*、*F*、*J* 是该树的一条路径。

（11）节点层数（level）：一个节点距离根节点的层级数称为节点的层数，也称为节点的深度。通常规定根节点的层数为 0，根节点的子节点的层数为 1，根节点的子节点的子节点的层数为 2，以此类推。图 3.1（c）所示的树中节点 *A* 的层数为 0，*B*、*C*、*D* 的层数为 1，节点 *E*、*F*、*G*、*H*、*I* 的层数为 2，节点 *J*、*K*、*L* 的层数为 3。

（12）节点的度（degree of node）：一个节点拥有子节点（子树）的个数称为该节点的度。图 3.1（c）所示的树中节点 *A* 和 *D* 的度为 3，节点 *B* 和 *H* 的度为 2，节点 F 的度为 1，叶子节点 *C*、*E*、*G*、*I*、*J*、*K*、*L* 的度为 0。

（13）树的度（degree of tree）：树中所有节点的度的最大值称为树的度。图 3.1（c）所示的树的度为 3。

（14）树的宽度（width）：树的宽度是指树中具有最多节点数的层中包含的节点数。图 3.1（c）所示的树中第 2 层中包含的节点数最多，为 5 个，因此该树的宽度为 5。

（15）有序树（ordered tree）与无序树（unordered tree）：有序树是指树的每个节点的子节点之间有明确的顺序关系的树，无序树是指树的每个节点的子节点之间没有明确顺序关系的树。

（16）森林（forest）：*m* 个互不相交的树的集合称为森林，其中 *m* 是一个非负整数。

对于一棵树而言，一个节点的子树集合可以看作森林。例如，图 3.1（c）所示的树中节点 A 的子树森林如图 3.2 所示。所以，树可以看作一个二元组 $T=(r,F)$，其中 r 是根，$F=\{T_1,T_2,\cdots,T_m\}$ 是 r 的子树森林，$T_i=(r_i,F_i)$。

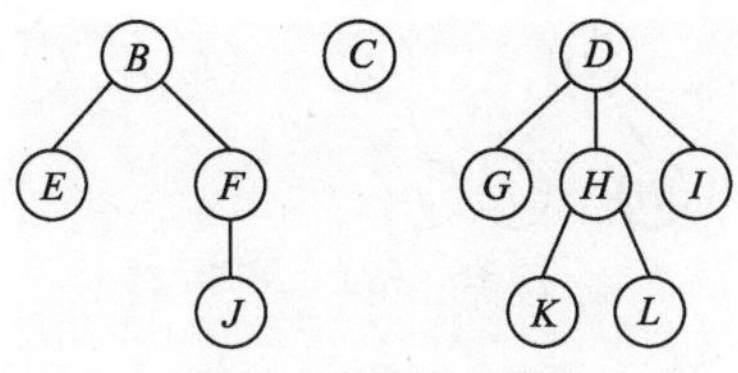

图 3.2　森林的示例图

3.2 二叉树的基本概念

3.2.1 二叉树的定义

二叉树是树的一种特殊形式，它的每个节点最多有两个子节点，且两个子节点有严格的左右之分，分别称为左子节点和右子节点。任意一棵树都可以转换成二叉树，可以用二叉树来解决树的存储和运算中的复杂问题。二叉树操作简单，在查找、排序中有广泛应用。下面给出二叉树的具体定义。

定义 3.2　二叉树是满足以下特性的 $n(n\geqslant 0)$ 个节点的有限集合。

（1）当 $n=0$ 时，称为空二叉树；

（2）当 $n\neq 0$ 时，则有一个节点称为根，其余节点分为两个互不相交的集合，分别称为根的左子树和根的右子树；

（3）左、右子树本身又是二叉树，且左右子树的次序不可颠倒。

图 3.3 所示是一棵二叉树的示例。

图 3.3　二叉树示例

二叉树与树的主要差别如下。

（1）子节点数量的限制。树中所有节点可以有任意数量的子节点，而二叉树所有节点的子节点的数量最多为 2，节点的度只能为 0、1 或 2，其中度为 0 的节点称为叶子节点。

（2）子节点之间的次序。树的所有节点的子节点之间通常是无序的，而二叉树所有节点的子节点都有左右之分，左边的子节点称为左子节点，右边的子节点称为右子节点，即使只有一个子节点也要明确左右之分。

二叉树有以下 5 种基本形态，如图 3.4 所示。

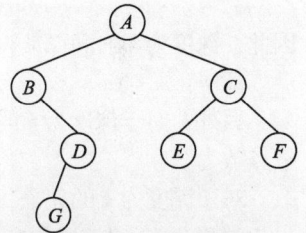

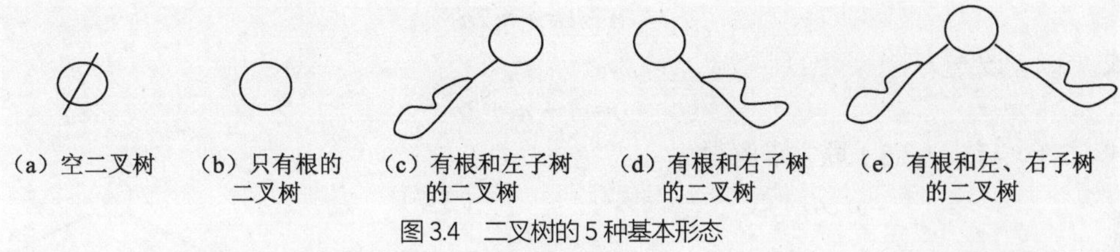

图 3.4　二叉树的 5 种基本形态

如果一棵二叉树除最大层的节点外，其他各层的节点都有两个子节点，则称这样的二叉树为满二叉树。如图 3.5 所示。如果一棵二叉树除去最大层是一棵满二叉树，最大层上的节点向左充满，则称这样的二叉树为完全二叉树，如图 3.6 所示。图 3.7 则不是一棵完全二叉树，因为最后一层的节点 K 没有向左充满。

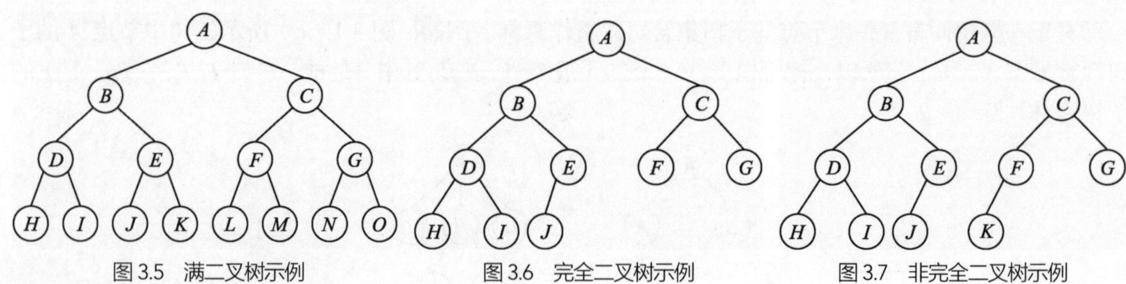

图 3.5　满二叉树示例　　图 3.6　完全二叉树示例　　图 3.7　非完全二叉树示例

3.2.2 二叉树的性质

二叉树具有下列重要性质。

性质 3.1　二叉树第 i 层上至多有 2^i 个节点（设根节点是 0 层）。

证明：用数学归纳法证明。

当 i=0 时，2^0=1 结果正确，第 0 层只有一个根节点。

假设对于第 k 层节点数至多为 2^k 个，由于二叉树每个节点至多有两个子节点，那么第 k+1 层的节点数至多为第 k 层节点数的两倍，即 $2\times2^k=2^{k+1}$。

因此，根据数学归纳法，结论对于所有 $i\geqslant0$ 的情况都成立。

证毕。

性质 3.2　深度为 k 的二叉树至多有 $2^{k+1}-1$ 个节点（满二叉树）。

证明：显然，深度相同时，满二叉树的节点总数最多。对于深度为 k 的满二叉树，第 0 层的节点数为 2^0，下一层的节点数是上一层的节点数的 2 倍，即第 1 层节点数为 2^1，第 2 层节点数为 2^2，第 k 层节点数为 2^k，则总的节点数为

$$S_n=2^0+2^1+2^2+\cdots+2^k=2^{k+1}-1$$

因此，深度为 k 的满二叉树的节点数为 $2^{k+1}-1$，即深度为 k 的二叉树至多有 $2^{k+1}-1$ 个节点。

证毕。

另外，对于深度为 k 的满二叉树，度为 1 节点数为 0，度为 2 节点数为 2^k-1，度为 0（叶子节点）节点数为 2^k。

对于深度为 k 的完全二叉树，至多有 $2^{k+1}-1$ 个节点，至少有 2^k 个节点，至多有 1 个度为 1 的节点。

性质 3.3　设二叉树叶子节点数为 n_0，度为 2 的节点数为 n_2，则有：$n_0=n_2+1$。

证明：设二叉树节点总数为 n，度为 1 的节点数为 n_1，则有

$$n=n_0+n_1+n_2 \tag{3.1}$$

另外二叉树中，除根节点外，其余节点都是某个节点的子节点，度为 1 的节点有一个子节点，度为 2 的节点有两个子节点，叶子节点没有子节点。因此，子节点总数为

$$n-1=n_1+2n_2 \tag{3.2}$$

将式（3.2）改写为

$$n=1+n_1+2n_2 \tag{3.3}$$

由式（3.1）与式（3.3）联立求解得

$$n_0=n_2+1 \tag{3.4}$$

证毕。

性质 3.4　节点数为 n 的完全二叉树的高度为：$\lfloor\log_2 n\rfloor$或者$\lceil\log_2(n+1)\rceil-1$。

证明：设完全二叉树的高度为 k，则其节点数最多为 $2^{k+1}-1$，此时为满二叉树；其节点数最少为 2^k，此时最后一层只有一个节点，如图 3.8 所示。

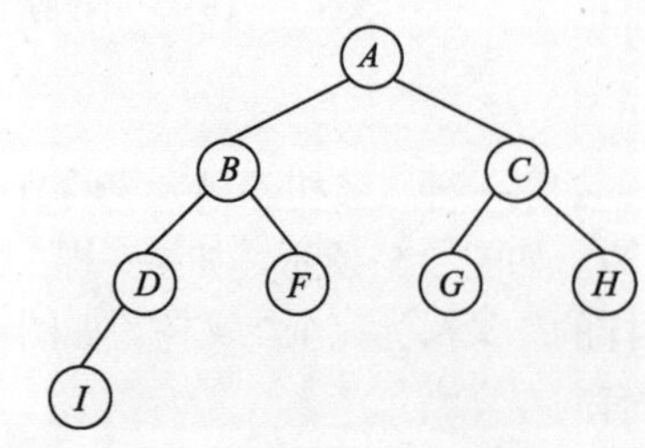

图 3.8　最后一层只有一个节点的完全二叉树

即有 $2^k \leqslant n < 2^{k+1}$，或 $2^k - 1 < n \leqslant 2^{k+1} - 1$，$2^k < n+1 \leqslant 2^{k+1}$，即有 $k \leqslant \log_2 n < k+1$ 或 $k < \log_2(n+1) \leqslant k+1$，因为 k 为正整数，即有 $k = \lfloor \log_2 n \rfloor$ 或 $k+1 = \lceil \log_2(n+1) \rceil$，即 $k = \lceil \log_2(n+1) \rceil - 1$。其中，$\lfloor\ \rfloor$ 为向下取整，$\lceil\ \rceil$ 为向上取整。

证毕。

将二叉树的节点从上到下、从左到右排列得到的序列称为层次序列。

性质 3.5 设完全二叉树的层次序列为：$a_0, a_1, \cdots, a_n$，设 i 为此完全二叉树的层次序列的序号，则有：

（1）a_0 是根节点；

（2）若 $i>0$，则 a_i 的父节点为 $a_{(i-1)/2}$；

（3）若 $2i+1<=n$，则 a_i 的左子节点为 a_{2i+1}；若 $2i+1>n$，则 a_i 是叶子节点；

（4）若 $2i+2<=n$，则 a_i 的右子节点为 a_{2i+2}；若 $2i+2>n$，则 a_i 无右子节点；

（5）若 $i<=n$，且 i 是大于 1 的偶数，则 a_i 的左兄弟节点为 a_{i-1}；

（6）若 $i+1<=n$，且 i 是小于 n 的奇数，则 a_i 的右兄弟节点为 a_{i+1}。

3.3 二叉树的存储结构

3.3.1 二叉树的顺序存储结构

二叉树的顺序存储结构的基本思想是将二叉树的节点按照从上到下、从左到右的顺序存储在一个一维数组中，它适用于完全二叉树的存储。对于顺序存储的完全二叉树，节点的父子关系可以用数组下标关系直接表示。

对于非完全二叉树，可以先用零元素将此二叉树填充为完全二叉树，再将填充后的完全二叉树按层次序列存储到数组中。

对于图 3.3 所示的二叉树，填充后的完全二叉树结构如图 3.9 所示，它的层次序列为：*A*、*B*、*C*、\0、*D*、*E*、*F*、\0、\0、*G*，按这个顺序将其填入一组数组中，如图 3.10 所示。

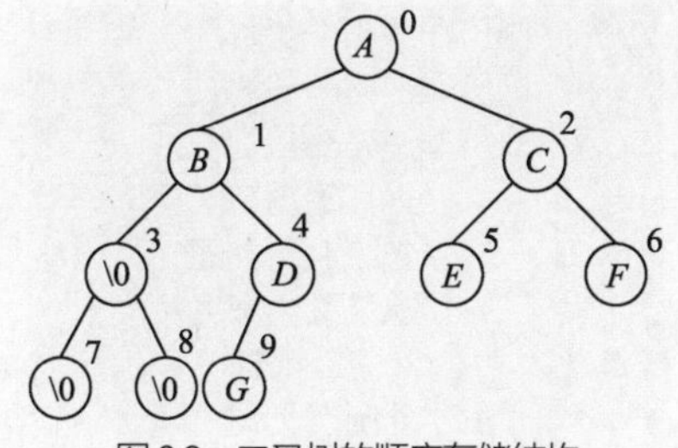

图 3.9 二叉树的顺序存储结构

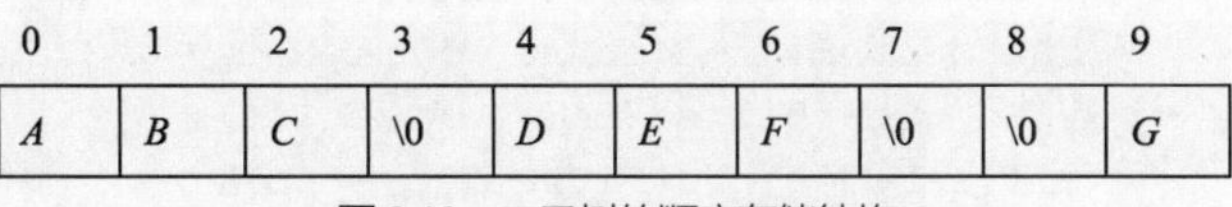

图 3.10 二叉树的顺序存储结构

结合性质 3.5，可以根据数组下标之间的关系确定元素之间的父子关系。假设数组下标为 i 的节点 $a[i]$，$a[i]$ 如果不是根节点，则 $a[i]$ 的父为 $a[(i-1)/2]$；$a[i]$ 如果有左孩子，则左孩子为 $a[2i+1]$；$a[i]$ 如果有右孩子，则右孩子为 $a[2i+2]$。

3.3.2 二叉树的链式存储结构

二叉树的链式存储结构又称为二叉链表，是一种通过节点之间的指针来表示和组织二叉树的方式。在这种结构中，每个节点包含数据 data，以及两个分别指向其左子节点和右子节点的指针 left、right，节点在内存中可以非连续地存储，这使得二叉链表具有较强的适用性。二叉链表的节点结构如图 3.11 所示。

对于图 3.3 所示的二叉树，其二叉链表结构如图 3.12 所示。

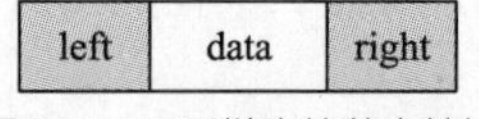

图 3.11　二叉链表的节点结构

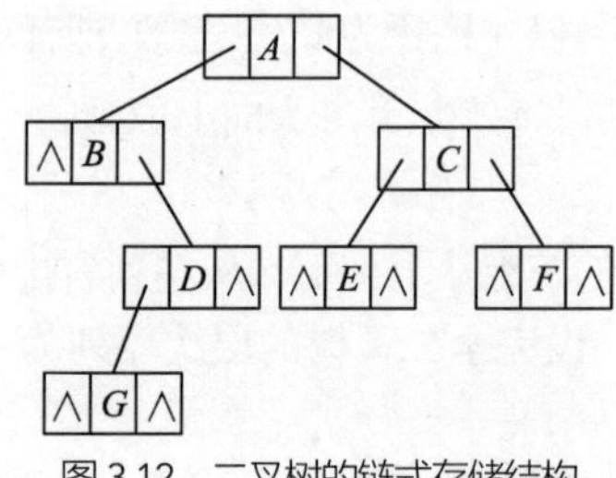

图 3.12　二叉树的链式存储结构

二叉链表类 BinaryTree 的类定义与部分成员函数如下。

```
template<class T>
class BinaryTree {
public:
    struct BiTreeNode {                                   //二叉链表节点
        T data;
        BiTreeNode* left, * right;                        //指向节点左右孩子的指针
        BiTreeNode(const T& item = T(), BiTreeNode* lptr = nullptr, BiTreeNode*
        rptr = nullptr) : data(item), left(lptr), right(rptr) {}
    };
private:
    BiTreeNode* root;
    //以下为私有成员函数
    void levelOrder(const BiTreeNode* t);                 //层次遍历（出队之后访问）
    void levelOrder2(const BiTreeNode* t);                //层次遍历（入队之前访问）
    void preOrder(const BiTreeNode* t);                   //先序遍历递归
    void inOrder(const BiTreeNode* t);                    //中序遍历递归
    void postOrder(const BiTreeNode* t);                  //后序遍历递归
    void preOrderNonRec(const BiTreeNode* t);             //先序遍历非递归
    void inOrderNonRec(const BiTreeNode* t);              //中序遍历非递归
    void postOrderNonRec(const BiTreeNode* t);            //后序遍历非递归
    void preOrderNonRec2(const BiTreeNode* t);            //先序遍历非递归一般算法
    void inOrderNonRec2(const BiTreeNode* t);             //中序遍历非递归一般算法
    void postOrderNonRec2(const BiTreeNode* t);           //后序遍历非递归一般算法
    void printBiTree(const BiTreeNode* t, int w) const;          //垂直输出二叉树
    void createBiTreePre(BiTreeNode*& t);                        //先序遍历创建二叉树
    int depthBiTree(const BiTreeNode* t);                        //求二叉树深度
    void clearBiTree(BiTreeNode*& t);                            //清空二叉树
    BiTreeNode* copyBiTree(const BiTreeNode* t);                 //复制二叉树
    BiTreeNode* seqToBiTreePost(const vector<T>& seq, int pos);
    //顺序存储转换成链式存储后序遍历递归算法
    BiTreeNode* createBiTreeByPreIn(const T* preL, const T* inL, int size);
    //由先序和中序遍历序列建立二叉树
public:
    BinaryTree() : root(nullptr) {};                             //默认构造函数
    BinaryTree(BiTreeNode* t) :root(t) {};                       //带参数的构造函数
    BinaryTree(const BinaryTree& other) : root(nullptr) {  //复制构造函数
        root = copyBiTree(other.root);
    }
    ~BinaryTree() {                                              //析构函数
        clearBiTree(root);
```

```
    }
    BinaryTree& operator=(const BinaryTree& other) {        //赋值运算符重载
        if (this != &other) {
            clearBiTree(root);
            root = copyBiTree(other.root);
        }
        return *this;
    }
    void levelOrder() { levelOrder(root); }      //层次遍历（出队之后访问）外部调用方法
    void levelOrder2() { levelOrder2(root); }    //层次遍历（入队之前访问）外部调用方法
    void preOrder() { preOrder(root); }          //先序遍历递归算法外部调用方法
    void inOrder() { inOrder(root); }            //中序遍历递归算法外部调用方法
    void postOrder() { postOrder(root); }        //后序遍历递归算法外部调用方法
    void preOrderNonRec() { preOrderNonRec(root); } //先序遍历非递归算法外部调用方法
    void inOrderNonRec() { inOrderNonRec(root); } //中序遍历非递归算法外部调用方法
    void postOrderNonRec() { postOrderNonRec(root); }  //后序遍历非递归算法外部调用方法
    void preOrderNonRec2() { preOrderNonRec2(root); }
    //先序遍历非递归一般算法外部调用方法
    void inOrderNonRec2() { inOrderNonRec2(root); }
    //中序遍历非递归一般算法外部调用方法
    void postOrderNonRec2() { postOrderNonRec2(root); }
    //后序遍历非递归一般算法外部调用方法
    void seqToBiTreeLevel(const vector<T>& seq); //将顺序存储转换成链式存储（层次遍历）
    void printBiTree(int w) const { printBiTree(root, w); }
    void createBiTreePre() { createBiTreePre(root); }  //先序创建二叉树外部调用方法
    int depthBiTree() { return depthBiTree(root); }   //二叉树深度外部调用方法
    void copyBiTree(const BinaryTree& t);
    //将另一个 BinaryTree 对象中的二叉树复制到当前对象中外部调用方法
    void clearBiTree() { clearBiTree(root); }         //清空二叉树
    void seqToBiTreePost(const vector<T>& seq);       //顺序存储转换成链式存储
    void createBiTreeByPreIn(const T* preL, const T* inL);
    //由先序和中序遍历序列建立二叉树
};
```

以上类定义了二叉树节点结构，并定义了操作二叉树的基本成员函数，本章后续内容将逐一介绍这些成员函数的实现。

首先生成二叉树。最简单的方法是通过结构体 BiTreeNode 中的构造函数来创建二叉树中的每一个节点，并返回指向这个节点的指针。最后利用 BinaryTree 类中的构造函数创建二叉链表，得到二叉树的根节点指针。

程序 3.1

程序 3.1　利用 BinaryTree 类中构造函数创建二叉链表

程序 3.1 首先创建叶子节点，最后创建根节点。在创建每个节点之前，必须先完成其左右子节点的创建。根节点指针是通过 BinaryTree 类中的构造函数得的，如图 3.13 所示。printBiTree()函数用于在显示器上显示二叉树的树形结构，验证创建结果，对于该函数将在后续章节中详细介绍。auto 关键字用于让编译器自动推导出变量的具体类型。由于 new BinaryTree<char>::BiTreeNode()返回的是一个指向 BiTreeNode 类型的指针，因此节点指针的类型实际上是 BinaryTree<char>::BiTreeNode*。

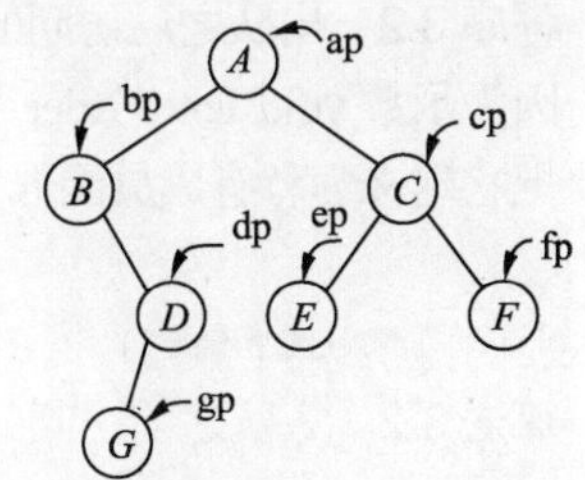

图 3.13　通过创建节点的方法创建二叉树

3.4 二叉树遍历

3.4.1 二叉树遍历概述

遍历是指按照一定顺序访问数据结构（如数组、链表、树、图等）中的所有元素或节点的过程。遍历的目的通常是执行某种操作或获取所需信息。遍历通常包括以下步骤。

（1）选择起始位置：确定从哪个元素或节点开始遍历。在线性结构中，通常从第一个元素开始；在树形结构中，通常从根节点开始；在图形结构中，需要指定遍历的起始顶点。

（2）访问元素或节点：按照既定顺序或规则依次访问每个元素或节点。这一步可能涉及读取元素的值、执行某种操作，或进一步访问其关联数据或相邻节点。

（3）移动到下一个位置：根据数据结构的类型和遍历方式，确定如何移动到下一个要访问的位置。例如，在数组中，通过修改下标移动到下一个元素；在链表中，通过修改指针移动到下一个节点；在树中，通过修改指向子节点或兄弟节点的指针移动到下一个节点。

（4）终止遍历：确定何时结束遍历。这通常取决于遍历的目标，例如，遍历所有元素、找到特定元素，或满足某个条件后停止。

二叉树的遍历是指沿着特定路径依次访问二叉树中每个节点且仅访问一次的过程。二叉树的遍历方式主要有 4 种：层次遍历、先序遍历、中序遍历和后序遍历。

3.4.2 二叉树的层次遍历

层次遍历，也称为广度优先遍历，是一种按从上到下、从左到右顺序逐层访问二叉树节点的遍历方式。这种遍历方式有助于逐层分析和处理二叉树的节点。以图 3.3 所示的二叉树为例，其层次遍历结果为：*ABCDEFG*。

层次遍历的实现通常要用到队列。队列用于存储二叉树节点的指针，由于其先进先出的特性，能够确保节点按层次顺序依次被访问。基于队列的层次遍历算法有两种实现方式，一种是出队之后访问节点，另一种是入队之前访问节点。算法 3.1 和算法 3.2 分别描述了这两种层次遍历的算法。

算法 3.1　出队之后访问的层次遍历算法

```
输入：二叉树的根节点指针
输出：二叉树层次遍历序列
1 定义队列 q，用于存储二叉树节点指针；
2 将根节点指针压入队列 q；
3 循环，当(队列 q 不为空)，执行以下操作：
    3.1 出队列得到一个节点指针；
    3.2 访问该指针所指向的节点；
    3.3 如果(该节点的左孩子不为空)，则将左孩子指针压入队列；
    3.4 如果(该节点的右孩子不为空)，则将右孩子指针压入队列。
```

程序 3.2　出队之后访问的层次遍历算法的实现

程序 3.2

因为函数 void levelOrder（const BiTreeNode* t）以私有数据成员 root 为参数，因此要把它定义为私有成员函数。同时，还需要定义一个公有成员函数 void levelOrder() 调用它。

```
void levelOrder() { levelOrder(root); }
```

算法 3.2　入队之前访问的层次遍历算法

```
输入：二叉树的根节点指针
输出：二叉树层次遍历序列
1 定义队列 q，用于存储二叉树节点指针；
```

```
2 访问根节点；
3 将根节点指针压入队列 q；
4 循环，当(队列 q 不为空)，执行以下操作：
    4.1 出队列得到一个节点指针；
    4.2 如果(该节点的左孩子不为空)，则访问左孩子并将左子节点指针压入队列；
    4.3 如果(该节点的右孩子不为空)，则访问右孩子并将右子节点指针压入队列。
```

程序 3.3 入队之前访问的层次遍历算法的实现

程序 3.3

以上两种算法都能层次遍历二叉树的所有节点，主要区别在于访问节点的时机不同，选择哪种算法主要取决于具体的应用场景和需求。

3.4.3 二叉树的先序、中序、后序遍历递归算法

在二叉树的遍历方式中，除了层次遍历外，还有先序遍历、中序遍历和后序遍历等 3 种深度优先遍历方式。

先序遍历也称为先根序遍历，或前序遍历，它的基本步骤是：首先访问根节点，然后递归先序遍历左子树，最后递归先序遍历右子树。在遍历左、右子树时，遵循同样的顺序。如果二叉树为空，则直接返回。

中序遍历也称为中根序遍历，它的基本步骤是：首先递归中序遍历左子树，然后访问根节点，最后递归中序遍历右子树。在遍历左、右子树时，遵循同样的顺序。如果二叉树为空，则直接返回。

后序遍历也称为后根序遍历，它的基本步骤是：首先递归后序遍历左子树，然后递归后序遍历右子树，最后访问根节点。在遍历左、右子树时，遵循同样的顺序。如果二叉树为空，则直接返回。

对于图 3.3 所示的二叉树，先序遍历结果为：*ABDGCEF*；中序遍历结果为：*BGDAECF*；后序遍历结果为：*GDBEFCA*。

定理 3.1 二叉树先序遍历、中序遍历和后序遍历序列都是唯一的。

证明：用数学归纳法证明。

（1）基础情况：当二叉树的高度为 0 或 1 时，从直观上看，二叉树的先序遍历、中序遍历和后序遍历序列都是唯一的，命题成立。

（2）归纳假设：假设当二叉树的高度不超过 k 时，命题成立，即该二叉树的先序遍历、中序遍历和后序遍历序列都是唯一的。

（3）归纳步骤：现在，需要证明当二叉树的高度为 $k+1$ 时，命题也成立。

对于高度为 $k+1$ 的二叉树，先序遍历序列由根节点、左子树的先序遍历序列以及右子树的先序遍历序列依次构成。由于根节点是唯一的，且根据归纳假设，左子树和右子树的高度均不超过 k，因此它们的先序遍历序列也是唯一的。因此，高度为 $k+1$ 的二叉树的先序遍历序列也是唯一的。

同理可证，对于高度为 $k+1$ 的二叉树，中序遍历序列和后序遍历序列也都是唯一的。

因此，根据数学归纳法的原理，命题得证。

证毕。

由于在二叉树的先序、中序、后序遍历定义中包含了递归思想，因此，可以采用递归算法予以求解。其递归算法描述和实现如下。

算法 3.3 二叉树先序遍历递归算法

```
输入：二叉树
输出：二叉树的先序遍历序列
1 如果(二叉树为空)，则直接返回；
2 否则，执行以下操作：
    2.1 访问根节点；
    2.2 递归先序遍历该二叉树的左子树；
    2.3 递归先序遍历该二叉树的右子树。
```

程序 3.4　二叉树先序遍历递归算法的实现

算法 3.4　二叉树中序遍历递归算法

```
输入：二叉树
输出：二叉树的中序遍历序列
1 如果(二叉树为空)，则直接返回；
2 否则，执行以下操作：
   2.1 递归中序遍历该二叉树的左子树；
   2.2 访问根节点；
   2.3 递归中序遍历该二叉树的右子树。
```

程序 3.4

程序 3.5　二叉树中序遍历递归算法的实现

程序 3.5

算法 3.5　二叉树后序遍历递归算法

```
输入：二叉树
输出：二叉树的后序遍历序列
1 如果(二叉树为空)，则直接返回；
2 否则，执行以下操作：
   2.1 递归后序遍历该二叉树的左子树；
   2.2 递归后序遍历该二叉树的右子树；
   2.3 访问根节点。
```

程序 3.6

程序 3.6　二叉树后序遍历递归算法的实现

3.4.4 二叉树的先序、中序、后序遍历非递归算法

二叉树遍历的递归算法简单直观，符合人类的思维方式，因此在实际应用中被广泛采用。然而，有些程序设计语言不支持递归算法，这就需要把递归算法转换成非递归算法。此外，递归算法在运行时需要系统在内存栈中保存函数参数、返回地址以及局部变量等，不仅运行效率低，还可能导致栈溢出等问题。并且系统栈的调用过程对用户不可见，也不利于用户对递归机制的理解。为了避免这些问题并进一步理解遍历过程，本小节介绍如何使用显式栈来实现二叉树的先序、中序和后序遍历。

1. 二叉树先序遍历非递归算法

二叉树先序遍历算法首先访问根节点，再沿根节点的左分支下移，在移动之前将当前节点的右子节点指针入栈，如果当前节点的左子树为空，则弹出栈顶元素，并访问该元素所指向的节点，如此循环，直到遍历完所有节点。

算法 3.6　二叉树先序遍历非递归算法

```
输入：二叉树的根节点指针 t
输出：二叉树的先序遍历序列
1 定义栈 s，用于存储二叉树节点指针；
2 循环，当(t 不为空或栈 s 不为空)，执行以下操作：
   2.1 如果(t 不为空)，则执行以下操作：
      2.1.1 访问 t 所指向的节点；
      2.1.2 如果(t 的右子树不为空)，则将 t->right 压入栈 s 中；
      2.1.3 将 t->left 赋给 t；
   2.2 否则，s 出栈，并将栈顶元素赋给 t。
```

程序 3.7　二叉树先序遍历非递归算法的实现

程序 3.7

2. 二叉树中序遍历非递归算法

二叉树中序遍历访问的第一个节点是最左子节点。首先将根节点指针入栈，然后一直沿当前节点的左分支下移，将经过的节点指针压入栈中，当到达最左子节点时，则出栈，并访问出栈元素所指向的节点，如果出栈元素所指向的节点的右子树为空，则继续出栈，否则转到右子树继续遍历，直到遍历完所有节点。

算法 3.7 二叉树中序遍历非递归算法

```
输入：二叉树的根节点指针 t
输出：二叉树的中序遍历序列
1 定义栈 s，用于存储二叉树节点指针；
2 如果(t 为空)，直接返回；
3 循环，当(t 不为空或栈 s 不为空)，执行以下操作：
    3.1 如果(t 不为空)，则执行以下操作：
        3.1.1 将 t 压入栈 s 中；
        3.1.2 将 t->left 赋给 t；
    3.2 否则，执行以下操作：
        3.2.1 s 出栈，并将栈顶元素赋给 t；
        3.2.2 访问 t 所指向的节点；
        3.2.3 将 t->right 赋给 t。
```

程序 3.8 二叉树中序遍历非递归算法的实现

程序 3.8

3．二叉树后序遍历非递归算法

二叉树后序遍历非递归算法与二叉树中序遍历非递归算法相似。不同的是，当到达最左子节点时，出栈，这时并不能立即访问出栈元素所指向的节点，因为还有右子树没有遍历完。这时需要将刚出栈元素再次入栈，并后序遍历该元素所指向的节点的右子树。因此，后序遍历非递归算法中，每个节点指针都需要两次入栈，只有在第二次出栈时才可以访问。算法中需要设置一个记录入栈次数的标志位变量 tag，并用另一个栈 tagS 存储标志位变量，当 tag 为 1 时，表示第一次入栈，当 tag 为 2 时，表示第二次入栈。

算法 3.8 二叉树后序遍历非递归算法

```
输入：二叉树的根节点指针 t
输出：二叉树的中序遍历序列
1 定义栈 s，用于存储二叉树节点指针；
2 定义栈 tagS，用于存储进栈次数；
3 如果(t 为空)，则直接返回；
4 循环，当(t 不为空或栈 s 不为空)，执行以下操作：
    4.1 如果(t 不为空)，则执行以下操作：
        4.1.1 将 t 压入栈 s；
        4.1.2 将标志位变量 tag 设为 1，并将其压入栈 tagS；
        4.1.3 将 t->left 赋给 t；
    4.2 否则，执行以下操作：
        4.2.1 s 出栈，并将栈顶元素赋给 t；
        4.2.2 tagS 出栈，并将顶元素赋给 tag；
        4.2.3 如果(tag 为 1)，则执行以下操作：
            4.2.3.1 将当前指针 t 入栈 S 中；
            4.2.3.2 将标志位变量 tag 设为 2，并将其压入栈 tagS 中；
            4.2.3.3 将 t->right 赋给 t；
        4.2.4 否则，执行以下操作：
            4.2.4.1 访问 t 所指向的节点；
            4.2.4.2 将 t 置为 nullptr。    // 避免继续访问左子树
```

程序 3.9 二叉树后序遍历非递归算法的实现

程序 3.9

3.4.5 二叉树遍历递归程序转换为非递归程序的一般方法

递归算法因其简洁性和易于理解的特性，常用于实现许多树形结构的遍历。然而，由于递归调用会占用系统栈空间，在处理大规模数据时可能导致栈溢出，因此，将递归算法转换为非递归算法是一种常见的优化手段。递归转换为非递归的一般算法描述如算法 3.9 所示。

算法 3.9 递归转换为非递归的一般算法

```
1 定义栈 s，用于存储状态变量；
2 将初始状态进栈 s；
3 循环，当(栈 s 不为空)，执行以下操作：
    3.1 s 出栈，并将栈顶元素赋给 t；
    3.2 如果(t 是当前要访问的对象)，则执行以下操作：
        3.2.1 访问 t；
        3.2.2 寻找 t 的相关状态 t_k(k=1,…,n)；
        3.2.3 按问题处理顺序将 t_k 压入栈 s 中；
    3.3 否则，执行以下操作：
        3.3.1 寻找 t 的相关状态 t_k(k=1,…,n)；
        3.3.2 按问题处理顺序将 t_k 压入栈 S 中。
```

按照这个思路，下面给出二叉树先序、中序和后序遍历非递归一般算法。

首先分析二叉树的后序遍历非递归算法。初始状态是根节点指针 t，先将其入栈。然后循环判断栈是否为空，如果不为空就出栈。第一个出栈的是根节点指针 t，它不是想要得到的结果，因为后序遍历序列的第一个节点是二叉树的最左节点。于是寻找它的相关状态并将它们入栈。t 的相关状态有 t、t->left、t->right。按照二叉树后序遍历定义，要先访问左子树 t->left，再访问右子树 t->right，最后访问根 t，入栈顺序须与遍历顺序相反，为 t、t->right、t->left。这样 t 有两次入栈，因此需要增加一个变量 tag 用于记录入栈次数，tag=1 时表示第一次入栈，tag=2 时表示第二次入栈，其他节点也要做相同处理。参考算法 3.9，二叉树后序遍历非递归算法描述可以修改如下。

算法 3.10 二叉树后序遍历非递归一般算法

```
输入：二叉树的根节点指针 t
输出：二叉树的后序遍历序列
1 定义栈 s，用于存储二叉树节点指针；
2 定义栈 tagS，用于存储进栈次数；
3 如果(t 为空)，则直接返回；
4 将 t 压入栈 s 中；
5 将 1 压入栈 tagS 中；
6 如果(栈 s 不为空)，则执行以下操作：
    6.1 s 出栈，并将栈顶元素赋给 t；
    6.2 tagS 出栈，并将顶元素赋给 tag；
    6.3 如果(tag 为 2)，则直接访问 t 所指向的节点；
    6.4 否则，根据二叉树后序遍历定义，按以下顺序进栈：
        6.4.1 将 t 压入栈 s 中，将 2 压入栈 tagS 中；
        6.4.2 将 t->right 压入栈 s 中，将 1 压入栈 tagS 中；
        6.4.3 将 t->left 压入栈 s 中，将 1 压入栈 tagS 中。
```

程序 3.10 二叉树后序遍历非递归一般算法的实现

程序 3.10

与此类似，二叉树中序遍历非递归算法也是先将根节点指针 t 入栈，然后循环出栈。第一次出栈得到的是根节点指针 t，它也不是想要得到的结果，需要将其相关状态进栈。t 的相关状态有 t、t->left、t->right。按照二叉树中序遍历定义，要先访问左子树 t->left，再访问根 t，最后访问右子树 t->right，入栈顺序须与遍历顺序相反，为 t->right、t、t->left。这样 t 也有两次入栈，需要增加一个变量 tag 用于记录入栈次数。

算法 3.11 二叉树中序遍历非递归一般算法

```
输入：二叉树的根节点指针 t
输出：二叉树的中序遍历序列
1 定义栈 s，用于存储二叉树节点指针；
2 定义栈 tagS，用于存储进栈次数；
3 如果(t 为空)，则直接返回；
```

```
4 将 t 压入栈 s 中;
5 将 1 压入栈 tagS 中;
6 如果(栈 s 不为空),则执行以下操作:
    6.1 s 出栈,并将栈顶元素赋给 t;
    6.2 tagS 出栈,并将顶元素赋给 tag;
    6.3 如果(tag 为 2),则直接访问 t 所指向的节点;
    6.4 否则,根据中序遍历定义,按以下顺序进栈:
        6.4.1 将 t->right 压入栈 s 中,将 1 压入栈 tagS 中;
        6.4.2 将 t 压入栈 s 中,将 2 压入栈 tagS 中;
        6.4.3 将 t->left 压入栈 s 中,将 1 压入栈 tagS 中。
```

算法 3.11 与算法 3.10 的区别是语句 6.4 的相关状态进栈的顺序改为（t->right，tag=1）、（t，tag=2）、（t->left，tag=1）。相应的 C++程序也仅需修改语句 6.4 对应的入栈语句的顺序。

程序 3.11　二叉树中序遍历非递归一般算法的实现

程序 3.11

二叉树先序遍历非递归一般算法也是先将根节点指针 t 入栈，然后循环出栈。不同的是，二叉树先序遍历第一次出栈得到的是根节点指针 t，它正是想要得到的结果，不需要再次进栈，可以直接访问，然后将其相关状态 t->left、t->right 进栈。按照二叉树先序遍历定义，入栈顺序应为 t->right、t、t->left。

算法 3.12　二叉树先序遍历非递归一般算法

```
输入:二叉树的根节点指针 t
输出:二叉树的中序遍历序列
1 定义栈 s,用于存储二叉树节点指针;
2 如果(t 为空),则直接返回;
3 将 t 压入栈 s 中;
4 如果(栈 s 不为空),则执行以下操作:
    4.1 s 出栈,并将栈顶元素赋给 t;
    4.2 访问 t 所指向的节点;
    4.3 将 t->right 压入栈 s 中;
    4.4 将 t->left 压入栈 s 中。
```

程序 3.12　二叉树先序遍历非递归一般算法的实现

程序 3.12

3.4.6 二叉树遍历的应用

1．二叉树层次遍历的应用

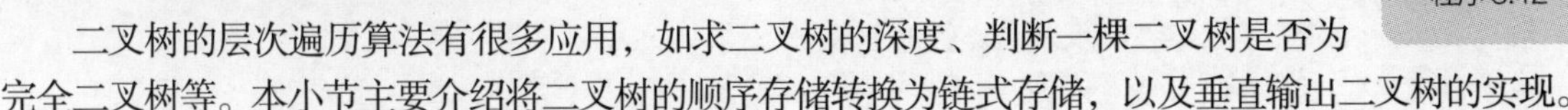

二叉树的层次遍历算法有很多应用，如求二叉树的深度、判断一棵二叉树是否为完全二叉树等。本小节主要介绍将二叉树的顺序存储转换为链式存储，以及垂直输出二叉树的实现。

（1）把二叉树的顺序存储转化为链式存储

二叉树的顺序存储是指按照从上到下、从左到右的顺序，将二叉树的节点依次存储到数组中。因此，可以采用层次遍历算法，将顺序存储转换为链式存储，即生成二叉链表。在二叉树的顺序存储中，节点之间的关系由性质 3.5 确定，即对于数组下标为 i 的节点，如果它不是根节点，则它的父节点下标为（i-1）/2，如果它有左子节点，则左子节点的下标为 2i+1；如果它有右子节点，则它的右子节点下标为 2i+2。在二叉树的顺序存储中存在很多零元，二叉链表中不生成零元节点。

算法 3.13　将二叉树的顺序存储转化为链式存储

```
输入:二叉树的顺序存储数组 seq
输出:链式存储二叉树的根节点指针 t
1 定义队列 q,用于存储二叉树节点指针;
2 定义变量 i,用于记录数组下标;
3 生成一个二叉链表节点,其指针为 t,其 data 值为 seq[0],置 i=0,并将 t 压入队列 q;
4 循环,当(队列 q 不为空),执行以下操作:
```

```
    4.1 出队列，将得到的节点指针记为 parent；
    4.2 如果(2*i+1<n，且编号为 2*i+1 的元素不为零元)，则执行以下操作：
        4.2.1 生成一个新的二叉链表节点，其指针为 child，其 data 值为 seq[2*i+1]；
        4.2.2 将 child 赋给 parent->left；
        4.2.3 将 child 压入队列；
    4.3 如果(2*i+2<n，且编号为 2*i+2 的元素不为零元)，则执行以下操作：
        4.3.1 生成新的二叉链表节点，其指针为 child，其 data 值为 seq[2*i+2]；
        4.3.2 将 child 赋给 parent->right；
        4.3.3 将 child 压入队列；
    4.4 考察数组下一个元素，i 增 1；
    4.5 如果(下一个元素为零元)，则继续考查数组下一个元素。
```

程序 3.13　将二叉树的顺序存储转化为链式存储算法的实现

程序 3.13 的基本思想是遍历向量中的所有节点，循环语句“while(i<n&&L[i]==T()) i++;”的作用是处理零元节点，即如果是零元节点就直接跳过去，不做任何处理。程序 3.14 是将二叉树的顺序存储转化为链式存储的另一种方法的实现，它新增一个队列 r 用于存储非零元素的数组下标。

程序 3.13

程序 3.14

程序 3.14　将二叉树的顺序存储转化为链式存储的程序（使用两个队列）

（2）垂直输出二叉树

垂直输出二叉树是指在控制台上以类似于树形结构的方式输出二叉树，使得每个节点的位置与其在树中的实际位置相对应。通过这种方式，用户可以更直观地观察和理解二叉树的结构。垂直输出二叉树在二叉搜索树和平衡二叉搜索树中也有应用（详见第 5 章）。对于图 3.3 所示的二叉树，垂直输出二叉树的效果如图 3.14 所示。垂直输出二叉树的实现可以采用基于层次遍历的算法，如算法 3.14 所示，该算法通过引入位置定位函数 gotoxy()来确定每个节点的输出位置。

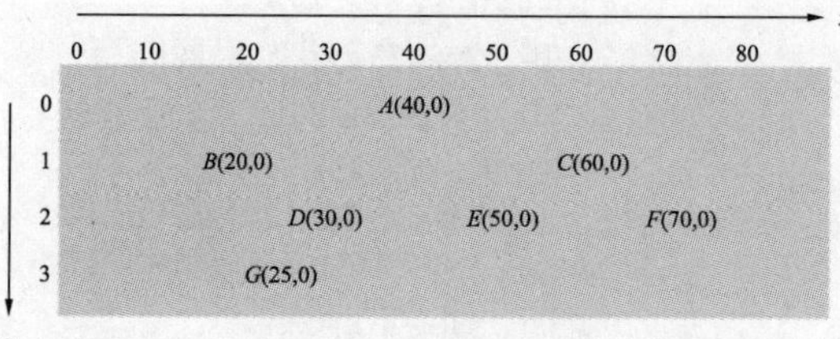

图 3.14　垂直输出二叉树

算法 3.14　垂直输出二叉树的算法

```
输入：二叉树的根节点指针 t
输出：在屏幕上垂直显示二叉树的树状结构
1 定义队列 q，用于存储二叉树节点指针；
2 定义队列 locQ，用于存储二叉树节点位置坐标；
3 确定根节点位置坐标，level=0，offset=w/2；      //w 为屏幕宽度
4 将根节点指针 t 压入队列 q；将根节点位置坐标压入队列 locQ；
5 循环，当(队列不为空)，执行以下操作：
    5.1q 出队列，并将队首元素赋给 t；
    5.2locQ 出队列，并将队首元素赋给 fLoc；
    5.3 调用函数 gotoxy()确定输出位置；
    5.4 在屏幕上输出节点；
    5.5 如果(t 的左子树不为空)，则执行以下操作：
        5.5.1 将 t 的左子节点压入队列 q；
        5.5.2 确定 t 的左子节点坐标；
        5.5.3 将 t 的左子节点坐标压入队列 locQ；
    5.6 如果(t 的左子树不为空)，则执行以下操作：
        5.6.1 将 t 的右子节点压入队列 q；
        5.6.2 确定 t 的右子节点坐标；
        5.6.3 将 t 的右子节点坐标压入队列 locQ。
```

定位函数 gotoxy()的实现如程序 3.15 所示。函数 gotoxy()内部设有与函数 printBiTree()中的局部变量 level

对应的静态变量 height，当 printBiTree()中访问的节点移到下一层时，height 就增 1，执行换行操作“cout<<endl;”。“cout.width(xindent-indent);”的作用是确定坐标位置。xindent 是当前节点的水平位置，indent 是当前节点在同一层中的前一个节点的水平缩进量，如果当前节点为这一层的起始节点，则 indent=0。

程序 3.15 确定节点输出位置的函数 gotoxy()

程序 3.16 垂直输出二叉树的实现

对于图 3.3 所示的二叉树，在程序 3.16 的执行过程中，各变量的中间值如表 3.1 所示。

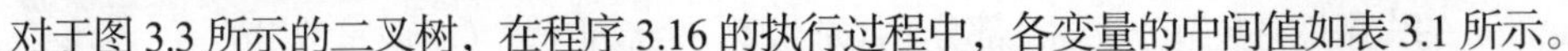

表 3.1 垂直输出二叉树过程中各变量的中间值

	void printBiTree (const BiTreeNode<T>*t,int w)				gotoxy（int xindent,int ylevel）					队列变化情况		输出结果
	level	offset	fLoc. xindent	fLoc. ylevel	xindent	ylevel	height	indent	定位操作	节点栈 q	位置栈 locQ	
队列初始状态	0	40	40	0						*A*	（40,0）	
出队列（*A*）	0	40	40	0	40	0	0	0→40	偏移 40	*B* *C*	（20,1）（60,1）	*A*（40,0）
出队列（*B*）	0→1	40→20	20	1	20	1	0→1	20	换行 偏移 20	*C* *D*	（60,1）（30,2）	*B*（20,1）
出队列（*C*）	1	20	60	1	60	1	1	20→60	不换行 再偏移 40	*D* *E* *F*	（30,2）（50,2）（70,2）	*C*（60,1）
出队列（*D*）	1→2	20→10	30	2	50	2	1→2	30	换行 偏移 30	*E* *F* *G*	（50,2）（70,2）（25,3）	*D*（30,2）
出队列（*E*）	2	10	50	2	50	2	2	30→50	不换行 再偏移 20	*F* *G*	（70,2）（25,3）	*E*（50,2）
出队列（*F*）	2	10	70	2	70	2	2	50→70	不换行 再偏移 20	*G*	（25,3）	*F*（70,2）
出队列（*G*）	2→3	10→5	25	3	25	3	2→3	25	换行 偏移 25			*G*（25,3）

2．二叉树先序遍历的应用

（1）快速排序

快速排序的算法思想是分而治之，首先以第一个元素为轴将数组分为两部分，左部分的元素值都小于根，右部分的元素的值都大于根；然后对数组的左右两分区（相当于左子树和右子树）继续这种划分，直到各分区的元素个数仅有一个，此时数组达到有序。

快速排序需要设计两个函数，一是划分函数（partition），它根据轴元素对序列进行划分，并返回轴元素的最终位置；二是排序函数（quickSort），它对左右子集分别递归调用划分函数，完成整个排序过程。划分数组的算法描述如算法 3.15 所示。

算法 3.15 划分数组算法

```
输入：无序序列，用数组 pa[]表示，以及 pa[]的起始位置 low 和结束位置 high
输出：轴元素的位置
1 定义指针 i，设初始值为 low；
2 定义指针 j，设初始值为 high；
3 定义变量 temp，用于存储轴元素，初始值为 pa[low]；
4 循环，当(i 不等于 j)，则执行以下操作：
```

```
    4.1 循环，用 j 从右向左扫描，找到第一个小于 temp 的元素 pa[j];
    4.2 如果(j 大于 i)，则将 pa[j]赋值给 pa[i]，并将 i 加 1;
    4.3 循环，用 i 从左向右扫描，找到第一个大于 temp 的元素 pa[i];
    4.4 如果(i 小于 j)，则将 pa[i]赋值给 pa[j]，并将 j 减 1;
5 将 temp 赋给 pa[i];
6 输出轴元素的位置 i。
```

程序 3.17　划分数组算法的实现（函数 partition）

函数 partition 的作用是将数组分成两个部分。首先选择一个基准元素（一般是数组的第一个元素，并将其保存在一个局部变量 temp 中）作为轴（pivot）；然后将数组中的其他元素与基准元素的值进行比较，将小于基准值的元素放在 pivot 左侧，将大于基准值的元素放在 pivot 右侧；最后将基准元素放到正确的位置，并返回其数组下标。在程序 3.17 中，外循环体内的第一个内循环用指针 j 从右向左遍历数组，目标是找到第一个小于 temp 的值 pa[j]，将其复制给 pa[i]；第二个内循环用指针 i 从左向右遍历数组，目标是找到第一个大于 temp 的值 pa[i]，将其复制给 pa[j]；当这两个内循环都结束时，$i = j$，即找到基准元素在数组中的位置，最后，将 temp 复制给 pa[i]，从而完成对数组的划分。图 3.15 详细展示了针对数组 pa[10]={12, 5, 13, 10, 3, 16, 11, 20, 17, 10*}，以 pa[0]为基准元素的一次划分过程。partition 要遍历数组中的所有元素，因此它的时间复杂度为 $O(n)$。

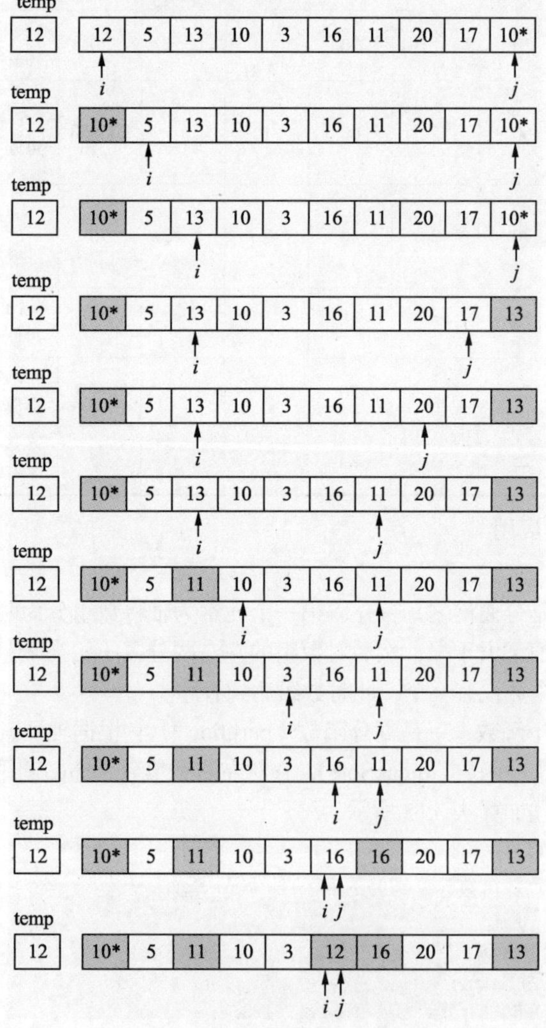

图 3.15　快速排序的一次划分过程

函数 partition 的主要任务是将数组划分为两个子数组，一个包含所有小于基准值的元素，另一个包含所有大于基准值的元素。但两个子数组的内部元素不一定有序，因此还需要再对两个子数组的元素进行排序。这一步可以通过递归调用函数 partition 来实现，对每个子数组也进行类似的划分，直到每个子数组内只剩下一个元素。

快速排序算法递归调用算法 3.15 实现对数组的排序，其算法描述如算法 3.16 所示。

算法 3.16　快速排序算法

```
输入：无序序列，用数组 pa[] 表示，以及pa[]的起始位置 low 和结束位置 high
输出：有序序列，用数组pa[]表示
1 如果(low 大于或等于 high)，则直接返回；
2 调用函数partition，得到轴元素的位置m；
3 递归调用函数quickSort，对左子集进行排序：起始位置为 low，结束位置为m-1；
4 递归调用函数quickSort，对左子集进行排序：起始位置为m+1，结束位置为high；
5 输出有序序列pa[]。
```

这个过程与二叉树先序遍历递归算法思想相似。首先处理根节点，这个根节点就是基准元素，将基准元素放到数组中的正确位置；接着处理它的左子树，这个左子树就是基准元素左侧的子数组；然后处理它的右子树，这个右子树就是基准元素右侧的子数组；最后再对左右子数组进行递归处理。

程序 3.18

程序 3.18　快速排序递归算法的实现（函数 quickSort）

针对数组 pa[10]={12, 5, 13, 10*, 3, 16, 11, 20, 17, 10}，其快速排序的递归拓展过程及对应的二叉树如图 3.16 所示。最后的排序结果为：pa[10]={3, 5, 10*, 10, 11, 12, 13, 16, 17, 20}。

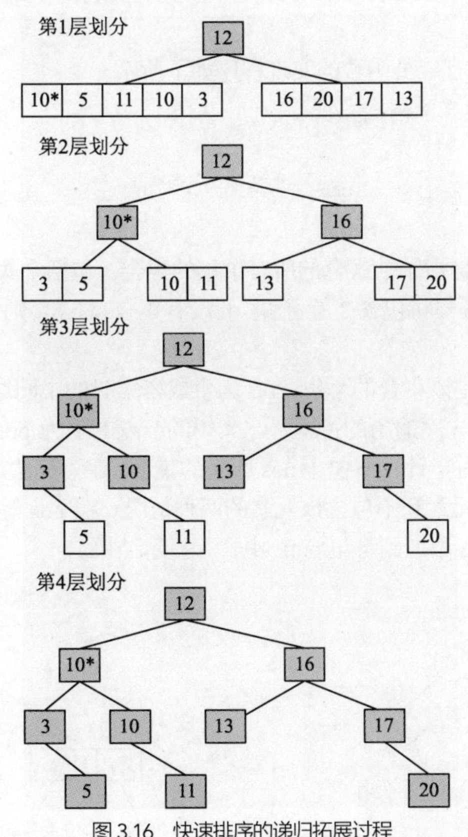

图 3.16　快速排序的递归拓展过程

快速排序的非递归算法需要定义一个栈来保存数组高位下标和低位下标。进栈时先进低位下标，后进高位下标；出栈时，先出高位下标，后出低位下标。

程序 3.19　快速排序非递归算法的实现

程序 3.19

（2）先序遍历创建二叉树

先序遍历创建二叉树的基本思想是，先用“#”符号将二叉树外部节点（二叉树中空指针所指向的节点）补全，再按先序遍历序列逐个输入数据创建节点，即可创建二叉树。先序遍历创建二叉树的递归算法描述如算法 3.17 所示。

算法 3.17　先序遍历创建二叉树的递归算法

```
输入：补全二叉树外部节点的先序遍历序列
输出：二叉树的根节点指针
1 读取先序遍历序列中的第一个元素；
2 如果(字符为 '#')，则执行以下操作：
    2.1 将根节点设为 nullptr;
    2.2 返回；
3 否则，执行以下操作：
    3.1 创建一个新的二叉树节点，其 data 值为读取的字符；
    3.2 将根节点设置为新创建的节点；
4 递归先序遍历创建根节点的左子树；
5 递归先序遍历创建根节点的右子树。
```

这个算法递归处理输入节点，直到用户输入的节点的值为 '#'，表示当前节点为外部节点，当前递归结束。然后回溯到父节点，继续递归创建父节点的左子树和右子树。对于图 3.3 所示的二叉树，将其外部节点补全，得到图 3.17 所示的补全二叉树。其先序遍历序列为：*AB#DG###CE##F##*。按这个顺序输入节点即可创建二叉树。

先序遍历创建二叉树的私有成员函数的实现程序如下所示。

程序 3.20　先序遍历创建二叉树的实现

程序 3.20

公有成员函数的类内实现程序为：

```
void createBiTreePre() { createBiTreePre(root); }
```

（3）求幂集

集合的幂集（power set）是指一个集合的所有子集的集合，包括空集和它本身（全集）。如果一个集合包含 *n* 个元素，那么它的幂集将包含 2^n 个子集。假设有集合{a,b,c}，则它的幂集为{{},{a},{b},{c},{a, b},{a, c},{b, c},{a, b, c}}。

假设 sL 为原集合，outL 是该集合的幂集，pL 为生成幂集时的中间结果，pos 为原集合数组下标。求幂集的过程可以看作二叉树先序遍历的过程。二叉树的节点的值为 pos，左右指针域为 pL，左指针域包含 pos 所指的集合元素，右指针域不包含 pos 所指的集合元素。算法从集合 sL 的第一个元素开始，即 pos=0，递归地考虑包含该元素和不包含该元素的两种情况。当 pos 等于 sL 的大小时，表示已经考察完所有元素，将中间集合 pL 添加到幂集 outL 中，并显示结果。

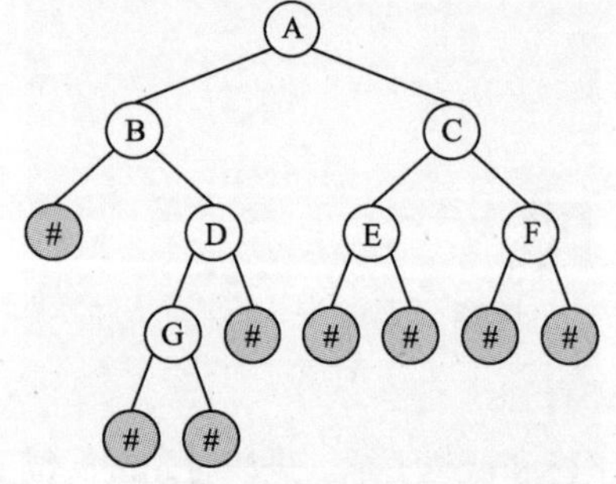

图 3.17　对图 3.3 所示的二叉树补全外部节点

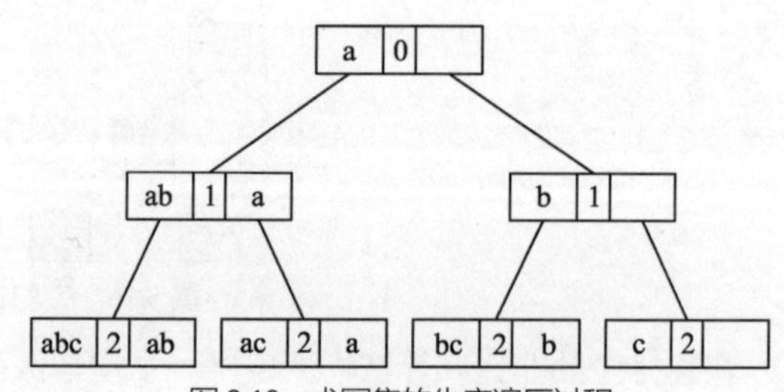

图 3.18　求幂集的先序遍历过程

算法 3.18　求幂集的递归算法

```
输入：集合 sL
输出：幂集 outL
1 如果(集合 SL 的大小等于 0)，则执行以下操作：
  1.1 返回空集；
2 定义递归函数：幂集生成(sL, pL, outL, pos)：
  2.1 如果(pos 等于集合 sL 的大小)，则执行以下操作：
      2.1.1 将中间集合 pL 添加到幂集 outL 中；
      2.1.2 输出当前子集 pL；
      2.1.3 返回；
  2.2 否则，执行以下操作：
      2.2.1 将 sL[pos]添加到中间集合 PL；
      2.2.2 调用：幂集生成(sL, pL,outL, pos + 1)；
      2.2.3 移除中间集合 PL 的最后一个元素；
      2.2.4 调用：幂集生成(sL,pL, outL, pos + 1)；
3 初始调用：幂集生成(sL, [], outL, 0)。
```

求幂集递归算法的实现程序如程序 3.21 所示。这个程序与程序 3.4 很相似。

程序 3.21　求幂集的递归算法的实现

将求幂集递归算法转化为非递归算法需要定义两个栈，一个栈 pS 用于存储原集合数组下标 pos，另一个栈 vS 用于存储生成幂集时的中间结果 pL。求幂集非递归算法的实现程序如程序 3.22 所示。这个程序与程序 3.12 很相似。

程序 3.21

程序 3.22

程序 3.22　求幂集非递归算法的实现

下面以求集合 $S=\{a,b,c\}$ 的幂集为例分析非递归算法程序在运行时栈 pS 和 vS 的变化过程。初始时 pL={}，pos=0。当 pos=3 时，就得到幂集中一个元素，并将它存入 outL 中。如图 3.19 所示。

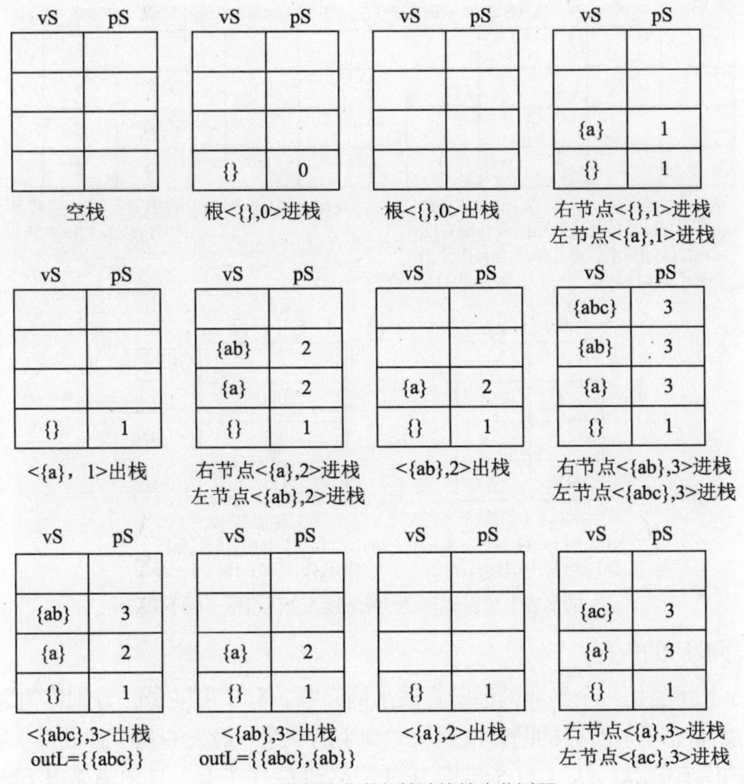

图 3.19　求幂集非递归算法栈的变化过程

vS	pS
{a}	3
{}	1

<{ac},3>出栈
outL={{abc},{ab},{ac}}

vS	pS
{}	1

<{a},3>出栈
outL={{abc},{ab},{ac},{a}}

vS	pS

<{},1>出栈

vS	pS
{b}	2
{}	2

右节点<{},2>进栈
左节点<{b},2>进栈

vS	pS
{}	2

<{b},2>出栈

vS	pS
{bc}	3
{b}	3
{}	1

右节点<{b},3>进栈
左节点<{bc},3>进栈

vS	pS
{b}	3
{}	1

{bc},3>出栈
outL={{abc},{ab},{ac},{a},{bc}}

vS	pS
{}	1

<{b},3>出栈
outL={{abc},{ab},{ac},{a},{bc},{b}}

vS	pS

<{},1>出栈

vS	pS
{b}	2
{}	2

右节点<{},2>进栈
左节点<{b},2>进栈

vS	pS
{}	2

<{b},2>出栈

vS	pS
{bc}	3
{b}	3
{}	2

右节点<{b},3>进栈
左节点<{bc},3>进栈

vS	pS
{b}	3
{}	2

<{bc},3>出栈
outL={{abc},{ab},{ac},{a},{bc},{b},{bc}}

vS	pS
{}	2

<{b},3>出栈
outL={{abc},{ab},{ac},{a},{bc},{b},{bc},{b}}

vS	pS

<{},2>出栈

vS	pS
{c}	3
{}	3

右节点<{},3>进栈
左节点<{c},3>进栈

vS	pS
{}	3

<{c},3>出栈
outL={{abc},{ab},{ac},{a},{bc},{b},{bc},{c}}

vS	pS

<{},3>出栈
outL={{abc},{ab},{ac},{a},{bc},{b},{bc},{b},{}}

图 3.19　求幂集非递归算法栈的变化过程（续）

3．二叉树中序遍历的应用

汉诺塔（hanoi）问题是一个经典的递归算法示例问题。有 3 根柱子，分别称为起始柱 A、中间柱 B 和终端柱 C。初始状态下，所有的圆盘按照从大到小的顺序（最大的盘子在底部）堆叠在 A 柱子上，要求将 A 柱子上的所有圆盘，从 A 柱子借助 B 柱子移到 C 柱子上，且须遵循以下规则：每次只能移动一个圆盘；圆盘只能从一个柱子的顶部取出，然后移放到另一个柱子的顶部；在任何时候，都不能将较大的圆盘压在较小的圆盘之上。如图 3.20 所示。

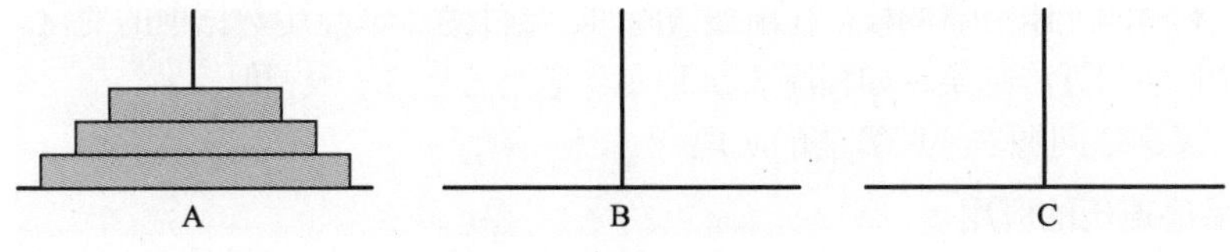

图 3.20 汉诺塔问题示意图

解决汉诺塔问题的经典算法是使用递归算法。

算法 3.19 汉诺塔问题递归算法（*n*, A 柱子, B 柱子, C 柱子）

```
输入：圆盘个数n，柱子A，柱子B，柱子C
输出：圆盘移动过程
1 定义递归函数：汉诺塔递归(n, A, B, C)；
    1.1 如果(n=1，即A中只有一个圆盘)，则直接将圆盘从A柱子移动到C柱子；
    1.2 否则，执行以下操作：
        1.2.1 调用：汉诺塔递归(n-1, A, C, B)，即将n-1个圆盘从A柱子借助C柱子移动到B柱子；
        1.2.2 将A中最底下的圆盘直接从A柱子移动到C柱子；
        1.2.3 调用：汉诺塔递归(n-1, B, A, C)，即将n-1个圆盘从B柱子借助A柱子移动到C柱子；
2 初始调用：汉诺塔递归(n, A, B, C)。
```

在算法 3.19 描述中，1.2.1 和 1.2.3 是两个子问题，它的规模比原问题规模小，这两个子问题也是递归解决，直到最后只剩下一个圆盘就可以直接解决。

程序 3.23

程序 3.23 汉诺塔问题递归算法的实现

定理 3.2 *N* 阶汉诺塔问题求解过程可以用以四元组（*n*,A,B,C）为节点构成的二叉树描述，它的解就是该二叉树的中序遍历序列。将第 *k* 个盘子从柱子 A 移到柱子 B 表示为三元组：((*k*),A,B)。

证明：用数学归纳法证明。

（1）当 *n*=2 时，执行序列为：((1),A,B)、((2),A,C)、((1),B,C)，它们分别对应二叉树的左子节点(1,A,C,B)、根节点(2,A,B,C)和右子节点(1,B,A,C)，执行序列恰好是这棵二叉树的中序遍历序列。如图 3.21（a）所示。

（2）假设当 *n*=*k* 时命题成立。当 *n*=*k*+1 时，可以先处理(*k*,A,C,B)，再执行((*k*+1),A,C)，最后处理(*k*,B,A,C)，它恰好是以(*k*+1,A,B,C)为根节点，以(*k*,A,C,B)为左子树根节点，以(*k*,B,A,C)为右子树根节点的中序遍历序列，如图 3.21（b）所示。而左右子树本身就是 *k* 阶汉诺塔问题，根据已有假设，其执行序列是它们对应的二叉树的中序遍历序列。所以，当 *n*=*k*+1 时命题也成立。

证毕。

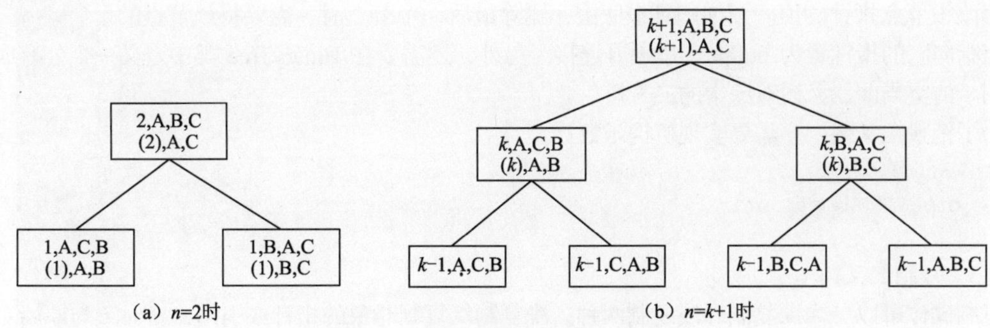

图 3.21 汉诺塔问题求解过程的二叉树

观察图 3.21 所示的二叉树不难发现，左子节点与父节点的关系是，圆盘个数减 1，中间柱与终端柱交换；右子节点与父节点的关系是，圆盘个数减 1，起始柱与中间柱交换。汉诺塔问题递归算法转化为非递归算法，要先定义一个用于存储四元组的结构体，还需要创建一个用于存储二叉树四元组节点的栈。在出栈访问时，要注意子节点中数据项的变化。汉诺塔问题求解非递归算法的实现如程序 3.24 所示，它与程序 3.8 很相似。

程序 3.24

程序 3.24　汉诺塔问题非递归算法的实现

4．二叉树后序遍历的应用

（1）求二叉树的深度

可以使用二叉树后序遍历方法求二叉树的深度，即先分别求出左子树的深度和右子树的深度，最后求二叉树的深度，它等于左右子树深度的最大值加 1。这个求解过程与二叉树后序遍历过程一致。

算法 3.20　求二叉树深度的算法

```
输入：二叉树的根节点指针 t
输出：二叉树的深度
1 如果(二叉树为空，即 t 为 nullptr)，则返回 0;
2 否则，执行以下操作：
    2.1 递归计算左子树的深度 leftDepth;
    2.2 递归计算右子树的深度 rightDepth;
    2.3 返回(leftDepth 与 rightDepth 的最大值加 1)。
```

程序 3.25　求二叉树深度算法的实现

程序 3.25

（2）清空二叉树

清空二叉树是指移除二叉树中的所有节点，使得原二叉树变为空树。这个过程并不删除二叉树对象本身，而是删除树中的所有节点和它们之间的连接。清空二叉树可以通过后序遍历的方式来实现。

算法 3.21　清空二叉树算法

```
输入：待清空的二叉树的根节点指针 t
输出：空二叉树(即 t 为 nullptr)
1 如果(二叉树为空，即 t 为 nullptr)，则直接返回;
2 否则，执行以下操作：
    2.1 递归清空左子树(t->left);
    2.1 递归清空右子树(root->right);
    2.3 删除当前节点。
```

算法 3.21 中“2.3 删除当前节点”具体实现依赖于具体程序设计语言使用的内存管理机制，C++使用 delete 操作符释放节点内存。

程序 3.26

程序 3.26　清空二叉树算法的实现

在程序 3.26 中，参数 t 使用了引用传递（BiTreeNode* &t），这是为了能够在函数内部修改根节点指针的值。当递归到最底层，删除最后一个节点时，需要将该节点的父节点指向它的指针置为 nullptr，以断开连接。另外，还需要在 BinaryTree 类中定义一个公有成员函数，用于清空当前二叉树对象中的二叉树。

为了销毁二叉树，还需要实现析构函数：

```
~BinaryTree() {                //析构函数
    clearBiTree(root);
}
```

（3）复制二叉树

复制操作可以分为深复制和浅复制两种。浅复制仅复制对象的指针或引用，新对象与原始对象共享同一块内存数据，而不是独立的数据。这种方式可能导致一个对象的改变影响到另一个对象。相对地，深复制会复制对象中的所有数据，因此新对象和原始对象完全独立。本节复制二叉树采用深复制策略，即每个节点都会被重新分配内存并复制其数据和子节点指针，从而确保新二叉树与原始二叉树互不影响。复制二叉树可以通过二叉树的后序遍历算法来实现。其步骤是，首先复制左子树，然后复制右子树，最后生成根节点，并将之前复制的左子树和右子树分别作为新生成的根节点的左子树和右子树。

算法 3.22　复制二叉树算法

```
输入：被复制的二叉树根节点指针 t
输出：复制后的二叉树根节点指针 ct
1 如果(t 为 nullptr)，则返回 ct 为 nullptr;
2 否则，执行以下操作：
    2.1 递归复制左子树得到左子树根节点指针 copyLeft;
    2.2 递归复制右子树得到右子树根节点指针 copyRight;
    2.3 创建一个新节点 ct,置 ct->data=t->data,ct->left=copyLeft,ct->right=copyRight;
    2.4 返回 ct。
```

程序 3.27　复制二叉树私有成员函数的实现

在 C++中，typename 关键字在某些情况下是必需的，以告诉编译器某个标识符是一个类型。在程序 3.27 中，typename 关键字用来说明 BiTreeNode 是 BinaryTree<T> 的一个嵌套类型，而不是某个数据成员或其他实体。

程序 3.27

程序 3.28

同时，还需要定义一个公有成员函数，用于将另一个 BinaryTree 对象中的二叉树复制到当前对象中，如程序 3.28 所示。

程序 3.28　复制二叉树公有成员函数的实现

复制二叉树私有成员函数也可以用于复制构造函数中，其代码如下：

```
BinaryTree(const BinaryTree& other) : root(nullptr) {       //复制构造函数
    root = copyBiTree(other.root);
}
```

复制二叉树私有成员函数也可以用于赋值运算符重载函数中，其代码如下：

```
BinaryTree& operator=(const BinaryTree& other) {            //赋值运算符重载
    if (this != &other) {
        clearBiTree(root);
        root = copyBiTree(other.root);
    }
    return *this;
}
```

（4）把二叉树顺序存储结构转为链式存储结构的递归算法

前面介绍了采用层次遍历算法借助队列将顺序存储转换为链式存储的非递归算法及其实现程序。也可以采用递归算法把二叉树顺序存储结构转为链式存储结构，其算法描述如算法 3.23 所示，该算法与后序遍历递归算法相似。

算法 3.23　顺序存储结构转为链式存储结构的递归算法

```
输入：二叉树的顺序存储数组 seq
输出：链式存储二叉树的根节点指针 t
1 定义递归函数 seqToBiTreePost(数组 seq, 数组下标 pos);
    1.1 如果(数组为空或 pos 超出数组范围)，则返回空指针;
    1.2 否则，执行以下操作：
        1.2.1 递归调用：seqToBiTreePost(数组 seq, 2*pos+1)，返回指针 left_;
        1.2.2 递归调用：seqToBiTreePost(数组 seq, 2*pos+1)，返回指针 right_;
        1.2.3 创建一个新节点，其 data 值为 seq[pos]，左指针为 left_，右指针为 right_;
        1.2.4 返回新节点指针;
2 初始调用：seqToBiTreePost(数组 seq, 0)。
```

程序 3.29 把顺序存储结构转为链式存储结构递归算法的实现

程序 3.29

（5）由先序和中序遍历序列建立二叉树

给定一棵二叉树的先序遍历序列和中序遍历序列，可以确定这棵二叉树的结构。

定理 3.3 由二叉树的先序和中序遍历序列可以确定一棵二叉树。

证明：用数学归纳法证明。

节点个数不大于 2 时可以直接验证结论正确。

设节点个数为 n 时结论成立。当节点个数为 n+1 时，先序遍历序列为：$P_0,P_1,\cdots,P_j,P_j+1,\cdots,P_n$，其中 P_0 为根。中序遍历序列为：$I_0,I_1,\cdots,I_j,I_j+1,\cdots,I_n$。

若 P_0 对应 I_j，则 P_0 的左子树的先序遍历序列为 $P_1,\cdots,P_j$，中序遍历序列为 $I_0,I_1,\cdots,I_{j-1}$，它的个数不大于 n，按假设它们可确定 P_0 的左子树。

同理，P_0 的右子树的先序遍历序列为 $P_j+1,\cdots,P_n$，中序遍历序列为 $I_j+1,\cdots,I_n$，它也可以确定 P_0 的右子树。合起来可以确定一个完整的二叉树。

证毕。

同样给定一棵二叉树的中序遍历序列和后序遍历序列，也可以确定这棵二叉树的结构。但是，给定一棵二叉树的先序遍历序列和后序遍历序列，不能确定这棵二叉树的结构。

假设先序遍历序列存储在数组 preL 中，中序遍历序列存储在数据组 inL 中，这两个数组长度相同，现由这两个数组确定一棵二叉树，其算法描述如算法 3.24 所示。

算法 3.24 由先序和中序遍历序列建立二叉树

```
输入：二叉树先序遍历序列数组 preL、中序遍历序列数组 inL，二叉树元素个数 pos
输出：二叉树的根节点指针 t
1 如果(pos<=0)，则返回空指针；
2 找到 preL 的第一个元素（即为根）在 inL 中的对应位置；
3 计算左子树的长度，设为 k；计算右子树的长度，为 pos-k-1；
4 确定左子树的中序遍历序列 inL_left，确定右子树中序遍历序列 inL_right；
5 确定左子树的先序遍历序列 preL_left，确定右子树先序遍历序列 preL_right；
6 递归调用：由 preL_left、inL_left 和左子树元素个数 k 确定左子树，返回左子树指针 left；
7 递归调用:由 preL_right、inL_right 和左子树元素个数 pos-k-1 确定右子树,返回右子树指针 right；
8 生成根节点，其 data 值为 preL 的第一个元素的值，左子节点指针为 left，右子节点指针为 right；
9 返回根节点指针 t。
```

程序 3.30 由先序和中序遍历序列建立二叉树算法的实现

程序 3.30

假设某个二叉树的先序遍历序列为 *ABDGCEF*，中序遍历序列为 *BGDAECF*，则由这两个序列可以唯一确定一棵二叉树，如图 3.22 所示。首先，根据先序遍历序列的第一个元素确定其根节点为 *A*，再在中序遍历序列中找到根节点位置 rL，计算其左子树的长度为 3，右子树的长度为 3。然后，确定其左子树的先序遍历序列为 *BDG*，中序遍历序列为 *BGD*；其右子树的先序遍历序列为 *CEF*，中序遍历序列为 *ECF*。最后，分别递归由左子树的先序遍历序列和中序遍历序列确定左子树，由右子树的先序遍历序列和中序遍历序列确定右子树。

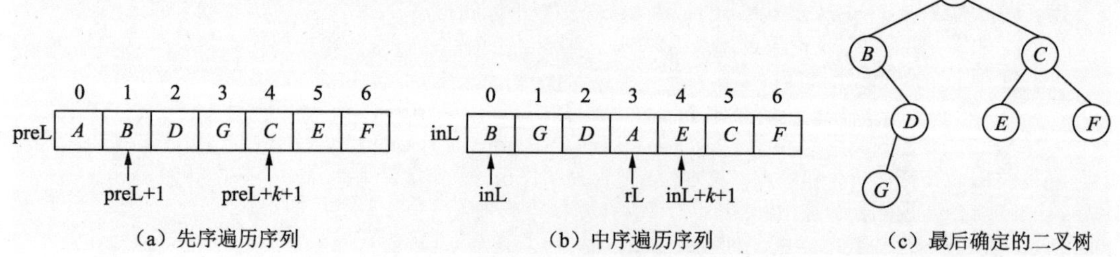

图 3.22 由先序和中序遍历序列建立二叉树

3.5 堆

3.5.1 堆的基本概念

堆（heap）是一种重要的数据结构，常用于实现优先队列、堆排序等算法。从逻辑上看，堆是一棵完全二叉树，并规定每个节点的值都不大于（或不小于）其父节点的值。如果每个节点的值不大于其父节点的值，则称为小根堆（或小顶堆）；如果每个节点的值不小于其父节点的值，则称为大根堆（或大顶堆）。

堆可以用数组进行存储，类似于完全二叉树的顺序存储。假设一个堆对应的数组序列为 $r_0,r_0,\cdots,r_n$，则小根堆满足：$r_i \leqslant r_{2i+1}$（$0\leqslant i<n$，$1\leqslant 2i+1<n$），$r_i \leqslant r_{2i+2}$（$0\leqslant i<n$，$1\leqslant 2i+2<n$），即父节点的值小于或等于左子和右子节点的值。大根堆满足：$r_i \geqslant r_{2i+1}$（$0\leqslant i<n$，$1\leqslant 2i+1<n$），$r_i \geqslant r_{2i+2}$（$0\leqslant i<n$，$1\leqslant 2i+2<n$），即父节点的值大于或等于左孩子和右孩子的值。

例 3.1 有两个序列：T_1= {98,77,35,62,55,14,35,48}，T_2= {14,48,35,62,55,98,35,77}，它们对应的完全二叉树如图 3.23 所示，其中 T_1 为大根堆，T_2 为小根堆。

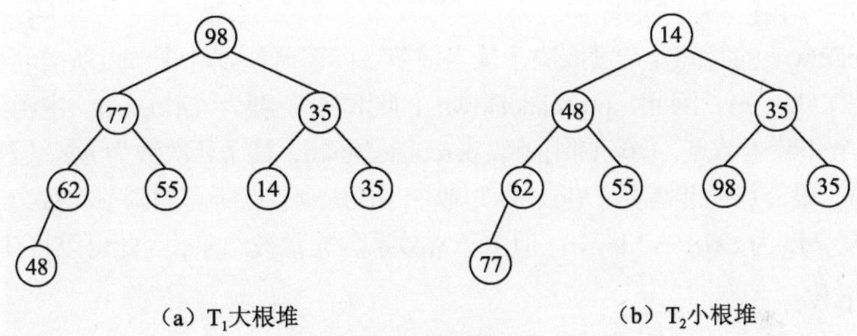

图 3.23 堆的示例

堆可以用来实现优先级队列，其中小根堆可以实现最小优先级队列，大根堆可以实现最大优先级队列。堆的插入、删除、查找等操作的时间复杂度都是 $O(\log n)$，表现出很高的效率。堆还可以用于排序，称为堆排序。堆排序的时间复杂度为 $O(n\log n)$，在处理大量数据时也能够保持高效性。本节主要介绍如何将一个非堆序列调整成堆，以及如何进行堆排序。

3.5.2 建堆

将一个非堆序列调整为堆的过程称为“堆化”或创建堆。有两种方法可以创建堆，即自底向上堆化和自顶向下堆化。

1. 自底向上堆化

自底向上堆化首先将原始序列视为一棵完全二叉树，然后从最后一个非叶子节点开始逐个向下调整，直到堆顶，使得每个节点都满足堆的性质，其中叶子节点不需要调整。假设数组为 pa，数组的大小为 size，自底向上堆化的建堆函数的实现如下。

```
template<class T>
void buildHeap(T* pa, int size){
 for (int i = size / 2 - 1;i >= 0;i--)          //从最后一个非叶子节点开始向上调整
     percolateDown(pa, i, size);
}
```

假设数组的大小为 size，数组第一个元素的下标记为 0，则最后元素的下标为 size−1，最后的非叶子节点是最后元素的父节点，因此它的下标为(size−1−1)/2=size/2−1。自底向上堆化的程序的关键是函数 percolateDown(pa, i, size)的实现，其作用是将下标为 *i* 的节点向下调整，使其满足堆的性质。

算法 3.25　向下调整算法（大根堆）

```
输入：堆数组 pa，向上调整的起始位置 pos，数组大小 size
输出：调整后的堆数组 pa(将 pos 位置的元素向上调整使得数组符合堆的性质)
1 将 pos 位置的元素赋给临时变量 temp，临时保存；
2 定义指针 p，初始化指向 pos；
3 定义指针 c，初始化指向 p 节点的左子节点，即 c = 2 * p + 1;
4 循环，当(c 小于 size)，执行以下操作：
    4.1 如果(c+1 小于 size，且右节点的值大于左节点的值)，则置 c=c+1，即置 c 指向右子节点；
    4.2 如果(c 所指节点的值小于 temp)，则中止循环；
    4.3 否则，执行以下操作：
        4.3.1 用 c 所指节点的值覆盖 p 所指节点的值，即将较大元素上移；
        4.3.2 更新指针 p 为 c；
        4.3.3 更新指针 c 指向 p 节点的左子节点，即 c = 2 * p + 1;
5 将 temp 的值放到最终的 p 位置。
```

算法 3.25 用于构建大根堆。对于小根堆，只须调整语句 4.2 的比较条件，将条件中的“小于”改为“大于”即可。

程序 3.31

程序 3.31　向下调整算法的实现

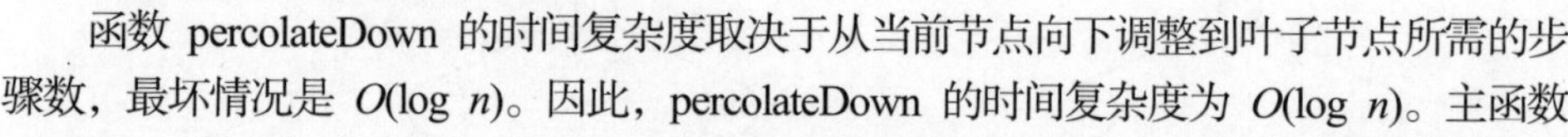

函数 percolateDown 的时间复杂度取决于从当前节点向下调整到叶子节点所需的步骤数，最坏情况是 $O(\log n)$。因此，percolateDown 的时间复杂度为 $O(\log n)$。主函数 buildHeap()针对每个非叶子节点，循环调用函数 percolateDown，其循环次数为 $n/2$。但每个节点的调整次数并不是 $O(\log n)$。根节点可能需要 $O(\log n)$次调整，但其他节点所需的调整次数会逐层减少。因此，BuildHeap 的时间复杂度为 $O((n/2) * \log n)$。但由于常数系数通常被忽略，因此可以将其简化为 $O(n\log n)$。

2．自顶向下堆化

自顶向下堆化是指首先将原始序列视为一个完全二叉树，然后从第二个节点开始，逐个向上调整，直到最后一个元素，使得每个节点都满足堆的性质。假设数组为 pa，数组的大小为 size，自顶向下堆化的建堆函数的实现如下。

```
template<class T>
void buildHeap(T* pa, int size) {
    for (int i = 1;i < size; i++)                    //从最后一个非叶子节点开始向下调整
        percolateUp(pa, i);
}
```

算法 3.26　向上调整算法

```
输入：堆数组 pa，向下调整为堆的起始位置 pos，数组大小 size
输出：调整后的堆数组 pa(将 pos 位置的元素向下调整使得数组符合堆的性质)
1 将 pos 位置的元素赋给临时变量 temp，临时保存；
2 定义指针 c，初始化指向 pos；
3 定义指针 p，初始化指向 c 节点的父节点，即 p=(c-1)/2;
4 循环，当(c 大于 0)，执行以下操作：
    4.1 如果(p 所指节点的值大于 temp)，则中止循环；
    4.2 否则，执行以下操作：
        4.2.1 用 p 所指节点的值覆盖 c 所指节点的值，即将较大元素上移；
        4.2.2 更新指针 c 为 p；
        4.2.3 更新指针 p 指向 c 节点的父节点，即 p=(c-1)/2;
5 将 temp 的值放到最终的 c 位置。
```

算法 3.26 用于构建大根堆。对于小根堆，只须调整语句 4.1 的比较条件，将条件中的“大于”改为“小于”即可。

程序 3.32　向上调整算法的实现

程序 3.32

函数 percolateUp 的时间复杂度取决于从 pos 位置向下迭代到根节点的次数，第 2 个元素的迭代次数为 log 2，第 3 个元素的迭代次数为 log 3，最后一个元素迭代次数为 log n。主函数 buildHeap()循环调用函数 percolateUp，其循环次数为 n−1，总的时间复杂度为 log 2 + log 3 + log 4 + ⋯ + log n=log（n!）。根据斯特林公式 $n! \approx \sqrt{2\pi n}\left(\frac{n}{e}\right)$，得出 log($n$!)≈$n$log n。因此，buildHeap 的时间复杂度也为 $O(n\log n)$。

3.5.3 堆排序

堆排序是一种常用的排序算法，它通过构建堆来对序列进行排序。堆排序的基本步骤是先将待排序的序列调整成一个大根堆（或小根堆）；然后将堆顶元素与堆尾元素交换，并将堆的大小减 1；接着将剩余元素再次调整成堆；重复这个过程直到堆的大小为 1，结束排序。堆排序的特点是，它在排序过程中不需要开辟新的存储空间。下面给出对数组 pa[ ]进行堆排序的算法描述和实现。

算法 3.27　堆排序算法

```
输入：数组 pa 和数组大小 size
输出：排序后的数组 pa
1 将数组 pa 调整为大根堆；
2 循环，执行以下操作，直到(堆的元素个数为 1)：
    2.1 将堆顶元素与堆尾元素交换；
    2.2 将堆的大小减一；
    2.3 将除队尾元素以外的其他元素重新调整为大根堆。
```

程序 3.33　堆排序算法的实现

程序 3.33

函数 percolateDown 的时间复杂度取决于从当前节点向下调整到叶子节点所需的步骤数，最坏情况是 $O(\log n)$。buildHeap 针对每个非叶子节点，循环调用 percolateDown，循环次数约为 $n/2$。根节点调用 percolateDown 需要 $O(\log n)$次调整，其他节点所需的调整次数会逐层减少。通过对每层节点数量和所需调整的操作次数求和，可以证明调整时间复杂度的总和为 $O(n)$。

3.5.4 小根堆 Heap 类

小根堆类的设计目标是提供一种高效维护一组数据的数据结构，使得堆顶元素始终是最小值。小根堆具有如下特点与应用。

（1）高效的最小元素检索：小根堆类能实现在常数时间内访问最小元素，因为最小元素总是位于堆顶。这对于需要频繁查找最小值的问题非常有用，如优先队列等。

（2）高效的插入和删除：小根堆类支持高效的元素插入和删除操作。插入操作和删除最小元素操作都可以在 $O(\log n)$时间内完成，其中 n 是堆中元素的个数。

（3）堆排序：可以使用小根堆类来进行排序，因为它可以在 $O(n\log n)$时间内对一个数组进行原地排序，这对于排序大量数据时非常高效。

（4）优先级队列：小根堆类通常用于实现优先级队列，其中元素按照优先级顺序进行处理。这在许多应用中都非常有用，如任务调度、图算法等。

总之，小根堆是一种非常有用的数据结构，在许多算法和数据处理问题中都有广泛应用，因此创建一个小根堆类可以提供一种通用工具，方便在程序中处理这些问题。小根堆类的定义如下。

```
#include<vector>
template<class T>
class Heap {
    vector<T> vec;                    //向量容器
    int size;                         //元素个数
    void buildHeap();                 //把向量容器类对象调整为堆对象
```

```
    void percolateDown(int h);         //向下调整为堆，主要用于删除操作
    void percolateUp();                //向上调整为堆，主要用于插入操作
public:
    explicit Heap(int max = 100) :vec(max), size(0) {}//建空堆，函数已实现，为空堆
    explicit Heap(const vector<T>& vt);                //用向量类对象创建堆对象
    bool empty()const { return size == 0; }            //判断堆是否为空
    int getsize() { return size; }                     //取堆元素个数
    void insert(const T& item);                        //堆插入
    const T& top()const { return vec[0]; }             //取堆首元素
    void deleteMin();                                  //删除堆首元素
    void deleteMin(T& item);                           //把删除的元素作为参数返回
    void clear() { size = 0; }                         //堆清空
    void displayHeap() const;                          //输出堆
};
```

程序 3.34　小根堆类的成员函数的实现

以上代码定义了一个小根类 Heap，实现了包括建堆、插入、删除、向上调整、向下调整等基本操作。将其保存为头文件 heap.h，后续在哈夫曼树构建、图的最小生成树、最短路径算法中将会用到该文件。

程序 3.34

3.6 哈夫曼树与哈夫曼编码

3.6.1 哈夫曼树的基本概念

哈夫曼树（huffman tree）是一种用于数据压缩的二叉树，常用于构建最优前缀编码（prefix code）。哈夫曼树在计算机科学和信息工程领域中被广泛应用于数据压缩、图像处理、通信等场景。下面给出关于哈夫曼树及其相关术语的定义。

（1）路径：若树中存在节点序列 $k_0,k_1,\cdots,k_n$，其中 k_i 是 k_i+1 的父节点，则称该序列是从 k_0 到 k_n 的路径。

（2）路径长度：路径上经过的分支（边）的个数。

（3）节点的权值：给树中每个节点赋予一个值，用来表示节点出现的频率或者重要性，这个值称为节点的权值。

（4）节点的带权路径长度：从树的根到该节点的路径长度与该节点的权值的乘积，称为该节点的带权路径长度。

（5）树的带权路径长度：树的带权路径长度是指树中所有叶子节点的带权路径长度之和（WPL）。假设一棵树有 n 个叶子节点，叶子节点 i（$1\leqslant i\leqslant n$）的权值为 w_i，从根节点到该节点的路径长度为 l_i，则树的带权路径长度 WPL 为

$$\text{WPL}=\sum_{i=1}^{n} w_i l_i$$

树的带权路径长度通常用于比较不同哈夫曼树的效率和编码质量。较小的带权路径长度意味着更高效的编码。

（6）哈夫曼树：哈夫曼树是一种带权路径长度最短的二叉树，也称为最优二叉树。当给定一组节点及其对应的权值时，可以构造出多种不同的二叉树，其中必然存在一棵二叉树的带权路径长度是最小的，这棵二叉树就是哈夫曼树。哈夫曼树的主要特点是权值较大的节点离根节点较近，而权值较小的节点离根节点较远。

假设有 4 个节点$\{A,B,C,D\}$，它们的权值分别为：$\{2,4,7,11\}$，以这 4 个节点为叶子节点构造二叉树，

图 3.24 列出了其中的 3 种形态的二叉树，它们的带权路径长度分别如下。形态（a）：WPL=2×2+4×2+7×2+11×2=48；形态（b）：WPL=2×3+4×3+7×2+11×1=43；形态（c）：WPL=2×3+4×2+7×3+11×2=57。其中以形态（b）的带权路径长度为最小，可以验证，它就是哈夫曼树。

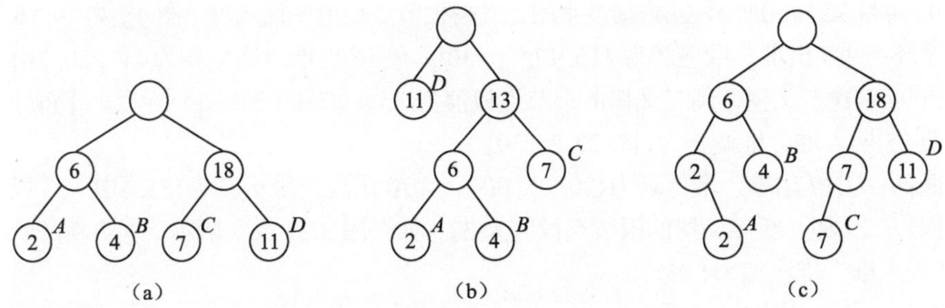

图 3.24 具有不同带权路径长度的二叉树

3.6.2 哈夫曼树构建

哈夫曼树构建是指输入 n 个带权值的元素，以这些元素为叶子节点构建一个最优二叉树。一般的方法是：首先，以这 n 个元素作为根节点构建一个二叉树森林 $F=\{T_1,T_2,\cdots,T_n\}$。初始时，森林中每棵树都是只有一个根节点的二叉树。然后，在森林 F 中选择两棵根节点权值最小的二叉树作为左右子树，构造一棵新的二叉树。新二叉树的根节点权值为左右子树根节点权值之和。之后，从 F 中删除这两棵已使用的二叉树，并将新构建的二叉树加入 F 中。重复这个过程，直到 F 中只剩下一棵二叉树，它就是所要构建的哈夫曼树。

这个方法的关键在于找到森林中根节点权值最小的两棵二叉树，并将合并后的二叉树插入森林中。这些操作可以借助优先队列来实现。如果规定将第一次出队列的根节点作为新二叉树的左子节点，将第二次出队列的节点作为新二叉树的右子节点，则可以确保所构建的哈夫曼树是唯一的。在这里，优先队列可以采用小根堆实现。

算法 3.28 哈夫曼构建算法

```
输入：n 个元素，其权值分别为 ω1, ω2, …, ωn
输出：哈夫曼树
1 初始化：创建一个小根堆，并将 n 个权值{ω1, ω2, …, ωn}依次插入堆中；
2 循环，执行以下操作，直到(堆中只剩一个元素)
    2.1 出堆：依次从堆中提取两个权值最小的元素，分别作为左子节点和右子节点：
    2.2 以2.1 中的左子节点和右子节点创建一个新节点，这个新节点代表了一棵新的二叉树：
        新节点权值 ← 左子节点.权值 + 右子节点.权值;
        新节点.左子节点 ← 左子节点;
        新节点.右子节点 ← 右子节点;
    2.3 插入堆：将新节点插入回堆中；
3 堆中最后剩下的节点即为哈夫曼树的根节点。
```

第一步是初始化堆，堆中每个元素都可以看作一棵二叉树，因此整个堆可以看作一个二叉树森林。初始化堆中的每个元素都是一棵单节点二叉树。建堆采用尾插的方法，每次插入新元素时要向上调整为堆。

第二步是循环，每次循环分 3 个小步。第一小步是依次从堆顶删除提取两个元素，分别作为左子节点和右子节点，左子节点的 data 值小于右子节点的 data 值。删除元素时，是先获取堆顶元素，然后将堆顶元素与堆尾元素交换，再自堆顶向下调整为堆。由于每次循环时要连续从堆中删除两个节点，因此如果堆中只有一个元素则循环终止。第二小步是以第一小步获取的两个节点分别作为左子节点和右子节点创建一棵新的二叉树。第三小步是将新产生的节点插入堆中，因为是尾插，所以要从最后一个节点向上调整为堆。

第三步是得到哈夫曼树，堆中最后剩下的节点即为哈夫曼树的根节点。

例 3.2 设以一组权值为｛3,16,20,17,30,6｝的叶子节点构造哈夫曼树，并计算其带权路径长度。

初始化：将所有权值插入小根堆（优先队列），初始堆状态：{3, 6, 16, 17, 20, 30}。如图 3.25（b）所示。

第 1 次循环：①3 出堆，堆更新为 {6, 16, 17, 20, 30}。②6 出堆，堆更新为 {16, 17, 20, 30}。③以 3 和 6 为左右子节点创建二叉树，创建二叉树时，权值小的为左子树，权值大的为右子树。新二叉树的根节点权值为 9，如图 3.25(c)所示。④将新产生的二叉树根节点权值 9 插入堆，堆调整为 {9, 16, 17, 20, 30}。

第 2 次循环：①9 出堆，堆更新为 {16, 17, 20, 30}。②16 出堆，堆更新为 {17, 20, 30}。③以 9 和 16 为左右子节点创建二叉树，新二叉树的根节点权值为 25，如图 3.25（d）所示。④将新产生的二叉树根节点权值 25 插入堆，堆调整为{17, 20, 25, 30}。

第 3 次循环：①17 出堆，堆更新为{20, 25, 30}。②20 出堆，堆更新为{25, 30}。③以 17 和 20 为左右子节点创建二叉树，新二叉树的根节点权值为 37，如图图 3.25（e）所示。④将新产生的二叉树根节点权值 37 插入堆，堆调整为{ 25, 30, 37}。

第 4 次循环：①25 出堆，堆更新为{30,37}。②30 出堆，堆更新为 {37}。③以 25 和 30 为左右子节点创建二叉树，新二叉树的根节点权值为 55，如图 3.25（f）所示。④将新产生的二叉树根节点权值 55 插入堆，堆调整为{37,55}。

第 5 次循环：①37 出堆，堆更新为 {55}。②55 出堆，此时堆为空。③以 37 和 55 为左右子节点创建二叉树，新二叉树的根节点权值为 92。这时得到的二叉树即为哈夫曼树。如图 3.25（g）所示。

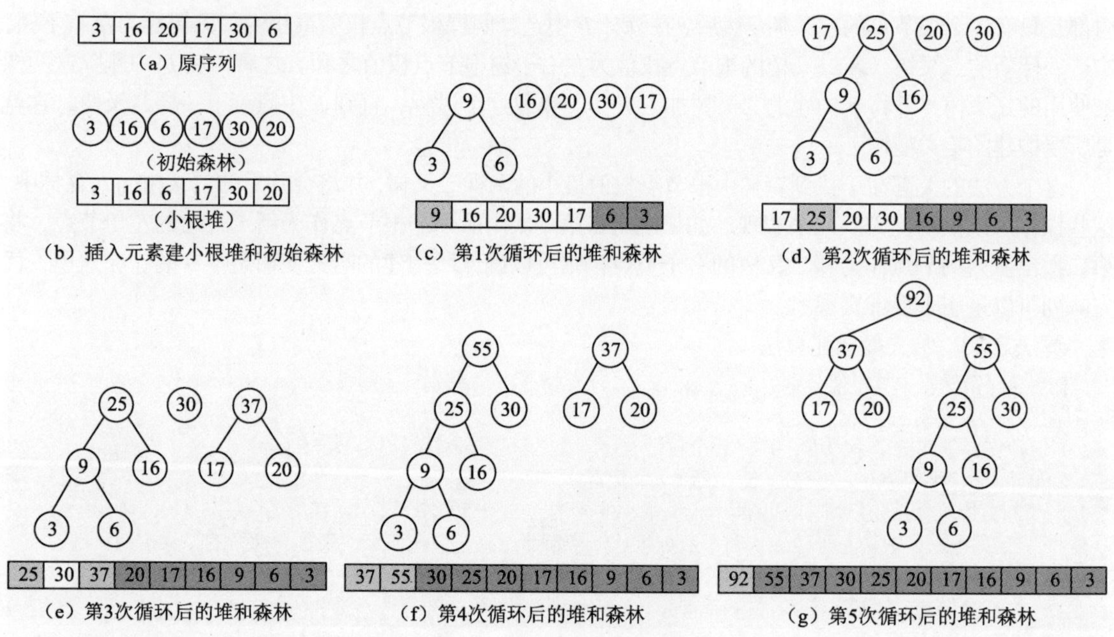

图 3.25　哈夫曼树的构建过程

计算其带权路径长度（WPL）如下。

3：路径长度 4 → 3×4 = 12

6：路径长度 4 → 6×4 = 24

16：路径长度 3 → 16×3 = 48

17：路径长度 2 → 17×2 = 34

20：路径长度 2 → 20×2 = 40

30：路径长度 2 → 30×2 = 60

程序 3.35　哈夫曼树节点定义及哈夫曼树构建

为了实现哈夫曼树构建算法，需要对二叉树节点进行重新封装，使其可以比较节点中 data 值的大小，这一过程可以通过重载比较运算符“<”和“≤”予以实现。

3.6.3 哈夫曼编码与解码

在计算机科学中，编码是将信息或数据转换为计算机可以理解的特定格式的过程，以便于存储、传输和处理。最简单的编码方法是将字符转换成二进制位串。编码通常分为等长编码和不等长编码两种形式。

等长编码是一种简单的编码方式，它的特点是每个字符的二进制位串长度相等。设有一个字符集，字符个数为 n，则需要长度为$\lceil \log_2(n) \rceil$的二进制位串来表示一个字符。例如，设有电文“BATDATA”，这个电文一共有 4 个字符，每个字符可以用 2 位二进制位串表示，对应的等长编码如下：“A: 00; B: 01; D: 10; T: 11”，整个字符串编码为：01001110001100，一共 14 位。等长编码的缺点是总码长不一定是最短的，效率不高。此外，等长编码保密性较差，因为编码的模式很容易被猜测出来。

与等长编码对应的是不等长编码，即不同字符的码长不同，一般规定出现频率高的用短码，出现频率低的用长码，这样能使总码长尽可能短。不等长编码一般要求满足前缀编码。所谓前缀编码是指每个字符的编码都不是另一个字符编码的前缀，这样可以通过简单地扫描编码来识别每个字符，而无须查看编码的末尾。对于电文“BATDATA”，B 和 D 出现 1 次，T 出现 2 次，A 出现 3 次，可以考虑用短码表示 A 和 T，用长码表示 B 和 D。假设有以下两种编码：

（1）“A: 0；B: 00；D: 10；T: 1”；总编码为：000110010，一共 9 位。

（2）“A: 0；B:100；D: 101；T: 11”；总编码为：1000111010110，一共 13 位。

以上两种都是不等长编码。第一种编码总码长 9 位，但不是前缀编码，因为 A 的编码是 B 的编码的前缀，不能通过扫描编码识别并区分 A 和 B，T 的编码是 D 的编码的前缀，也不能通过扫描编码识别并区分 T 和 D。第二种是前缀编码，通过扫描编码进行解码，识别每个字符。第二种编码码长 13 位，比等长编码的总码长要短一些，提高了编码效率。

哈夫曼编码是一种可变长度编码，其基本思想是：首先，统计每个字符出现的频率；然后，以每个字符为叶子节点，以字符出现频率为节点权值，构建一棵哈夫曼树，并将左分支标记为 0，右分支标记为 1；最后，从根到叶子节点扫描拾取分支上的标记得到的二进制位串就是各个字符的编码。

算法 3.29 哈夫曼编码算法

```
输入：字符集 C={c1, c2,…, cn}，字符出现频率 W={ω1, ω2,…, ωn}
输出：各个字符的编码
1 用 c1, c2,…, cn 作为叶子节点，ω1, ω2,…, ωn 作为各叶子节点的权值，构造一棵哈夫曼树；
2 在哈夫曼树中，左分支上标 0，右分支上标 1；
3 输出从根到某叶子 ci 路径所经过分支上的“0”“1”代码串，它就是字符 ci 的哈夫曼编码。
```

例 3.3 一份电文共使用 5 个字符 a，b，c，d，e；它们出现的频率依次为 15，20，22，3，40；求每个字符的哈夫曼编码。

创建哈夫曼树，并在二叉树的所有左分支标记 0，右分支标记 1，如图 3.26 哈夫曼编码实例。各个字符的哈夫曼编码分别为：a: 1101；b: 111；c: 10；d: 1100；e: 0。

哈夫曼编码的一个重要特点是，出现频率高的字符将获得较短的编码，而出现频率低的字符将获得较长的编码，从而实现最短的总编码长度，提高编码效率。另外，哈夫曼编码是一种前缀编码，具有唯一解码性，有助于提高数据传输的可靠性。

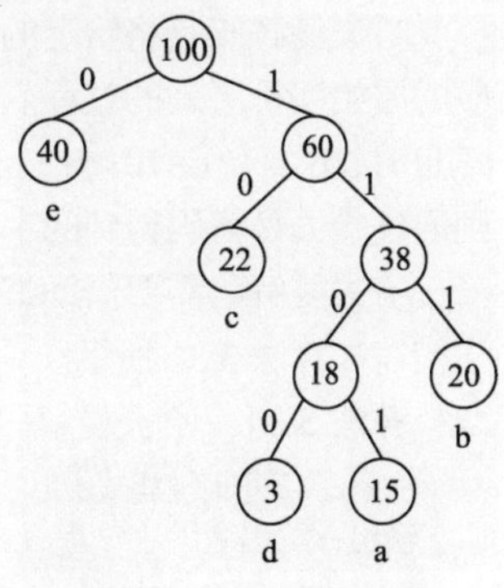

图 3.26 哈夫曼编码实例

定理 3.4 哈夫曼编码是前缀编码。

证明：

（1）哈夫曼编码建立在哈夫曼树的基础上。在获取哈夫曼编码之前，首先要以带权字符集为初始节点集建立哈夫曼树。这个树是通过不断合并权重最小的两个节点来构建的，直到只剩下一个根节点。

这样，初始节点都成为哈夫曼树的叶子节点，即每个字符都在叶子节点上。

（2）为了进行哈夫曼编码，在建立哈夫曼树时，将所有节点的左分支标记为 0，右分支标记为 1。根据哈夫曼编码算法，一个字符的哈夫曼编码是从根到该字符所在的叶子节点的路径上的标记序列。由于任何一个叶子节点都不可能是另一个叶子节点的祖先，所以任何一个字符的编码都不可能是另一个字符编码的前缀。

（3）综上所述，哈夫曼编码满足前缀编码的特性，所以哈夫曼编码是前缀编码。字符的编码是根据其在树中的位置确定的，一旦哈夫曼树确定了，所有字符的哈夫曼编码就是唯一的。

证毕。

实现哈夫曼编码的关键是构建哈夫曼树，以及求出从根到叶子节点的路径并读取路径上的标记。建立哈夫曼树可以采用上一小节介绍的程序 3.35，但是需要对哈夫曼树的节点进行重新定义，在节点结构体中增加节点权重的数据项，如程序 3.36 所示。

程序 3.36

程序 3.36 哈夫曼编码节点定义及用于哈夫曼编码的哈夫曼树构建

生成哈夫曼编码可以采用二叉树先序遍历递归算法，从根开始遍历哈夫曼树，每拓展一层就记录分支的标记值，存入数组 code[ ]中，如果走左分支，就向 code[ ]中压入 0；如果走右分支，就向 code[ ]中压入 1。当到达叶子节点时，code[ ]中的 0、1 标记串就是该叶子节点对应的字符的编码。

算法 3.30 生成哈夫曼编码的递归算法

```
输入：哈夫曼树根节点的指针 t、存储编码的数组 code 和路径长度 pathLen
输出：哈夫曼编码
1 定义数组 code，用于存储哈夫曼编码；
2 定义整型变量 pathLen，用于存储路径长度；
3 定义递归函数：生成哈夫曼编码(t, code, pathLen);
    3.1 如果(t 不为空)，则执行以下操作:
        3.1.1 如果(t 为叶子节点)，则输出数组 code 的值，它就是该叶子节点的哈夫曼编码;
        3.1.2 如果(t 的左子节点不为空)，则执行以下操作:
            3.1.2.1 将“0”尾插到 code 中;
            3.1.2.2 递归调用：生成哈夫曼编码(t->left, code, pathLen+1);
        3.1.2 如果(t 的右子节点不为空)，则执行以下操作:
            3.1.2.1 将“1”尾插到 code 中;
            3.1.2.2 递归调用：生成哈夫曼编码(t->right, code, pathLen+1);
4 初始调用：生成哈夫曼编码(t, code, 0)。
```

程序 3.37 生成哈夫曼编码递归算法的实现

程序 3.37

哈夫曼解码是将给定的哈夫曼编码序列（由 0 和 1 组成的二进制位串）转换回对应的原始字符序列的过程。假设有 5 个字符 a、b、c、d、e，它们的哈夫曼编码分别为 a：1101；b：111；c：10；d：1100；e：0。现有一个编码序列{1,1,0,1,1,1,1,1,0,1,1,0,0,0,1,1,1}，则通过哈夫曼解码得到的字符串为：abcdeb。

哈夫曼解码需要借助编码时所构建的哈夫曼树，这是因为解码需要使用编码规则。哈夫曼解码算法描述如算法 3.31 所示。

算法 3.31 哈夫曼解码算法

```
输入：二进制位串 code[]，哈夫曼树根节点指针 t
输出：解码后的字符串 data[]
1 定义一个哈夫曼树节点指针变量 p，初始化指向哈夫曼树根节点指针 t;
2 定义一个字符串 data[]，用于存储解码后的字符串，初始化为空字符串;
3 循环，遍历 code[]中的每个编码位，执行以下操作，直到(遍历完 code[]中的所有编码位):
    3.1 如果(code[]当前位为 0)，则将 p->left 赋给 p;
    3.2 如果(code[]当前位为 1)，则将 p->right 赋给 p;
```

```
    3.3 如果(p 是叶子节点)，则执行以下操作：
        3.3.1 将该叶子节点对应的字符添加到 data[]中；
        3.3.2 将 p 重新指向哈夫曼树的根节点，即将 t 赋给 p；
4 输出解码后的字符串 data[]。
```

这个算法通过遍历哈夫曼树，根据编码序列中的每个位来解码字符，将解码后的字符逐个添加到输出字符串中。最终，将所有解码后的字符组合在一起，得到原始数据的字符串表示。

程序 3.38

程序 3.38 哈夫曼解码算法的实现

函数 transHuffmanCode()的参数包括：t 是哈夫曼树的根节点，code[ ]是用哈夫曼编码得到的二进制位串；*n* 是二进制位串的长度。函数运行时，遍历二进制位串，从哈夫曼树根节点开始，当编码值为 0 时，沿着左子树移动；当编码值为 1 时，沿着右子树移动。当到达叶子节点时，就得到一个字符。这个过程持续进行，直到遍历 code[ ]中的所有位，最终得到所有解码后的字符。

3.7 树与森林

3.7.1 树的存储与 Tree 类

树的存储表示法有多种，常见的有广义表表示法、父数组表示法、左孩子右兄弟表示法和孩子链表表示法等 4 种。下面分别介绍这些表示法。

1．树的存储表示法

（1）广义表表示法（general list）

广义表表示法是一种用广义表表示树的层次结构的存储方法。在这种表示法中，树的节点有 3 种类型，即根节点（root）、叶子节点（leaf）、分支节点（branch）。与之对应，广义表表示法的节点也有 3 种类型，即表头节点（head）、原子节点（atom）和子节点（list）。广义表表示法的数据结构定义如下：

```
struct generalListNode {
    union {
        atomType data;
        struct generalListNode* firstChild;
    };
    struct generalListNode* nextSibling;
    elemType tag;
};
```

该结构体定义了 3 个数据项，第一个数据项用联合体表示，它可以表示原子数据，也可以表示子表，从而形成广义表。当 tag=0 时，表示这个联合体是一个根节点，第一个数据项为根数据 data，第二个数据项为指针，指向根节点的第一个子节点。当 tag=1 时，表示这个联合体是一个叶子节点，第一个数据项为叶子数据 data，第二个数据项为指针，指向该叶子节点的下一个兄弟。当 tag=2 时，表示这个联合体是一个分支节点，第一个数据项为指针，指向该分支节点的根节点，第二个数据项也为指针，指向该分支节点的下一个兄弟。

广义表的操作和遍历通常需要用递归算法来处理，因为广义表的结构可以是嵌套的，所以需要递归地处理每个节点的子节点。

对于图 3.1（c）的树的广义表表示如图 3.27 所示。

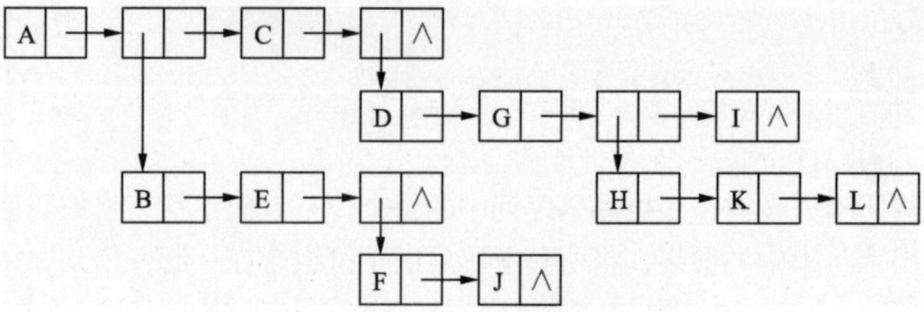

图 3.27　图 3.1（c）的树的广义表表示

（2）父数组表示法

父数组表示法是一种常见的树的存储结构，它通过数组来表示树的节点之间的关系。父数组表示法的数据结构定义如下：

```
#define MAX 100
struct parentTreeNode {
    dataType data;
    int parent;
};
struct parentTree {
    parentTreeNode nodes[MAX];
    int n;              //节点的个数
};
```

parentTreeNode 结构体包含两个成员：dataType data，用于存储节点的数据；int parent，用于存储节点的父节点在数组中的下标。parentTree 结构体包含两个成员：parentTreeNode nodes[MAX]，这是一个数组，用于存储树的所有节点，最多可以容纳 MAX 个节点；int *n*，用于记录树中节点的个数。

父数组表示法的核心思想是通过数组的下标来建立节点之间的父子关系。对于每个节点，通过 int parent 来记录其父节点在数组中的下标。如果节点是根节点，那么可以将 parent 设置为-1，以表示没有父节点。

父数组表示法的优点是在查找节点的父节点时非常高效，因为只需确定节点的 parent 值即可，其时间复杂度为 $O(1)$。但是，如果需要查找子节点，则需要遍历整个数组才能找到所有子节点，其时间复杂度为 $O(\text{n})$。

父数组表示法适用于树结构在创建后不经常发生变化，或者需要频繁查找父节点的情况。例如，在某些静态树结构或层级关系固定的场景中，可以考虑使用这种方法。

对于图 3.1（c）的树，其父数组表示如图 3.28 所示。

	0	1	2	3	4	5	6	7	8	9	10	11
data	A	B	C	D	E	F	G	H	I	J	K	L
parent	-1	0	0	0	1	1	3	3	3	5	7	7

图 3.28　图 3.1（c）的树的父数组表示

（3）左孩子右兄弟表示法

左孩子右兄弟表示法简称孩子兄弟表示法，是一种用二叉树来表示树结构的方法。它使用二叉链表作为树的存储结构，将每个节点的左指针用于指向其第一个子节点（firstchild），右指针用于指向其下一个兄弟节点（nextsibling）。这样，树结构就可以转换为二叉树结构进行存储和操作。孩子兄弟表示法的节点结构如图 3.29 所示。

firstchild	data	nextsibling

图 3.29　孩子兄弟表示法节点结构

孩子兄弟表示法的数据结构定义如下：

```
typedef struct LCRSTreeNode {
    DataType data;                          // 存储节点的数据
    struct LCRSTreeNode* firstChild;        // 指向第一个子节点
    struct LCRSTreeNode* nextSibling;       // 指向下一个兄弟节点
} LCRSTreeNode;
```

对于图 3.1（c）的树，其左孩子右兄弟表示如图 3.30 所示。

（4）孩子链表表示法

孩子链表表示法是一种通过数组和链表的组合来表示树节点和它们的子节点的存储结构。它用一个数组存储树的节点，每个节点关联一个孩子链表，用于存储该节点的子节点信息，这个信息一般是子节点在数组中的下标。孩子链表表示法通过链表存储子节点，使得插入和删除子节点操作较为高效。另外，它允许每个节点有任意数量的子节点，适合处理动态变化的树结构。对于图 3.1（c）的树，其孩子链表表示如图 3.31 所示。

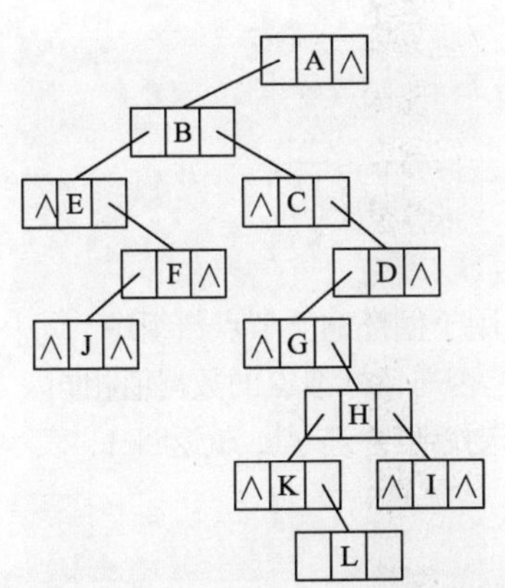

图 3.30　图 3.1（c）的树的左孩子右兄弟表示

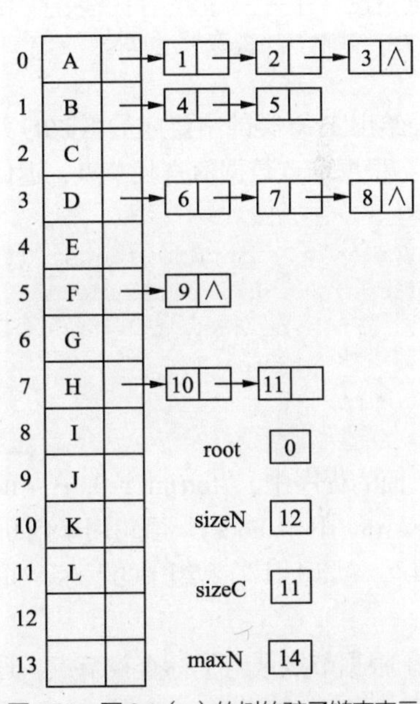

图 3.31　图 3.1（c）的树的孩子链表表示

2．基于孩子链表表示法的 Tree 类

孩子链表表示法在实际工程中应用比较多。基于孩子链表表示法的 Tree 类的定义如下。

```
#include<iostream>
#include<list>
using namespace std;
template<class T>
class Tree{
private:
    T * nodeArray;                          //节点数组指针 NodeArray
    list<int>* childListArray;              //孩子链表数组指针
    int root;                               //根节点的下标
    int nodeSize,childSize;                 //节点数，孩子数（即边的个数）
    int maxNodes;                           //节点数组长度，即容量
    public:
    Tree(int n=100):root(-1),nodeSize(0),childSize(0),maxNodes(n){  //构造函数
        nodeArray=new T[n];
        childListArray=new list<int>[n];
    }
```

```
    ~Tree(){delete []nodeArray;delete []childListArray;}   //析构函数
    bool empty()const{return nodeSize==0;}                 //判空
    bool full()const{return nodeSize==maxNodes;}           //判满
    int getNodeSize()const{return nodeSize;}               //取节点数
    int getChildSize()const{return childSize;}             //取子节点数
    int findNode(const T& v)const;                         //取节点的下标
    bool findNode(T& node,int pos)const;   //取下标为 pos 的节点，存储到 node 中
    bool insertNode(const T& v);           // 插入节点
    bool insertChild(const T& parent, const T& child);     // 插入边
    template<class U>
    friend ostream& operator<<(ostream& ostr,const Tree<U>& t);
    //重载输出（插入）运算符
    template<class U>
    friend istream& operator>>(istream& istr,Tree<U>& t);
    //重载输入（提取）运算符
};
```

下面给出 Tree 类的主要成员函数的实现。

（1）根据节点数据值查找节点，返回节点的数组下标

```
template<class T>
int Tree<T>::findNode(const T& node)const{      //取节点的下标
    for(int i=0;i<nodeSize;i++)                 //扫描节点数组
        if(nodeArray[i]==node)                  //找到该节点
            return i;                           //返回节点下标
    return -1;                                  //不存在该节点
}
```

在上面的程序中，“for(int i=0; i < nodeSize; i++)”语句用于循环遍历节点数组中的每一个节点。“if(nodeArray[i] = = node)”语句用于判断当前节点的数据值是否与目标节点的数据值相同。如果找到了目标节点，就返回其在数组中的下标。如果遍历完整个数组仍未找到目标节点，就返回-1，表示该节点不存在。

（2）根据节点数组下标查找节点，返回节点的值

```
template<class T>
bool Tree<T>::findNode(T& node, int pos) const {//取下标为 pos 的节点，存储到 node 中
    if (pos < 0 || pos >= nodeSize) {           //如果 pos 值非法，则返回 false
        return false;
    }
    node = nodeArray[pos];                      //取下标为 pos 的节点
    return true;
}
```

在上面的程序中，“if(pos < 0 || pos >= nodeSize)”语句用于检查 pos 是否在有效范围内。如果 pos 超出范围，就返回 false，以表示操作失败。如果 pos 合法，就将 nodeArray[pos]的值赋给 node，并返回 true，表示成功。

（3）树中插入节点

插入节点的操作是将一个新的节点添加到树的节点数组中。插入一个节点后，节点个数增 1。

```
template<class T>
bool Tree<T>::insertNode(const T& node) {      // 插入节点
    if (nodeSize == maxNodes) {                // 节点数组满
        return false;
    }
```

```
        nodeArray[nodeSize] = node;                    // 插入节点数组
        nodeSize++;                                    // 节点个数加 1
        return true;
    }
```

在上面的程序中，“if(nodeSize == maxNodes)”语句用于检查当前节点数量是否已达到最大容量。如果节点数组已满，就返回 false 表示插入失败。“nodeArray[nodeSize] = node”语句用于将新节点插入节点数组的末尾。“nodeSize++”语句用于将节点个数加 1。返回值 true 表示插入成功，false 表示插入失败。

（4）树中插入边

```
template<class T>
bool Tree<T>::insertChild(const T& parent, const T& child) {
    int parentIndex = findNode(parent);
    int childIndex = findNode(child);
    if (parentIndex == -1 || childIndex == -1 || parentIndex == childIndex) {
        return false;
    }
    childListArray[parentIndex].insert(childListArray[parentIndex].end(), childIndex);
    ++childSize;
    return true;
}
```

Tree 类重载插入运算符 operator<<用于输出 Tree 的内容，重载提取运算符 operator>>用于输入 Tree 的内容。由于 operator<<和 operator>>需要访问 Tree 类的私有成员，因此必须将它们声明为 Tree 的友元函数。

程序3.39

程序 3.39 从键盘上输入数据构建树和将树数据输出到显示器

可以事先创建包含树的数据的文件，程序通过直接读取文件内容创建树。在这种方法中，程序要主动适应文件内容，根据文件内容来设计程序语句。程序 3.40 所示为通过读取图 3.32 所示文件中的数据创建树的程序。

程序 3.40 从文件上读取数据构建树和将树数据输出到文件中

程序 3.41 从文件上读取数据构建树并将树中的数据写到文件中的测试主函数

程序运行后，打开 treeout.txt 文件，其内容如图 3.33 所示。

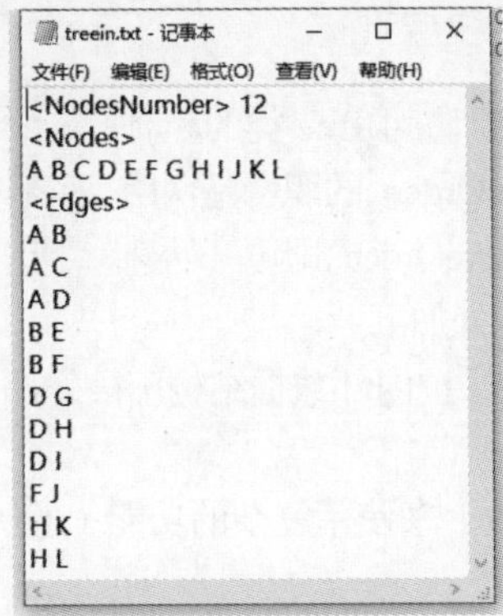

图 3.32 文本文件记录树的数据的示例

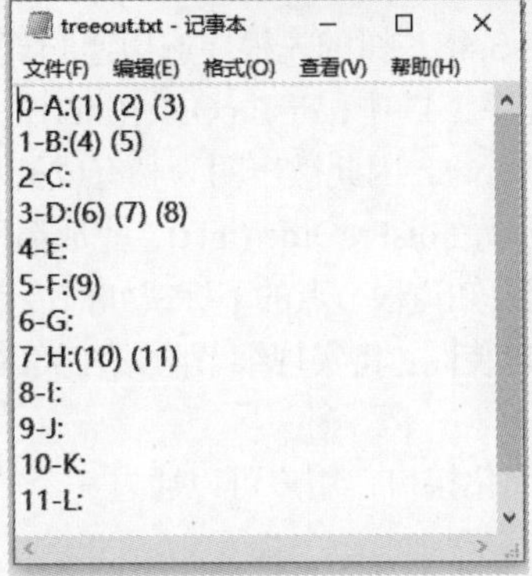

图 3.33 输出树的数据到文本文件的示例

3.7.2 树的遍历

树的遍历是指按照一定的规则，依次访问树中的所有节点。常见的树的遍历有广度优先遍历（breadth first traversal，BFS）和深度优先遍历（depth first traversal，DFS）两种。

1．树的广度优先遍历

树的广度优先遍历又称为层次序遍历，它是从根节点开始，自上向下自左向右一层一层访问树的所有节点。图 3.1（c）所示的树的广度优先遍历序列为 *ABCDEFGHIJKL*。

与二叉树的层次序遍历类似，树的广度优先遍历也要借助队列实现。根据 Tree 类的定义，这里队列存储的是节点的数组下标。

算法 3.32 树的广度优先遍历算法

```
输入：树的根节点的下标 root
输出：树的广度优先遍历序列
1 如果(树为空，即节点个数为 0)，则直接返回；
2 定义队列 Q，用于存储节点的数组下标；
3 将根节点的下标 root 压入队列 Q；
4 循环，当(队列 Q 不为空)，执行以下操作：
    4.1 Q 出队列得到下标 pos；
    4.2 访问 pos 所在的节点；
    4.3 获取节点 pos 的孩子链表 childList；
    4.4 按从表头到表尾的顺序依次将 childList 中的每个子节点的下标压入队列 Q 中。
```

程序 3.42 树的广度优先遍历算法的实现

程序 3.42

2．树的深度优先遍历

树的深度优先遍历的基本思想是从根节点出发，沿着树的分支尽可能深地遍历节点，直到无法继续深入为止，然后回溯，继续深度遍历其他分支。树的深度优先遍历可以分为先根序遍历（preorder traversal）和后根序遍历（postorder traversal）两种。先根序遍历对应二叉树的先序遍历，后根序遍历对应二叉树的中序遍历。树的深度优先遍历也有递归和非递归两种算法，其中非递归算法需要用到栈。

（1）树的深度优先遍历递归算法

先根序遍历递归算法是从根节点出发，先访问根节点，然后递归先根序遍历根节点的每个子树。

算法 3.33 树的先根序遍历递归算法

```
输入：树
输出：树的先根序遍历序列
1 访问根节点；
2 依次先根序遍历根节点的所有子树。
```

程序 3.43 树的先根序遍历递归算法的实现

程序 3.43

在程序 3.43 中，dfsPreOrder(int t)是一个递归函数，它由于需要访问 Tree 类的私有数据成员 root，因此被声明为私有成员函数。公有成员函数 dfsPreOrder()的职责是调用私有成员函数 dfsPreOrder(int t)，完成遍历操作。用户只需调用 dfsPreOrder()即可开始遍历，不需要知道根节点的下标或如何传递参数。这种设计模式的好处如下。

① 封装性：将实现细节隐藏在类内部，只公开必要的接口，保护内部数据结构不被外部直接访问和修改。

② 简化接口：用户可以通过一个简单的接口函数（公有函数）来使用复杂的功能（遍历算法），无须了解实现细节。

③ 灵活性：可以根据需要在公有函数中添加额外的控制逻辑，如遍历前后的处理操作，而无须修改递归算法本身。

针对图 3.1（c）所示的树的先根序遍历运行结果为：*A B E F J C D G H K L I*。

后根序遍历递归算法是先递归后根序遍历根节点的每个子树，最后访问根节点。

算法 3.34 树的后根序遍历递归算法

```
输入：树
输出：树的后根序遍历序列
1 依次后根序遍历根节点的所有子树；
2 访问根节点。
```

程序 3.44

程序 3.44 树的后根序遍历递归算法的实现

针对图 3.1（c）所示的树的后根序遍历运行结果为：*EJFBCGKLHIDA*。

（2）树的深度优先遍历非递归算法

先根序遍历非递归算法思想与二叉树的先序遍历非递归思想相似，也要借助栈予以实现。先将根节点进栈，如果栈不为空，出栈得到节点并访问该节点，然后将该节点的子节点按访问顺序逆序入栈。根据 Tree 类的定义，这里栈存储的是节点的数组下标。

算法 3.35 树的先根序遍历非递归算法

```
输入：树的根节点的下标 root
输出：树的先根序遍历序列
1 如果(树为空，即节点个数为 0)，则直接返回；
2 定义栈 S，用于存储节点的数组下标；
3 将根节点下标 root 压入栈 S；
4 循环，当(栈 S 不为空)，执行以下操作：
    4.1 S 出栈得到下标 pos；
    4.2 访问 pos 所在的节点；
    4.2 获取节点 pos 的孩子链表 childList；
    4.4 按从表尾到表头的顺序依次将 childList 中的每个子节点的下标压入栈 S 中。
```

程序 3.45 树的先根序遍历非递归算法的实现

程序 3.45

树的后根序遍历非递归算法思想与二叉树的后序遍历非递归思想类似，也需要使用两个栈，但需要处理多子节点的情况。根节点第一次出栈是为了获取它的子节点，并将根节点的子节点按访问顺序逆序入栈（将孩子链表中的节点按从表尾到表头的顺序依次入栈），第二次出栈才可访问。

算法 3.36 树的后根序遍历非递归算法

```
输入：树的根节点的下标 root
输出：树的后根序遍历序列
1 如果(树为空，即节点个数为 0)，则直接返回；
2 定义两个栈，S 用于存储节点的下标，tagS 用于存储节点的访问标记；
3 将根节点的下标压入栈 S，并对应将访问标记 1 压入栈 tagS；
4 循环，当(栈 S 不为空)，执行以下操作：
    4.1S 出栈得到下标 pos，tagS 出栈得到访问标记 tag；
    4.2 如果(tag 为 1)，则执行以下操作：
        4.2.1 获取 pos 的孩子链表 childList；
        4.2.2 将 pos 再次压入栈 S，并对应将访问标记 2 压入栈 tagS；
        4.2.2 按从表尾到表头的顺序依次将 childList 中的每个子节点的下标压入栈 S 中，
              并对应将访问标记 1 压入栈 tagS；
    4.3 否则，访问 pos 所在的节点。
```

程序 3.46 树的后根序遍历非递归算法的实现

程序 3.46

3.7.3 树与二叉树的转换

在数据结构与算法中，树结构与二叉树结构之间的转换是一项重要操作，有助于更好地理解和处理树形结构。由于树和二叉树都可以用二叉链表作为存储结构，因此可以通过二叉链表来导出树和二叉树之间的对应关系。一棵树可以转换为唯一的一棵二叉树；同样地，一棵没有右子树的二叉树也可以转换为树。如果将树扩展到森林，则任何一棵二叉树都可以转换为森林。本小节将讨论如何将树和森林转换成二叉树，以及如何将二叉树转换为森林；同时，也将讨论树和森林的遍历方式及其与相应的二叉树遍历之间的关系。

1．将树转换成二叉树

将树转换成二叉树的步骤如下。

（1）加线：为树中的所有相邻兄弟节点添加连线。

（2）抹线：保留树中每个节点与第一个子节点的连线，抹去它与其他子节点的连线。

（3）旋转：以右侧有节点连接的节点为轴，将其右侧节点顺时针旋转 45 度，使其符合二叉树结构形式。

可以看出，经过这种转换得到的二叉树将不包含右子树。

例如，针对图 3.1（c）的树，将其转换成二叉树的过程如图 3.34 所示。

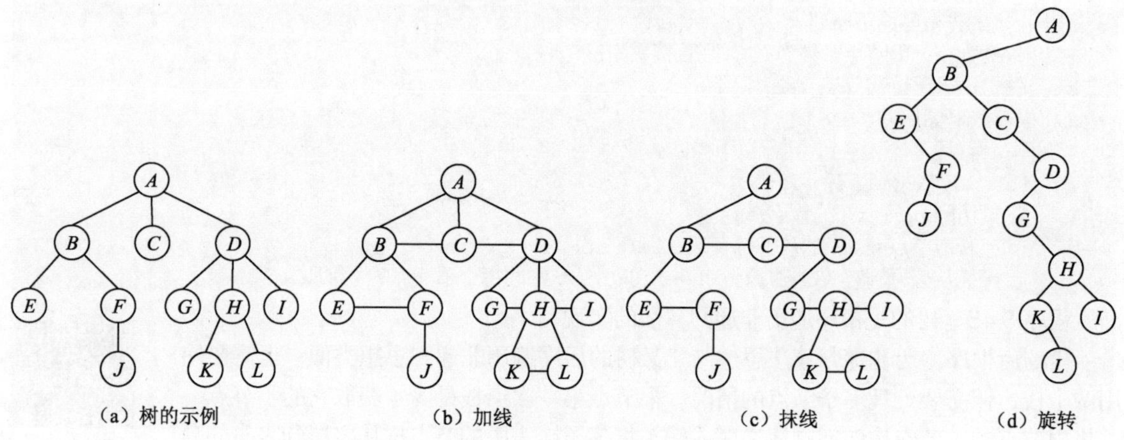

图 3.34　将图 3.1（c）的树转换成二叉树的过程

2．将森林转换成二叉树

也可以将森林转换成二叉树，其步骤如下。

（1）转换：将森林中的每棵树转换成二叉树。

（2）连接：第一棵二叉树不动，从第二棵二叉树开始，依次将后一棵二叉树作为前一棵二叉树的右子树。

例如，图 3.35 展示了将森林转换成二叉树的过程。

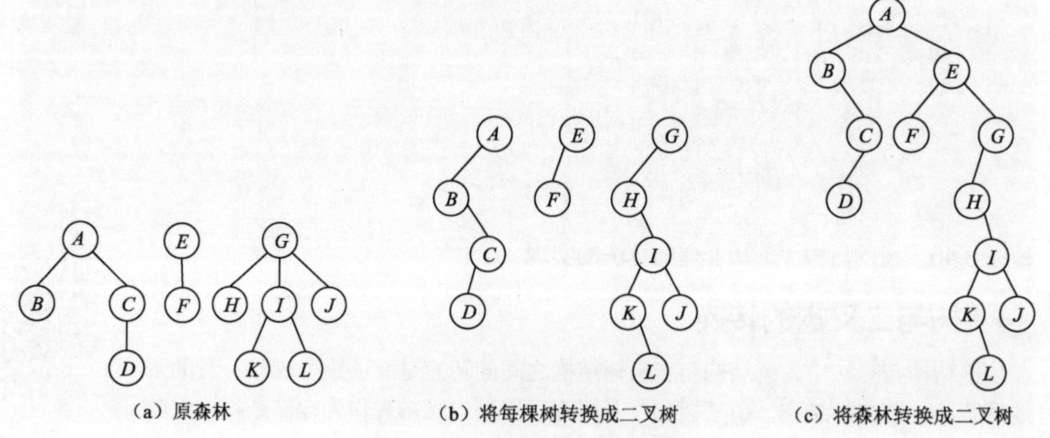

图 3.35　将森林转换成二叉树的过程

3．二叉树转换成森林

将二叉树转换成森林的步骤如下。

（1）加线：若某节点是其父节点的左子节点，则把该节点的右子节点、右子节点的右子节点等所有右子节点都与该节点的父节点用连线连接起来。

（2）断线：断开原二叉树中所有节点与其右子节点的连线。

（3）旋转：将步骤（2）得到的每棵树以其根节点为轴逆时针旋转 45 度，并进行必要的调整，以形成森林。

判断一棵二叉树能否转化成一棵树或森林，只需观察这棵二叉树的根节点是否有右子节点。如果根节点有右子节点，则可以转换为森林；如果根节点没有右子节点，则只能转换成一棵树。

例如，将图 3.1（c）所示的树转换成森林的过程如图 3.36 所示。

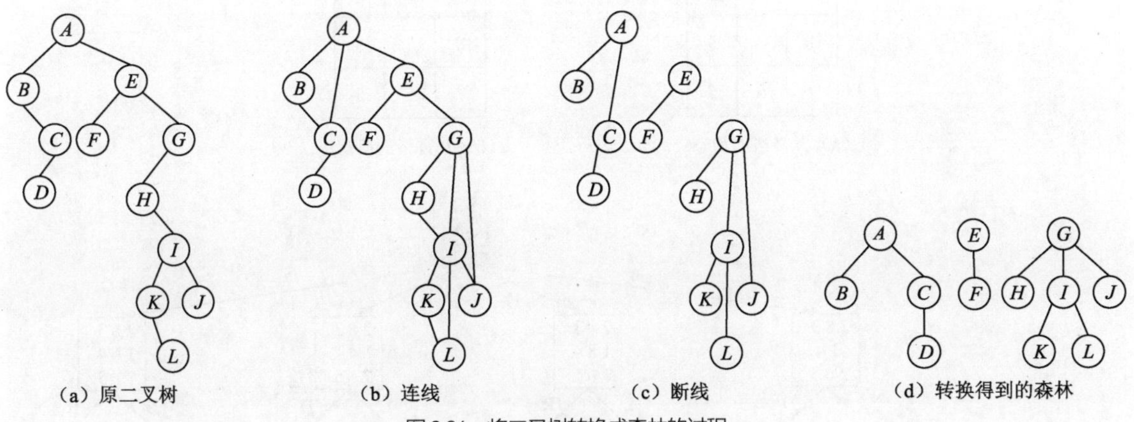

图 3.36　将二叉树转换成森林的过程

4．森林的遍历与其对应的二叉树的遍历之间的关系

对森林的遍历建立在树的遍历的基础上，对森林的遍历分先根序遍历和后根序遍历两种。

（1）森林的先根序遍历

若森林不空，则采用下列步骤对森林进行先根序遍历：①访问森林中第一棵树的根节点；②递归先根序遍历第一棵树中的子树森林；③递归先根序遍历除去第一棵树之后剩余的树构成的森林。

对森林的先根序遍历算法也可以简单认为是从左向右依次先根序遍历森林中的所有树。例如，对于图 3.35（a）的森林，其先根序遍历序列为：*ABCDEFGHIKLJ*。

（2）后根序遍历森林

若森林不空，则采用下列步骤对森林进行后根序遍历：①递归后根序遍历第一棵树中的根节点的子树森林；②访问森林中第一棵树的根节点；③递归后根序遍历除去第一棵树之后剩余的树构成的森林。

对森林的后根序遍历算法也可以简单认为是从左向右依次后根序遍历森林中的所有树。例如，对于图 3.35（a）的森林，其后根序遍历序列为：*BDCAFEHKLIJG*。

如果将森林转换成二叉树，则森林中的第一棵树的根、第一棵树的子树森林、其余的树构成的森林，分别对应二叉树的根、二叉树的左子树和二叉树的右子树，容易看出，森林或树的先根序遍历对应二叉树的先序遍历，森林或树的后根序遍历对应二叉树的中序遍历。也就是说，若树（或森林）以孩子兄弟链表作为存储结构，则树（或森林）的先根序遍历算法与二叉树的先序遍历算法类似，而树（或森林）的后根序遍历算法与二叉树的中序遍历算法类似。

3.7.4 树的应用：八数码问题

八数码问题（eight puzzle）是人工智能中状态空间搜索的经典问题之一，也被称为九宫格重排问题。在数据结构中，可以通过树结构与树的遍历算法（如广度优先搜索）对该问题进行建模与求解。

（1）问题描述

在一个 3×3 的棋盘上，随机放置标有 1、2、3、4、5、6、7、8 八个数字的棋子，其中有一个格子为空。棋子可以与空格交换位置，从而产生新的棋盘状态。移动规则是，每次将与空格相邻的一个数字棋子平移到空格中，移动类型有 4 种，即 L（棋子向右移动，相当于空格向左移动）、R（空格向右移动）、U（空格向上移动）和 D（空格向下移动）。要求解决的问题是：假设给出棋盘的一个初始状态 S_0 和一个目标状态 S_g，找出从初始状态转变成目标状态的移动棋子操作序列。

例如，图 3.37 中（a）为九宫格的初态，（b）为九宫格的终态，则从初态移动到终态的移动序列为 ULDR（共移动 4 步）。

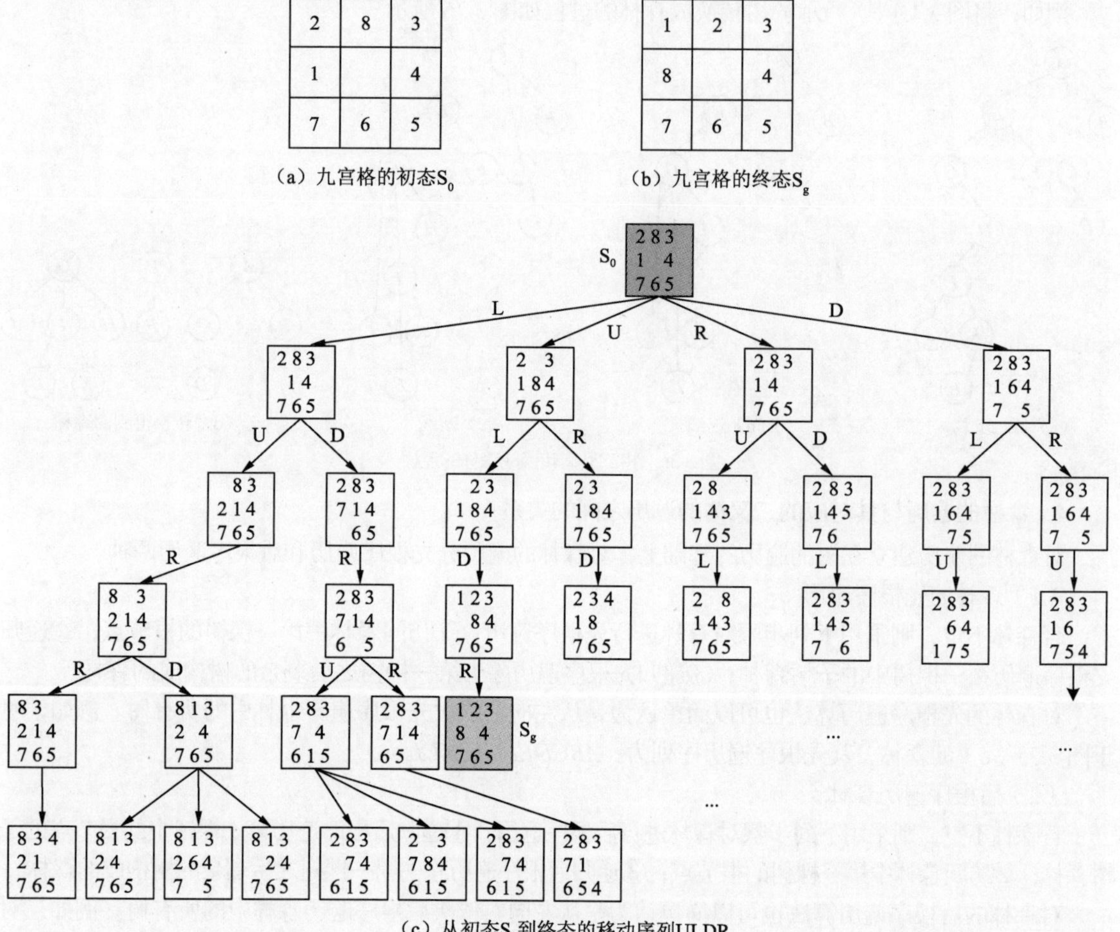

（a）九宫格的初态S_0　（b）九宫格的终态S_g

（c）从初态S_0到终态的移动序列ULDR

图 3.37　九宫格的一个初态和终态示例

（2）解决思路

这个问题可以采用树的数据结构与其遍历算法解决。首先定义树的节点，这个节点包含棋盘状态和状态变化时空格移动记录 path。棋盘状态可以用一个长度为 9 的向量 board 表示，用 1、2、3、4、5、6、7、8 的数字表示棋子，用 0 表示空格。例如，图 3.37 的（a）所示是九宫格的一个初态 S_0，可以表示为“283104765”，图 3.37 的（b）所示终态 S_g 可以表示为“123804765”。空格移动步骤用向量 path 表示。空格移动操作实际上是将空格与相邻数字对调，每次移动就产生一个新的状态。假设空格所在的下标为 zeroPos，空格移动的四种类型如下。

L（向左移动）：将 board[zeroPos]与 board[zeroPos-1]对调；

R（向右移动）：将 board[zeroPos]与 board[zeroPos+1]对调；

U（向上移动）：将 board[zeroPos]与 board[zeroPos-3]对调；

D（向下移动）：将 board[zeroPos]与 board[zeroPos+3]对调。

当 zeroPos % 3 == 0 时，空格不能左移；当 zeroPos % 3 ==2 时，空格不能右移；当 zeroPos % 3 = = 0 时，空格不能左移；zeroPos < 3 时不能上移；zeroPos < 6 时不能下移。空格移动前要检查棋盘状态，如果该状态已被访问过，则不需要再次访问。因此，需要定义一个状态检查函数：bool is Visitied（const vector<State>& visitied, const vector<int>& board）。

产生新状态是搜索过程中的一个重要操作，因此需要定义一个产生新状态的函数：vector<State> generateNextStates（const State& current）。

（3）算法及程序

八数码问题可以采用树的广度优先遍历或深度优先遍历算法实现。

算法 3.37 八数码问题（重排九宫格）中的广度优先遍历算法

```
输入：棋盘初始状态 start，棋盘目标状态 goal
输出：从初态到目标状态的移动步骤
1 创建一个队列 q，用于存储状态；
2 创建一个向量 visitied，用于存储已经访问过的状态；
3 将初始状态(board 为 start，path 为空字符串)压入队列 q 中；
4 将初始状态(board 为 start，path 为空字符串)压入向量 visitied 中；
5 循环，当(队列不为空)，执行以下操作：
    5.1 q 出队列，将队首元素赋给 current；
    5.2 如果(current 的棋盘状态等于棋盘目标状态 goal)，则返回 current 的移动步骤 path；
    5.3 否则，执行以下操作：
        5.3.1 产生当前状态的下一组状态 nextStates；
        5.3.2 循环，遍历 nextStates 中的每个状态 next，当(next 没有被访问过)，执行以下操作：
            5.3.2.1 将 next 压入队列 q 中；
            5.3.2.2 将 next 压入向量 visitied 中；
6 返回“无解”。
```

程序 3.47 八数码问题（重排九宫格）算法的实现

程序 3.47

3.8 本章小结

本章介绍了树和二叉树两种重要的数据结构，涵盖了它们的基本概念、性质、存储结构、遍历算法及应用。首先，介绍了树与二叉树的定义及基本术语，以及二叉树的基本性质。在二叉树存储结构方面，介绍了二叉树的顺序存储和链式存储，以及将顺序存储转换为链式存储的方法。然后，介绍了基于链式存储的 BinaryTree 类、二叉树的遍历算法与应用，并用 C++语言实现了 BinaryTree 类及相关算法。

二叉树的遍历方式包括层次遍历、先序遍历、中序遍历和后序遍历。层次遍历的实现需要借助队列，而先序、中序和后序遍历则有递归和非递归两种实现方式，非递归算法的实现需要借助栈。为了帮助读者熟练掌握二叉树先序、中序和后序遍历非递归算法思想，本章介绍了二叉树的递归算法转换成非递归算法的一般方法，使 3 种非递归遍历算法在理解上具有一致性。本章还提供了二叉树遍历算法的应用实例：层次遍历的应用包括将二叉树顺序存储转换成链式存储、垂直输出二叉树；先序遍历应用包括快速排序、求集合幂集，以及通过先序遍历创建二叉树；中序遍历应用是求解汉诺塔问题；后序遍历应用则包括求二叉树深度、清空二叉树、复制二叉树、递归实现将二叉树顺序存储转换为链式存储，以及通过二叉树先序遍历和中序遍历序列确定二叉树等。

此外，本章还介绍了堆这一重要的数据结构，包括堆的基本概念、建堆、堆排序等内容，实现了小根堆类 Heap。小根堆类可用于优先级队列，在后续的哈夫曼树构建、图的最小生成树及最短路径等算法中得以应用。接着介绍了哈夫曼树与哈夫曼编码，以及它们在数据压缩中的应用。

最后，介绍了树的存储结构实现方法、广度优先遍历和深度优先遍历算法，并用 C++语言实现了 Tree 类及相关算法。本章还介绍了基于左孩子右兄弟表示法的树（森林）到二叉树的转换方法，并分析了树（森林）遍历与对应二叉树遍历之间的等效关系，即树的先根遍历序列与其对应二叉树的前序遍历序列一致，树的后根遍历序列与其对应二叉树的中序遍历序列一致。

通过学习本章的内容，读者将掌握树形结构的数据结构基础知识，为深入理解和应用更复杂的数据结构和算法打好基础。

练习题

1. 选择填空题

（1）用二叉链表表示具有 n 个节点的二叉树时，空指针域的个数为（ ）。

A. $n-1$　　B. n　　C. $n+1$　　D. $2n$

（2）一棵完全二叉树上有 1001 个节点，其中叶子节点的个数是（ ）

A. 250　　B. 254　　C. 500　　D. 以上答案都不对

（3）高度为 k 的完全二叉树的节点总数至少为（ ）。

A. 2^k　　B. 2^k-1　　C. 2^{k-1}　　D. $2^{k-1}-1$

（4）若一棵二叉树具有 5 个度为 2 的节点、5 个度为 1 的节点，则叶子节点个数是（ ）。

A.5　　B. 6　　C. 10　　D. 不能确定

（5）一个具有 1025 个节点的二叉树的高度为（ ）。

A. 10　　B. 11

C. 10 至 1024 之间　　D. 11 至 1025 之间

（6）对二叉树的节点从 1 开始进行连续编号，要求每个节点的编号大于其左右孩子的编号，同一节点的左右孩子中，其左孩子的编号小于其右孩子的编号，可采用的遍历方式为（ ）。

A. 先序遍历　　B. 中序遍历　　C. 后序遍历　　D. 层次遍历

（7）一个有两个以上节点的二叉树的先序遍历序列与中序遍历序列正好相反，则该二叉树（ ）。

A. 任一节点没有左子树　　B. 任一节点没有右子树

C. 任一节点不能同时有左子树和右子树　　D. 不存在

（8）一棵二叉树的先序遍历序列为 *ABCDEFG*，它的中序遍历序列可能是（ ）。

A. *CABDEFG*　　B. *ABCDEFG*　　C. *DACEFBG*　　D. *ADCGEFB*

（9）在有 n 个叶子的哈夫曼树中，其节点总数为（ ）。

A. 不确定　　B. $2n$　　C. $2n+1$　　D. $2n-1$

（10）根据使用频率为 5 个不同字符设计哈夫曼编码，其中不可能的是（ ）。

A. 0000,0001,001,01,1　　B. 00,10,11,010,011

C. 100,11,10,1,0　　D. 001,000,01,11,10

2. 证明题

（1）试证明有 n 个节点的完全二叉树的深度为 $\lfloor \log_2 n \rfloor$。

（2）试用数学归纳法证明二叉树的后序遍历序列是唯一的。

（3）试证明由中序遍历序列和后序遍历序列可以唯一确定一棵二叉树。

（4）试证明任意一棵二叉树中，若叶子节点的个数为 n_0，度为 2 的节点的个数为 n_2，则必有 $n_0=n_2+1$。

3. 解答题

（1）什么是递归程序？递归程序的优缺点是什么？

（2）已知二叉树的先序遍历序列为 *ABDFGCEH*，中序遍历序列为 *BFDGAEHC*。

① 试画出该二叉树。

② 试写出其后序遍历序列和层次序遍历序列。

（3）在人工智能领域，譬如棋类 AI 设计里，将步骤设计成决策树，就是一种典型的二叉树应用。假如某二叉树的先序序列为 *ABDFCEGH*，中序遍历序列为 *BFDAGEHC*。

① 画出这棵二叉树。

② 将这棵二叉树转换成对应的树（或森林）。

（4）一份电文中有 6 种字符：A、B、C、D、E、F，它们出现的频率依次为 16、5、9、3、30、1，完成下列问题：

① 设计其哈夫曼树（画出树结构）。

② 计算其带权路径长度 WPL。

（5）写出图 3.38 所示的树的先根遍历序列，并画出其对应的二叉树。

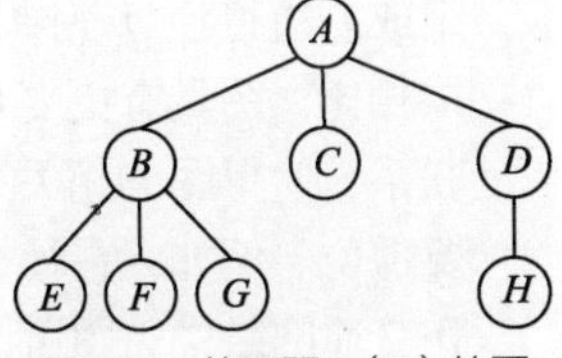

图 3.38 练习题 3（5）的图

4. 算法设计题

（1）求二叉树的高度。

（2）统计二叉树叶子节点、度为 1 的节点和度为 2 的节点的个数。

（3）求根到叶子节点的所有路径。

（4）判断一棵二叉树是不是完全二叉树。

第4章 图

图是一种重要的非线性数据结构，由一组顶点（vertex）和连接这些顶点的一组边（edge）组成。边将顶点连接起来。边可以是有向的或无向的，用于表示顶点之间的关系。与树形结构相比，图具有更复杂的拓扑结构，顶点可能拥有多个入边和出边，顶点之间存在多对多的联系，使得图的相关算法更加复杂。图在很多领域有广泛应用，尤其在计算机科学中具有重要地位。例如，在社交网络中，图可以表示用户关系，用于分析社交圈结构和用户影响力；在交通网络中，图可以用于计算两地之间的最短路径；在计算机网络中，图可以描述网络拓扑结构，用于分析连通性和容错性。此外，图还可以用于建模事物之间的语义关系，支持复杂的知识推理。因此，掌握图的基本概念和常见算法，对于解决复杂问题具有重要意义。

4.1 图的基本概念

图是由一个有限顶点集和一个有限边集构成的数据结构，通常记作 $\boldsymbol{G}=(\boldsymbol{V}, \boldsymbol{E})$，其中，$\boldsymbol{V}$ 表示顶点集，$\boldsymbol{E}$ 表示边集。图 4.1 展示了一组图的示例。

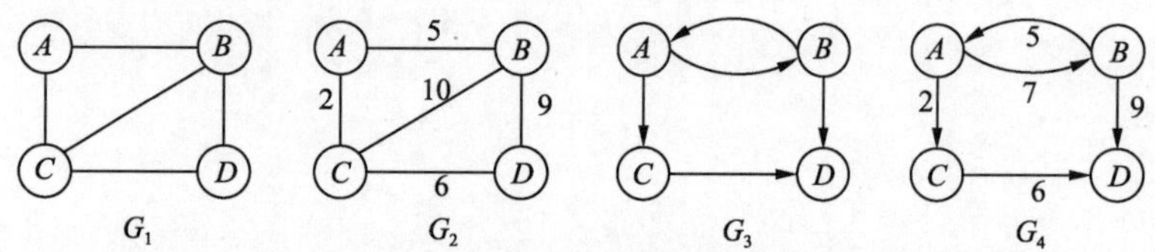

图 4.1 图的示例

下面介绍有关图的一些术语，这些术语将在后续内容中用到。

（1）顶点（vertex）：顶点是图的基本单位，表示数据元素。

（2）边（edge）：边是连接图中两个顶点的线段，表示顶点之间的联系，通常用顶点对表示。在无向图中，边没有方向，其顶点对用圆括号括起来，例如，(U, V) 表示顶点 U 和顶点 V 之间存在一条无向边；在有向图中，边有方向，其顶点对用尖括号括起来，例如，$<U, V>$表示从顶点 U 指向顶点 V 的一条有向边，其中，U 称为有向边的起点（start point），V 称为有向边的终点（end point）。有向图的有向边也称为弧，例如，$<U, V>$表示从顶点 U 指向顶点 V 的一条弧，其中，U 称为弧尾（tail），V 被称为弧头（head）。

（3）无向图（undirected graph）：所有边都没有方向的图称为无向图。例如，图 4.1 所示的 G_1、G_2 为无向图。

（4）有向图（directed graph）：所有边都有方向的图称为有向图。例如，图 4.1 所示的 G_3、G_4 为有向图。

（5）邻接关系（adjacency relationship）：在无向图中，如果 (U, V) $\in \boldsymbol{E}$，则称顶点 U 和 V 相互邻接。在有向图中，如果$<U, V> \in \boldsymbol{E}$，则称顶点 U 邻接到 V，或顶点 V 邻接于 U。

（6）无权图（unweighted graph）：无权图的边只表示相邻关系，没有其他意义。例如，图 4.1 所示的 G_1、G_3 为无权图。

（7）带权图（weighted graph）：带权图的边除了表示相邻关系，还表示相邻关系的值，如距离、时间、费用等。带权无向图的边表示为（U, V, w），带权有向图的边表示为 $<U, V, w>$ ，其中 w 为权值，圆括号表示无向，尖括号表示有向。例如，图 4.1 所示的 G_2、G_4 为带权图。

根据以上定义，图 4.1 所示的 G_1 的顶点集为 $\boldsymbol{V}=\{A,B,C,D\}$，边集为 $\boldsymbol{E}=\{(A,B),(A,C),(B,C),(B,D),(C,D)\}$；$G_2$ 的顶点集为 $\boldsymbol{V}=\{A,B,C,D\}$，边集为 $\boldsymbol{E}=\{(A,B,5),(A,C,2),(B,C,10),(B,D,9),(C,D,6)\}$；$G_3$ 的顶点集为 $\boldsymbol{V}=\{A,B,C,D\}$，边集为 $\boldsymbol{E}=\{<A,B>,<B,A>,<A,C>,<C,D>,<B,D>\}$；$G_4$ 的顶点集为 $\boldsymbol{V}=\{A,B,C,D\}$，边集为 $\boldsymbol{E}=\{<A,B,7>,<B,A,5>,<A,C,2>,<C,D,6>,<B,D,9>\}$。

（8）顶点的度（degree of vertex）：无向图的顶点的度等于与该顶点相连接的边的条数。例如，图 4.1 中的 G_1 的顶点 B 的度为 3。有向图的顶点的度分出度和入度两类，出度等于以该顶点为起点（弧尾）的弧的条数，入度等于以该顶点为终点（弧头）的弧的条数，顶点的度等于顶点的出度与入度之和。例如，图 4.1 所示的 G_3 的顶点 A 的出度为 2，入度为 1，度为 3。

（9）路径（path）：若图中存在一条从顶点 U 到顶点 V 的由边或弧组成的通路，则称这条通路为 U 到 V 的路径。路径上所包含的边或弧的条数称为路径长度。例如，图 4.1 中的 G_1 的路径 $A \to B \to D$ 的长度为 2。无重复顶点的路径，称为简单路径，例如，图 4.1 所示的 G_1 的路径 $A \to B \to D$ 为简单路径，而路径 $A \to B \to C \to A \to B \to D$ 则不是简单路径。

（10）回路（circuit）：若一条路径的第一个顶点与最后一个顶点相同，则将这条路径称为回路。若一条回路除第一个顶点与最后一个顶点相同之外，其余顶点不重复出现，则称这条回路为简单回路。例如，图 4.1 中的 G_1 的回路 $A \to B \to C \to A$ 是简单回路，而回路 $A \to B \to D \to B \to A$ 不是简单回路。

（11）子图（subgraph）：设有两个图，$G=(\boldsymbol{V}, \boldsymbol{E})$，$G'=(\boldsymbol{V}', \boldsymbol{E}')$，若 $\boldsymbol{V}' \in \boldsymbol{V}$，$\boldsymbol{E}' \in \boldsymbol{E}$，则称 G' 为 G 的子图。例如，图 4.2 所示的 $G_{1\text{-}1}$ 是 G_1 的一个子图，而 $G_{1\text{-}2}$ 则不是 G_1 的一个子图。

（12）连通图（connected graph）（针对无向图）：任意两个顶点之间存在路径的无向图称为连通图。无向图的极（最）大连通子图称为连通分量（connected component）。若顶点 U 与顶点 V 之间存在一条路径，则称 U 和 V 为连通顶点（connected vertex）。例如，图 4.3 中的 G_5 有两个连通图分量 $G_{5\text{-}1}$ 和 $G_{5\text{-}2}$。

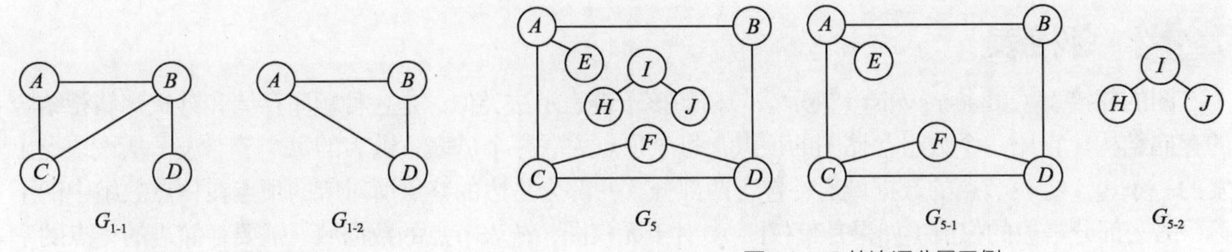

图 4.2 子图的示例　　图 4.3 G_5 的连通分量示例

一个具有 n 个顶点的连通图至少有 $n-1$ 条边，至多有 $n(n-1)/2$ 条边。

（13）强连通图（strongly connected graph）（针对有向图）：任意两个顶点之间存在互达路径的有向图称为强连通图。有向图的极（最）大强连通子图称为强连通分量（strongly connected component）。若顶点 U 与顶点 V 之间存在互达的路径，则称 U 和 V 为强连通顶点（connected vertex）。例如，图 4.1 所示的 G_3 有 3 个强连通图分量 $G_{3\text{-}1}$、$G_{3\text{-}2}$ 和 $G_{3\text{-}3}$，如图 4.4 所示。

图 4.4 G_3 的强连通图分量

一个具有 n 个顶点的强连通图至少有 n 条弧，至多有 $n(n-1)$ 条弧。

4.2 图的存储结构

图的存储结构主要有两种类型：邻接矩阵和邻接表。这两种结构在不同情况下都有自己的优势。

4.2.1 邻接矩阵

邻接矩阵是一种常用的图的存储方式，它用二维数组（矩阵）表示顶点之间的连接关系。如果一个图有 n 个顶点，则这个图可用一个 n 阶方阵表示：

$$\begin{bmatrix} a_{11} & a_{12} & \cdots & a_{1n} \\ a_{21} & a_{22} & \cdots & a_{2n} \\ \vdots & \vdots & \ddots & \vdots \\ a_{n1} & a_{n2} & \cdots & a_{nn} \end{bmatrix}$$

矩阵中的元素 a_{ij} 用于表示顶点 i 和顶点 j 之间是否存在边，或者存储边的权值。对于无权图，若 i 和 j 之间有边，则 a_{ij}=1，否则 a_{ij}=0；对于带权图，若 i 和 j 之间有边，则 a_{ij} 等于边的权值，否则 a_{ij}=0。对于无向图，由于边没有方向，邻接矩阵是对称的，即 $a_{ij}=a_{ji}$；对于有向图，由于边有方向，矩阵不一定对称，a_{ij} 表示从顶点 i 到顶点 j 的边。例如，图 4.1 所示的 G_1、G_2、G_3、G_4 的邻接矩阵分别为：

$$\begin{bmatrix} 0 & 1 & 1 & 0 \\ 1 & 0 & 1 & 1 \\ 1 & 1 & 0 & 1 \\ 0 & 1 & 1 & 0 \end{bmatrix} \begin{bmatrix} 0 & 5 & 2 & 0 \\ 5 & 0 & 10 & 9 \\ 2 & 10 & 0 & 6 \\ 0 & 9 & 6 & 0 \end{bmatrix} \begin{bmatrix} 0 & 1 & 1 & 0 \\ 1 & 0 & 0 & 1 \\ 0 & 0 & 0 & 1 \\ 0 & 0 & 0 & 0 \end{bmatrix} \begin{bmatrix} 0 & 7 & 2 & 0 \\ 5 & 0 & 0 & 9 \\ 0 & 0 & 0 & 6 \\ 0 & 0 & 0 & 0 \end{bmatrix}$$

邻接矩阵的优势是在查找两个顶点之间是否有边以及添加或删除边时非常高效，适用于稠密图。其劣势是占用内存空间较大，尤其是对于稀疏图，会浪费大量内存，导致插入和删除顶点的操作较慢。

4.2.2 邻接表

图的邻接表（adjacency list）表示法与树的孩子链表示法类似，是一种顺序存储和链式存储相结合的存储结构。它用一个数组存储图的顶点，每个顶点关联一个链表，链表的每个节点表示从该顶点出发的一条边。链表节点的数据域通常包含两部分，一部分是边的终点所对应的顶点在顶点数组中的下标，另一部分是边的权值（如果是带权图）。对于无权图，链表节点的数据域只需要存储边的终点的下标即可。邻接表是一种高效的图存储结构，尤其适用于稀疏图。例如，图 4.1 所示的 G_1、G_2、G_3、G_4 的邻接表如图 4.5 所示。

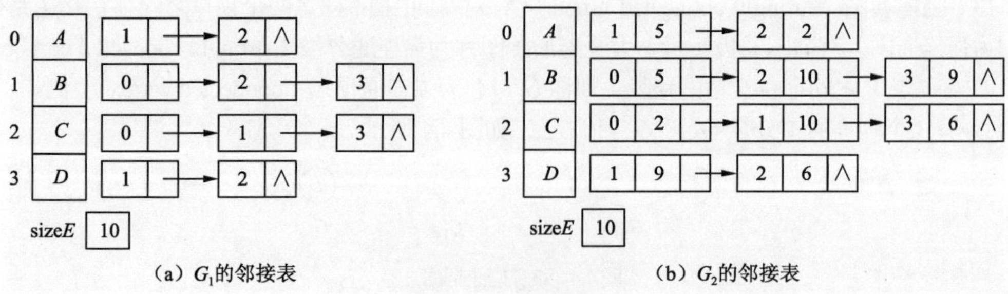

（a）G_1的邻接表　　（b）G_2的邻接表

图 4.5　图的邻接表示例

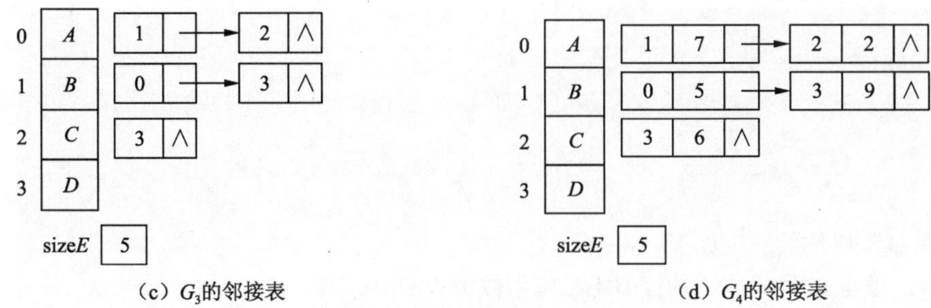

（c）G_3的邻接表　　（d）G_4的邻接表

图4.5　图的邻接表示例（续）

4.3 Graph类

本节将定义一个通用的图类 Graph，用于图的表示和操作。该类采用邻接表作为图的存储结构，能够高效地表示稀疏图，并支持顶点的插入与删除、边的插入与删除、权值的查询等基本操作。此外，还重载了输入输出运算符，以便于从文件或控制台读取图数据，并将图数据输出到文件或显示器。后续章节将基于 Graph 类增加其他成员函数，实现更多图的操作，如图的遍历、最小生成树、最短路径、拓扑排序、关键路径等。Graph 类的定义如下。

```
#include<iostream>
#include<fstream>
#include<list>
#include<vector>
#include <limits>                              //显式包含 limits 头文件
using namespace std;
const double MAXCOST=1000000;                  //最大权
template<class T>
class Graph{
   struct EdgeNode{                            //边节点数据结构
      int dest;                                //边的终点下标
      double cost;                             //边的权
      operator int(){return dest;}
      //成员转换函数，将边节点隐式转换为终点下标，便于直接使用终点下标进行操作
   };
private:
vector<T> vertices;  //用于存储顶点的动态数组(std::vector 容器，底层实现为动态数组)
vector<list<EdgeNode>> edgeLists; //动态数组，每个元素是一个链表，表示对应顶点的边信息
int sizeE;                                     //图中边的数量
double getCost(int si,int dj)const;            //按起点和终点下标读取边的权
public:
   Graph():sizeE(0){}
   int empty()const { return vertices.size() == 0; }        //判空
   int getSizeV()const { return (int)vertices.size(); }     //取顶点数
   int getSizeE()const { return sizeE; }                    //取边数
   double getCost(const T& v1, const T& v2)const;           //取权
   int findNode(const T& v)const;                           //取顶点的下标
   bool findNode(T& v, int pos)const;      //查找下标为 pos 的顶点，并将其存储到 v 中
   bool insert(const T& v);                                 //插入顶点
   bool insertE(const T& v1, const T& v2, double w);        //插入边
   bool deleteE(const T& v1, const T& v2);
```

```
    bool deleteV(const T& v);
    template <class U>
    friend ostream& operator<<(ostream& ostr, const Graph<U>& g);//重载输出运算符
    template <class U>
    friend istream& operator>>(istream& istr, Graph<U>& g);     //重载输入运算符
};
```

Graph 类基本操作的实现如下。

（1）通过顶点 id 号读取边的权值（私有函数）

```
template<class T>
double Graph<T>::getCost(int si, int dj)const {
    if (si < 0 || si >= vertices.size() || dj < 0 || dj >= vertices.size() || si == dj)
        return numeric_limits<double>::infinity();
    for (auto edgeIter = edgeLists[si].begin(); edgeIter != edgeLists[si].end();
edgeIter++) {
        if (edgeIter->dest == dj) {
            return edgeIter->cost;
        }
    }
    return numeric_limits<double>::infinity();
}
```

若查询的边不存在，则返回无穷大。numeric_limits<double>::infinity()需要头文件#include<limits>。numeric_limits<double>::infinity()是 C++标准库中的一个函数，它返回 double 类型的正无穷大（$+\infty$）。它的作用是在浮点数运算或算法中表示一个极大值，通常用于初始化距离、权重等变量，以表示某些值不可达或无限大。

（2）通过顶点对读取边的权值（公有函数）

```
template<class T>
double Graph<T>::getCost(const T& v1, const T& v2)const {
    return getCost(findNode(v1), findNode(v2));
}
```

此函数查询两顶点间的权值。首先查询顶点的 id 号，然后使用私有 getCost 函数通过顶点 id 号查询边的权值。findNode 函数将在下面介绍。

（3）获取顶点的 id 号（vertices 数组下标）

```
template<class T>
int Graph<T>::findNode(const T& v)const {                    //取顶点的下标
    for (int i = 0;i < vertices.size();i++) {                //扫描顶点数组
        if (vertices[i] == v)                                //找到该顶点
            return i;
    }
    return -1;
}
```

此函数查找 vertices 中是否有与 v 相等的顶点。若查找到，则返回该顶点的数组下标，否则返回-1。

（4）按顶点 id 号查找顶点

```
template<class T>
bool Graph<T>::findNode(T& v, int pos)const {  //查找下标为 pos 的顶点，并存储到 v 中
    if (pos < 0 || pos >= vertices.size())return false;     //pos 值非法
    v = vertices[pos];
    return true;
}
```

此函数查找下标为 pos 的顶点，若找到，则将其存储到 v 中。这个函数根据顶点的数组下标查找该顶点的值，而上一个函数则根据顶点的值查找其对应的顶点数组的下标。

（5）插入顶点

```
template<class T>
bool Graph<T>::insert(const T& v) {             //插入顶点
    if (findNode(v) != -1) {                    //顶点已存在
        return false;
    }
    else {
        vertices.push_back(v);
        edgeLists.emplace_back();               //生成空的边链表
        return true;
    }
}
```

此函数插入一个新的顶点到图中。插入顶点时先检查该顶点是否已经存在。新的顶点插入顶点数组后，同时在邻接表数组中增加一个空的邻接表。emplace_back()是 C++ STL 容器中的一个方法，在这里，它的作用是向 edgeLists 容器中添加一个空的边链表。

（6）插入边

```
template<class T>
bool Graph<T>::insertE(const T& v1, const T& v2, double w) {
    int si = findNode(v1), dj = findNode(v2); //确定边的起点和终点的下标
    if (si == -1 || dj == -1 || si == dj) return false;
    EdgeNode en;                                //边节点数据项
    en.dest = dj;en.cost = w;                   //边节点数据
    edgeLists[si].push_back(en);
    sizeE++;
    return true;
}
```

此函数插入一条新的边到图中。首先使用 findNode 函数查找到相应顶点的下标，然后生成边节点插入到相应的邻接表中。

（7）删除边

```
template<class T>
bool Graph<T>::deleteE(const T& v1, const T& v2) {
    int si = findNode(v1), dj = findNode(v2); //确定边的起点和终点下标
    if (si == -1 || dj == -1 || si == dj)
        return false;
    for (auto edgeIter = edgeLists[si].begin(); edgeIter != edgeLists[si].end();
edgeIter++) {
        if (edgeIter->dest == dj) {
            edgeLists[si].erase(edgeIter);
            sizeE--;
            return true;
        }
    }
    return false;
}
```

此函数从图中删除一条边。首先使用 findNode 函数查找到相应顶点的下标，然后在相应的邻接表中删除相应的边节点。

（8）删除顶点

```
template<class T>
bool Graph<T>::delete(const T& v) {
    int si = findNode(v);
    if (si == -1) return false;
    // 第一步：删除顶点及对应的邻接表
    int size_temp = edgeLists[si].size();  //以被删除顶点为起始节点的边的个数
    vertices.erase(vertices.begin() + si);
    edgeLists.erase(edgeLists.begin() + si);
    sizeE -= size_temp;              //边的总数减去以被删除顶点为起始节点的边的个数
    //第二步：删除以被删除顶点为终点的边
    for (auto& adjList : edgeLists) {
        for (auto edgeIter = adjList.begin(); edgeIter != adjList.end(); ) {
            if (edgeIter->dest == si) {
                edgeIter = adjList.erase(edgeIter);  // 删除连接到顶点 v 的边
                sizeE--;                             // 边数减 1
            }
            else {
                ++edgeIter;
            }
        }
    }
    //第三步：调整大于被删除顶点下标的边节点
    for (auto& adjList : edgeLists) {                // 遍历每个邻接表
        for (auto& edgeNode : adjList) {             // 遍历邻接表中的每个边节点
            if (edgeNode.dest > si) {
                edgeNode.dest--;                     // 调整边的终点下标
            }
        }
    }
    return true;
}
```

删除顶点的逻辑比较复杂，除了删除这个顶点本身，还需要删除与其相关的边。针对图 4.6（a）中的 G_6，假设删除顶点 A，其过程如下。

第一步：删除顶点 A 及其相应的邻接表，如图 4.6（b）所示。

第二步：删除以顶点 A 为终点的边，如图 4.6（c）所示。

第三步：调整大于被删除顶点下标的边节点，将边节点中终点 dest 值大于 A 的下标的 dest 值减 1，如图 4.6（d）所示。

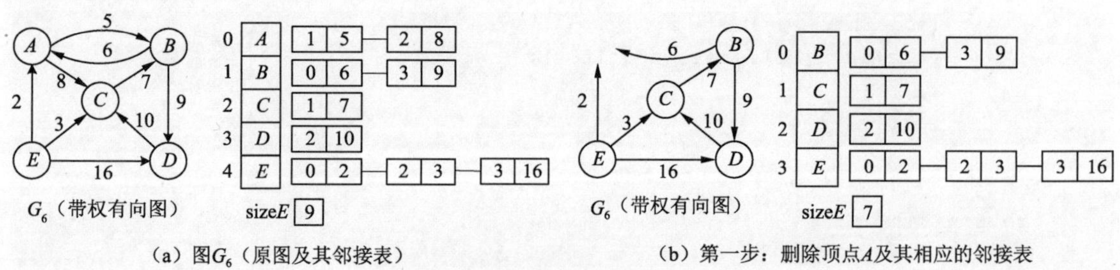

图 4.6　图 G_6 的删除顶点 A 的过程

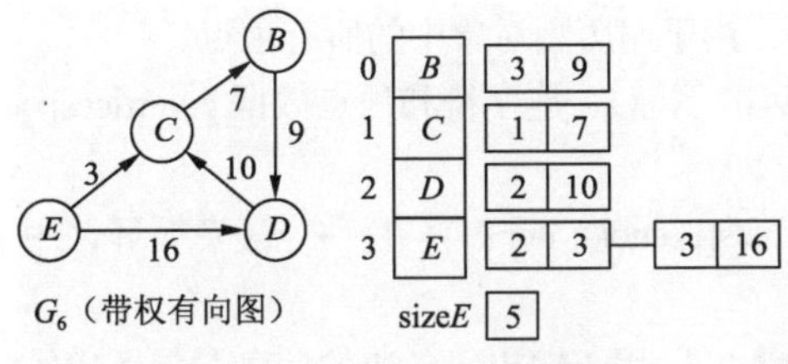

G_6（带权有向图）

（c）第二步：删除以顶点A为终点的边

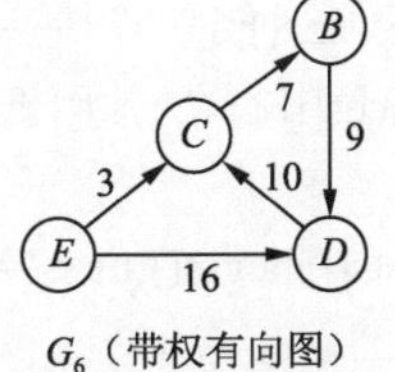

G_6（带权有向图）

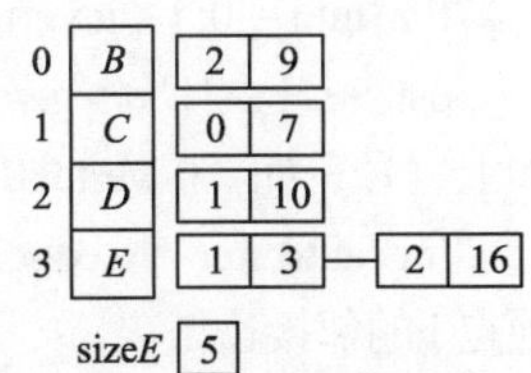

（d）第三步：调整大于被删除顶点下标的边节点

图 4.6 图 G_6 的删除顶点 A 的过程（续）

在删除顶点的算法的实现程序中，for (auto& adjList : edgeLists)和 for (auto& edgeNode : adjList)采用的是 C++11 引入的 for 循环语法。其中：auto& adjList 声明为 edgeLists 容器中元素的引用，edgeLists 是 vector<list<EdgeNode>>类型；auto& edgeNode 声明为 adjList 链表中元素的引用，adjList 是 list<EdgeNode>类型。使用引用的目的是避免在遍历过程中产生不必要的对象复制，直接对原始数据进行操作。

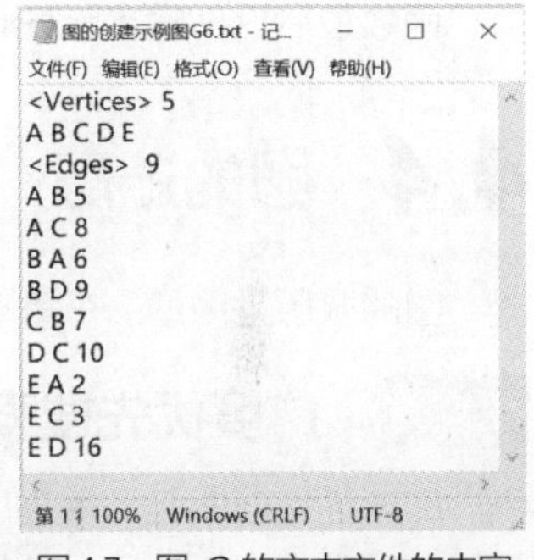
图的创建示例图G6.txt - 记...
文件(F) 编辑(E) 格式(O) 查看(V) 帮助(H)
<Vertices> 5
A B C D E
<Edges> 9
A B 5
A C 8
B A 6
B D 9
C B 7
D C 10
E A 2
E C 3
E D 16
第 1 1 100% Windows (CRLF) UTF-8

图 4.7 图 G_6 的文本文件的内容

（9）从输入流中读取数据创建图

重载输入运算符“<<”，以便从输入流（通常是标准输入或文件输入）中读取图的数据并创建一个 Graph 对象。假设输入的文本文件的内容如图 4.7 所示，它表示的是图 4.6（a）所示的 G_6，则输入运算符“>>”重载函数的实现如程序 4.1 所示。

程序 4.1　输入流重载函数的实现

程序 4.1

“istream& operator>>(istream& istr, Graph<T>& g)”是一个友元函数，用于重载输入运算符，允许使用“>>”操作符从输入流中读取数据到 Graph<T>对象中。

“int n;”定义一个整数变量 n，用于存储顶点数或边数。

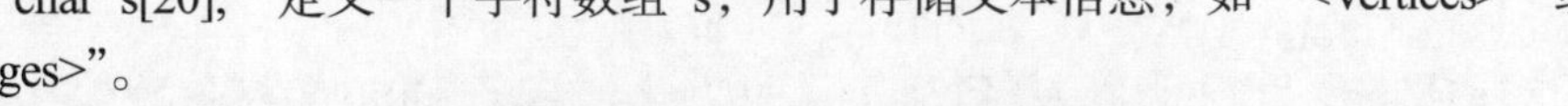

“char s[20];”定义一个字符数组 s，用于存储文本信息，如“<Vertices>”或“<Edges>”。

“double w;”定义一个双精度浮点数 w，用于存储边的权值。

“T v1, v2;”定义两个类型为 T 的变量 v1 和 v2，用于存储顶点或边的数据。

“istr >> s >> n;”用于从输入流 istr 中读取两个值，分别是字符数组 s 和整数 n。这里 s 是“<Vertices>”或“<Edges>”，n 是顶点数或边数。

循环“for (int i = 1; i <= m; ++i)”用于读取 m 个顶点，循环“for (int i = 1; i <= n; ++i)”用于读取 n 条边的数据，并将它们插入 Graph 对象中。

“istr >> v1;”用于从输入流中读取顶点数据，并存储在 v1 中。

“g.insertV(v1);”如果读取的是顶点，则调用 Graph 对象 g 的 insertV 函数插入该顶点。如果读取的是边，程序会再次进入循环，读取源顶点 v1、目标顶点 v2 和权值 w，然后调用“g.insertE(v1, v2, w)”插入边。

函数最后返回输入流 istr，以支持连续的输入操作。

（10）将 Graph<T>类型的对象输出到标准输出流

重载输出运算符“<<”，以便将 Graph<T>对象的内容输出到输出流（通常是标准输出或文件输出）中。输出运算符“<<”重载函数的实现如程序 4.2 所示。

程序 4.2　输出流重载函数的实现

程序 4.2

“ostream& operator<<(ostream& ostr, const Graph<T>& g)”是一个友元函数，用于重载输出运算符，允许使用“<<”操作符将 Graph<T>对象的内容输出到输出流 ostr 中。

“for (int i = 0; i < g.vertices.size(); i++)”是一个循环，用于遍历图对象中的所有顶点。

“ostr << i << '-' << g.vertices[i] << ':';”用于输出顶点的下标 i、连字符和顶点数据 g.vertices[i]，然后加上冒号，如“0-Vertex0:”。

“for (auto iter = g.edgeLists[i].begin(); iter != g.edgeLists[i].end(); iter++)”是一个嵌套循环，用于遍历顶点 i 的邻接边链表。

“ostr << '(' << iter->dest << ',' << iter->cost << ')' << ' ';”用于输出每条边的信息，包括边的终点 iter->dest 和权值 iter->cost，并添加括号和空格。

“ostr << endl;”用于结束对顶点 i 的输出，并输出换行符，以便在下一次迭代中输出下一个顶点的信息。

函数最后返回输出流 ostr，以支持连续的输出操作。

4.4 图的遍历

图的遍历是图的一个重要操作，它分为广度优先搜索和深度优先搜索两种。

4.4.1 广度优先搜索算法

广度优先搜索是一种逐层遍历图的方法。它从一个起始顶点开始，首先访问所有与起始顶点直接相邻的顶点，然后逐层向外扩展。这一过程需要使用一个队列来管理待访问的顶点，确保它们按照层次有序地被访问。与树的遍历不同的是，由于图中可能存在环，顶点可能被重复访问，因此需要使用访问标记来避免重复访问。广度优先搜索在查找最短路径和检测图中是否有环时非常有用。从一个顶点开始广度优先搜索的算法如下所示。

算法 4.1　从一个顶点开始广度优先搜索的算法

```
输入：图 G 和起始顶点 v
输出：从 v 开始的图的广度优先搜索序列
1 定义标志数组 visitied，用于标记顶点是否已访问，并初始化全部顶点为未访问(标志位为 false)；
2 定义队列 q，用于存储图的顶点；
3 将起始顶点标记为已访问(标志位为 true)，并入队列 q；
4 循环，当(队列 q 不为空)，则执行以下操作：
    4.1 出队列得到一个顶点，并访问它；
    4.2 循环，遍历该顶点的所有邻接顶点：
        4.2.1 如果(邻接顶点没有被访问过)，则执行以下操作：
            4.2.1.1 将其标记为已访问(标志位为 true)；
            4.2.1.2 将其并入队列 q 中。
```

算法 4.1 在将顶点放入队列之前先做访问标记，然后再从队列中取出顶点进行访问。这确保了在处理队列中的顶点时，它们已经被标记为已访问。如果在放入队列时不进行标记，可能会导致同一顶点被多次放入队列，从而引发重复访问。

程序 4.3　从一个顶点开始广度优先搜索的算法实现

程序 4.3

如果图是非连通的，那么上述算法只遍历起始顶点所在的连通分量，无法访问整个图。例如，对于图 4.8 所示的图 G_7，从 A 开始进行广度优先搜索的结果为：$A\ B\ C\ D\ E\ F$。由于 G 和 H 与 A 不连通，所以它们不会被访问。

如果要遍历整个图，可以从所有未访问的顶点分别调用算法 4.1，确保每个连通分量都被遍历。

针对 G_7 进行广度优先搜索时，其标志数组及队列变化过程如图 4.9 所示。

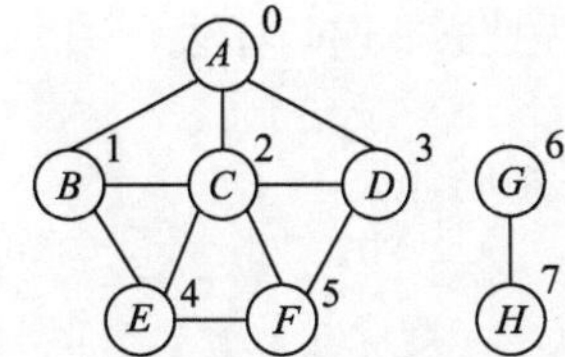

图 4.8 用于广度优先搜索的示例图 G_7

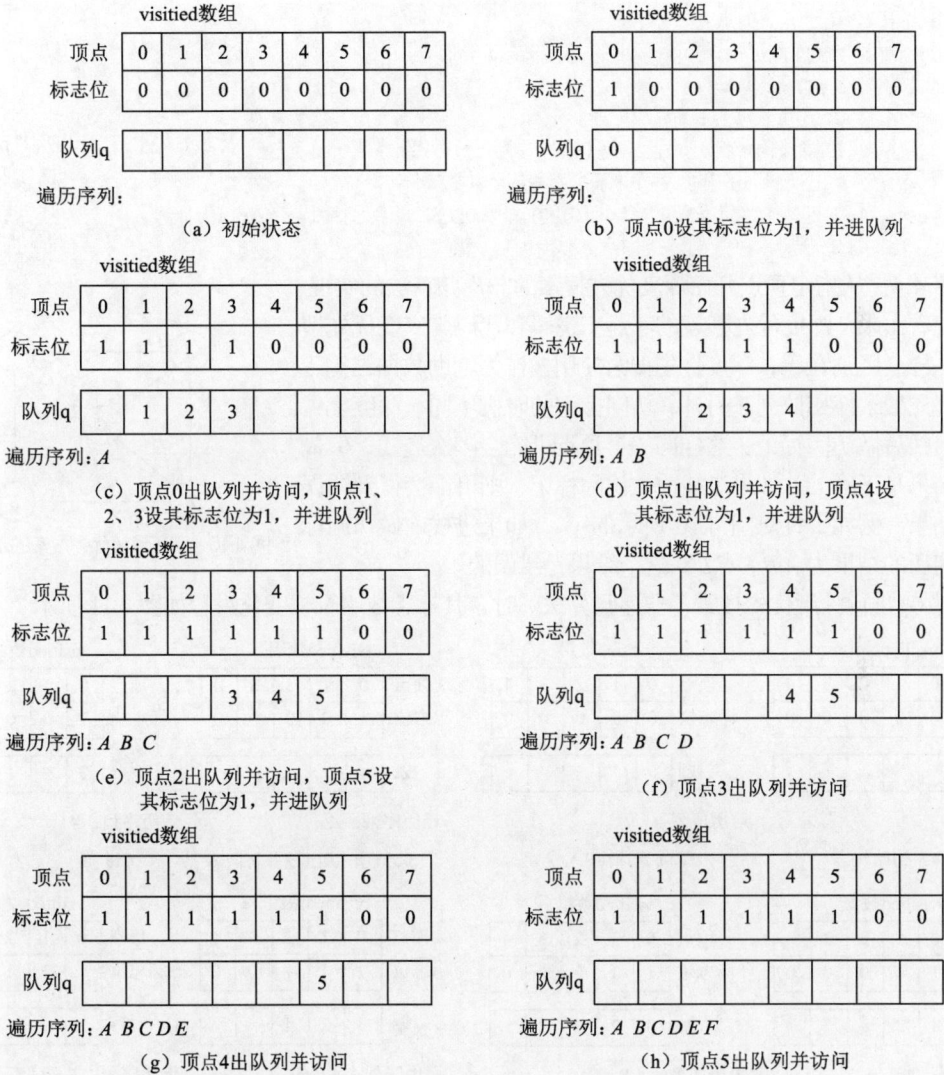

visitied数组

顶点	0	1	2	3	4	5	6	7
标志位	0	0	0	0	0	0	0	0

队列q								

遍历序列：

（a）初始状态

visitied数组

顶点	0	1	2	3	4	5	6	7
标志位	1	0	0	0	0	0	0	0

队列q	0							

遍历序列：

（b）顶点0设其标志位为1，并进队列

visitied数组

顶点	0	1	2	3	4	5	6	7
标志位	1	1	1	1	0	0	0	0

队列q		1	2	3				

遍历序列：*A*

（c）顶点0出队列并访问，顶点1、2、3设其标志位为1，并进队列

visitied数组

顶点	0	1	2	3	4	5	6	7
标志位	1	1	1	1	1	0	0	0

队列q			2	3	4			

遍历序列：*A B*

（d）顶点1出队列并访问，顶点4设其标志位为1，并进队列

visitied数组

顶点	0	1	2	3	4	5	6	7
标志位	1	1	1	1	1	1	0	0

队列q				3	4	5		

遍历序列：*A B C*

（e）顶点2出队列并访问，顶点5设其标志位为1，并进队列

visitied数组

顶点	0	1	2	3	4	5	6	7
标志位	1	1	1	1	1	1	0	0

队列q					4	5		

遍历序列：*A B C D*

（f）顶点3出队列并访问

visitied数组

顶点	0	1	2	3	4	5	6	7
标志位	1	1	1	1	1	1	0	0

队列q						5		

遍历序列：*A BCDE*

（g）顶点4出队列并访问

visitied数组

顶点	0	1	2	3	4	5	6	7
标志位	1	1	1	1	1	1	0	0

队列q								

遍历序列：*A BCDEF*

（h）顶点5出队列并访问

图 4.9 针对图 G_7 进行广度优先搜索时，其标志数组及队列变化过程

4.4.2 深度优先搜索算法

深度优先搜索从根节点开始，沿着一个分支尽可能深地探索，直到达到最深的节点，然后回溯到上一层节点，继续探索其他分支。这种遍历方式类似于探险者在迷宫中的行为，尽可能深入地探索一个路径，直到无法继续为止，然后返回并尝试其他路径。深度优先搜索是很多复杂图论算法的基础算法，常用于图的连通性检测和各种回溯算法等。

深度优先搜索有两种算法，即递归算法和非递归算法，非递归算法要用到栈。从指定顶点开始深度优先搜索非递归算法描述如下所示。

算法 4.2　从指定顶点开始深度优先搜索非递归算法

输入：图 G 和起始顶点 v
输出：从 v 开始的图的深度优先搜索序列
1 定义标志数组 visitied，用于标记顶点是否已访问，并初始化全部顶点为未访问（标志位为 false）；
2 定义栈 s，用于存储图的顶点；
3 将起始顶点入栈 s；
4 循环，当（栈 s 不为空），执行以下操作：
　　4.1 出栈得到一个顶点；
　　4.2 如果（该顶点已被访问），则跳过，即转到步骤 4；
　　4.3 否则，执行以下操作：
　　　　4.3.1 访问该顶点；
　　　　4.3.2 将该顶点标记为已访问（标志位为 true）；
　　4.4 循环，遍历该顶点的所有邻接顶点，执行以下操作：
　　　　4.4.1 如果（当前邻接顶点已被访问），则跳过，即转到步骤 4.4；
　　　　4.4.2 否则，将当前邻接顶点入栈 s 中。

程序 4.4

程序 4.4　从指定顶点开始深度优先搜索的非递归算法的实现

可以看出来，深度优先搜索的非递归逻辑和代码与广度优先搜索基本一样。区别在于，深度优先搜索使用栈作为辅助数据结构，而广度优先搜索使用队列。另外，访问标记的时机不同，深度优先搜索是出栈后做访问标记，这样同一个顶点可能会多次进栈，但最终遍历结果是正确的。如果进栈前做访问标记，则可能会得到错误的遍历结果。例如，针对图 4.10 所示的 G_8，如果进栈前做访问标记，则遍历的结果为 $ABECD$，这个结果是错误的。

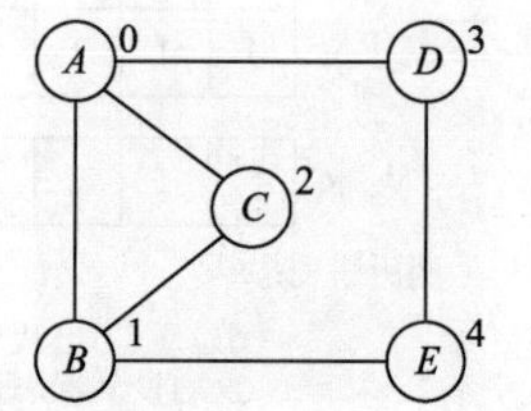

图 4.10　用于深度优先搜索的示例图 G_8

针对 G_8 进行深度优先搜索（非递归算法）时，其标志数组及栈变化过程如图 4.11 所示。

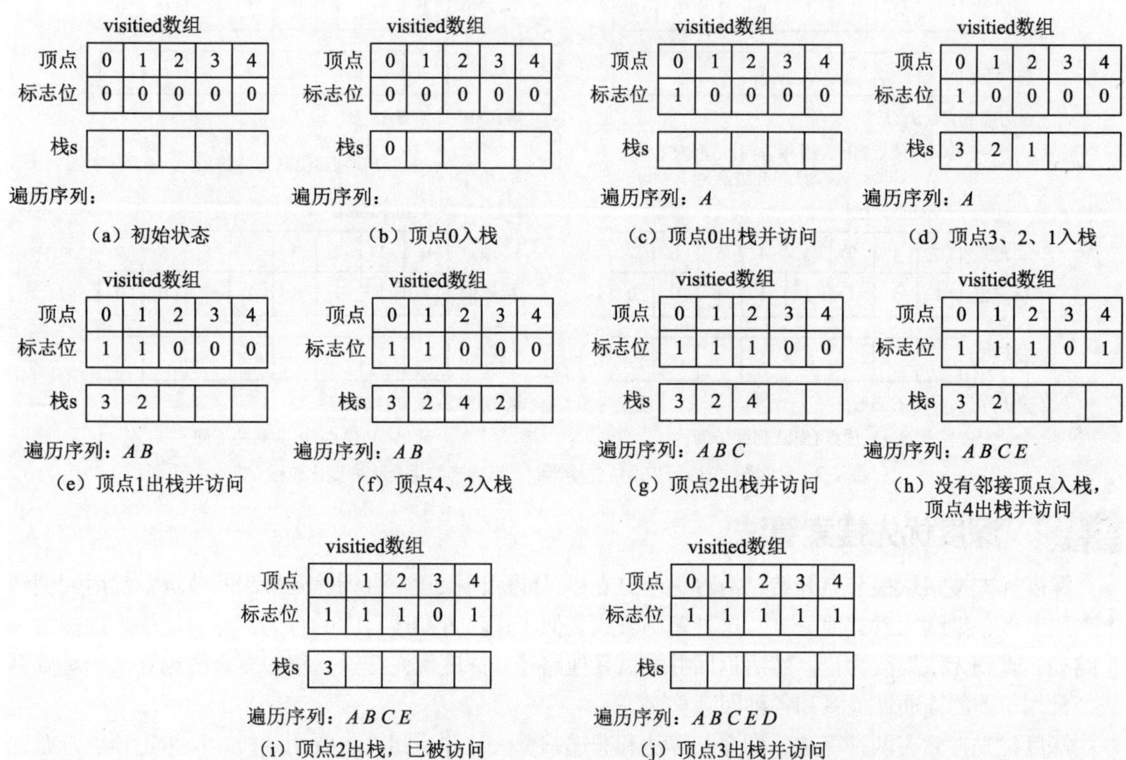

图 4.11　针对图 G_8 进行深度优先搜索（非递归算法）时，其标志数组及栈变化过程

这个函数只能访问指定顶点所在的连通图。如果要遍历整个图，可以从所有未访问的顶点开始分别调用算法 4.2，确保每个连通分量都被遍历。

深度优先搜索也可以用递归算法实现，算法描述如下所示。

算法 4.3　从指定顶点开始深度优先搜索递归算法

```
输入：图和起始顶点
输出：从起始顶点开始的图的深度优先搜索序列
1 访问当前顶点，并标记其为已访问；
2 循环，遍历当前顶点的所有邻接顶点，执行以下操作：
    2.1 如果(当前邻接顶点未访问)，则递归调用本算法，从当前邻接顶点开始继续进行深度优先搜索。
```

在 Graph 类中，深度优先搜索的递归实现分为私有成员函数和公有成员函数。私有成员函数 dfsRec 执行实际的递归遍历逻辑。它的参数包括当前访问的顶点下标 pos 以及一个访问标记数组 visitied。由于 dfsRec 直接操作顶点下标，仅用于内部递归调用，因此不对外开放，而是作为 Graph 类的私有函数。

公有成员函数 dfsRecTrigger 用于触发 dfsRec 的递归调用。它接受一个顶点 v 作为输入，并在内部查找该顶点的下标，初始化 visitied 数组，然后调用 dfsRec 开始遍历。由于 dfsRecTrigger 是对外提供的接口，使用户可以直接输入顶点来进行深度优先搜索，它是 Graph 类的公有成员函数。

程序 4.5　深度优先搜索递归算法的实现

程序 4.5

尽管递归和非递归算法都能正确完成深度优先搜索，但两者在遍历邻接顶点的顺序上可能有所不同。这是因为非递归 DFS 使用显式栈（stack），在压入邻接顶点时，顺序可能不同，从而影响遍历结果。递归 DFS 使用隐式栈（函数调用栈），在遍历邻接顶点时，按照代码中的遍历顺序执行。因此，递归和非递归 DFS 的遍历序列可能不同，但它们都满足深度优先搜索的基本原则，即先访问尽可能深的路径，再回溯到上一个分支顶点。

4.5 最小生成树

最小生成树（minimum spanning tree，MST）是图论中的一个重要概念，主要应用于带权连通图。最小生成树是指在一个连通图中，选择一部分边构成一棵树，使得这棵树包含图中的所有顶点，且所有边的权值之和最小。最小生成树在实际中有广泛的应用，如网络设计、电路设计、交通规划等。

最小生成树的求解算法主要有两种：克鲁斯卡尔算法（Kruskal algorithm）和普里姆算法（Prim algorithm）。这两种算法都基于贪心策略，但实现方式有所不同。本节将首先介绍图的生成树的基本概念，然后重点讨论克鲁斯卡尔算法和普里姆算法思想及实现。

4.5.1 图的生成树的基本概念

对于具有 n 个顶点的连通图，由 $n-1$ 条边连接的极小连通子图称为该图的生成树。生成树包含图中的所有顶点，它是连通的，且没有环，恰好有 $n-1$ 条边。通过广度优先搜索得到的生成树称为广度优先生成树；通过深度优先搜索得到的生成树，称为深度优先生成树。图 4.12（a）所示的图 G_9 的广度优先生成树和深度优先生成树分别如图 4.12（b）和图 4.12（c）所示。

在带权连通图中，所有生成树中边权值之和最小的生成树称为最小生成树。例如，图 4.13（b）是图 4.13（a）所示的图 G_{10} 的最小生成树。最小生成树在实际应用中具有重要意义，例如，在网络设计中，最小生成树可以帮助找到成本最低的连接方案。

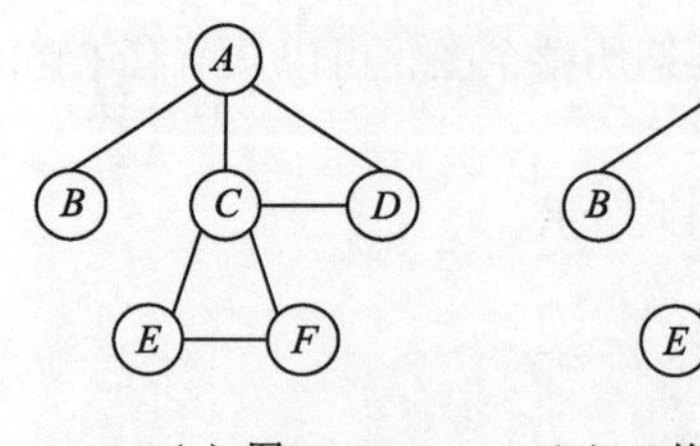

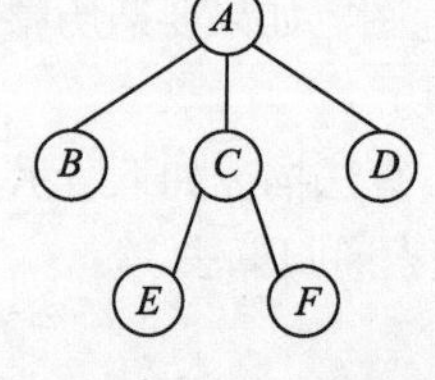

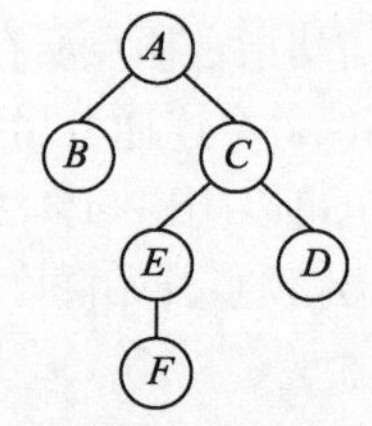

（a）图G_9　　（b）G_9的广度优先生成树　　（c）G_9的深度优先生成树

图 4.12　图 G_9的广度优先生成树和深度优先生成树

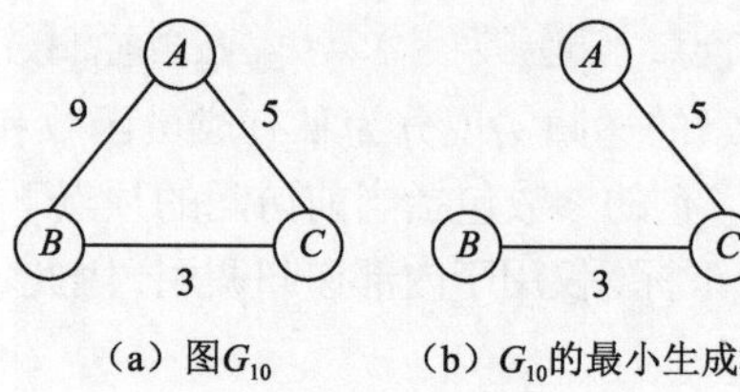

（a）图G_{10}　　（b）G_{10}的最小生成树

图 4.13　最小生成树示例

4.5.2 克鲁斯卡尔算法

克鲁斯卡尔算法的核心思想是，按边的权值从小到大依次选择边，并确保所选的边不会形成环，直到选出 n−1 条边为止。克鲁斯卡尔算法的基本步骤如下。

算法 4.4　克鲁斯卡尔算法

输入：带权连通图 G
输出：图 G 的最小生成树
1 将图的所有边插入一个优先队列；
2 初始化并查集，标记图 G 的所有顶点为独立的集合（即每个顶点为一棵树的根）；
3 定义一个数组，用于存储最小生成树的边，初始化为空；
4 循环，当（优先队列不为空且生成树的边数小于 n-1），执行以下操作：
  4.1 从优先队列中取出权值最小的边；
  4.2 如果（该边的两个顶点分别属于两个不同的集合（树）），则执行以下操作：
    4.2.1 合并这两个集合；
    4.2.2 将该边加入最小生成树的边集中；
  4.3 否则，跳过该边（避免形成环）；
5 算法结束，返回最小生成树。

例如，针对图 4.14 所示的图 G_{11}，采用克鲁斯卡尔算法求最小生成树的过程如图 4.15 所示。

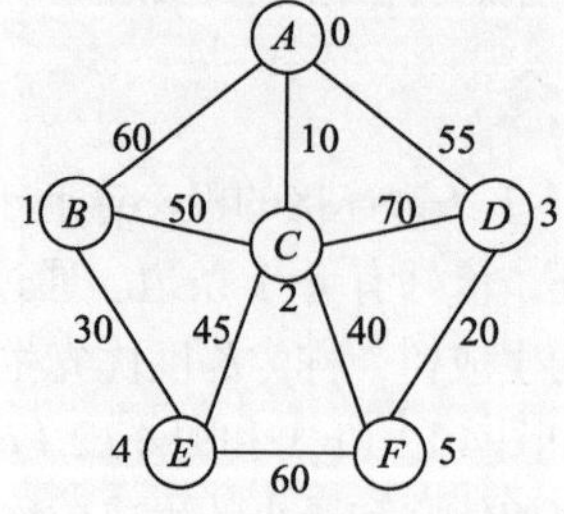

图 4.14　最小生成树的示例图 G_{11}

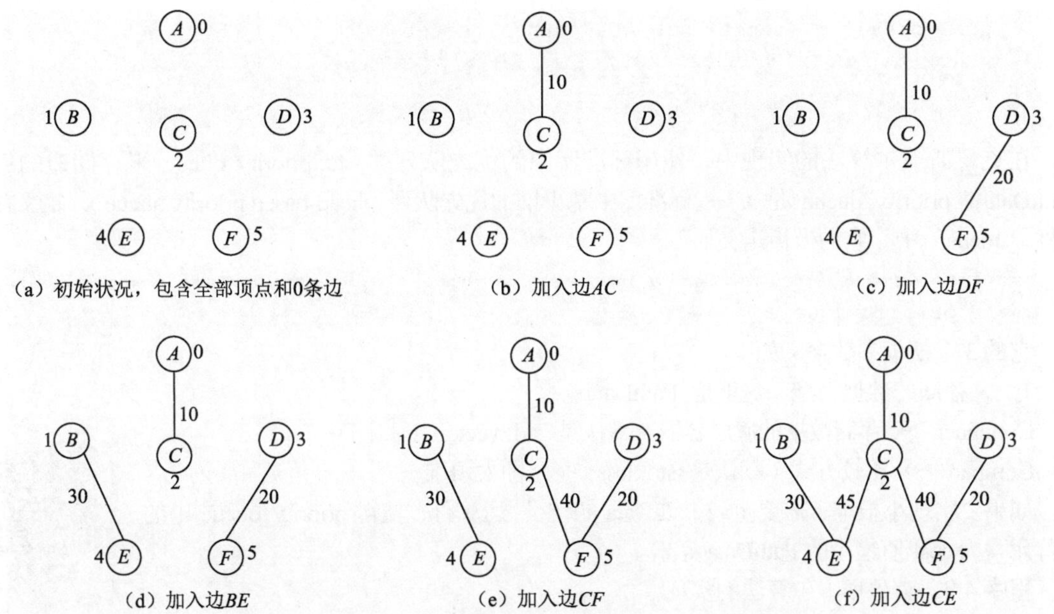

图4.15 针对 G_{11}，采用克鲁斯卡尔算法求解最小生成树的过程

克鲁斯卡尔算法的实现需要两个辅助数据结构：一个是用于表示并查集的数组 DS[ ]，另一个是表示边的结构体 PathData。

1．用数组 DS[ ]表示并查集

并查集（disjoint-set）是一种数据结构，通常用于处理集合合并和查找元素是否属于某个集合的问题。在并查集中，用集合中的某个元素来代表这个集合，该元素称为集合的代表元（或称为根）。一个集合内的所有元素组织成以代表元为根的树形结构。对于某个元素 x，parent[x]指向 x 在树形结构上的父节点。如果 x 是根节点，则令 parent[x] = $-y$，y 是 x 所在的集合的元素的个数。如果要确定 x 所在的集合，也就是确定集合的代表元（根），可以沿着 parent[x]不断在树形结构中向上移动，直到到达根节点；如果要判断两个元素是否属于同一集合，只需要看它们的代表元是否相同即可。

实现克鲁斯卡尔算法时，应用一个整型数组 DS[ ]表示并查集。初始时，置 DS[ ]中的每个元素值为-1，即图的每个顶点自成一个集合，分别代表一个连通子网。如果元素 DS[i]<0（其中 i 是顶点的序号）表示第 i 个顶点是某个连通网的根，DS[i]的绝对值是这个连通子网的顶点的个数。如果要将两个顶点 i 和 j 所在的集合合并，首先要找到这两个集合的根，按下列语句可以找到连通子网的根。

```
while (DS[i] >= 0) i = DS[i];
while (DS[j] >= 0) j = DS[j];
```

执行完上述代码后，i 和 j 分别为两个集合的根索引。如果 i = = j，说明 i 和 j 已经属于同一个集合，无须合并，以避免形成环。否则，需要合并两个集合。若 $i < j$，将 j 并入 i，即 DS[i] += DS[j]，然后 DS[j] = i，表示 j 现在归属于 i。若 $j<i$，则执行相反的操作，将 i 并入 j，即 DS[j] += DS[i]，然后 DS[i] = j，表示 i 现在归属于 j。

2．表示边的结构体 PathData

最小生成树最终用一个边集表示，因此这里定义一个边结构体 PathData。

```
struct PathData {
    int start, dest;
    double cost;
    PathData(int s, int d, double c) : start(s), dest(d), cost(c) {}
    // 定义 operator< 用于 priority_queue 的比较
```

```
    bool operator<(const PathData& other) const {
        return cost > other.cost;        // 实现小根堆
    }
};
```

在克鲁斯卡尔算法的实现中，使用标准库中的优先队列类 std::priority_queue 来存储边的集合(PathData)。priority_queue 是 C++ 标准库中基于堆的优先队列（heap-based priority queue），定义在头文件 <queue> 中。它的模板定义如下。

```
template <class T, class Container = std::vector<T>, class Compare = std::less<T>>
class priority_queue;
```

它的 3 个模板参数含义如下。

T → 存储的数据类型（这里是 PathData）。

Container → 存储数据的底层容器（默认是 std::vector<T>）。

Compare → 比较方式（默认是 std::less<T>，即大顶堆）。

如果要实现小根堆，需要重载 PathData 的“<”运算符，使得 priority_queue 中的队首元素为 cost 值最小的 PathData 元素。

程序 4.6

程序 4.6　克鲁斯卡尔算法的实现

程序首先定义了一个优先队列 edgeHeap，用于存储每条边的信息。然后初始化并查集 DS[ ]，并将每个元素初始化为-1，表示每个顶点自成一棵树。接下来，将边的信息插入优先队列中，并开始执行克鲁斯卡尔算法的主要部分。每次从队列中取出具有最小权重的边，并判断它是否与当前生成树的顶点相连。如果不形成环，则将其加入最小生成树。最后，返回包含最小生成树边的集合 mstEdges。针对 G_{11}，程序运行时，并查集变化过程及最小生成树的生成过程如图 4.16 所示。

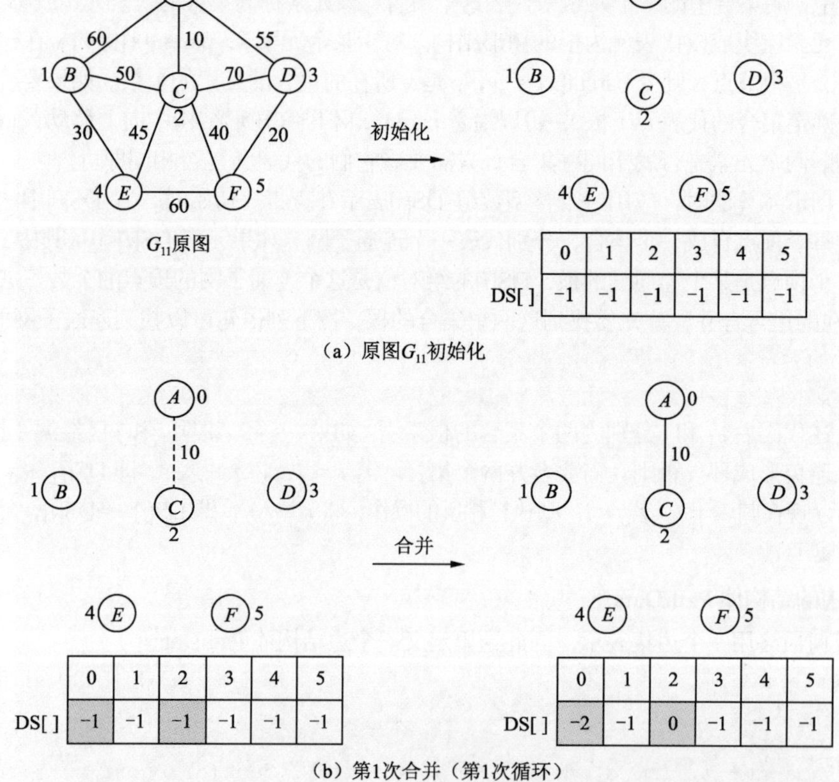

（a）原图 G_{11} 初始化

（b）第1次合并（第1次循环）

图 4.16　针对 G_{11}，程序运行时，并查集变化过程及最小生成树的生成过程

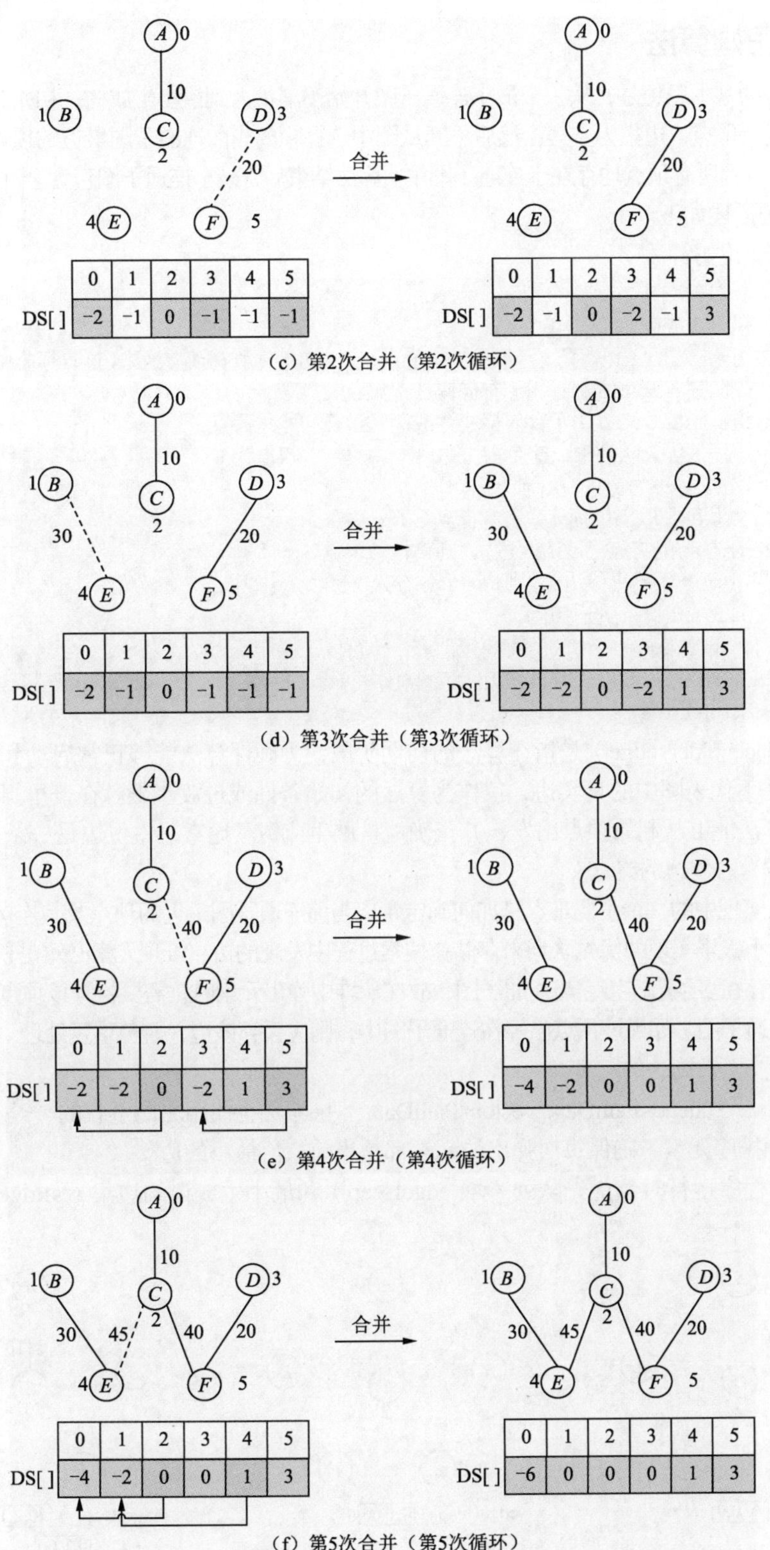

（c）第2次合并（第2次循环）

（d）第3次合并（第3次循环）

（e）第4次合并（第4次循环）

（f）第5次合并（第5次循环）

图4.16 针对 G_{11}，程序运行时，并查集变化过程及最小生成树的生成过程（续）

克鲁斯卡尔算法的特点是简单、容易实现，而且在不需要预先知道整个图的连通性信息的情况下，仍能够有效地找到最小生成树。它通常适用于稀疏图，其中边的数量远小于顶点的数量。

4.5.3 普里姆算法

普里姆算法的基本思想是，从一个最小连通子图开始逐渐扩大到最小生成树。初始时，这个最小连通子图只有一个起始顶点，边集为空集；然后不断从图中选择距离当前连通子图最近的顶点及相关边并加入当前连通子图，直到所有顶点均存在于连通子图中。算法结束后，最小连通子图包含全部顶点和 n-1 条边。

普里姆算法描述如下。

算法 4.5　普里姆算法

```
输入：图 G 和起始顶点 v
输出：图 G 的最小生成树
1 定义一个数组 visitied，用于存储顶点的访问标志，初始化所有顶点为未访问(标志位为 false)；
2 创建一个优先队列 edgeHeap，用于存储候选边集；
3 定义一个数组 resEdges，用于存储最小生成树的边，初始化为空；
4 将一条占位边插入优先队列中，这个占位边以 v 为终点，权值为 0；
5 循环，当(优先队列不为空)，执行以下操作：
    5.1 从优先队列中取出堆顶元素，存储到 edge 中；
    5.2 如果(edge 的终点已被访问过)，则跳转到步骤 5；
    5.3 如果(edge 不是占位边)，则将 edge 存入 resEdges 中；
    5.4 标记 edge 的终点为已访问；
    5.5 循环，遍历 edge 终点的所有邻接顶点，执行以下操作：
        5.5.1 如果(邻接顶点没有被访问过)，则将 edge 终点与这个邻接顶点的连接边插入优先队列；
6 返回最小生成树的边集。
```

占位边（placeholder edge）是指在算法的初期阶段，为确保算法能够正常启动和运行而添加的一条虚拟边。它并不代表图中的真实边，仅作为算法的初始条件或过渡步骤。在普里姆算法中，占位边的作用是确保算法能够从起始顶点出发，并正确地扩展生成树。通常，占位边是一条权值为 0 的边，且起始顶点 s 作为占位边的终点。

普里姆算法实现中的一个主要难点是如何确定距离当前连通子图最近的顶点及其连接边。为此，算法可以使用一个由小根堆实现的优先队列来存储在搜索过程中发现的边，堆顶元素必定是权值最小的边。由于某个顶点可能存在多条边连接它与连通子图，故在从堆中弹出元素时，需要检查该顶点是否已经属于连通子图。如果该顶点已经在连通子图中，则应丢弃该边，避免重复处理。

程序 4.7

程序 4.7　普里姆算法的实现

同样，“priority_queue<PathData, vector<PathData>> heap”也使用之前重载的“<”运算符来比较和排序元素，确保每次弹出的元素都是当前权值最小的边。

针对 G_{11}，程序运行时，优先队列（堆 edgeHeap）和最小生成树的边集 resEdges 的变化过程如图 4.17 所示。

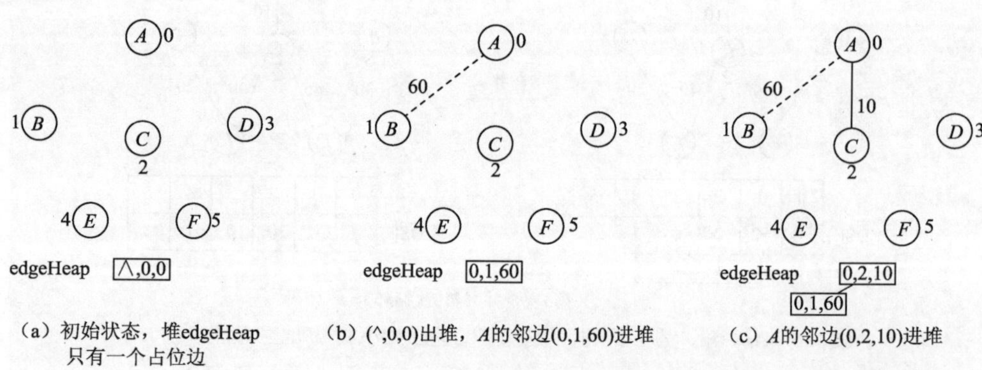

图 4.17　针对 G_{11}，程序运行时，优先队列（堆 edgeHeap）和最小生成树的边集 resEdges 的变化过程

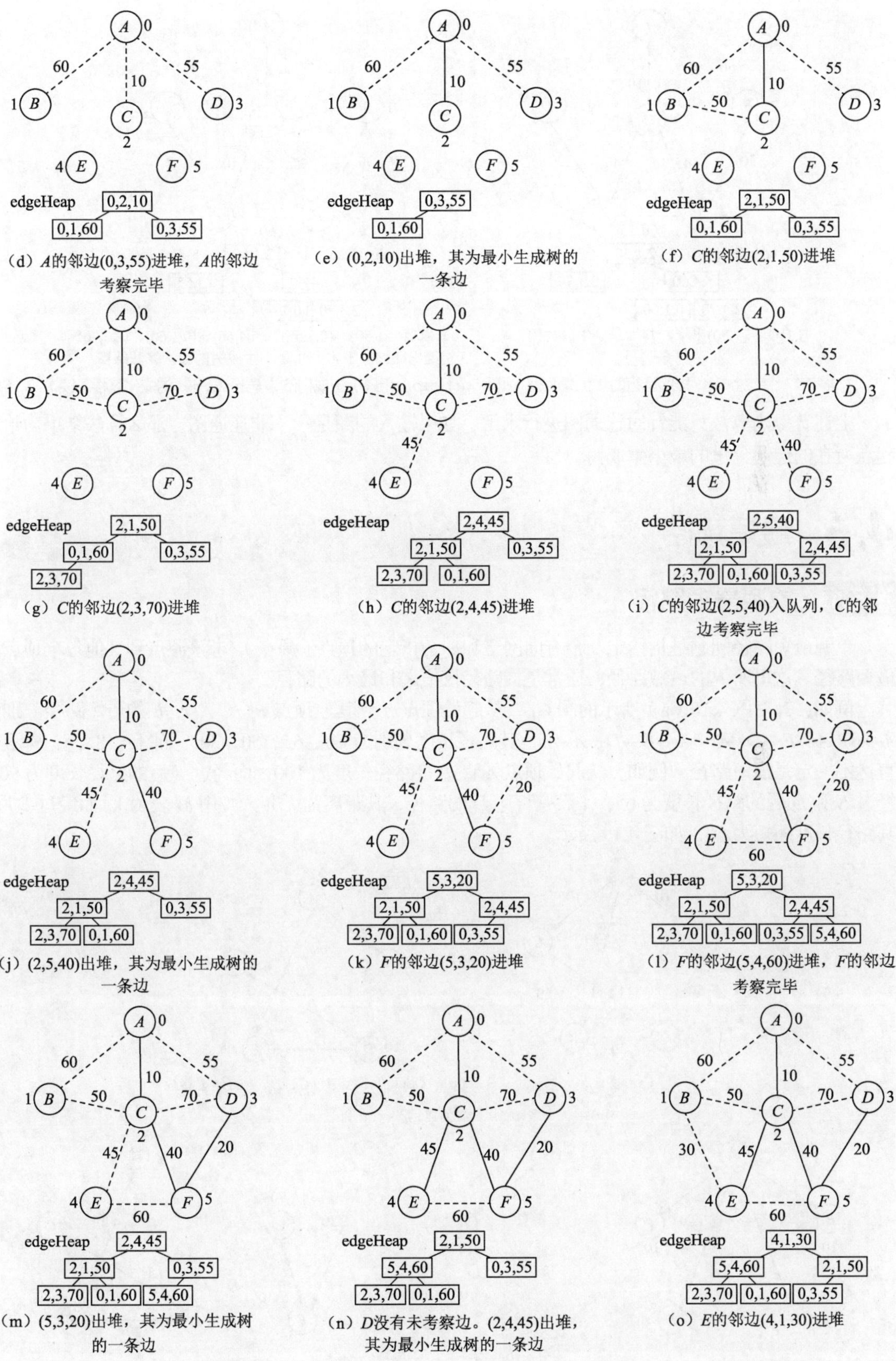

(d) A的邻边(0,3,55)进堆，A的邻边考察完毕
(e) (0,2,10)出堆，其为最小生成树的一条边
(f) C的邻边(2,1,50)进堆
(g) C的邻边(2,3,70)进堆
(h) C的邻边(2,4,45)进堆
(i) C的邻边(2,5,40)入队列，C的邻边考察完毕
(j) (2,5,40)出堆，其为最小生成树的一条边
(k) F的邻边(5,3,20)进堆
(l) F的邻边(5,4,60)进堆，F的邻边考察完毕
(m) (5,3,20)出堆，其为最小生成树的一条边
(n) D没有未考察边。(2,4,45)出堆，其为最小生成树的一条边
(o) E的邻边(4,1,30)进堆

图4.17 针对 G_{11}，程序运行时，优先队列（堆 edgeHeap）和最小生成树的边集 resEdges 的变化过程（续）

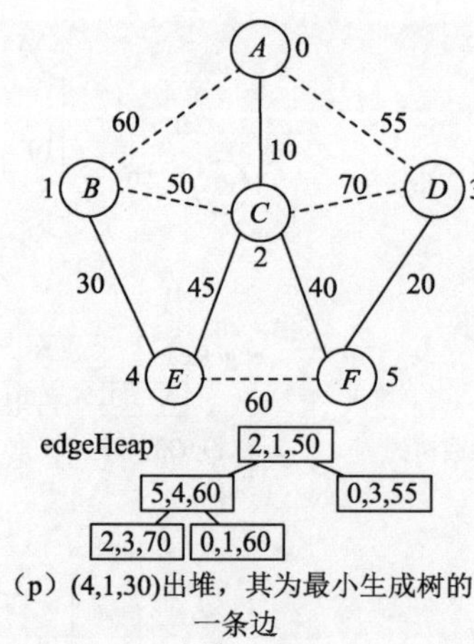

（p）(4,1,30)出堆，其为最小生成树的一条边

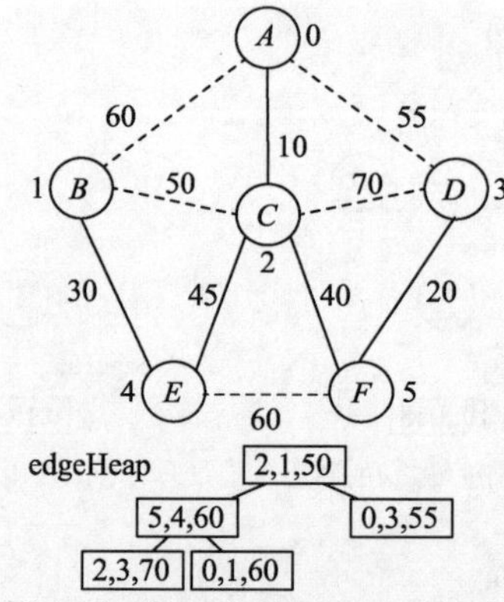

（q）以后(2,1,50)、(0,3,55)、(5,4,60)、(0,1,60)、(2,3,70)相继出队列，不再产生最小生成树的边，算法结束

图 4.17　针对 G_{11}，程序运行时，优先队列（堆 edgeHeap）和最小生成树的边集 resEdges 的变化过程（续）

上述普里姆算法只能针对连通图进行求解。如果输入的图是一个非连通图，那么算法结果为给定起点所在的连通分量的最小生成树。

4.6 最短路径

4.6.1 单源最短路径

单源最短路径问题是指给定一个有向网络和一个指定的顶点（源点），求该源点到其他各个顶点的最短路径。这里所说的最短路径，通常是指路径权值之和最小的路径。

例如，针对图 4.18（a）所示的图 G_{12}，从起始顶点 A 到其他顶点 B、C、D、E 的最短路径分别为 $A \to B$、$A \to E \to D \to C$、$A \to E \to D$、$A \to E$，其路径长度分别为 10、65、50、30，如图 4.18（b）所示。直达不一定是最短路径，例如，从起始顶点 A 直达 C 路径长度为 100，而经过 E 后的路径长度为 90，经过 E 和 D 后的路径长度为 65，A 没有直达 D 的路径，其距离为无穷大（用 M 表示），而经过 E 后，其路径长度缩短为 50，如图 4.19 所示。

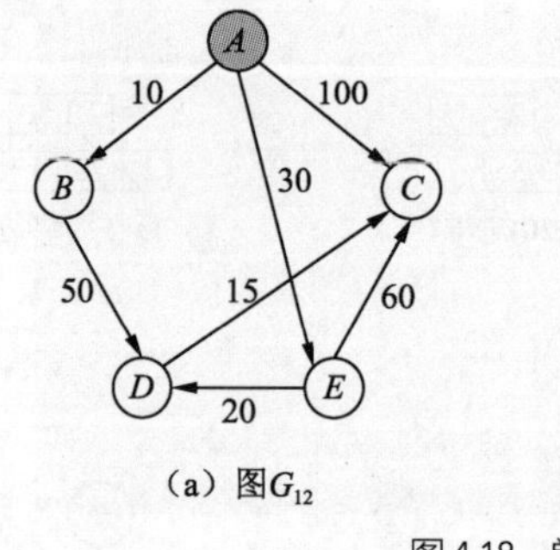

（a）图 G_{12}

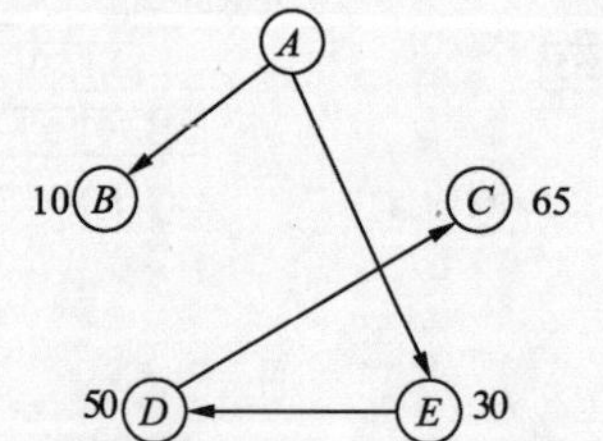

（b）A 到其他顶点 B、C、D、E 的最短路径

图 4.18　单源最短路径示例

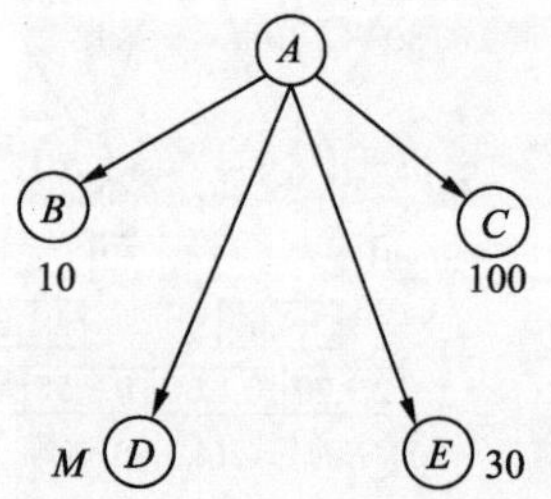

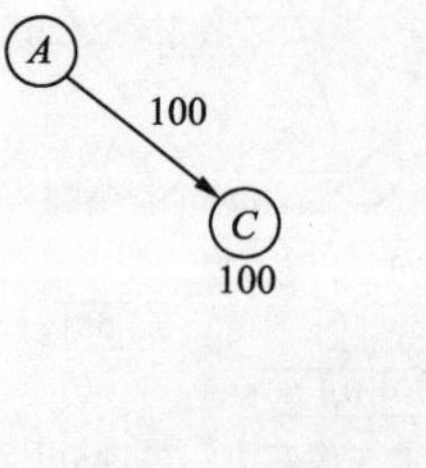

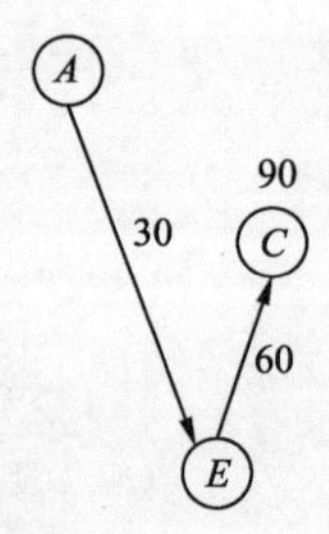

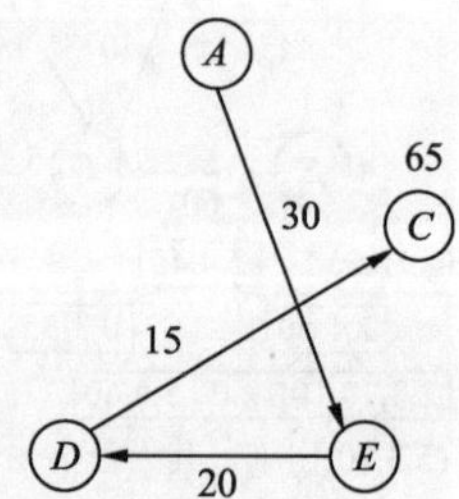

图 4.19　直达不一定是最短路径

性质 4.1 如果顶点序列“$v_0\ v_1\ \cdots\ v_{k-1}\ v_k$”是从 v_0 到 v_k 的最短路径，那么其中的任意子序列也是最短路径。

证明： 使用反证法。假设“$v_i v_{i+1}\ \cdots\ v_{j-1}\ v_j$”是“$v_0\ v_1\ \cdots\ v_{k-1}\ v_k$”的一个子序列，如果“$v_i v_{i+1}\ \cdots\ v_{j-1}\ v_j$”不是从 v_i 到 v_j 的最短路径，则必然存在一条更短的路径“$v_i\ w_1\ w_2\ \cdots\ w_m\ v_j$”，其中路径中间的顶点序列“$w_1\ w_2\ \cdots\ w_m$”至少与原始序列“$v_{i+1}\ \cdots\ v_{j-1}$”有一个不同的顶点。此时，可以用“$v_i\ w_1\ w_2\ \cdots\ w_m v_j$”替换原路径中的子路径“$v_i v_{i+1}\ \cdots\ v_{j-1} v_j$”，从而得到一条从 v_0 到 v_k 的更短路径，这与原假设矛盾。因此，子序列“$v_i v_{i+1}\ \cdots\ v_{j-1} v_j$”必然是从 v_i 到 v_j 的最短路径。性质得证。

这一性质表明，最短路径问题具有最优子结构，因此可以采用贪心算法或动态规划进行求解。

4.6.2 迪杰斯特拉算法

迪杰斯特拉（Dijkstra）算法的基本思想是，从一个最初只含有源点的有向子图开始，逐步扩大到由单源最短路径构成的有向子图（以起点为根的树）为止。在这棵树中，根到每个顶点的路径都对应原图中起点到这个顶点的一条最短路径。迪杰斯特拉算法的关键是不断地选择距离起始顶点最近的顶点，并通过该顶点更新其邻接顶点到起始顶点的距离。通过这样的迭代过程，逐步得到从起始顶点到每个顶点的最短路径长度。

迪杰斯特拉算法要求图中不存在负权边，否则算法可能无法正确工作。基于“贪心”策略的迪杰斯特拉算法在执行过程中，一旦某个顶点的最短路径被确定（从优先队列中取出并标记为已访问），其最短路径就不会再改变。如果图中存在负权边（边的权值为负数），那么后续的负权边可能会提供更短的路径，从而导致最终结果错误。

迪杰斯特拉算法描述如下。

算法 4.6 迪杰斯特拉算法

```
输入：图G和起始顶点v
输出：前驱标记数组P[]和距离数组D[]
1 定义数组P[]，初始化所有元素初值为-1；定义数组D[]，初始化所有元素初值为无穷大；定义访问标志数组visitied，初始化所有顶点为未访问（标志位为false）；获取起始顶点的下标start；
2 创建一个优先队列pathHeap;
3 将一条占位路径信息插入pathHeap中，这个路径信息以start为终点，权值为0;
4 置D[start] = 0;
5 循环，当（pathHeap不为空），执行以下操作：
    5.1 从pathHeap中取出一条路径信息；
    5.2 如果（此路径的终点v已被访问过），则跳过它，继续处理队列中的下一个路径信息；
    5.3 标记此路径的终点 v 为已访问；
    5.4 循环，遍历此路径终点的所有邻接顶点，执行以下操作：
        5.4.1 如果（当前邻接顶点u已被访问过），则跳过它，继续处理下一个邻接顶点；
        5.4.2 设置 path_cost = 当前路径长度+边（v,u）的权值。
        5.4.3 如果（path_cost 大于或等于 D[u]），则跳转到步骤5.4;
        5.4.4 设置 D[u] = path_cost, P[u] = v;
        5.4.5 将路径信息（u, v, path_cost）插入pathHeap;
6 输出P[]与D[]。
```

迪杰斯特拉算法的实现需要用到以下辅助数据结构。

（1）数组 P[ ]:数组中的元素 P[i]用来表示路径上顶点 i 的前驱顶点的下标。

（2）数组 D[ ]:数组中的元素 D[i]用来表示从源点到顶点 i 的路径长度。

（3）结构体 PathData：用来记录边的信息。注意这里 PathData 中的信息意义与 Prim 算法中的不太一样。其中，cost 成员不是当前边的长度，而是 dest 成员通过 start 成员到达起点的路径的长度。

程序 4.8

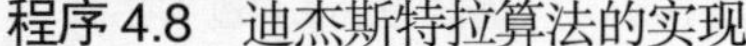

程序 4.8 迪杰斯特拉算法的实现

在迪杰斯特拉算法中，优先队列（pathHeap）会根据路径的权值自动排序并弹出当前最小的路径。然而，由于优先队列不会自动删除已经过时或无效的路径，因此在弹出路径后，需要检查当前弹出的路径是否仍然有效。如果路径已经被更新或该路径的目标顶点已经被访问过，就需要忽略该路径。

针对 G_{12}，程序运行时，优先队列（堆 pathHeap）、数组 P[ ]和数组 D[ ]的变化过程如图 4.20 所示。

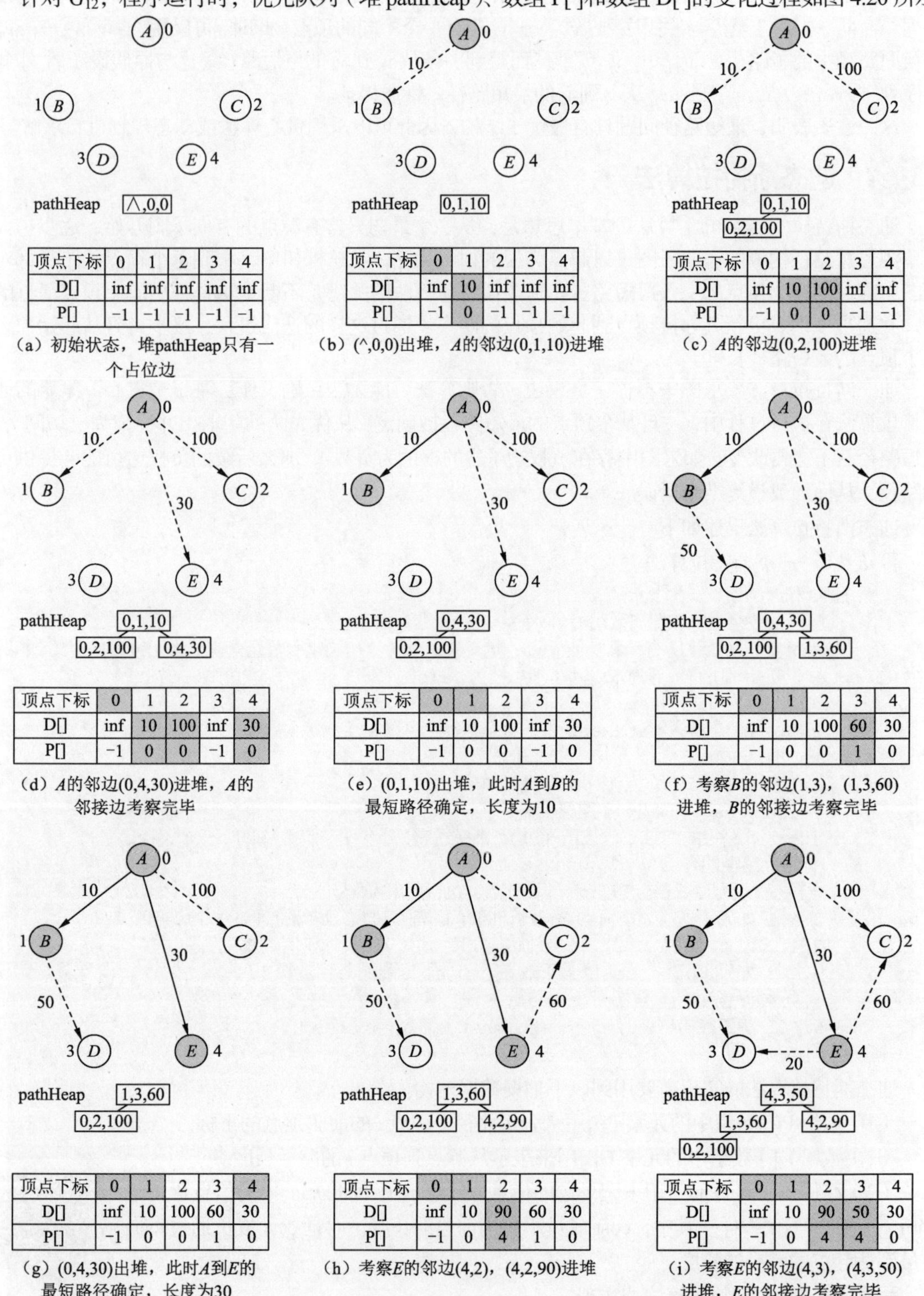

（a）初始状态，堆pathHeap只有一个占位边
pathHeap ∧,0,0
（b）(^,0,0)出堆，A的邻边(0,1,10)进堆
pathHeap 0,1,10
（c）A的邻边(0,2,100)进堆
pathHeap 0,1,10 0,2,100
（d）A的邻边(0,4,30)进堆，A的邻接边考察完毕
pathHeap 0,1,10 0,2,100 0,4,30
（e）(0,1,10)出堆，此时A到B的最短路径确定，长度为10
pathHeap 0,4,30 0,2,100
（f）考察B的邻边(1,3)，(1,3,60)进堆，B的邻接边考察完毕
pathHeap 0,4,30 0,2,100 1,3,60
（g）(0,4,30)出堆，此时A到E的最短路径确定，长度为30
pathHeap 1,3,60 0,2,100
（h）考察E的邻边(4,2)，(4,2,90)进堆
pathHeap 1,3,60 0,2,100 4,2,90
（i）考察E的邻边(4,3)，(4,3,50)进堆，E的邻接边考察完毕
pathHeap 4,3,50 1,3,60 4,2,90 0,2,100

图 4.20 针对 G_{12}，程序运行时，优先队列（堆 pathHeap）、数组 P[ ]和数组 D[ ]的变化过程

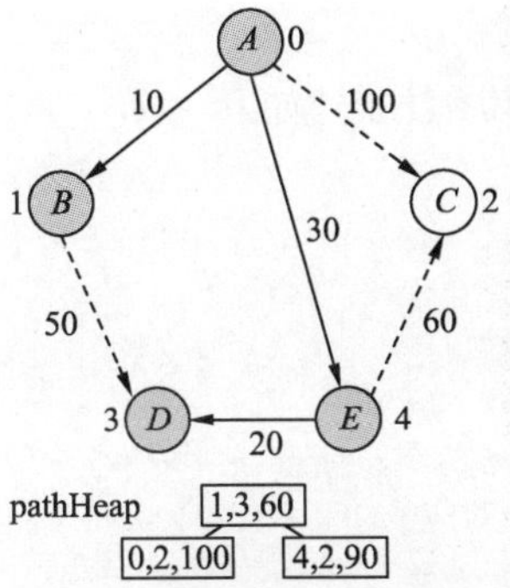

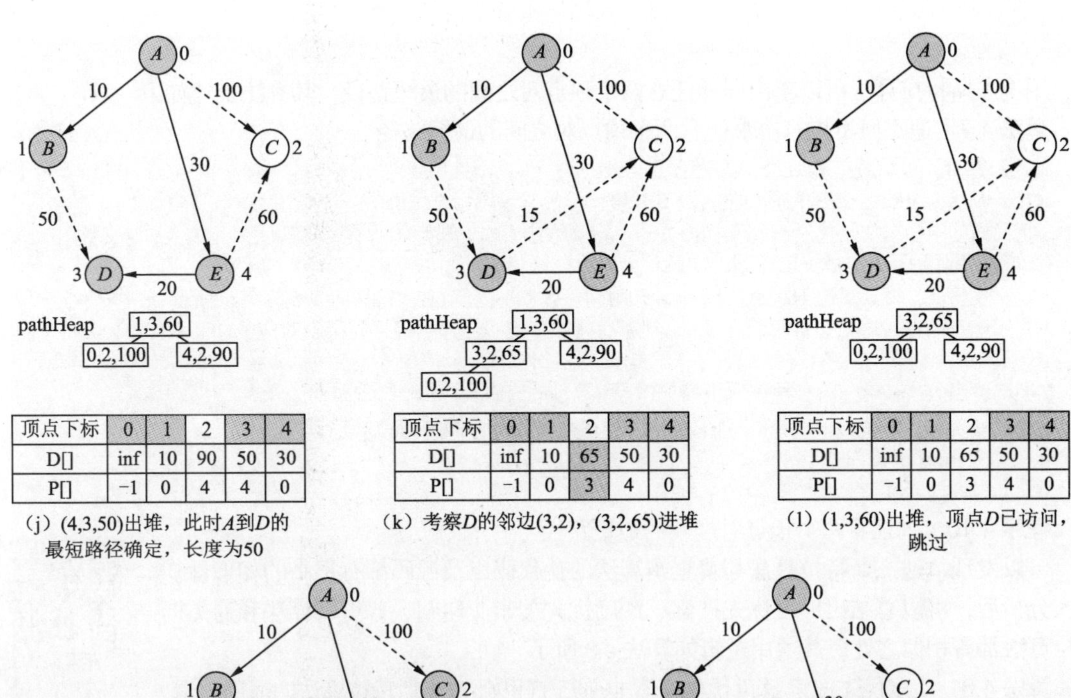

顶点下标	0	1	2	3	4
D[]	inf	10	90	50	30
P[]	−1	0	4	4	0

（j）(4,3,50)出堆，此时A到D的最短路径确定，长度为50

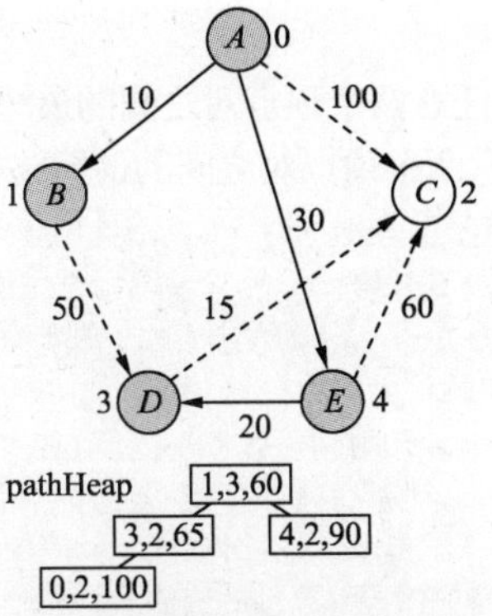

顶点下标	0	1	2	3	4
D[]	inf	10	65	50	30
P[]	−1	0	3	4	0

（k）考察D的邻边(3,2)，(3,2,65)进堆

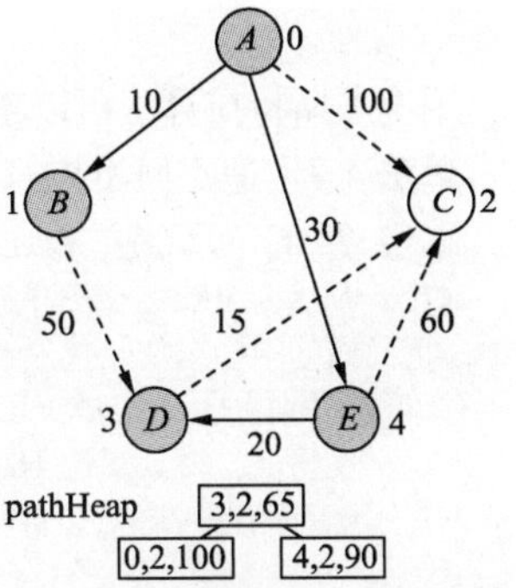

顶点下标	0	1	2	3	4
D[]	inf	10	65	50	30
P[]	−1	0	3	4	0

（l）(1,3,60)出堆，顶点D已访问，跳过

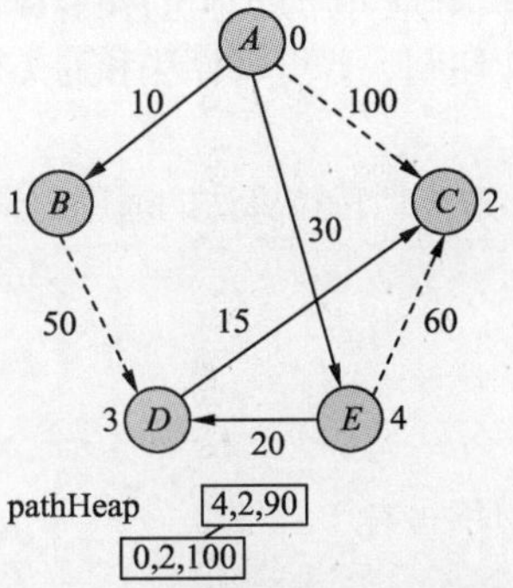

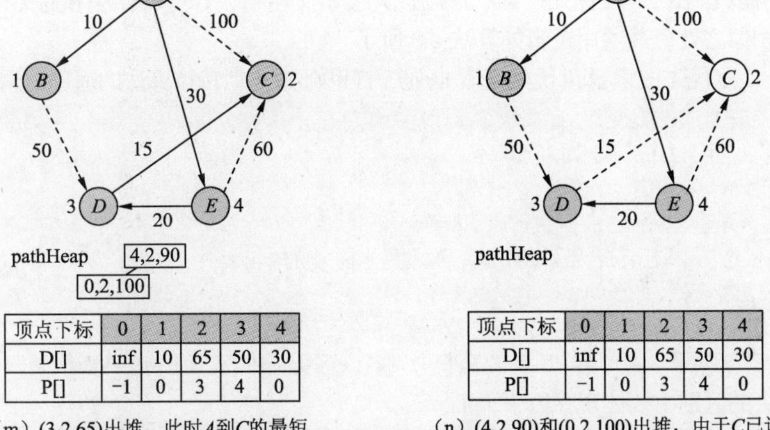

顶点下标	0	1	2	3	4
D[]	inf	10	65	50	30
P[]	−1	0	3	4	0

（m）(3,2,65)出堆，此时A到C的最短路径确定，长度为65

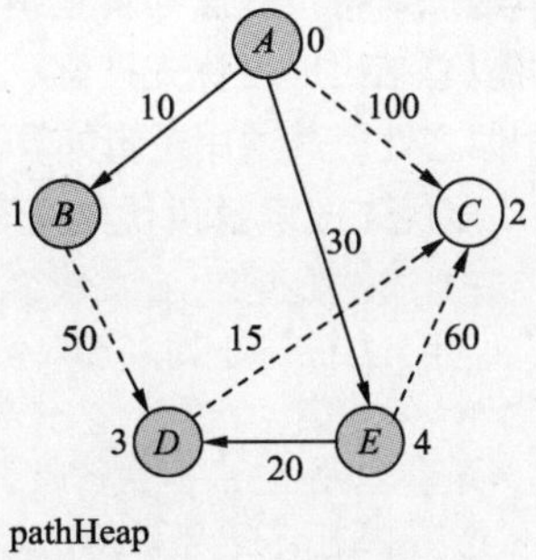

顶点下标	0	1	2	3	4
D[]	inf	10	65	50	30
P[]	−1	0	3	4	0

（n）(4,2,90)和(0,2,100)出堆，由于C已访问，不做任何处理，堆为空，算法结束

图 4.20　针对 G_{12}，程序运行时，优先队列（堆 pathHeap）、数组 P[ ]和数组 D[ ]的变化过程（续）

上述的迪杰斯特拉程序中，数组 D[ ]存储了起始顶点到图中所有其他顶点的最短距离；数组 P[ ]记录了最短路径的前驱关系，形成一棵以起始顶点为根的最短路径树。程序 4.9 输出用迪杰斯特拉算法求出的从某个顶点到所有其他顶点的最短路径。

程序 4.9

程序 4.9　输出单源最短路径的实现

这个程序首先调用迪杰斯特拉算法计算数组 D[]与数组 P[]。然后针对每个终点 e，沿着数组 P[]逆向回溯，找到每条最短路径上的边(P[e], e)。使用“getCost(P[e], e)”获取边的权重。依次向 path 数组添加路径信息，直到回溯到起点。由于回溯过程是从终点向起点回溯，最终得到的路径是逆序的，因此使用“reverse(path.begin(), path.end());”将其调整为从起点到终点的顺序。以图 4.18 的图 G_{12} 为例，求从 A 到 C 的最短路径，首先在 P[ ]数组中查询 C 点的前驱顶点 D；接着查询 D 点的前驱顶点 E；最后 E 的前驱顶点为起始顶点 A。所以 A 到 C 的最短路径为 $A \to E \to D \to C$。路径长度可以从数组 D[ ]中查询得知为 65。

顶点 A 到其他顶点的最短路径为：

10: A->B

50: A->E->D

30: *A->E*

用迪杰斯特拉算法可以求出图的任意两个顶点对之间的最短路径，其算法描述如下。

算法 4.7 迪杰斯特拉算法求任意两个顶点对之间的最短路径

```
输入：图 G，起始顶点 start，终点顶点 end
输出：从 start 到 end 的最短路径及其长度
1 定义数组 P[]，初始化所有元素初值为-1；定义数组 D[]，初始化所有元素初值为无穷大；定义数组 path，用于存储最短路径的 PathData 序列，初始化为空；
2 定义变量 s，将其赋值为起点顶点 start 的下标；定义变量 e，将其初值赋为终点顶点 end 的下标；
3 调用迪杰斯特拉算法，计算从 start 到所有其他顶点的最短路径，并得到对应的前驱数组 P[]和最短距离数组 D[]；
4 循环，当(e ≠ -1)时，执行以下操作：
    4.1 将边(P[e], e)及其权值组成 PathData 元素存储到 path 中；
    4.2 将 e 赋值为 P[e]；
5 返回 path 的逆序。
```

程序 4.10 求任意两个顶点对之间的最短路径

程序 4.10

可以发现，迪杰斯特拉算法与普里姆算法的伪代码以及源码都有很高的相似性。深入分析后，可以总结出广度优先搜索、深度优先搜索非递归、普里姆算法和迪杰斯特拉算法都有相似之处，其通用逻辑如算法 4.8 所示。

算法 4.8 广度优先搜索/深度优先搜索非递归/普里姆/迪杰斯特拉算法的通用逻辑

```
1 初始化，标记数组、边数组、距离数组、路径数组等；
2 创建候选集，用于存储待处理的元素；
3 将初始元素加入候选集；
4 循环，当（候选集不为空），则执行以下操作：
    4.1 从候选集中取出符合条件的元素，通常是当前最优的元素；
    4.2 处理该元素，如访问、标记、更新等；
    4.3 循环，遍历所有与当前元素相关的元素，执行以下操作：
        4.3.1 如果（该元素满足某些条件），则对该元素做相应处理并加入候选集。
```

这 4 种算法的区别主要体现在以下方面。

步骤 2 的候选集的数据结构不同：广度优先搜索使用队列；深度优先搜索（非递归）使用栈；普里姆算法和迪杰斯特拉算法使用优先队列（堆）。

步骤 4.2 的“处理”方式不同；广度优先搜索标记该顶点为已访问，并按照“先入先出”的方式继续访问其邻接顶点；深度优先搜索非递归标记该顶点为已访问，并按照“后入先出”的方式继续访问其邻接顶点；普里姆算法记录当前加入的边，并将该边连接的顶点加入最小生成树（MST）；迪杰斯特拉算法更新起点到当前顶点的最短路径长度，并将该顶点的邻接边加入候选集中，以便继续更新其他顶点的最短路径。

步骤 4.3 的相关元素含义不同：广度优先搜索和深度优先搜索的是该元素的邻接顶点；普里姆算法和迪杰斯特拉算法遍历的是该元素所连接的边。

步骤 4.3.1 的处理方式不同：迪杰斯特拉算法需要计算新的路径及其长度；其他 3 个算法主要是维护候选集，不涉及额外的路径计算。

4.6.3 所有顶点之间的最短路径

为了求出所有顶点之间的最短路径，可以通过调用迪杰斯特拉算法 n 次（分别以 n 个顶点为源点）来实现，总的时间复杂度为 $O(n^3)$。然而，弗洛伊德（Floyd）算法提供了一种更直观的动态规划解决方案。

弗洛伊德算法的思想是逐步优化“所有顶点对”之间的最短路径，通过动态递推生成路径长度矩阵和路径矩阵，不断检查是否可以通过某个中间顶点找到更短的路径。

路径长度矩阵 $\boldsymbol{A}$ 是一个矩阵序列 $\boldsymbol{A}^{(0)}$，$\boldsymbol{A}^{(1)}$，…，$\boldsymbol{A}^{(n)}$，其中：

$\boldsymbol{A}^{(0)}$ 为初始路径长度矩阵，其元素 $A^{(0)}[i][j]=w<v_i v_j>$，为从顶点 v_i 到顶点 v_j 的初始权值（直达路径长度）。若无边，则设为∞（或 M），表示是一个极大值。

$\boldsymbol{A}^{(1)}$ 是在 $\boldsymbol{A}^{(0)}$ 的基础上投放 0 号顶点作为搭桥，查看 $A^{(0)}[i][j]$ 通过 0 号顶点作为桥，其路径长度是否缩短，如果缩短就用新的路径长度替换原来的路径长度。即考察（$A^{(0)}[i][0]+A^{(0)}[0][j]$）是否小于 $A^{(0)}[i][j]$。

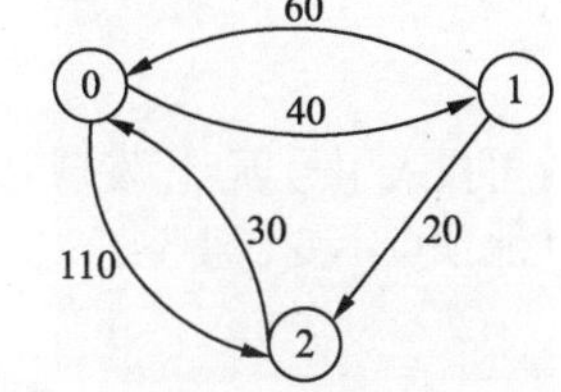

图 4.21　弗洛伊德算法的示例图 G_{13}

依此类推，$\boldsymbol{A}^{(k)}$ 是在 $\boldsymbol{A}^{(k-1)}$ 的基础上投放第（$k-1$）号顶点作为搭桥，按照以下公式更新 $\boldsymbol{A}^{(k-1)}$ 得到 $\boldsymbol{A}^{(k)}$：

$A^{(k)}[i][j]=\min\{A^{(k-1)}[i][j], A^{(k-1)}[i][k-1]+A^{(k-1)}[k-1][j]\}$；

$A^{(k)}[i][j]$ 表示从顶点 v_i 到顶点 v_j 的、中间顶点编号不大于 $k-1$ 的最短路径长度。

例如，针对图 4.21 中的图 G_{13}，有：

$$\boldsymbol{A}^{(0)}=\begin{bmatrix}0 & 40 & 110\\60 & 0 & 20\\30 & M & 0\end{bmatrix}$$

其中 M 表示无穷大。投入 0 号顶点时，发现 $A^{(1)}[2][1]=A^{(0)}[2][0]+A^{(0)}[0][1]=30+40=70<M$，需要对其进行更新，而其他顶点不变，于是得到：

$$\boldsymbol{A}^{(1)}=\begin{bmatrix}0 & 40 & 110\\60 & 0 & 20\\30 & 70 & 0\end{bmatrix}$$

再投入 1 号顶点，发现 $A^{(2)}[0][2]=A^{(1)}[0][1]+A^{(1)}[1][2]=40+20=60<A^{(1)}[0][2]=110$，需要对其进行更新，而其他顶点不变，于是得到：

$$\boldsymbol{A}^{(2)}=\begin{bmatrix}0 & 40 & 60\\60 & 0 & 20\\30 & 70 & 0\end{bmatrix}$$

再投入 2 号顶点，发现 $A^{(3)}[1][0]=A^{(2)}[1][2]+A^{(2)}[2][0]=20+30=50<A^{(2)}[1][0]=60$，需要对其进行更新，而其他顶点不变，于是得到：

$$\boldsymbol{A}^{(3)}=\begin{bmatrix}0 & 40 & 60\\50 & 0 & 20\\30 & 70 & 0\end{bmatrix}。$$

$\boldsymbol{A}^{(3)}$ 就是最终得到的最短路径矩阵。

另一个矩阵是路径矩阵：$\boldsymbol{P}^{(0)},\boldsymbol{P}^{(1)},\cdots,\boldsymbol{P}^{(n)}$，它是与 $\boldsymbol{A}^{(0)},\boldsymbol{A}^{(1)},\cdots,\boldsymbol{A}^{(n)}$ 对应的矩阵，其中 $P^{(k)}[i][j]$ 表示从顶点 v_i 到顶点 v_j 的、中间顶点序号不大于 $k-1$ 的最短路径上 v_j 的前一个顶点序号。$[i][j]$ 表示从顶点 v_i 到顶点 v_j 的路径上 v_j 的前驱的顶点编号。$\boldsymbol{P}^{(0)}$ 为初始路径矩阵，如从顶点 v_i 到顶点 v_j 存在有向边 $<v_i v_j>$，则 $P^{(0)}[i][j]=i$，否则 $P^{(0)}[i][j]=-1$；$\boldsymbol{P}^{(1)}$ 是在 $\boldsymbol{P}^{(0)}$ 的基础上投放第 0 号顶点 v_0 得到的；$\boldsymbol{P}^{(2)}$ 是在 $\boldsymbol{P}^{(1)}$ 的基础上投放第 1 号顶点 v_1 得到的。如此递推，$\boldsymbol{P}^{(k)}$ 是在 $\boldsymbol{P}^{(k-1)}$ 的基础上投放第（$k-1$）号顶点 v_{k-1} 得到的，当 $A^{(k)}[i][j]=A^{(k-1)}[i][k-1]+A^{(k-1)}[k-1][j]$ 时，则

$$P^{(k)}[i][j]=P^{(k-1)}[k][j]。$$

例如：针对图 4.21 所示的图 G_{13}，有：

$$P^{(0)}=\begin{bmatrix}0 & 0 & 0\\1 & 1 & 1\\2 & -1 & 2\end{bmatrix}。$$

投入 0 号顶点，发现 $A^{(1)}[2][1]=A^{(0)}[2][0]+A^{(0)}[0][1]$，发生了更新，于是，$P^{(1)}[2][1]=P^{(0)}[0][1]=0$，而其他顶点不变，得到：

$$P^{(1)}=\begin{bmatrix}0 & 0 & 0\\1 & 1 & 1\\2 & 0 & 2\end{bmatrix}。$$

再投入 1 号顶点，发现 $A^{(2)}[0][2]=A^{(1)}[0][1]+A^{(1)}[1][2]$，发生了更新，于是，$P^{(2)}[0][2]=P^{(1)}[1][2]=1$，而其他顶点不变，得到：

$$P^{(2)}=\begin{bmatrix}0 & 0 & 1\\1 & 1 & 1\\2 & 0 & 2\end{bmatrix}。$$

再投入 2 号顶点，发现 $A^{(3)}[1][0]=A^{(2)}[1][2]+A^{(2)}[2][0]$，发生了更新，于是，$P^{(3)}[1][0]=P^{(2)}[2][0]=2$，而其他顶点不变，得到：

$$P^{(3)}=\begin{bmatrix}0 & 0 & 1\\2 & 1 & 1\\2 & 0 & 2\end{bmatrix}。$$

根据 $\boldsymbol{A}^{(3)}$ 和 $\boldsymbol{P}^{(3)}$ 可以得出所有顶点之间的最短路径，其结果如表 4.1 所示。

表 4.1　求图 G_{13} 所有顶点之间的最短路径

顶点对	最短路径	长度
<0.1>	0→1	40
<0.2>	0→1→2	60
<1,0>	1→2→0	50
<1,2>	1→2	20
<2,0>	2→0	30
<2,1>	2→0→1	70

程序 4.11　弗洛伊德算法的实现

程序 4.12　输出所有顶点对的最短路径

针对图 G_{12} 求所有顶点对的最短路径的过程如图 4.22 所示。

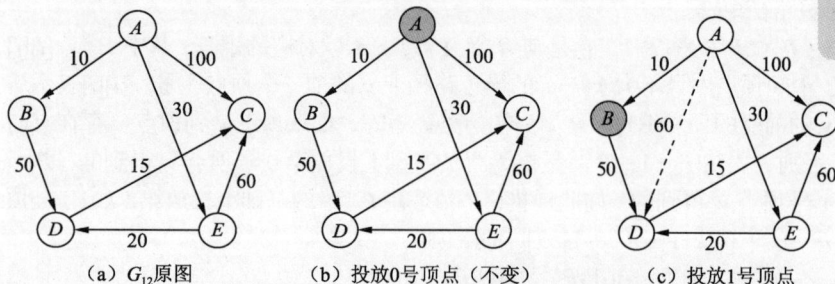

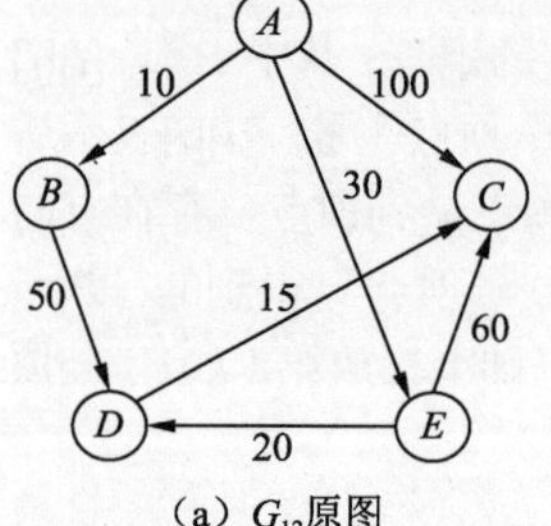

（a）G_{12}原图　（b）投放0号顶点（不变）　（c）投放1号顶点

图 4.22　针对图 G_{12} 求所有顶点对的最短路径的过程

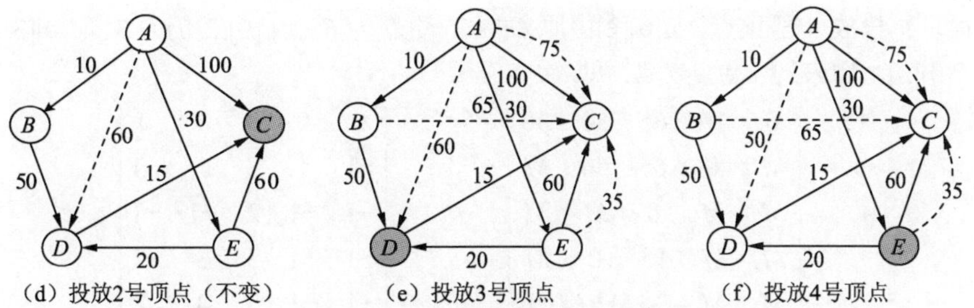

（d）投放2号顶点（不变）　（e）投放3号顶点　（f）投放4号顶点

图4.22 针对图 G_{12} 求所有顶点对的最短路径的过程（续）

首先对最短路径长度矩阵 **A** 和路径矩阵 **P** 进行初始化，得到：

$$A^{(0)}=\begin{bmatrix}0&10&100&M&30\\M&0&M&50&M\\M&M&0&M&M\\M&M&15&0&M\\M&M&60&20&0\end{bmatrix},\quad P^{(0)}=\begin{bmatrix}0&0&0&-1&0\\-1&1&-1&1&-1\\-1&-1&2&-1&-1\\-1&-1&3&3&-1\\-1&-1&4&4&4\end{bmatrix};$$

第1次循环，投放0号顶点，因为0号顶点的入度为零，没有起到搭桥作用，最短路径长度矩阵 **A** 和路径矩阵 **P** 没有修改，即

$$A^{(1)}=\begin{bmatrix}0&10&100&M&30\\M&0&M&50&M\\M&M&0&M&M\\M&M&15&0&M\\M&M&60&20&0\end{bmatrix},\quad P^{(1)}=\begin{bmatrix}0&0&0&-1&0\\-1&1&-1&1&-1\\-1&-1&2&-1&-1\\-1&-1&3&3&-1\\-1&-1&4&4&4\end{bmatrix};$$

第2次循环，投放1号顶点，$A[0][3]$由 M 更新为60，$P[0][3]$由−1更新为1，即

$$A^{(2)}=\begin{bmatrix}0&10&100&60&30\\M&0&M&50&M\\M&M&0&M&M\\M&M&15&0&M\\M&M&60&20&0\end{bmatrix},\quad P^{(2)}=\begin{bmatrix}0&0&0&1&0\\-1&1&-1&1&-1\\-1&-1&2&-1&-1\\-1&-1&3&3&-1\\-1&-1&4&4&4\end{bmatrix};$$

第3次循环，投放2号顶点，矩阵 **A** 和矩阵 **P** 没有修改，即

$$A^{(3)}=\begin{bmatrix}0&10&100&60&30\\M&0&M&50&M\\M&M&0&M&M\\M&M&15&0&M\\M&M&60&20&0\end{bmatrix},\quad P^{(3)}=\begin{bmatrix}0&0&0&1&0\\-1&1&-1&1&-1\\-1&-1&2&-1&-1\\-1&-1&3&3&-1\\-1&-1&4&4&4\end{bmatrix};$$

第4次循环，投放3号顶点，$A[0][2]$由原来的100更新为75，$P[0][2]$由原来的0更新为3；$A[1][2]$由原来的 M 更新为65，$P[1][2]$由原来的−1更新为3，$A[4][2]$由原来的60更新为35，$P[4][2]$由原来的4更新为3，即

$$A^{(4)}=\begin{bmatrix}0&10&75&60&30\\M&0&65&50&M\\M&M&0&M&M\\M&M&15&0&M\\M&M&35&20&0\end{bmatrix},\quad P^{(4)}=\begin{bmatrix}0&0&3&1&0\\-1&1&3&1&-1\\-1&-1&2&-1&-1\\-1&-1&3&3&-1\\-1&-1&3&4&4\end{bmatrix};$$

第 5 次循环，投放 4 号顶点，$A[0][2]$由原来的 75 更新为 65，$P[0][2]$仍为 3，$A[0][3]$由原来的 60 更新为 50，$P[0][3]$由原来的 1 更新为 4，即

$$\boldsymbol{A}^{(5)}=\begin{bmatrix}0&10&65&50&30\\M&0&65&50&M\\M&M&0&M&M\\M&M&15&0&M\\M&M&35&20&0\end{bmatrix},\quad \boldsymbol{P}^{(5)}=\begin{bmatrix}0&0&3&4&0\\-1&1&3&1&-1\\-1&-1&2&-1&-1\\-1&-1&3&3&-1\\-1&-1&3&4&4\end{bmatrix}。$$

程序运行后，所有顶点之间的最短路径如下。

（1）顶点 A 到其他顶点的最短路径

10: $A \to B$

65: $A \to E \to D \to C$

50: $A \to E \to D$

30: $A \to E$

（2）顶点 B 到其他顶点的最短路径

无: $B \to A$

65: $B \to D \to C$

50: $B \to D$

无: $B \to E$

（3）顶点 C 到其他顶点的最短路径

无: $C \to A$

无: $C \to B$

无: $C \to D$

无: $C \to E$

（4）顶点 D 到其他顶点的最短路径

无: $D \to A$

无: $D \to B$

15: $D \to C$

无: $D \to E$

（5）顶点 E 到其他顶点的最短路径

无: $E \to A$

无: $E \to B$

35: $E \to D \to C$

20: $E \to D$

4.7 拓扑排序与关键路径

4.7.1 有向无环图

如果一个有向图无法从某个顶点出发经过若干条边回到该点，则这个图是一个有向无环图（directed acyclic graph，DAG）。有向无环图分为 AOV（activity on vertex）网和 AOE（activity on edge）网两种。

AOV 网是一种用顶点表示活动、用有向边表示活动之间优先关系的图。在现代化管理中，AOV

网常用于描述和分析工程的计划与实施过程。一个工程通常被划分为多个小的子工程，这些子工程称为活动（activity）。在 AOV 网中，顶点表示活动，而边表示活动之间的先后关系。通过这种方式，AOV 网能够清晰地展现工程的计划与实施过程，从而帮助有效地管理工程进度和资源。AOV 网主要用于讨论拓扑排序问题。图 4.23 展示了一个 AOV 网的示例图 G_{14}。

AOE 网是一种用边表示活动的网络模型，主要用于描述工程或项目的进度安排。在 AOE 网中，顶点表示事件（如某个活动的开始或结束），而边则表示活动之间的先后顺序。通常，AOE 网只有一个源点（表示工程的开始）和一个汇点（表示工程的结束）。每条边的权值表示完成相应活动所需的时间。通过分析 AOE 网，能够找出关键路径（完成整个工程所需的最短时间），并识别关键活动（对工程进度有最大影响的活动）。因此，AOE 网在项目管理中是一种非常有用的工具，可以帮助优化工程的进度安排和时间管理。图 4.24 展示了一个 AOE 网的示例图 G_{15}。

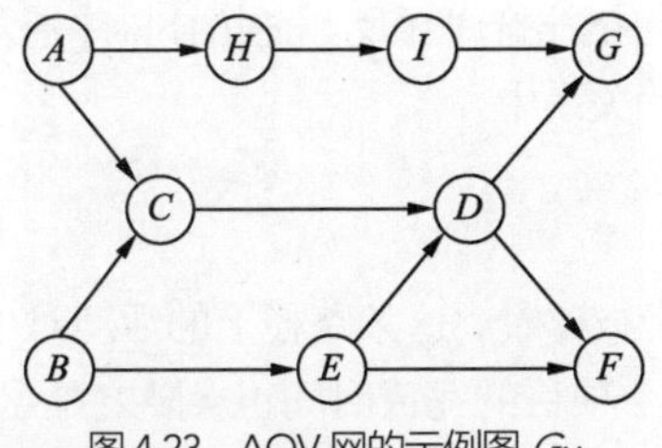

图 4.23 AOV 网的示例图 G_{14}

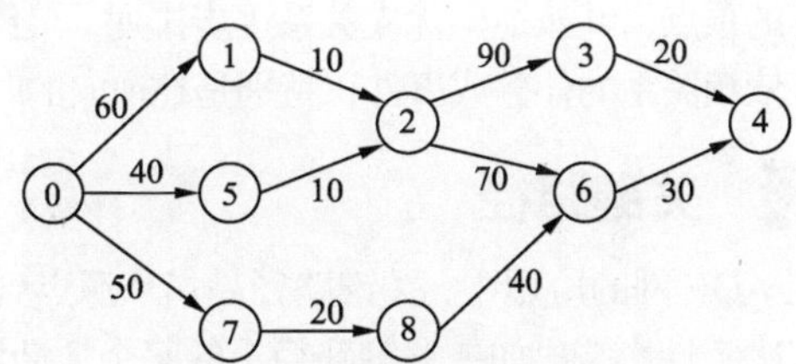

图 4.24 AOE 网的示例图 G_{15}

4.7.2 拓扑排序

拓扑排序是确定 AOV 网顶点序列的操作。对于 AOV 网中的任意一条有向边 $<v_i, v_j>$，如果 v_i 在拓扑序列中一定位于 v_j 之前，那么这样的顶点序列就称为拓扑序列。

拓扑序列并不唯一，即对于一个 AOV 网，可能存在多个满足拓扑排序条件的序列。例如，针对图 4.25（a）所示的图 G_{16}，其拓扑排序序列有两个，即图 4.25（b）的 *ABCD* 和图 4.25（c）的 *ACBD*。然而，一旦算法执行，在给定的图和输入条件下，拓扑排序的结果一般是唯一的。

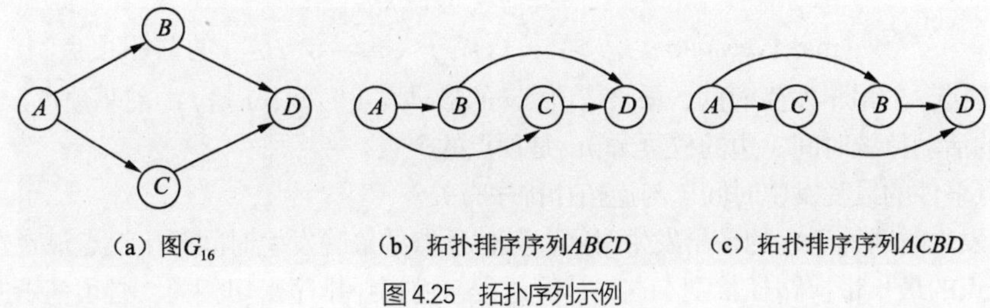

（a）图 G_{16}　（b）拓扑排序序列 *ABCD*　（c）拓扑排序序列 *ACBD*

图 4.25 拓扑序列示例

算法 4.9 拓扑排序算法

```
输入：AOV 网
输出：拓扑排序序列
1 定义一个队列 queue，用于存储入度为 0 的顶点，初始化为空；
2 定义一个数组 topOrder，用于存储拓扑排序序列，初始化为空；
3 求每个顶点的入度；
4 把入度为 0 的顶点插入队列；
5 循环，当(队列 queue 不为空)，执行以下操作：
    5.1 从队列 queue 中取出一个节点 v；
    5.2 将 v 添加到 topOrder 中；
    5.3 循环，遍历 v 的所有邻接节点 u，执行以下操作：
        5.3.1 将 u 的入度值减 1；
        5.3.2 如果(u 的入度为 0)，将 u 入队列 queue；
6 输出 topOrder。
```

如果算法输出的 topOrder 中元素个数小于图的顶点数，则说明图中存在环，不能做完整的拓扑排序。

拓扑排序算法需要事先计算各个顶点的入度。程序 4.13 用于求编号为 vId 顶点的入度。

程序 4.13 求编号为 vId 的顶点的入度

这个程序本质上就是遍历所有边，并记录指向 vId 的边的个数。

以下是拓扑排序的实现程序，将排序结果存入数组 t 中，数组 t 存储的是顶点数组的下标。

程序 4.14 拓扑排序算法的实现（私有方法的实现）

程序 4.13

程序 4.14

与拓扑排序对应的还有逆拓扑排序。逆拓扑排序是将 AOV 网中的顶点排列成一个序列，对于 AOV 网中的任意一条有向边 $<v_i, v_j>$，如果 v_i 在逆拓扑排序中位于 v_j 之后，那么这样的顶点序列就称为逆拓扑序列。与拓扑排序相反，逆拓扑排序首先输出没有后继的顶点，即出度为零的顶点，并按逆向优先关系逐步排列，最终得到的序列与拓扑排序相反。逆拓扑排序通常用于处理具有依赖关系的任务或事件，特别是在逆向的时间管理和依赖关系中。

4.7.3 关键路径

在 AOE 网的应用中，关键路径是指从源点到汇点的最长带权路径，这条路径上的活动对项目完成时间有决定性影响。如果关键路径上的某个活动发生延迟，整个项目的完成时间也会随之延迟。因此，找出关键路径能够帮助项目管理人员识别出哪些活动是至关重要的，从而在资源分配和时间安排上做出合理决策。要计算关键路径，首先需要确定每个顶点事件的最早发生时间、最迟发生时间，并计算每条边活动的可延迟时间。

（1）顶点事件的最早发生时间（与拓扑排序有关）

源点的最早发生时间为 0，其他顶点的最早发生时间等于从源点到该顶点的最长带权路径长度。这一计算过程与拓扑排序密切相关，必须基于拓扑排序的结果，按顺序依次计算每个顶点的最早发生时间，其公式如下：

$$\mathrm{ve}(j)=\begin{cases}0, & j=0\text{（源点）}\\ \max\{\mathrm{ve}(i)+c<i,j>\}, & (1\leqslant j\leqslant nv-1,\ i\text{是 } j\text{ 的前驱顶点})\end{cases}$$

其中，ve(j)是顶点 j 的最早发生时间，ve(i)是顶点 i 的最早发生时间，i 是 j 的前驱顶点，$c<i, j>$是从顶点 i 到顶点 j 的活动持续时间（边的权重），nv 是顶点的个数。

（2）顶点事件的最晚发生时间（与逆拓扑排序有关）

汇点最晚发生时间等于它的最早发生时间，其他顶点的最晚发生时间等于汇点最晚发生时间减去从该顶点到汇点的最长带权路径长度。这一计算过程与逆拓扑排序密切相关，必须基于逆拓扑排序的结果，按顺序依次计算每个顶点的最晚发生时间，其公式如下：

$$\mathrm{vl}(i)=\begin{cases}\mathrm{ve}(i), & i=nv-1\text{（汇点）}\\ \min\{\mathrm{vl}(j)-c<i,j>\}, & 0\leqslant i\leqslant nv-2,\ j\text{是}i\text{的后继顶点}\end{cases}$$

其中，vl(i)是顶点 i 的最晚发生时间，vl(j)是顶点 j 的最晚发生时间，j 是 i 的后继顶点。

（3）边活动的可延迟时间

边活动的可延迟时间（活动的浮动时间）是指该活动的完成时间可以推迟的时间（不会影响整体项目的最终完成时间），其公式如下：

$$\mathrm{del}<i,j>=\mathrm{vl}(j)-\mathrm{ve}(i)-c<i,j>$$

（4）关键活动

关键活动是指可延迟时间为 0 的活动。关键活动的任何延迟都将直接影响整体项目的完成时间，因此这些活动是项目进度管理的核心。

（5）关键路径

关键路径是指由所有关键活动构成的路径，是从源点到汇点的最长带权路径。关键路径上的任何活动的延迟都会导致项目整体延误。

（6）关键路径的长度

关键路径的长度是指关键路径上有向边的权值之和。

求关键路径的算法步骤如下所示。

算法 4.10　求关键路径

```
输入：AOE 网
输出：关键路径边集
定义一个数据类型为 PathData 的数组 result，用于存储关键路径的边；
利用算法 4.9 计算 AOE 网的拓扑序列；
根据拓扑序列计算每一个点的最早发生时间；
根据拓扑序列的逆序计算每一个点的最晚发生时间；
计算每一条边的可延迟时间；
如果(某边的可延迟时间为 0)，则将其存储到 result 中；
输出 result。
```

程序 4.15　求关键路径的实现

程序 4.15

程序最后将关键路径边存储在result中并返回。注意程序中的“if(delay < 0.0001 && delay > -0.0001)”语句用于判断 delay 是否为 0。浮点数在计算机中以二进制形式进行存储，而二进制无法精确地表示所有的十进制小数。因此，当使用一个有限的位数来表示一个浮点数时，就会引入舍入误差。由于舍入误差和精度限制，直接使用等号(==)判断浮点数是否相等往往会导致错误的结果。取而代之的是，通常使用一个误差范围（例如，一个很小的容差值）来比较两个浮点数的差异。一种常见的方法是检查两个浮点数的差值是否小于某个给定的容差值（如 0.0001）。如果两个浮点数的差异小于容差值，则可以认为它们是相等的。

针对图 G_{15}，程序运行的结果如表 4.2 和表 4.3 所示。

表 4.2　图 G_{15} 所有顶点事件的最早发生时间和最晚发生时间

顶点	最早发生时间	最晚发生时间
0	0	0
1	60	60
2	70	70
3	160	160
4	180	180
5	40	60
6	140	150
7	50	90
8	70	110

表 4.3　图 G_{15} 所有边活动的可延迟时间

边	边活动时间	边活动可延迟时间
<0, 1>	60	0
<0, 5>	40	20
<0, 7>	50	40
<1, 2>	10	0
<2, 3>	90	0
<2, 6>	70	10

续表

边	边活动时间	边活动可延迟时间
<3, 4>	20	0
<5, 2>	10	20
<6, 4>	30	10
<7, 8>	20	40
<8, 6>	40	40

4.8 图的应用：迷宫求解

图的结构及算法常用于解决现实中路径问题，如地图导航路径求取问题或电子游戏中虚拟地图的路径规划问题。迷宫求解是图的应用的一个经典问题。

（1）问题描述

假设有一个 $m \times n$ 的长方阵，称为迷宫，如图 4.26 所示，图中阴影方格表示此路不通，空白方格表示此路可通，带圆圈的空白方格分别表示入口和出口。规定每次只能走上下左右相邻的一格。设计一个算法，求出从入口到出口的路径。

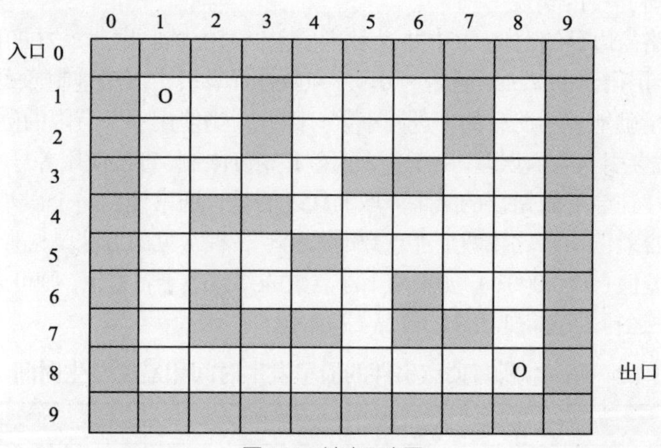

图 4.26　迷宫示意图

迷宫的存储可以使用一个二维字符数组 maze[ ][ ]表示，row 和 col 分别表示迷宫的行数和列数。数组 maze[*i*][*j*]表示迷宫中第 *i* 行第 *j* 列的一个方格，并规定，maze[*i*][*j*] = ‘0’表示该方格可以通行；maze[*i*][*j*] = ‘1’表示该方格不可通行；maze[*i*][*j*] = ‘S’表示此方格为起点；maze[*i*][*j*] = ‘E’表示此方格为终点。可以在迷宫的四周加上一圈障碍（maze[*i*][*j*] = ‘1’），这样可以确保从迷宫的任意方格出发，都有 4 个方向可以选择。

（2）解决思路

为了求解迷宫的路径，可以把迷宫转换成图。将迷宫中的每个空白位置视为图中的一个顶点，空白位置的上下左右邻接关系视为图中的无向边。例如，图 4.26 所示的迷宫可以转换成图 4.27 所示的图。一旦迷宫被转换成图，迷宫求解问题就转化为在图中找到从入口顶点到出口顶点的路径问题。可以使用图的算法来求解迷宫的路径。在前面的章节中，已经实现了图类的最短路径算法，这里可以直接使用。

假设用文本文件 maze.txt 存储迷宫，图 4.26 所示迷宫对应的文本文件的内容如图 4.28 所示。文本文件的第一行表示迷宫的行数和列数，接下来为迷宫的具体内容。

```
(1,1)—(2,1)        (4,1)—(5,1)—(6,1)        (8,1)
  |      |            |     |     |             |
(1,2)—(2,2)        (4,2)—(5,2)—(6,2)        (8,2)
  |      |            |                         |
(1,3)—(2,3)—(3,3)—(4,3)              (7,3)—(8,3)
  |                   |                 |       |
(1,4)              (4,4)—(5,4)—(6,4)—(7,4)—(8,4)
  |                         |     |     |       |
(1,5)  (2,5)  (3,5)        (5,5)—(6,5)—(7,5)—(8,5)
  |             |           |           |       |
(1,6)         (3,6)—(4,6)—(5,6)        (7,6)—(8,6)
  |                         |                   |
(1,7)                      (5,7)                (8,7)
                            |
       (2,8)  (3,8)  (4,8)  (5,8)  (6,8)  (7,8)  (8,8)
```

图 4.27　迷宫转换为图

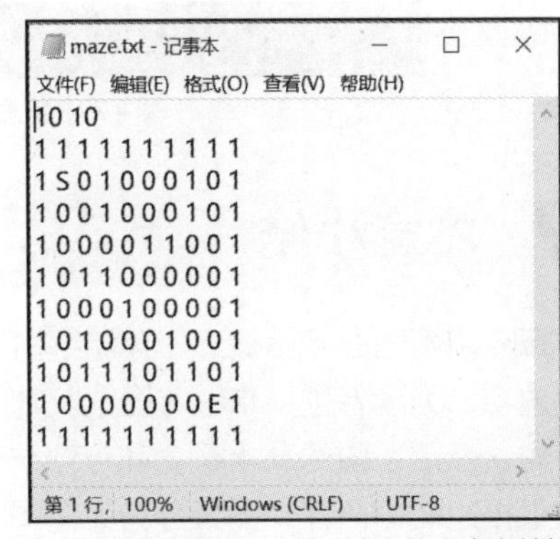

maze.txt - 记事本

文件(F) 编辑(E) 格式(O) 查看(V) 帮助(H)

```
10 10
1111111111
1S01000101
1001000101
1000011001
1011000001
1000100001
1010001001
1011101101
10000000E1
1111111111
```

第 1 行，100%　Windows (CRLF)　UTF-8

图 4.28　用于存储图 4.26 所示迷宫的文本文件的内容

（3）算法及程序

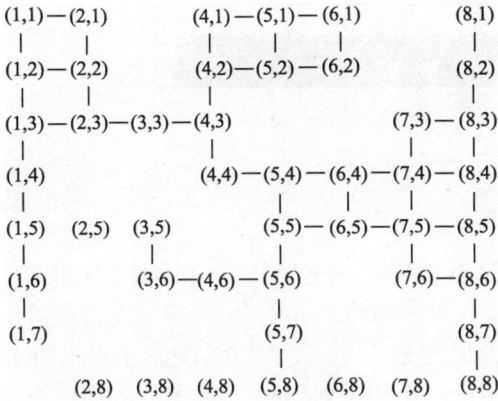

用于求解迷宫问题 Maze 类定义如程序 4.16 所示。

程序 4.16

程序 4.16　用于求解迷宫问题 Maze 类定义

Maze 类中共有 4 个成员变量对象。其中，成员变量 data 存储迷宫的原始数据，它是一个二维 vector 对象。使用“std::pair<int, int>”来存储迷宫格子的坐标。同时为了简化代码，为它取一个别名 Coordinate。使用“Graph<Coordinate> graph”来表示抽象成图的迷宫。也可以使用一个包含两个 int 类型的结构体来代表坐标。但如果使用自定义结构体，需要继续实现这个结构体的“==”操作符重载，否则 Graph 类不会正确工作。成员变量 start 和 end 分别存储起点和终点坐标。注意使用“std::pair”需要引入头文件<utility>。

公有成员函数 Maze 为构造函数，用于接收参数为存储迷宫数据的文件的地址字符串。私有成员函数 genGraphFormData 负责将 data 对象中的迷宫原始数据转化成图类 graph 对象。公有函数 getSolution() 用于获得从起点到终点的最短路径，使用迷宫格子坐标序列表示。

程序 4.17

程序 4.17　从文本文件中读取数据构造迷宫

构造函数使用了“std::ifstream”，应注意引用头文件<fstream>。在初始化 data 对象时，使用函数 emplace_back 在 vector 的末尾直接构造一个新元素，避免不必要的复制或移动，提高性能。这里 emplace_back (column,0)在 data 末尾添加了一个长度为 column、所有元素都为 0 的 vector。

函数 genGraphFormData 用于将 data 中存储的原始迷宫数据转化成图存储在 graph 成员对象中。

程序 4.18

程序 4.18　将原始迷宫数据转换为抽象图

转换过程分为两步，第一步为所有非墙的格子创建一个图顶点，顶点信息为坐标；第二步对所有非墙格子检测其左侧和下方的格子是否也是非墙格子，若是则添加双向边。

函数 getSolution 获得从起点到终点的最短路径。

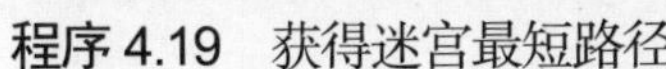

程序 4.19　获得迷宫最短路径

程序 4.19

首先使用函数 genGraphFromData 将原始数据转换为图，然后直接使用 Graph 类的函数 shortestPath 获得 start 到 end 的最短路径。注意这里获得的路径为一个存储 PathData 的 vector。继续使用一个循环将路径数据转换为迷宫坐标序列。

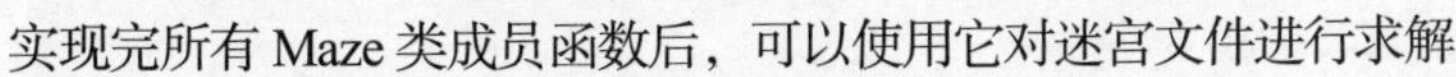

实现完所有 Maze 类成员函数后，可以使用它对迷宫文件进行求解。

程序 4.20

程序 4.20　使用 Maze 类求解迷宫问题

运行程序可以输出迷宫起点到终点的最短路径序列。针对图 4.26 所示迷宫，其运行结果如图 4.29 所示。

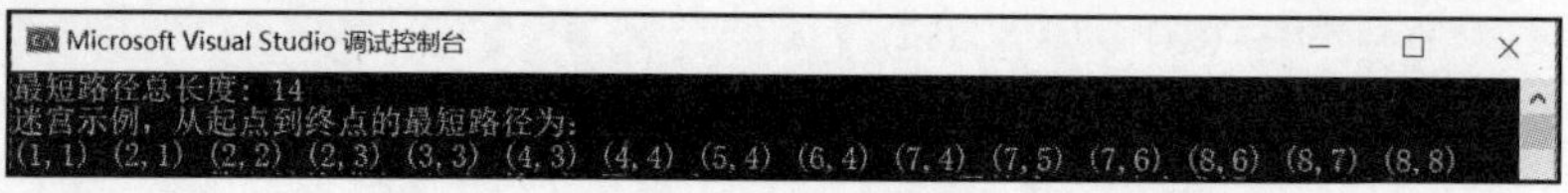

```
Microsoft Visual Studio 调试控制台
最短路径总长度：14
迷宫示例，从起点到终点的最短路径为：
(1,1) (2,1) (2,2) (2,3) (3,3) (4,3) (4,4) (5,4) (6,4) (7,4) (7,5) (7,6) (8,6) (8,7) (8,8)
```

图 4.29　针对图 4.26 所示迷宫求最短路径的结果

4.9 本章小结

本章介绍了图的基本概念、存储结构、遍历方法、最小生成树、最短路径、拓扑排序、关键路径、算法等内容，为读者进一步学习图论及其应用奠定基础。

首先，介绍了图的基本概念和存储结构。图由顶点和边组成，顶点表示实体，边表示实体之间的关系。根据边的方向性，图可分为无向图和有向图。无向图中的边没有方向，表示关系是双向的；而有向图中的边具有方向，表示关系是单向的。此外，根据边是否包含权值，图可分为无权图和带权图。带权图的边具有权值，可表示实体之间的距离、成本或其他量化关系，适用于最短路径、关键路径、最小生成树等多种图论问题的建模与求解。本章介绍了图的两种存储结构，即邻接矩阵和邻接表。邻接矩阵用二维数组表示顶点之间的关系，适合存储稠密图；邻接表则采用链表结构，更适用于稀疏图。不同的存储结构在空间和时间效率上有所不同，具体选择应根据图的特点及应用场景而定。

图的遍历方法包括广度优先搜索（BFS）和深度优先搜索（DFS）。BFS 适用于无权图的单源最短路径（边权相同的情况）和层级搜索，DFS 则可用于连通性检测、拓扑排序（需有向无环图）等场景。最小生成树问题是图论中的经典问题之一。最小生成树是连接无向连通图中所有顶点的无环子图，且边数恰好为顶点数减一，使得这棵树中的边权值之和最小。本章介绍了克鲁斯卡尔（Kruskal）算法和普里姆（Prim）算法，它们都用于在加权无向图中构造权值之和最小的生成树。Kruskal 算法采用边排序的方式逐步构建生成树，而 Prim 算法从某个顶点出发，每次选择连接已选顶点集与未选顶点集的最小权边加入生成树。单源最短路径问题是指从一个给定顶点到其他各个顶点的最短路径。本章介绍了求单源最短路径的迪杰斯特拉（Dijkstra）算法，它是一种贪心算法，通过不断选择当前尚未访问的、距离源点最近的顶点，逐步更新其他顶点的最短路径，直到完成所有计算。Dijkstra 算法不适用于含负权边的图（可能产生错误结果）。本章还介绍了弗洛伊德算法（Floyd），该算法通过动态规划的方式计算每一对顶点之间的最短路径。拓扑排序和关键路径是有向无环图的应用问题。拓扑排序适用于有向无环图（DAG），其目的是将顶点按一定顺序排列，使得每条边的起点在终点之前出现。关键路径是项目管理中的一个重要概念，指的是决定项目完成时间的最长路径，关键路径上的活动若延误，将直接导致项目延误。

最后，本章以迷宫求解为例，探讨了图的实际应用。在迷宫问题中，可以将迷宫中的可通行区域建模为图中的顶点，路径建模为顶点之间的边。对于无权迷宫（所有路径等权），采用广度优先搜索（BFS），即可高效求出最短路径；而对于带权迷宫（路径具有不同权值），则可使用 Dijkstra 算法来计算最小代价路径。

练习题

1. 选择填空题

（1）在下列选项中，其邻接矩阵是对称矩阵的是（　　）。

A. 有向图　　B. 无向图　　C. AOV 网　　D. AOE 网

（2）图中有关路径的定义是（　　）。

A. 由顶点和相邻顶点序偶构成的边所形成的序列

B. 由不同顶点所形成的序列

C. 由不同边所形成的序列

D. 上述定义都不是

（3）已知由7个顶点组成的无向图的邻接矩阵为：

$$\begin{array}{c} \\ A \\ B \\ C \\ D \\ E \\ F \\ G \end{array}\begin{array}{c} \begin{array}{ccccccc} A & B & C & D & E & F & G \end{array} \\ \left[\begin{array}{ccccccc} 0 & 1 & 1 & 1 & 1 & 0 & 1 \\ 1 & 0 & 0 & 1 & 0 & 0 & 1 \\ 1 & 0 & 0 & 0 & 1 & 0 & 0 \\ 1 & 1 & 0 & 0 & 1 & 1 & 0 \\ 1 & 0 & 1 & 1 & 0 & 1 & 0 \\ 0 & 0 & 0 & 1 & 1 & 0 & 1 \\ 1 & 1 & 0 & 0 & 0 & 1 & 0 \end{array}\right] \end{array}$$

则从顶点 *A* 出发进行深度优先遍历可以得到（　　）序列。

A. *ACEDBFG*　　B. *ACDGFBE*　　C. *AECDBGF*　　D. *ABDGFEC*

（4）设图如图4.30所示，在下面的5个序列中，符合深度优先遍历的序列有（　　）个。

① a e b d f c; ② a c f d e b; ③ a e d f c b; ④ a e f d c b; ⑤ a e f d b c

A. 5　　B. 4　　C. 3　　D. 2

（5）图4.31所示是一个由7个顶点组成的无向图。从顶点1出发，对它进行深度优先遍历得到的序列是（　　），而进行广度优先遍历得到的顶点序列是（　　）。

① A. 1354267　　B. 1347652　　C. 1534276　　D. 1247653

② A. 1534627　　B. 1726453　　C. 1543276　　D. 1247653

（6）对图4.32中的图进行拓扑排序，下列序列中不是拓扑序列的是（　　）。

A. abcdef　　B. acdbef　　C. baecdf　　D. beacdf

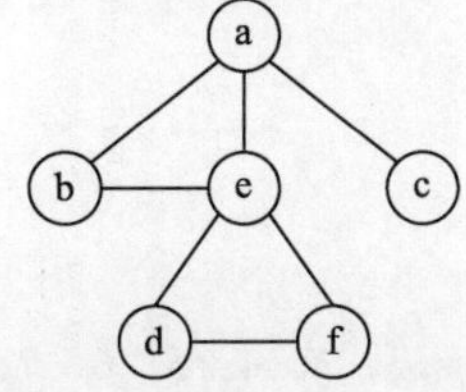

图4.30 练习题1（4）的图

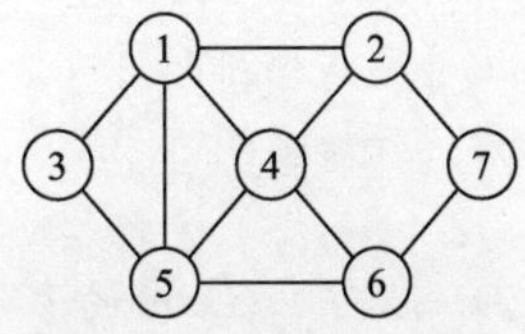

图4.31 练习题1（5）的图

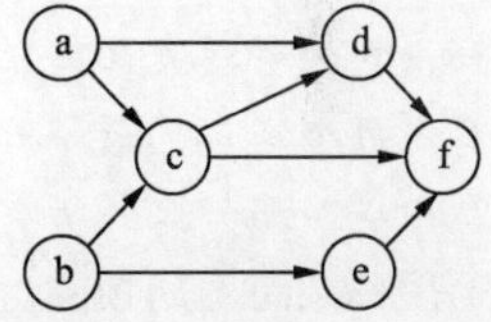

图4.32 练习题1（6）的图

（7）若带权无向图 *G*=（V,E）中含9个顶点，则其最小生成树的边数是（　　）。

A. 8　　B. 9　　C. 18　　D. 19

（8）判断一个有向图是否有环（回路）可以用下列（　　）方法。

A. 求最小生成树　　B. 拓扑排序　　C. 求最短路径　　D. 求关键路径

（9）关键路径是事件节点网络中（　　）。

A. 从源点到汇点的最长路径　　B. 从源点到汇点的最短路径

C. 最长的回路　　D. 最短的回路

（10）用普里姆算法和克鲁斯卡尔算法构造图的最小生成树，（　　）。

A. 相同　　B. 不相同

C. 可能相同，可能不同　　D. 无法比较

（11）如果从无向图的任一顶点出发进行一次深度优先搜索，即可访问所有顶点，则该图一定是（　　）。

A. 完全图　　B. 连通图　　C. 有回路　　D. 一棵树

2. 解答题

（1）假设输入的图文件为：

```
<Vertices> 9
H I A B C D E F G
<Edges> 11
A B 0  A G 0  A H 0
B C 0  C D 0  C F 0
D E 0  F E 0  G C 0
H I 0  I F 0
```

其中<*X Y* 0>表示一条从 *X* 到 *Y* 的有向边，其权值为 0。

① 画出该图的邻接表。

② 写出从 *A* 开始的广度优先遍历序列。

③ 写出从 *A* 开始深度优先遍历所有顶点的序列。

（2）设图采用邻接表存储结构，写出图的删除顶点和删除边的算法步骤。

（3）已知一个无向图如图 4.33 所示，要求分别用 Prim 和 Kruskal 算法生成最小树（假设以 *A* 为起点），试画出构造过程。

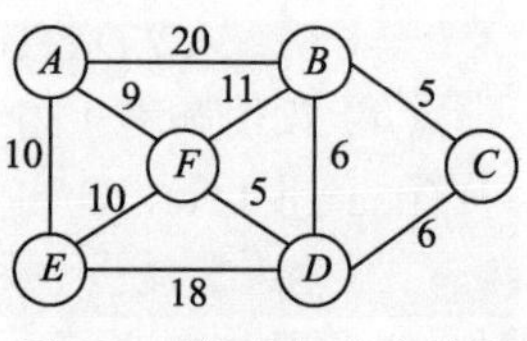

图 4.33　练习题 2（3）的图

（4）设一有向图 N=（V（N）,E（N）），其中 V（N）={V_1, V_2, V_3, V_4, V_5, V_6, V_7}，现用<V_i, V_j, w>表示弧<V_i, V_j>及弧上的权 w，E(N)={<V_1, V_2, 6>, <V_1, V_3, 1>,<V_2, V_3, 11>,<V_2, V_4, 43>,<V_2, V_5, 6>,<V_3, V_5, 12>,<V_4, V_7, 8>, <V_5, V_4, 38>,<V_5, V_6, 24>,<V_6, V_7, 20>}。

① 写出它的邻接矩阵。

② 求出 V_2 的出度和入度。

③ 求出 V_1 到其他所有顶点的最短路径，写出求解过程。

（5）设 AOE 网的事件集为 V={V_1,V_2,V_3,V_4,V_5,V_6,V_7}，用<V_i,V_j,w>表示活动，其中 V_i、V_j 分别表示第 i 和第 j 个事件，w 表示从 V_i 到 V_j 的持续时间，活动集为 E={<V_1,V_2,10>,<V_1,V_3,8>,<V_1,V_4,20>, <V_2,V_4,5>,<V_3,V_4,7>,<V_3,V_5,20>,<V_4,V_6,6>,<V_5,V_6,9>,<V_5,V_7,2>,<V_6,V_7,2>}。

① 画出它的邻接表（表节点按顶点编号递减序排列）。

② 写出每个活动的最早开始时间和最迟开始时间。

③ 写出从 V_1 到 V_7 的所有关键路径。

（6）设一无向图的顶点 *A*、*B*、*C*、*D*、*E*、*F*、*G*、*H* 的序号分别为 1、2、3、4、5、6、7、8，其邻接矩阵如下。

$$
\begin{array}{cc}
 & \begin{array}{cccccccc} A & B & C & D & E & F & G & H \\ 1 & 2 & 3 & 4 & 5 & 6 & 7 & 8 \end{array} \\
\begin{array}{c} A\,1 \\ B\,2 \\ C\,3 \\ D\,4 \\ E\,5 \\ F\,6 \\ G\,7 \\ H\,8 \end{array} &
\begin{bmatrix}
0 & 1 & 1 & 1 & 0 & 0 & 0 & 0 \\
1 & 0 & 1 & 0 & 1 & 1 & 0 & 0 \\
1 & 1 & 0 & 1 & 0 & 1 & 1 & 0 \\
1 & 0 & 1 & 0 & 0 & 0 & 1 & 1 \\
0 & 1 & 0 & 0 & 0 & 0 & 0 & 0 \\
0 & 1 & 1 & 0 & 0 & 0 & 0 & 0 \\
0 & 0 & 1 & 1 & 0 & 0 & 0 & 0 \\
0 & 0 & 0 & 1 & 0 & 0 & 0 & 0
\end{bmatrix}
\end{array}
$$

① 这个图一共有几条边，顶点 *C* 的度为多少？

② 画出图的邻接表，要求邻接表节点按序号从大到小排序。

③ 根据所画邻接表写出从顶点 *A* 出发的深度优先搜索和广度优先搜索遍历序列。

（7）设一个图以邻接表存储，如图 4.34 所示。边节点的第 1 个数据为边的终点下标，第 2 个数据为边的权值，第 3 个数据为指向下一个边节点的指针。

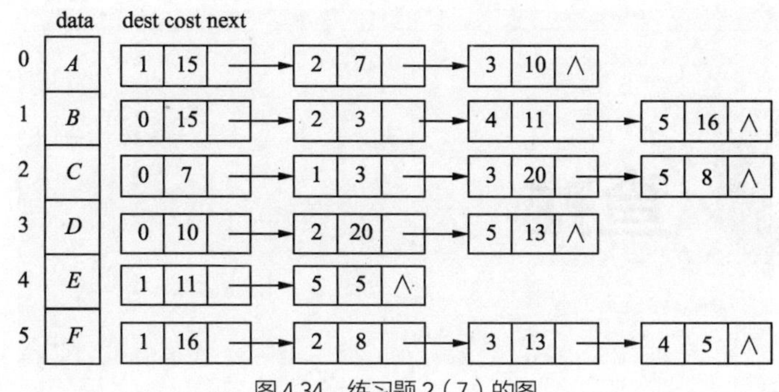

图 4.34　练习题 2（7）的图

① 写出从顶点 A 开始的广度优先遍历序列。

② 写出从顶点 A 开始的深度优先遍历序列。

③ 用普里姆树算法求从顶点 A 开始的最小生成树，依次写出所得到的各条边。

第 5 章 查找

前面 4 章介绍了基本数据结构，包括线性结构、二叉树与树、图等。本章和第 6 章将介绍数据结构的应用，包括查找和排序两部分。

在日常生活中经常会用到查找，如在班级花名册上查找某个学生、在地图上查找某个地名、在互联网上搜索自己感兴趣的信息等。查找是数据处理中非常基本且重要的一环，它可以帮助人们快速准确地找到需要的信息。查找时可以根据数据状态和数据处理要求采用不同的方式，例如，在班级花名册上查找学号为“20241003”的学生，可以采用简单的顺序查找方式，从第一个同学开始逐个比对，直到找到学号为“20241003”的学生为止。如果事先知道花名册是按照学号排序的，就可以采用更加高效的二分查找方式，快速锁定目标。如果该同学不存在，就将该同学的信息插入表中，再采用动态查找方式查找。

本章将介绍一些常见的查找算法，包括顺序查找、二分查找、树表查找、散列查找等，以及它们的应用和性能分析。通过学习查找算法，读者将更好地掌握在信息时代中如何迅速获取所需信息，为后续学习排序算法打下坚实的基础。

5.1 查找的基本概念

1．数据元素与记录

在数据结构中，数据元素是构成数据集合的基本单元，通常代表一个完整的对象或实体。在数据库中，每个数据元素通常对应一条记录。例如，在一个学生信息表中，每位学生的信息可以看作一个数据元素，其中包含学号、姓名、性别、年龄、专业等多个数据项。

2．关键码

用于标识或区分数据元素的数据项称为关键码（key），其具体取值称为关键码值（key value）。能够唯一标识一个数据元素的关键码称为主关键码（primary key），不能唯一标识一个数据元素的关键码称为次关键码（secondary key）。例如，在学生信息表中，学号可以作为主关键码，因为学号通常具有唯一性，通过学号可以快速找到对应的学生记录；而姓名可能不适合作为主关键码，因为存在重名的情况，所以姓名更适合作为次关键码，用于辅助排序或分类等操作。

3．查找过程

查找过程通常是指在一个集合或表中依照关键码 key 查找数据元素 R 的过程。将 key 与表的关键码字段进行比对，找到与之相等的记录，表示查找成功；如果遍历完毕，未找到与之相等的记录，则表明查找失败。假设有一个学生基本信息表，包括学号、姓名、性别、年龄、专业等字段，如表 5.1 所示。若希望查找学号为“20241003”的学生记录，系统会逐条比对学号字段。当找到该学号对应的记录时，则查找成功，并可返回其完整信息：“20241003，王山，男，19，计算机”。

表 5.1 学生基本信息表

学号	姓名	性别	年龄	专业
20241001	张强	男	18	计算机
20241002	李桂	女	19	计算机
20241003	王山	男	19	计算机
20241003	赵钢	男	20	电气工程

4. 静态查找和动态查找

静态查找和动态查找是查找操作中的两个基本概念，它们的主要区别在于查找过程中是否可以修改表的内容。

（1）静态查找是在不改变数据集合的前提下进行的，即在查找过程中不允许对表中的数据进行插入、删除或修改等操作。这种查找适用于数据集合相对稳定，很少发生数据插入、删除或修改的情况。常见的静态查找方法包括顺序查找、二分查找、分块查找等。

（2）动态查找过程中可以伴随着对数据集合的修改，包括插入新数据、删除或修改已有数据等。动态查找适用于数据集合经常变化的情况，即在查找时需要支持对数据进行更新。动态查找通常需要使用更复杂的数据结构，如树结构［包括二叉搜索树（BST）、平衡二叉搜索树（AVL 树）、B-树、B+树等］、散列表、跳表等。

5. 内查找和外查找

内查找和外查找是根据查找过程中是否涉及内外存交互来划分的两个概念。

（1）内查找（internal searching）操作完全在计算机内存中进行，不涉及外部存储设备。所有的数据元素都存储在内存中，查找过程仅通过内存中的数据结构完成。由于内存的读写速度较快，内查找通常具有较高的查找效率。典型的内查找数据结构包括数组、链表和树结构。

（2）外查找（external searching）操作涉及内存和外部存储设备的交互。当数据量较大，无法完全放入内存时，部分数据可能存储在外部存储设备（如硬盘、固态硬盘等）中。由于外部存储设备的读写速度相对较慢，外查找可能会引入较大的 I/O 开销。典型的外查找数据结构包括 B-树、B+树等，它们被设计用于在外部存储设备中组织和查找大量数据。

在实际应用中，内查找和外查找的选择取决于数据的规模和存储情况。对于较小规模的数据集，可以采用内查找；而对于较大规模的数据集，则需要使用外查找来处理。在设计和选择查找算法时，理解内外查找的概念对于优化系统性能是至关重要的。

6. 查找效率

查找效率是衡量查找算法优劣的重要指标，通常使用平均查找长度（average search length，ASL）来表示，即查找过程中所需比较次数的平均值。根据查找结果的不同，平均查找长度可分为以下两类。

（1）查找成功时的平均查找长度，记作 $\text{ASL}_{\text{成功}}$，其计算公式为

$$\text{ASL}_{\text{成功}} = \sum_{i=1}^{n} p_i c_i$$

其中 p_i 表示第 i 个元素被查找的概率，c_i 表示查找到该元素时所需的比较次数。

（2）查找失败时的平均查找长度，记作 $\text{ASL}_{\text{失败}}$，其计算方法依赖于具体的查找算法。

7. 散列查找

散列查找是一种基于散列函数的查找方法，它通过将关键码映射到表中的位置来实现快速的数据检索。相较于其他查找方法，散列查找在某些情境下能够提供更高效的性能。5.6 节将更详细地讨论散列查找的原理、实现和应用场景。

5.2 静态查找

5.2.1 顺序查找

1．顺序查找定义

顺序查找是一种基本的查找方法，通常从表的一端开始逐个比对记录的关键码与给定的 key，直到找到匹配的记录为止。如果遍历完整个表仍未找到匹配的记录，则表明查找失败。

2．顺序查找表记录类型

```
struct SqList {
    KeyType key;                //关键码
    InfoType otheritems;        //其他数据项
};
```

记录类型“struct SqList”包括一个关键码和其他数据项的抽象表示。关键码的数据类型用 KeyType 表示，通常为整型、字符型或其他适合作为索引的数据类型，用于快速定位和比较记录。InfoType 表示与关键码关联的其他信息，其类型可根据实际需求确定，可以是基本类型，也可以是结构体、数组等复杂类型。

3．顺序查找算法及其实现

顺序查找的基本思想是：将表中的第一个单元（下标为 0 的单元）设置为哨兵，把待查值 key 赋值给该单元，查找时从表的最后一条记录开始，依次向前比对关键码，直到找到与 key 相等的记录为止。如果查找成功，则返回该记录在表中的位置，否则返回失败信息。使用哨兵可以减少查找过程中的边界判断，无须在每次比较时检查是否越界，从而简化程序结构，并提高查找效率。

算法 5.1 顺序查找（设置哨兵）

```
输入：记录数组 L[1,…,n]，待查关键码 key
输出：若查找成功，返回关键码等于 key 的记录下标；否则返回 0
1 将待查关键码 key 赋值给 L[0].key;                //作为哨兵
2 定义计数器 j，置其初值为 n;                       //从表尾开始向前查找
3 循环，当(L[j].key ≠ key)，则 j--;                //继续比较
4 返回 j。                                         //如果返回的值为 0，则表明查找失败
```

程序 5.1 顺序查找算法的实现

程序 5.1

例 5.1 对线性表 L：{2, 4, 3, 12, 6, 5}进行顺序查找。

假设待查关键码为 3，则从后往前进行比较，依次与关键码 5、6、12、3 进行比对，最后与 3 比对成功，一共比较 4 次，查找成功，返回位置 3。

假设待查关键码为 7，依次与关键码 5、6、12、3、4、2 进行比对，共比较 7 次，查找失败。

4．顺序查找的性能分析

顺序查找成功时的平均查找长度为

$$\text{ASL}_{\text{成功}} = \sum_{i=1}^{n} p_i c_i = \sum_{i=1}^{n} \frac{1}{n}(n-i+1) = \frac{n+1}{2}$$

查找失败时的平均查找长度为

$$\text{ASL}_{\text{失败}} = n+1$$

因此，顺序查找的时间复杂度是 $O(n)$，其中 n 是记录的个数。随着数据规模的增大，查找时间呈线

性增长。因此，顺序查找适用于小型数据集或者无序数据的简单查找，不适用于大规模数据集的查找。

顺序查找不需要额外的存储空间，所以空间复杂度为 $O(1)$。

5.2.2 折半查找

1. 折半查找定义

折半查找（又称二分查找）是一种效率较高的查找方法，适用于顺序存储且按关键码有序排列（递增或递减）的线性表。其基本思想是：将待查关键码 key 与表的中间位置 mid 的关键码进行比较，如果相等，则查找成功；如果 key 小于 mid 位置的关键码，则在表的左半部分继续进行折半查找，如果 key 大于 mid 位置的关键码，则在表的右半部分继续进行折半查找。该过程不断缩小查找区间，直到找到目标记录或区间为空为止。为与顺序查找的下标范围保持一致，便于统一描述，折半查找也约定查找范围为 L[1, ⋯, n]，即从下标 1 开始，而不是从 0 开始。

算法 5.2 折半查找

```
输入：有序记录数组 L[1,...,n]，待查关键码 key
输出：若查找成功，返回关键码等于 key 的记录下标；否则返回-1
1 置 low = 1, high = n;                              // 定义查找区间上下界
2 循环，当(low ≤ high)时，执行以下操作：
   2.1 置 mid = (low + high) / 2;                     // 计算中间位置
   2.2 如果(L[mid].key == key)，则返回 mid;           // 查找成功
   2.3 否则，执行以下操作：
      2.3.1 如果(key < L[mid].key)，则 high = mid -1;
      2.3.2 否则，low = mid + 1;
   3 返回 -1。                                        // 查找失败
```

程序 5.2 折半查找算法的实现

程序 5.2

2. 折半查找判定树

折半查找的过程可以用折半查找判定树来形象表示。在判定树中，每个节点表示一次关键码比较操作，所对应的是查找表中的一条记录。根节点表示首次比较操作，对应查找表中间位置的记录。根节点的左子树表示所有关键码小于该记录的子区间，右子树则表示所有关键码大于该记录的子区间。查找时，将待查关键码与当前节点所对应记录的关键码进行比较：若前者小于后者，则在左子树中继续查找；否则转向右子树。每向下一层，查找区间将缩小一半，直至找到目标记录或查找区间为空为止。判定树形象地刻画了查找过程中比较操作的路径，有助于分析折半查找的时间复杂度与平均查找长度。

例 5.2 设有关键码序列{6,11,25,31,48,53,67,72,84}，其对应的折半查找判定树如图 5.1 所示，其中带“#”的节点是查找失败节点。

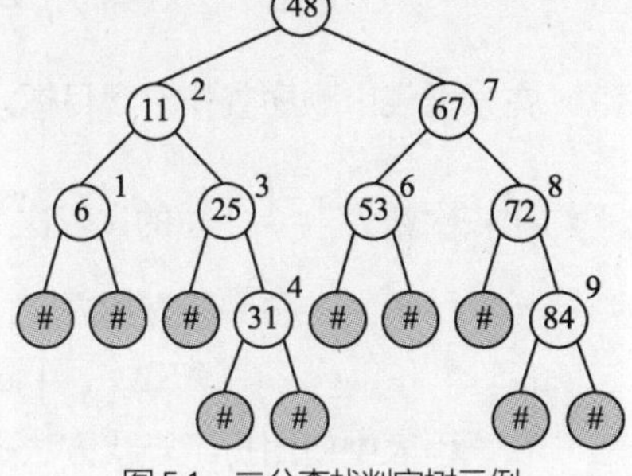

图 5.1 二分查找判定树示例

3. 性能分析

在折半查找过程中，当查找成功时，最大比较次数为 $\lfloor \log_2 n \rfloor + 1$ 或者 $\lceil \log_2(n+1) \rceil$，最小比较次数为 1；当查找失败时，最大比较次数为 $\lfloor \log_2 n \rfloor + 1$ 或者 $\lceil \log_2(n+1) \rceil$，最小比较次数为 $\lfloor \log_2 n \rfloor$ 或者 $\lceil \log_2(n+1) \rceil - 1$。折半查找平均时间复杂度为 $O(\log n)$，在有序表中查找效率较高。

针对例 5.2 的二分查找有

$$\mathrm{ASL}_{成功} = \frac{1}{9}(1\times1+2\times2+3\times4+4\times2) = \frac{25}{9} \approx 2.78$$

$$ASL_{失败}=\frac{1}{10}(6\times3+4\times4)=\frac{34}{10}=3.4$$

5.2.3 分块查找

1．分块查找定义

分块查找（blocking search）是先将数据分成若干块，每块内部的关键码可以是无序的，但块之间的关键码整体有序，即“前一块”中的最大关键码小于“后一块”中的最小关键码。分块需要建立一个索引表，表中的每个条目代表一个块中的最大关键码，并按照关键码的递减排序。分块查找的时间复杂度通常介于 $O(\sqrt{n})$ 和 $O(\log n)$之间，具体值取决于数据块的大小和分块的数量。与传统的二分查找不同，分块查找可以处理更大规模的数据并降低查找时间复杂度。如图 5.2 所示。

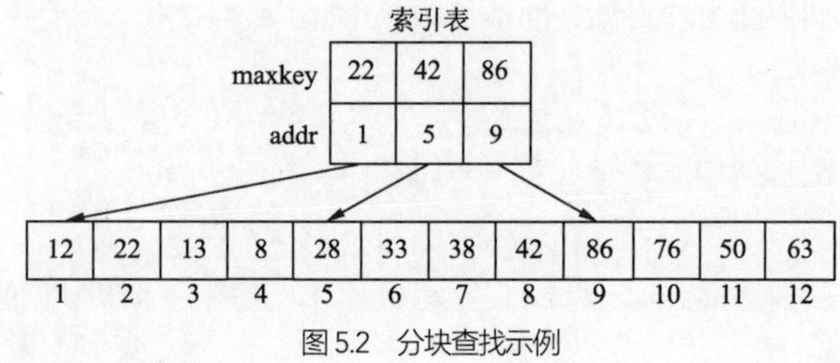

图 5.2　分块查找示例

2．分块查找性能分析

分块查找的时间性能取决于索引表的长度 b、每个块中的平均记录数 s，以及总记录数 n，其中 $b=\frac{n}{s}$。分块查找分两种情况，一种是“顺序—顺序”查找，即先采用顺序查找方法在索引表中找到包含目标元素的块，然后采用顺序查找方法在确定的块内查找目标元素；另一种是“折半—顺序”查找，即先采用折半查找方法在索引表中找到包含目标元素的块，然后采用顺序查找方法在确定的块内查找目标元素。两种查找方式的性能分析如下。

（1）“顺序—顺序”查找方式，平均查找长度 ASL 为

$$ASL_{成功}=\frac{1}{b}\sum_{j=1}^{b}j+\frac{1}{s}\sum_{i=1}^{s}i=\frac{1}{2}(b+s)+1=\frac{1}{2}(\frac{n}{s}+s)=\frac{n+s^2}{2s}$$

在索引表中顺序查找包含目标元素的块，平均比较次数为$\frac{b+1}{2}$；在确定的块内顺序查找目标元素，平均比较次数为$\frac{s+1}{2}$。总的比较次数为$\frac{n+s^2}{2s}$，当$s=\sqrt{n}$时，时间性能达到最优。

（2）“折半—顺序”查找方式，平均查找长度为

$$ASL_{成功}=\lceil\log_2(b+1)\rceil+(s+1)/2\approx\log_2(n/s+1)+s/2$$

在索引表中使用折半查找方法查找包含目标元素的块，平均比较次数为$\lceil\log_2(b+1)\rceil$；在确定的块内顺序查找目标元素，平均比较次数为$\frac{s+1}{2}$。

5.3 二叉搜索树

5.3.1 二叉搜索树的基本概念

在顺序查找中，平均查找长度为（n+1）/2，算法时间复杂度为 $O(n)$，其查找效率并不高。折半查

找虽然比较的次数少，但要求数据有序，且插入和删除操作不方便，因为插入和删除元素时需要移动其他元素以保持有序性，而移动元素的时间复杂度也为 $O(n)$。因此，折半查找通常用于静态查找。将查找数据元素组织成树状结构（简称“树表”）可以克服这些问题，它们允许动态地插入、删除元素，同时保持较高的查找效率。二叉搜索树就是一种常见的树表。

1．二叉搜索树的定义

二叉搜索树（Binary Search Tree）又称二叉排序树，或者是空的二叉树，或者是具有下列性质的二叉树。

（1）若它的左子树非空，则根节点的关键码大于左子树所有节点的关键码；

（2）若它的右子树非空，则根节点的关键码小于右子树所有节点的关键码；

（3）它的左右子树也都是二叉搜索树。

图 5.3 是一个二叉搜索树的示例。

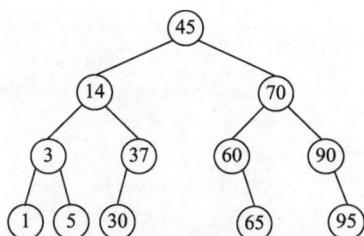

图 5.3　二叉搜索树示例

2．二叉搜索树的一个重要性质

性质 5. 1　中序遍历一棵非空二叉搜索树，可以得到一个递增有序的序列。

证明：用数学归纳法证明。

基础步骤：当二叉搜索树只有一个节点时，该二叉搜索树的中序遍历序列只有一个元素，这个元素形成一个递增有序的序列，即命题成立。

归纳步骤：假设对于一个具有 n 个节点的非空二叉搜索树，中序遍历可以得到一个递增有序的序列。现在考虑一个具有 n+1 个节点的二叉搜索树。进行中序遍历时，首先访问的是根节点的左子树（它有最多 n 个节点），根据归纳假设，根的左子树的中序遍历结果是一个递增有序的序列；接着访问根节点；最后访问根节点的右子树（它有最多 n 个节点），根的右子树的中序遍历结果也是一个递增有序的序列。因此，整个中序遍历的结果首先是一个递增有序的序列（左子树的中序遍历结果），然后是根节点，最后是另一个递增有序的序列（右子树的中序遍历结果）。根据二叉搜索树的定义，左子树的所有节点都比根节点小，右子树的所有节点都比根节点大。因此，将这 3 个部分拼接起来，得到的序列仍然是递增有序的。所以，当二叉搜索树有 n+1 个节点时，中序遍历可以得到一个递增有序的序列。

综合基础步骤和归纳步骤，可以断言对于任何非空二叉搜索树，中序遍历都会得到一个递增有序的序列。证毕。

5.3.2 二叉搜索树的操作

本节定义了一个名为 BSTree 的模板类，用于表示二叉搜索树。类中包含一个内部结构体 BTNode，用于存储节点信息；还包括一个类型为 T 的数据成员 data，以及两个指向左右子节点的指针 left 和 right，并实现了以下重要操作。

（1）insert：插入节点，将一个新元素插入二叉搜索树中。

（2）remove：删除节点，从二叉搜索树中删除一个给定的元素。

（3）findMin、findMax：查找最小、最大节点，返回该节点指针。

（4）findNode：查找指定节点，如果存在，返回对应元素的节点指针；如果不存在，返回 nullptr。

（5）clear：清空二叉搜索树，删除树中的所有节点。

（6）printBiTree：垂直输出二叉搜索树，使用指定的宽度输出树的每一层。

（7）isEmpty：判空。

（8）getSize：获取元素个数。

（9）update：修改二叉搜索树中某一元素的值。

二叉搜索树类定义如下。

```
template<class T>
class BSTree {
private:
    struct BTNode {                                 //二叉搜索树节点结构
        T data;
        BTNode* left, * right;
        BTNode(const T& item, BTNode* l = 0, BTNode* r = 0) :
            data(item), left(l), right(r) {
        }
    };
    BTNode* root;                                   //根指针
    int size;                                       //节点个数
    void insert(const T& x, BTNode*& t);    //插入元素
    void remove(const T& x, BTNode*& t);    //删除节点递归算法(处理被删除节点 P 的左子树)
    void removeNonRec(const T& x, BTNode*& p);
    BTNode* findMin(BTNode* t)const;        //返回最小元素的节点指针
    BTNode* findMax(BTNode* t)const;        //返回最大元素的节点指针
    BTNode* findNode(const T& x, BTNode* t)const;           //递归算法，从根节点开始
查找值为 x 的节点，返回某一元素的节点指针
    BTNode* findNodeNonRec(const T& x, BTNode* t)const;     //非递归算法，从根节点开
始查找值为 x 的节点，返回某一元素的节点指针
    void clear(BTNode*& t);                                 //清空二叉链表节点
    void printBTree(const BTNode* t, int w)const;           //垂直输出二叉搜索树
public:
    BSTree() :root(nullptr),size(0) {};
    ~BSTree() { clear(); }
    T& findMin()const { return findMin(root)->data; }       //返回最小元素
    T& findMax()const { return findMax(root)->data; }       //返回最大元素
    bool findNode(const T& x)const;                         //查找
    bool findNodeNonRec(const T& x)const;                   //查找
    bool isEmpty()const { return size == 0; }               //判空
    int getSize() { return size; }                          //元素个数
    void clear() { clear(root); }                           //清除二叉链表
    void update(const T& x);                                //修改
    void insert(const T& x);                                //插入
    void remove(const T& x) { remove(x, root); }            //删除
    void removeNonRec(const T& x) { removeNonRec(x, root); }
    void printBTree(int w)const { printBTree(root, w); }    //垂直输出
};
```

这里最重要的操作是查找指定节点、插入节点和删除节点。

1．二叉搜索树查找指定节点

在二叉搜索树中，查找节点可以采用递归算法，也可以采用非递归算法。递归算法如下。

算法 5.3 二叉搜索树查找节点的递归算法

```
输入：二叉搜索树根节点指针 t 和待插入的节点的 data 值 x
输出：查找成功或失败
1 如果(二叉搜索树为空)，则返回查找失败；
2 否则，执行以下操作：
    2.1 如果(x 等于根节点的值)，则返回查找成功；
```

```
    2.2 如果(x 小于根节点的值)，则递归查找根节点的左子树;
    2.3 如果(x 大于根节点的值)，则递归查找根节点的右子树。
```

程序 5.3　查找指定节点的递归算法的实现

程序 5.3

针对查找指定节点的任务，BSTree 模板类定义了一个私有方法 BTNode* findNode（const T& x,BTNode* t）const 和一个公有方法 bool findNode（const T& x）const。私有方法接收一个 T 类型的参数 x 和一个指向当前节点的指针 t，如果查找成功，则返回指向该节点的指针；如果查找失败，则返回空指针。公有方法调用私有方法，将参数 x 传递给私有方法，并通过私有方法访问二叉搜索树的根。

二叉搜索树查找指定节点的非递归算法如下。

算法 5.4　查找指定节点的非递归算法程序

```
输入：二叉搜索树根节点指针 t 和待查找节点的 data 值 x
输出：查找成功或失败
1 如果(二叉搜索树为空)，则返回查找失败;
2 否则，执行以下操作：
    2.1 如果(x 等于根节点的值)，则返回查找成功;
    2.2 否则，循环，执行以下操作，直到(找到目标节点或遍历完整棵二叉搜索树)：
        2.2.1 如果(x 小于当前节点的值)，则将当前节点移动到左子节点;
        2.2.2 如果(x 大于当前节点的值)，则将当前节点移动到右子节点;
        2.2.3 如果(x 等于当前节点的值)，则返回查找成功;
    2.3 返回查找失败。
```

程序 5.4　查找指定节点的非递归算法的实现

程序 5.4

2．二叉搜索树查找最小（最大）元素

二叉搜索树的最小元素是二叉搜索树中序遍历的起始元素，也是二叉搜索树的最左子节点；二叉搜索树的最大元素是二叉搜索树中序遍历的最后元素，也是二叉搜索树的最右子节点。

二叉搜索树查找最小元素的程序如下所示，它返回最小元素的节点的指针。

```
template<class T>                        //私有方法，查找最小节点
typename BSTree<T>::BTNode* BSTree<T>::findMin(BTNode* t)const{
   if(t!=nullptr)
      while(t->left!=nullptr)            //沿左路分支寻找
         t=t->left;
   return t;
}
```

二叉搜索树查找最大元素的程序如下所示，它返回最大元素的节点的指针。

```
template<class T>                        //私有方法，查找最大节点
typename BSTree<T>::BTNode* BSTree<T>::findMax(BTNode* t)const{
   if(t!=nullptr)
      while(t->right!=nullptr)           //沿右路分支寻找
         t=t->right;
   return t;
}
```

3．二叉搜索树插入节点

在二叉搜索树中，插入一个节点可以采用递归算法，也可以采用非递归算法。递归算法如下。

算法 5.5　二叉搜索树插入节点的递归算法

```
输入：二叉搜索树和待插入的节点的 data 值 x
输出：插入节点后的二叉搜索树
1 如果(二叉搜索树为空)，则执行以下操作：
```

```
    1.1 生成一个新的节点，其data值设定为x；
    1.2 把新节点作为二叉搜索树的根；
    1.3 二叉搜索树节点个数增1；
2 否则，执行以下操作：
    2.1 如果(x小于根节点的值)，则将值为x的节点递归插入根节点的左子树；
    2.2 否则，将值为x的节点递归插入根节点的右子树。
```

程序 5.5 二叉搜索树插入节点的递归算法的实现

程序5.5

这里也定义了一个私有方法 void insert(const T& x,BTNode* &t)和一个公有方法 void insert(const T & x)。私有方法接收一个T类型的参数x和一个指向当前节点的指针t，生成一个新的节点，并将其插入适当位置。公有方法调用私有方法，将参数x传递给私有方法，并通过私有方法访问二叉搜索树的根。

例 5.3 二叉搜索树的构造。设依次输入关键码{10,5,17,7,15,6,1}构造二叉搜索树，试画出该二叉搜索树的生成过程。

二叉搜索树的生成过程如图5.4所示。

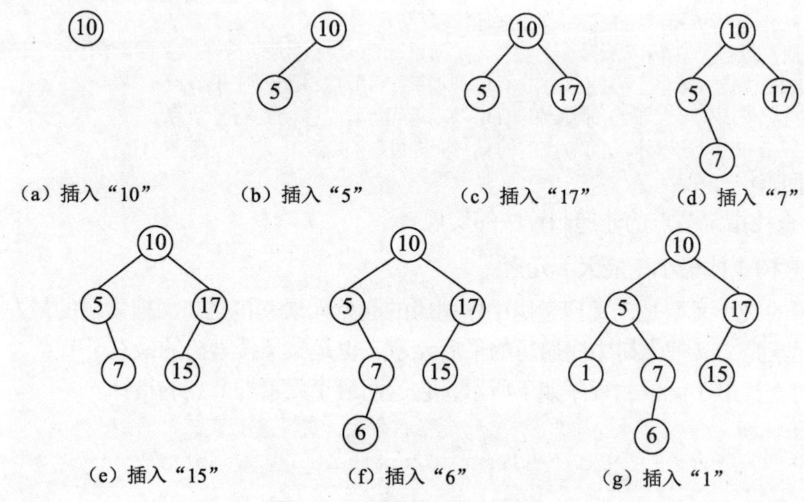

图5.4 二叉搜索树的生成过程

4. 二叉搜索树删除节点

在二叉搜索树中删除节点时，需要考虑多种情况。假设被删除节点为P，其指针为p，P的父节点为F，其指针为f，P的左子树简记为PL，P的右子树简记为PR。

第一种情况：P无右子树或无左子树。

（1）如果P的右子树为空，则用p->left替换p，并删除P。如图5.5（a）所示。

（2）如果P的左子树为空，则用p->right替换p，并删除P。如图5.5（b）所示。

（3）如果P为叶子节点，则将p置为空，并删除P。

关键语句为：

```
BTNode* old = p;
p = (p->left != nullptr) ? p->left : p->right;
delete old;
size--;
```

第二种情况：被删除节点P的左子树和右子树均不为空。这种情况可以从P的左子树着手进行处理，也可以从P的右子树着手进行处理。如果从P的左子树着手进行处理有以下两种情形。

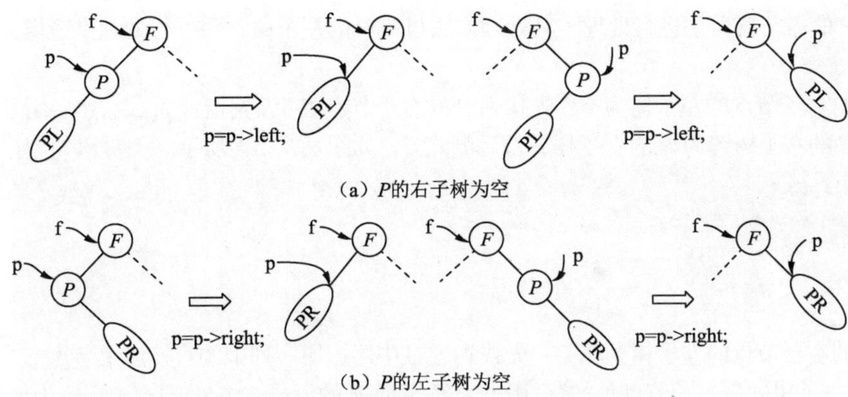

图 5.5 二叉搜索树删除节点 P（P无左子树或无右子树）

（1）*P* 的左子节点的右子树为空：先找到 *P* 的左子节点 *C*（设其指针为 c），然后用 *C* 的值替换 *P* 的值，并将 *C* 的左子树置为 *P* 的左子树，最后删除 *C*，如图 5.6（a）所示。关键语句为：

```
c = p->left;
p->data = c->data;
p->left = c->left;
delete c;
size--;
```

（2）*P* 的左子节点的右子树为非空：先找到 *P* 在中序遍历序列中的直接前驱节点 *C*（设其指针为 c，它是 *P* 的左子树的最右子节点），然后用 *C* 的值替换 *P* 的值，并将 *C* 的左子树置为 *C* 的父节点 *Q*（设其指针为 q）的右子树，最后删除 *C*，如图 5.6（b）所示。关键语句为：

```
c = p->left;
while (c->right != nullptr){
 q = c;
 c = c->right;
}
p->data = c->data;
q->right = c->left;
delete c;
size--;
```

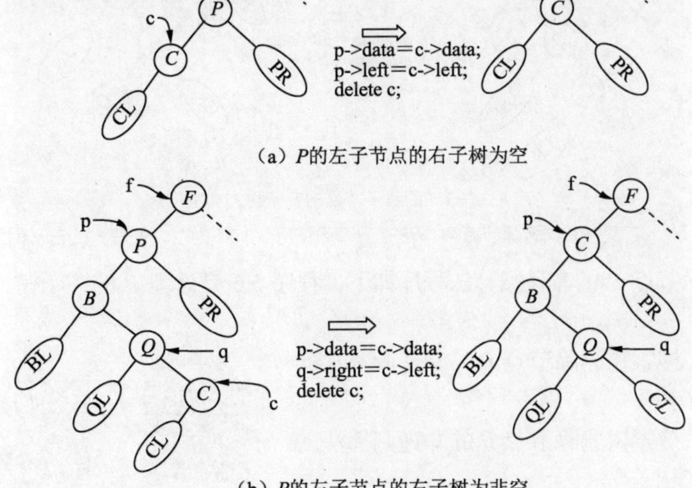

图 5.6 二叉搜索树删除节点 P（P的左子树和右子树均不为空，处理 P的左子树）

如果从 P 的右子树着手进行处理，其处理方法与从 P 的左子树着手进行处理呈镜像关系，也有以下两种情形。

（1）P 的右子节点的左子树为空：先找到 P 的右子节点 C（设其指针为 c），然后用 C 的值替换 P 的值，并将 C 的右子树置为 P 的右子树，最后删除 C，如图 5.7（a）所示。关键语句为：

```
c = p->right;
p->data = c->data;
p->right = c->right;
delete c;
size--;
```

（2）P 的右子节点的左子树为非空：先找到 P 在中序遍历序列中的直接后继节点 C（设其指针为 c，它是 P 的右子树的最左子节点），然后用 C 的值替换 P 的值，并将 C 的右子树置为 C 的父节点 Q（设其指针为 q）的左子树，最后删除 C，如图 5.7（b）所示。关键语句为：

```
c = p->right;
while (c->left != nullptr){
    q = c;
    c = c->left;
}
p->data = c->data;
q->left = c->right;
delete c;
size--;
```

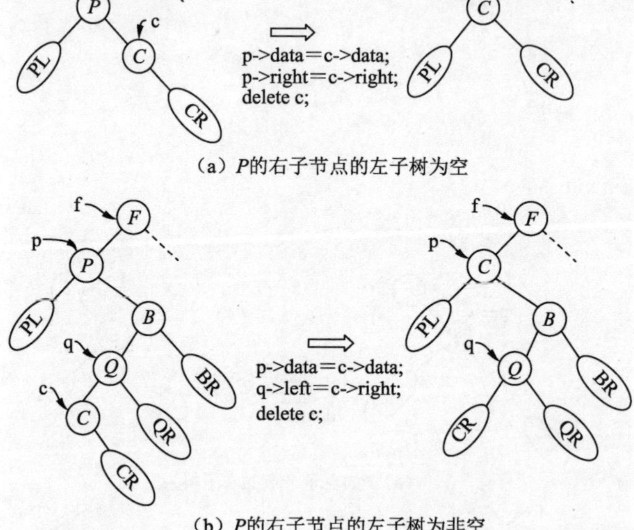

图 5.7　二叉搜索树删除节点 P（P 的左子树和右子树均不为空，处理 P 的右子树）

二叉搜索树删除节点 P 的非递归算法程序如下，程序 5.6 是处理 P 的左子树，程序 5.7 是处理 P 的右子树。

程序 5.6　二叉搜索树删除节点 P 的非递归算法的实现（处理 P 的左子树）

程序 5.7　二叉搜索树删除节点 P 的非递归算法的实现（处理 P 的右子树）

程序 5.8　二叉搜索树删除节点 P 的非递归算法测

程序 5.6

程序 5.7

程序 5.8

试主函数（处理 P 的左子树）

测试结果如图 5.8 所示，其中（a）是处理被删除节点的左子树的结果，（b）是处理被删除节点的右子树的结果。两种处理方法得到的二叉搜索树的形态不同，但都满足二叉搜索树的条件。

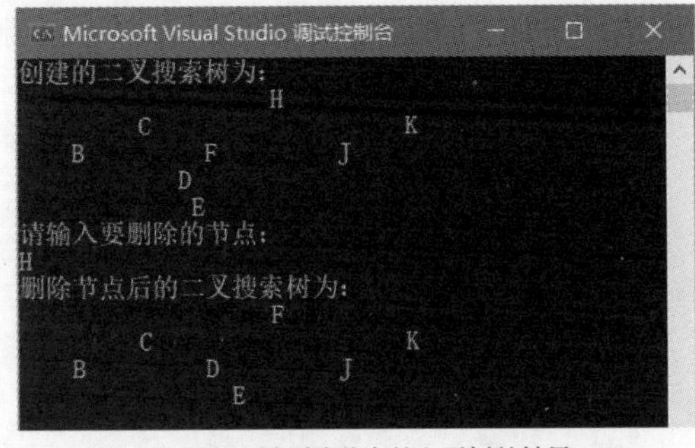

（a）处理被删除节点的左子树的结果

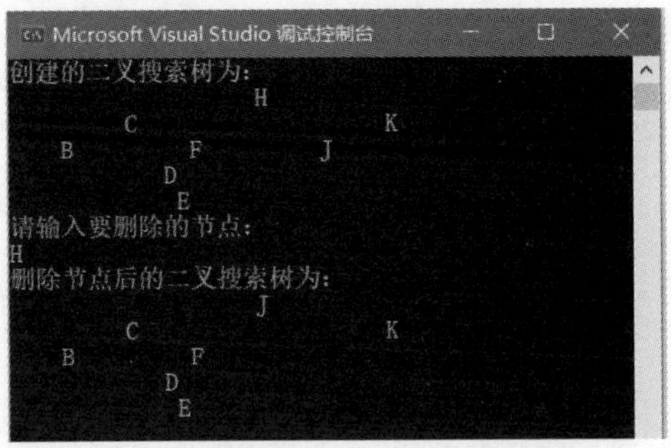

（b）处理被删除节点的右子树的结果

图 5.8　二叉搜索树删除节点测试

二叉搜索树删除节点也可以采用递归算法，当被删除节点 P 的左子树和右子树均不为空时，可以着手处理 P 的左子树，也可以着手处理 P 的右子树。二叉搜索树删除节点递归算法如下。

算法 5.6　二叉搜索树删除节点的递归算法

```
输入：二叉搜索树和待删除的节点的 data 值 x
输出：删除节点后的二叉搜索树
1 如果(二叉搜索树为空)，则直接返回；
2 否则，执行以下操作：
    2.1 如果(x 小于当前节点的值)，则递归删除当前节点的左子树中值为 x 的节点；
    2.2 如果(x 大于当前节点的值)，则递归删除当前节点的右子树中值为 x 的节点；
    2.3 如果(x 等于当前节点的值)，则执行以下操作：
        2.3.1 如果(当前节点的左右子树都不为空)，则执行以下操作：
            2.3.1.1 找到左子树(或右子树)的最右(或最左)节点(设其 data 值为 y)；
            2.3.1.2 用 y 替换 x；
            2.3.1.3 递归删除当前节点的左子树(或右子树)中 data 值为 y 的节点；
        2.3.2 否则，执行以下操作：
            2.3.2.1 如果(当前节点只有左子树)，则执行以下操作：
                2.3.2.1.1 用当前节点的左子节点替换当前节点；
                2.3.2.1.2 删除当前节点；
            2.3.2.2 如果(当前节点只有右子树)，则执行以下操作：
                2.3.2.2.1 用当前节点的右子节点替换当前节点；
                2.3.2.2.2 删除当前节点。
```

二叉搜索树删除节点的递归算法的实现如程序 5.9 和程序 5.10 所示。程序 5.9 处理被删除节点的左子树，程序 5.10 则是处理被删除节点的右子树。程序 5.9 与程序 5.10 基本呈镜像关系。

程序 5.9　二叉搜索树删除节点 P 的递归算法的实现（处理 P 的左子树）

程序 5.10　二叉搜索树删除节点 P 的递归算法的实现（处理 P 的右子树）

程序 5.9

程序 5.10

5.3.3 二叉树的遍历迭代器

迭代器（iterator）是在遍历容器时充当“指针”或“游标”（cursor）的工具，用于访问集合或数组中的一个值，并在访问结束后指向下一个数据。二叉树的遍历迭代器的主要作用是实现对二叉树的遍历操作，它包括先序迭代器、中序迭代器和后序迭代器等多种类型。由于中序遍历二叉搜索树可以得到一个递增有序序列，因此，为二叉搜索树设计一个中序迭代器是很有意义的。

1．中序迭代器

中序迭代器是二叉树中序遍历序列中的一个“指针”，它可以通过移动迭代器得到一个中序遍历序列。带中序迭代器的二叉搜索树类定义如下。

```
template<class T>
class BSTree {
private:
    struct BTNode {//二叉搜索树节点结构
        T data;
        BTNode* left, * right;
        BTNode(const T& item, BTNode* l = 0, BTNode* r = 0) :
            data(item), left(l), right(r) {
        }
    };
    BTNode* root;                                          //根指针
    int size;                                              //节点个数
    void insert(const T& x, BTNode*& t);                   //插入元素
    void remove(const T& x, BTNode*& t);                   //删除元素
    BTNode* findMin(BTNode* t)const;                       //返回最小元素的节点指针
    BTNode* findMax(BTNode* t)const;                       //返回最大元素的节点指针
    BTNode* findNode(const T& x, BTNode* t)const;  //返回某一元素的节点指针
    void clear(BTNode*& t);                                //清空二叉链表节点
    void printBTree(const BTNode* t, int w)const;  //垂直输出二叉搜索树
public:
    class const_iterator {
    protected:
        BTNode* current;
        T& retrieve()const { return(current->data); }
        const_iterator(BTNode* t) { current = goFarLeft(t); }
        stack<BTNode*> s;
        BTNode* goFarLeft(BTNode* t) {                     // 定位二叉搜索树的最左子节点
            if (!t)return nullptr;
            while (t->left) {
                s.push(t);
                t = t->left;
            }
            return t;
        }
        friend class BSTree<T>;
    public:
        const_iterator() :current(nullptr) {}
        T& operator*()const { return retrieve(); }
        //中序迭代器类的++操作的实现
        const_iterator& operator++() {
            if (current->right)
                current = goFarLeft(current->right);
            else if (!s.empty()) {
                current = s.top();
                s.pop();
            }
```

```
            else
                current = nullptr;
            return *this;
        }
        bool operator==(const const_iterator& rhs)const { return current==rhs.
current;}
        bool operator!=(const const_iterator& rhs)const { return current!=rhs.
current; }

    };
    class iterator :public const_iterator {
        using const_iterator::current; //加作用域，跟原来比所做的修改
        using const_iterator::s;       //这也是增加的语句，VC++6.0 中不需要
    protected:
        iterator(BTNode* t) :const_iterator(t) {}
        T& retrieve()const { const_iterator::retrieve(); }
        friend class BSTree<T>;
    public:
        iterator() {}
        const T& operator*() { return const_iterator::retrieve(); }
        const T& operator*()const { return const_iterator::operator*(); }
        iterator& operator++() {
            if (current->right)
                current = const_iterator::goFarLeft(current->right);
                //增加作用域 const_iterator::
            else if (!s.empty()) {
                current = s.top();
                s.pop();
            }
            else
                current = nullptr;
            return *this;
        }
    };
    const_iterator begin()const { return const_iterator(root); }
    const_iterator end()const { return nullptr; }
    iterator begin() { return iterator(root); }
    iterator end() { return nullptr; }
    BSTree() :root(nullptr), size(0) {};
    ~BSTree() { clear(); }
    T& findMin()const { return findMin(root)->data; }      //返回最小元素
    T& findMax()const { return findMax(root)->data; }      //返回最大元素
    bool find(const T& x)const { return findNode(x, root) != nullptr; }//查找
    bool find(T& x)const;                                  //查找并提取
    bool isEmpty()const { return size == 0; }              //判空
    int getSize() { return size; }                         //元素个数
    void clear() { clear(root); }                          //清除二叉链表
    void update(const T& x);                               //修改
    void insert(const T& x) { insert(x, root); }           //插入
    void remove(const T& x) { remove(x, root); }           //删除
    void printBTree(int w)const { printBTree(root, w); }   //垂直输出
};
```

带中序迭代器的二叉搜索树类与二叉搜索树类相比，增加了迭代器操作。

（1）current：私有数据成员，表示迭代器的当前位置。

（2）retrieve()：私有函数，用于返回当前迭代器所指向的节点的 data 值。

（3）BTNode* goFarLeft(BTNode *t)：一个重要函数，用于定位二叉搜索树的最左子节点，即中序遍历序列的第一个节点，返回该节点的指针。考虑到迭代器向前移动的++操作，需要设置迭代器类的一个成员变量栈 s，用于保存在定位最左子节点时所经过的节点指针。

```
BTNode* goFarLeft(BTNode *t){
   if(!t)return nullptr;
   while(t->left){
      s.push(t);
      t=t->left;
   }
   return t;
}
```

（4）const_iterator(BTNode* t)：构造函数，用于初始化迭代器。它通过调用 goFarLeft(t)函数找到以 t 为根的二叉搜索树的最左子节点的指针，并将其赋值给迭代器的 current。

```
const_iterator(BTNode* t){
   current=goFarLeft(t);
}
```

（5）const_iterator& operator++()：中序迭代器的++操作，它的作用是将迭代器指向中序遍历序列的下一个元素。如果当前节点的右子节点存在（current->right 不为空），则将迭代器指向当前节点的右子树的最左子节点，即调用 goFarLeft（current->right）。否则，如果栈 s 不为空，则 s 做出栈操作，所得到的元素就是执行++操作后迭代器要指向的节点；否则，说明中序遍历已经完成，将迭代器置为空。

```
const_iterator& operator++(){
   if(current->right)
      current=goFarLeft(current->right);
   else if(!s.empty()) {
      current = s.top();
      s.pop();
   }
   else current=nullptr;
   return *this;
}
```

在二叉搜索树类中定义了中序迭代器后，就可以像使用线性表一样访问二叉搜索树的中序遍历序列。

2．先序迭代器（*）（加*为选学内容）

针对普通二叉树，为了方便先序遍历，也可以增加先序迭代器，带先序迭代器的二叉树类如程序 5.11 所示。

程序 5.11 带先序迭代器的二叉树类

程序 5.11

带先序迭代器的二叉树类的重要成员函数解释如下。

（1）BTNode* goToLeft(BTNode *t)：一个重要函数，该函数的作用是获取当前节点 t 的左子节点指针。考虑到迭代器向前移动的++操作，也需要设置迭代器类的一个成员变量栈 s，用于保存当前节点的右子节点指针。

```
BTNode* goToLeft(BTNode *t){        //获取当前节点，同时将右子节点入栈
   if(!t)return nullptr;
```

```
    if(t->right)s.push(t->right);
    return t;
}
```

（2）const_iterator(BTNode* t)：构造函数，用于初始化迭代器。它通过调用 goToLeft(t)函数找到以 t 为根的二叉树的先序遍历序列的起始节点的指针，并将其赋值给迭代器的 current。

```
const_iterator(BTNode* t){
    current=goToLeft(t);
}
```

（3）const_iterator& operator++( )：先序迭代器的++操作。该操作的作用是将迭代器指向先序遍历序列的下一个节点。如果当前节点 current 存在左子节点，则执行++操作后迭代器指向的节点就是 goToLeft(current->left)函数返回值，即当前节点的左子节点。如果 s 栈不为空，则 s 出栈，所得到的元素就是执行++操作后迭代器要指向的节点；否则，说明先序遍历已经完成，将迭代器置为空。

```
const_iterator& operator++(){
    if(current->left)current=goToLeft(current->left);
    else if(!s.empty()){//如果没有左子节点，则下一节点就是出栈节点
        BTNode* currentLeft;
        currentLeft = s.top();
        s.pop();
        current = goToLeft(currentLeft);
        }
    else current=nullptr;
    return *this;
}
```

3．逆后序迭代器（*）（加*为选学内容）

二叉树的后序迭代器相对复杂一些，因为后序遍历的顺序是左子树、右子树、根节点，根节点需要二次进栈。可以采用逆后序迭代器，它与先序迭代器形成镜像，代码有许多相似之处。由于是逆后序迭代器，在输出函数中需要借助栈将逆后序遍历序列输出为后序遍历序列。带逆后序迭代器的二叉树类如程序 5.12 所示。

程序 5.12　带逆后序迭代器的二叉树类

程序 5.12

带逆后序迭代器的二叉树类的重要成员函数解释如下。

（1）BTNode* goToRight(BTNode *t)：一个重要函数，该函数的作用是获取当前节点 t 的右子节点指针。考虑到迭代器向前移动的++操作，也需要设置迭代器类的一个成员变量栈 s，用于保存当前节点的左子节点指针。

```
BTNode* goToRight(BTNode *t){//获取当前节点，同时将左子节点入栈
    if(!t)return nullptr;
    if(t->left)s.push(t->left);
    return t;
}
```

（2）const_iterator(BTNode* t)：构造函数，用于初始化迭代器。它通过调用 goToRight(t) 函数找到以 t 为根的二叉树的逆后序遍历序列的起始节点的指针，并将其赋值给迭代器的 current。

```
const_iterator(BTNode* t){
    current=goToRight(t);
}
```

（3）const_iterator& operator++( )：逆后序迭代器的++操作。该操作的作用是将迭代器指向逆后序遍历序列的下一个节点。如果当前节点 current 存在右子节点，则执行++操作后迭代器指向的节点

就是函数 goToRight(current->right)返回值，即当前节点的右子节点。如果 s 栈不为空，则 s 出栈，所得到的元素就是执行++操作后迭代器要指向的节点；否则，说明逆后序遍历已经完成，将迭代器置为空。

```
const_iterator& operator++(){
    if(current->right)current=goToRight(current->right);
    //如果右子节点存在，则下一节点就是左子节点
    else if(!s.empty()){//如果没有右子节点，则下一节点就是栈顶元素
        BTNode* currentRight;
        currentRight = s.top();
        s.pop();
        current = goToRight(currentRight);
    }
    else current=nullptr;
    return *this;
}
```

输出后序遍历序列需要借助栈，将逆后序遍历序列转换为后序遍历序列。

程序 5.13 借助栈将逆后序遍历序列转换为后序遍历序列

程序 5.13

5.3.4 线索二叉树

1．线索二叉树的基本概念

对于有 n 个节点的二叉树，一共有 $2n$ 个指针域，除根节点外，其他节点都需要其父节点的一个指针指向它，这样就有 $n+1$ 个指针域存储的是空指针，即有 $n+1$ 个空链域。可以将这些空链域利用起来，让它指向包含空链域的节点在某个遍历序列中的前驱或后继。一般让空链域的左指针指向遍历序列的前驱，让空链域的右指针指向遍历序列的后继。这些指向遍历序列前驱或后继的指针称为线索，而加上线索的二叉树称为线索二叉树（threaded binary tree）。按照遍历序列类型的不同，线索二叉树分为先序线索二叉树、中序线索二叉树和后序线索二叉树等 3 种类型。线索二叉树旨在提高二叉树的遍历效率，在不依赖递归或使用栈的情况下，就可以在线性时间内得到遍历序列，或找到节点的前驱或后继，从而简化遍历算法。

为了区分一个指针是指向子节点还是指向遍历序列的前驱或后继，需要对二叉树节点结构进行改造，增加两个标志位 ltag 和 rtag。当 ltag =0 时，表示 left 是指向左子节点的指针；当 ltag =1 时，表示 left 是指向遍历序列前驱的线索。当 rtag =0 时，表示 right 是指向右子节点的指针；当 rtag =1 时，表示 right 是指向遍历序列后续的线索。线索二叉树的节点结构如图 5.9 所示。

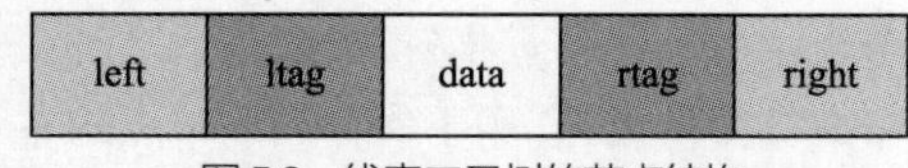

left	ltag	data	rtag	right

图 5.9 线索二叉树的节点结构

线索二叉树的节点定义如下 。

```
struct BTNode {         //节点结构
    T data;
    BTNode* left, * right;
    int ltag, rtag;    //为线索二叉树增加的标志位
    BTNode(const T& item, BTNode* lptr = nullptr, BTNode* rptr = nullptr, int lt
    = 0, int rt = 0):data(item), left(lptr), right(rptr), ltag(lt),
    rtag(rt) {}
    //构造函数，初始节点数据值为 item，左右子节点指针为 nullptr，线索域标志位都为 0
    };
```

例 5.4 针对图 5.10（a）所示的二叉树加线索，其中序线索二叉树、先序线索二叉树和后序线索二叉树分别如图 5.10（b）、（c）、（d）所示。

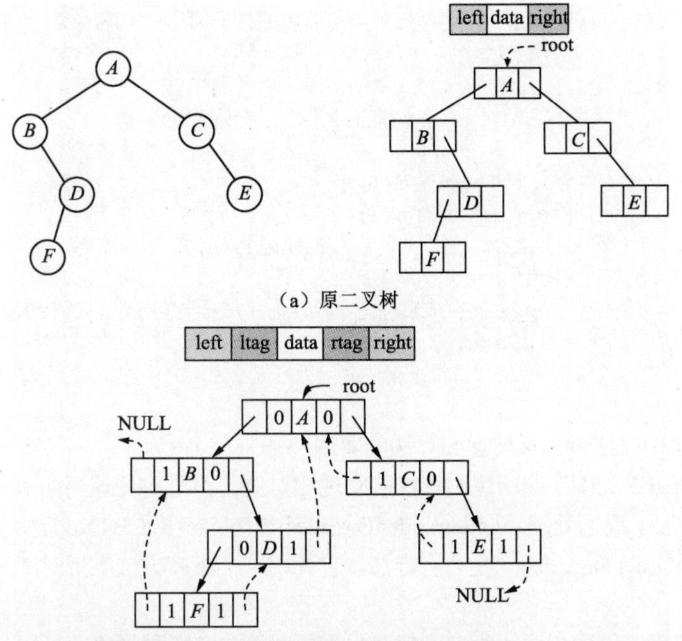

（a）原二叉树

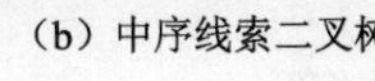

（b）中序线索二叉树

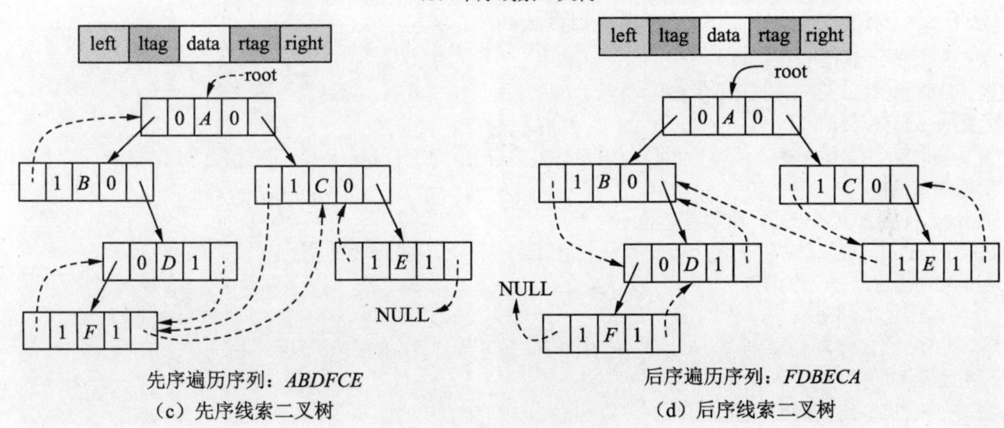

（c）先序线索二叉树　　（d）后序线索二叉树

图 5.10 线索二叉树示例

2．二叉树的线索化

对二叉树进行线索化就是将二叉树中的空指针改为指向前驱或后继的线索，同时将空指针对应的标志位 ltat 或 rtag 的值设置为 1。由于前驱与后继信息只有在遍历二叉树的时候才能得到，所以，只需对二叉树的遍历算法稍作改进就可以实现二叉树的线索化。这里的关键是要用一个临时变量 pre 指向当前节点的前驱。

（1）创建中序线索二叉树

中序线索二叉树的创建可以采用递归或非递归算法。如果采用递归算法，只需要对算法 3.4 稍做修改即可，如算法 5.7 所示。

算法 5.7　创建中序线索二叉树的递归算法

```
输入：当前节点指针为 t 和前驱节点指针 pre
输出：中序线索二叉树，其根节点指针为 t
如果(二叉树 t 为空)，则直接返回；
```

```
    2 如果(当前节点的左子节点不为空)，则递归对当前节点的左子树建立中序线索，参数分别为 t->left 和 pre;
    3 处理当前节点，执行以下操作:
        3.1 如果(t 的左子节点不为空)，则将 t 的左线索标记 ltag 置为 0;
        3.2 否则，执行以下操作:
            3.2.1 将 t 的左线索标记 ltag 置为 1;
            3.2.2 将 t 的左指针指向前驱节点 pre;
        3.3 如果(t 的右子节点不为空)，则将 t 的右线索标记 rtag 置为 0;
        3.4 否则，将 t 的右线索标记 rtag 置为 1;
        3.5 如果(pre 不为空，且 pre 的右线索标记 rtag 为 1)，则将 pre 的右指针置为指向当前节点 t;
        3.6 将当前节点作为前驱节点 pre;
    4 如果(当前节点的左子节点不为空)，则递归当前节点的右子树建立中序线索，参数分别为 t->right 和 pre。
```

程序 5.14　创建中序线索二叉树递归算法的实现

程序 5.14

程序 5.14 与程序 3.5 的中序遍历递归算法的实现相对应，只是将处理当前节点的语句进行了修改，增加了线索处理。void inOrderThreaded(BTNode*& t, BTNode*& pre) 是私有方法，void inOrderThreaded( )是公有方法，它调用这个私有方法实现对二叉树的中序线索化。

如果采用非递归算法创建中序线索二叉树，只需要对算法 3.7 稍做修改即可，如算法 5.8 所示。

算法 5.8　创建中序线索二叉树的非递归算法

```
    输入：二叉树，其根节点指针为 t
    输出：中序线索二叉树，其根节点指针为 t
    1 定义栈 s，存储指向节点的指针;
    2 定义临时指针变量 pre，指向当前节点的前驱，其初值为空；定义一个临时指针就是 cur，用于遍历二叉树，其初值为 t;
    3 如果(二叉树 t 为空树)，则直接返回;
    4 如果(cur 为非空或栈不为空)，则循环，执行以下操作，直到(栈为空)：
        4.1 如果(cur 不为空)，则执行以下操作:
            4.1.1 将 cur 压入栈中;
            4.1.2 将 cur 置换为 cur 的左指针，即指向当前节点的左子节点;
        4.2 否则，执行以下操作:
            4.2.1 出栈得到指针 cur;
            4.2.2 如果(cur 的左子节点不为空)，则将 cur 的左线索标记 ltag 置为 0;
            4.2.3 否则，执行以下操作:
                4.2.3.1 将 cur 的左线索标记 ltag 置为 1;
                4.2.3.2 将 cur 的左指针指向前驱节点 pre;
            4.2.4 如果(cur 的右子节点不为空)，则将 cur 的右线索标记 rtag 置为 0;
            4.2.5 否则，将 cur 的右线索标记 rtag 置为 1;
            4.2.6 如果(pre 不为空，且 pre 的右线索标记 rtag 为 1)，则将 pre 的右指针指向当前节点 cur;
            4.2.7 将当前节点 cur 置为前驱节点 pre;
            4.2.8 将 cur 的右子节点置为当前节点。
```

程序 5.15　创建中序线索二叉树的非递归算法的实现

程序 5.15

程序 5.15 与程序 3.8 的中序遍历非递归算法的实现相对应，只是将访问操作的语句“cout<<temp->data<<" "”进行了修改，增加了线索处理。

（2）创建先序线索二叉树

先序线索二叉树的创建可以采用递归或非递归算法。如果采用递归算法，只需对算法 3.3 稍做修改即可，如算法 5.9 所示。

算法 5.9　建立先序线索二叉树的递归算法

```
输入：当前节点指针为 t 和前驱节点指针 pre
输出：先序线索二叉树，其根节点指针为 t
1 如果(二叉树 t 为空)，则直接返回；
2 处理当前节点，执行以下操作：
    2.1 如果(t 的左子节点不为空)，则将 t 的左线索标记 ltag 置为 0;
    2.2 否则，执行以下操作：
        2.2.1 将 t 的左线索标记 ltag 置为 1;
        2.2.2 将 t 的左指针指向前驱节点 pre;
    2.3 如果(t 的右子节点不为空)，则将 t 的右线索标记 rtag 置为 0;
    2.4 否则，将 t 的右线索标记 rtag 置为 1;
    2.5 如果(pre 不为空，且 pre 的右线索标记 rtag 为 1)，则将 pre 的右指针置为指向当前节点 t;
    2.6 将当前节点作为前驱节点 pre;
3 如果(当前节点的左子节点不为空)，则递归对当前节点的左子树建立先序线索，参数分别为 t->left 和 pre;
4 如果(当前节点的右子节点不为空)，则递归对当前节点的右子树建立先序线索，参数分别为 t->right 和 pre。
```

程序 5.16　创建先序线索二叉树的递归算法的实现

程序 5.16

程序 5.16 与程序 3.4 的先序遍历递归算法的实现相对应，只是将处理当前节点的语句进行了修改，增加了线索处理。void preOrderThreaded(BTNode*& t, BTNode*& pre) 是私有方法，void preOrderThreaded( )是公有方法，它调用这个私有方法实现对二叉树的先序线索化。

如果采用非递归算法创建先序线索二叉树，只需要对算法 3.6 稍做修改即可，如算法 5.10 所示。

算法 5.10　创建先序线索二叉树的非递归算法

```
输入：二叉树，其根节点指针为 t
输出：先序线索二叉树，其根节点指针为 t
1 定义一个空栈 s，存储指向节点的指针；
2 定义一个临时指针变量 pre，指向当前节点的前驱，其初值为空；定义一个临时指针就是 cur，用于遍历二叉树，其初值为 t;
3 如果(cur 为空)，则直接返回；
4 将 cur 入栈；
5 循环，执行以下操作，直到(栈为空)：
    5.1 出栈得到指针 cur;
    5.2 如果(cur 的左子节点不为空)，则将 cur 的左线索标记 ltag 置为 0;
    5.3 否则，执行以下操作：
        5.3.1 将 cur 的左线索标记 ltag 置为 1;
        5.3.2 将 cur 的左指针指向前驱节点 pre;
    5.4 如果(cur 的右子节点不为空)，则将 cur 的右线索标记 rtag 置为 0;
    5.5 否则，将 cur 的右线索标记 rtag 置为 1;
    5.6 如果(pre 不为空，且 pre 的右线索标记 rtag 为 1)，则将 pre 的右指针指向当前节点 cur;
    5.7 将当前节点 cur 置为前驱节点 pre;
    5.8 如果(cur 有右子节点)，则将 cur 的右子节点入栈；
    5.9 如果(cur 有左子节点)，则将 cur 的左子节点入栈。
```

程序 5.17　创建先序线索二叉树的非递归算法的实现

程序 5.17

程序 5.17 与程序 3.7 的先序遍历非递归算法的实现相对应，只是将访问操作的语句“cout<<temp->data<<" "”进行了修改，增加了线索处理。

（3）创建后序线索二叉树

后序线索二叉树的创建可以采用递归算法或非递归算法。如果采用递归算法，只需要对算法 3.5 稍做修改，如算法 5.11 所示。

算法 5.11 创建后序线索二叉树的递归算法

```
输入：当前节点指针为 t 和前驱节点指针 pre
输出：后序线索二叉树，其根节点指针为 t
1 如果(二叉树 t 为空)，则直接返回；
2 如果(当前节点的左子节点不为空)，则递归对当前节点的左子树建立后序线索，参数分别为 t->left 和 pre；
3 如果(当前节点的右子节点不为空)，则递归对当前节点的右子树建立后序线索，参数分别为 t->right 和 pre；
4 处理当前节点，执行以下操作：
    4.1 如果(t 的左子节点不为空)，则将 t 的左线索标记 ltag 置为 0；
    4.2 否则，执行以下操作：
        4.2.1 将 t 的左线索标记 ltag 置为 1；
        4.2.2 将 t 的左指针指向前驱节点 pre；
    4.3 如果(t 的右子节点不为空)，则将 t 的右线索标记 rtag 置为 0；
    4.4 否则，将 t 的右线索标记 rtag 置为 1；
    4.5 如果(pre 不为空，且 pre 的右线索标记 rtag 为 1)，则将 pre 的右指针置为指向当前节点 t；
    4.6 将当前节点作为前驱节点 pre。
```

程序 5.18 创建后序线索二叉树递归算法的实现

程序 5.18

程序 5.18 与程序 3.6 的后序遍历递归算法的实现相对应，只是将处理当前节点的语句进行了修改，增加了线索处理。void postOrderThreaded(BTNode*& t, BTNode*& pre)是私有方法，void postOrderThreaded( )是公有方法，它调用这个私有方法实现对二叉树的后序线索化。

如果采用非递归算法创建后序线索二叉树，只需要对算法 3.8 稍做修改即可，如算法 5.12 所示。

算法 5.12 创建后序线索二叉树的非递归算法

```
输入：二叉树，其根节点指针为 t
输出：后序线索二叉树，其根节点指针为 t
1 定义一个空栈 s，存储指向节点的指针；定义一个空栈 tagS，存储进栈次数的标志位；
2 定义一个临时指针变量 pre，指向当前节点的前驱，其初值为空；定义一个临时指针就是 cur，用于遍历二叉树，其初值为 t；
3 如果(cur 为空)，则直接返回；
4 将 cur 入栈 s；将 1 入栈 tagS；
5 循环，执行以下操作，直到(s 栈为空)：
    5.1 出栈得到指针 cur；出栈得到标志位 th；
    5.2 如果(标志位 th 的值为 2)，则执行以下操作：
        5.2.1 如果(cur 的左子节点不为空)，则将 cur 的左线索标记 ltag 置为 0；
        5.2.2 否则，执行以下操作：
            5.2.2.1 将 cur 的左线索标记 ltag 置为 1；
            5.2.2.2 将 cur 的左指针指向前驱 pre；
        5.2.3 如果(cur 的右子节点不为空)，则将 cur 的右线索标记 rtag 置为 0；
        5.2.4 否则，将 cur 的右线索标记 rtag 置为 1；
        5.2.5 如果(pre 不为空，且 pre 的右线索标记 rtag 为 1)，则将 pre 的右指针指向 cur；
        5.2.6 将 pre 置换为 cur；
    5.3 否则，执行以下操作：
        5.3.1 将 cur 入栈 s；将 2 入栈 tagS；
        5.3.2 如果(cur 有右子节点)，则将 cur 的右子节点入栈 s；将 1 入栈 tagS；
        5.3.3 如果(cur 有左子节点)，则将 cur 的左子节点入栈 s；将 1 入栈 tagS。
```

程序 5.19 创建后序线索二叉树非递归算法的实现

程序 5.19

程序 5.19 与程序 3.9 的后序遍历非递归算法的实现相对应，只是将访问操作的语句“cout<<temp->data<<" "”进行了修改，增加了线索处理。

3. 线索二叉树的遍历

对二叉树进行线索化的目的是提高遍历操作的效率，即在不使用递归算法或使用栈的情况下也能完成对二叉树的遍历操作。下面介绍线索二叉树的遍历算法。

（1）中序线索二叉树的中序遍历

算法 5.13 中序线索二叉树的中序遍历

```
输入：中序线索二叉树，其根节点指针为 t
输出：二叉树的中序遍历序列
1 如果(t 为空)，则直接返回；
2 找到 t 的二叉树的最左子节点，即 while(t->ltag==0)t=t->left;
3 循环，执行以下操作，直到(t 不为空)：
    3.1 访问当前节点 t;
    3.2 如果(t 的右子树不为空)，则找到 t 的右子树的最左子节点，即
        t=t->right;
        while(t->ltag==0)t=t->left;
    3.3 否则，根据线索找到当前节点的直接后继，即 t=t->right。
```

算法 5.13 利用了二叉树的中序线索，如果 t 有右子节点，则 t 的后继就是 t 的右子树的最左子节点；如果 t 没有右子节点，则 t 的后继由 t 的线索指定，为 t->right。

程序 5.20

程序 5.20 中序线索二叉树的中序遍历算法的实现

（2）先序线索二叉树的先序遍历

算法 5.14 先序线索二叉树的先序遍历

```
输入：先序线索二叉树，其根节点为 t
输出：二叉树的先序遍历序列
1 如果(t 为空)，则直接返回；
2 循环，执行以下操作，直到(t 不为空)：
    2.1 访问节点 t;
    2.2 如果(t 的左子节点不为空)，则 t=t->left;
    2.3 否则，t=t->right。
```

算法 5.14 利用了二叉树的先序线索，如果 t 有左子节点，则 t 的后继就是 t->left；如果 t 没有左子节点，有右子节点，则 t 的后继是 t->right；如果 t 没有右子节点，则 t 的后继由 t 的右线索指定，也是 t->right。

程序 5.21

程序 5.21 先序线索二叉树的先序遍历算法的实现

（3）后序线索二叉树的后序遍历

后序线索二叉树有利于查找节点在后序遍历序列中的前驱。如果当前节点有右子节点，则其前驱是右子节点；否则，如果当前节点有左子节点，则其前驱是左子节点，否则，其前驱是左线索所指向的节点。得到逆后序遍历序列后，可以借助栈输出后序遍历序列。后序线索二叉树的逆后序遍历如算法 5.15 所示。

算法 5.15 后序线索二叉树的逆后序遍历算法

```
输入：后序线索二叉树
输出：逆后序遍历序列
1 如果(t 为空)，则直接返回；
2 循环，执行以下操作，直到(t 不为空)：
    2.1 访问节点 t;
    2.2 如果（t 的右子节点不为空），则 t=t->right;
    2.3 否则 t=t->left。
```

程序 5.22

程序 5.22 后序线索二叉树的后序遍历算法的实现

程序 5.22 先将逆后序遍历序列存入一个栈中，再从栈中输出得到后序遍历序列。

5.3.5 增加线索的遍历迭代器

在二叉树中增加线索后，遍历迭代器的实现可以得到简化。

1．增加中序线索的中序迭代器

在二叉树中增加中序线索后，中序迭代器中的函数 goFarLeft(t)的实现就不需要借助栈，因为不需要保存当前节点的祖先路径。对于++操作“const_iterator_InTh& operator++( )”，如果当前节点有右子树，则中序遍历的下一个节点是其右子树的最左子节点；如果当前节点没有右子树，则中序遍历的下一个节点就是当前节点的右线索所指向的节点。因此，也不需要出栈操作。增加中序线索的中序迭代器的二叉搜索树类的定义如下。

```
#include<iostream>
#include<queue>
#include<stack>
using namespace std;
template<class T>
class BinaryTree{
private:
 struct BTNode {  //节点结构
    T data;
    BTNode* left, * right;
    int ltag, rtag;//为线索二叉树增加的标志位
    BTNode(const T& item, BTNode* lptr = nullptr, BTNode* rptr = nullptr, int lt
= 0, int rt = 0) :data(item), left(lptr), right(rptr), ltag(lt), rtag(rt) {}
 //构造函数，初始节点数据值为 item，左右孩子指针为 nullptr，线索域标志位为 0，即为指针
 };
 BTNode* root;    //根指针
 int size;        //节点个数
 void clear(BTNode* &t);                               //清空二叉链表节点
 void printBiTree(const BTNode* t, int w)const;    //垂直输出二叉搜索树
 void printBTreeTh(const BTNode* t, int w)const;   //垂直输出线索二叉搜索树
 BTNode* getBTNode(const T& item, BTNode* lp = nullptr, BTNode* rp = nullptr);
 void makeLinked(const vector<T>& L, BTNode*& t, int index);
 void inOrderThreadedNonRec(BTNode* t);               //创建中序线索二叉树
 void inOrderByThreaded(BTNode* t);
public:
 class const_iterator_InTh {
 protected:
    BTNode *current;
    T& retrieve()const{return(current->data);}
    const_iterator_InTh(BTNode* t){current=GoFarLeft(t);}
    BTNode* goFarLeft(BTNode* t){
       if (!t)return nullptr;
       while (t->ltag == 0)t = t->left;    //s.Push(t);不需要栈
       return t;
    }
    friend class BinaryTree<T>;
 public:
    const_iterator_InTh():current(nullptr){}
    T&operator*()const{return retrieve();}
    const_iterator_InTh& operator++(){
       if (current->rtag == 0)          //如果有右子树，由下一节点是右子树的最左子节点
```

```
            current = GoFarLeft(current->right);
        else//如果没有右子树，则下一节点是线索所指向的节点
            current = current->right;
        return *this;
    }
    bool  operator==(const  const_iterator_InTh&  rhs)const{return  current==rhs.
current;}
    bool  operator!=(const  const_iterator_InTh&  rhs)const{return  current!=rhs.
current;}

  };
  class iterator_InTh:public const_iterator_InTh {
      using const_iterator_InTh::current;     //加作用域，跟原来比所做的修改
  protected:
  iterator_InTh(BTNode* t):const_iterator_InTh(t){}
    T& retrieve()const{const_iterator_InTh::retrieve();}
    friend class BinaryTree<T>;
  public:
    iterator_InTh(){}
    const T& operator*(){return const_iterator_InTh::retrieve();}
    const T&operator*()const{return const_iterator_InTh::operator*();}
    iterator_InTh& operator++(){
       if (current->rtag == 0)     //如果有右子树，由下一节点是右子树的最左子节点
          current =const_iterator_InTh::GoFarLeft(current->right);
       else                        //如果没有右子树，则下一节点是线索所指向的节点
          current = current->right;
       return *this;
    }
  };
  const_iterator_InTh begin()const{return const_iterator_InTh(root);}
  const_iterator_InTh end()const{return nullptr;}
  iterator_InTh begin(){return iterator_InTh(root);}
  iterator_InTh end(){return nullptr;}
  BinaryTree():root(nullptr),size(0){};
  ~BinaryTree(){clear();}
  bool isEmpty()const{return size==0;}                   //判空
  int getSize(){return size;}                            //元素个数
  void clear(){clear(root);}                             //清除二叉链表
  void makeLinked(const vector<T>& L);
  void printBiTree(int w)const { printBiTree(root, w); }   //垂直输出
  void printBTreeTh(int w)const {printBTreeTh(root, w); }  //垂直输出线索二叉树
  void inOrderThreadedNonRec() { inOrderThreadedNonRec(root); }
  void inOrderByThreaded() { inOrderByThreaded(root); }
};
```

增加中序线索的中序迭代器实现的关键是 const_iterator_InTh 和 iterator_InTh 类的实现。const_iterator_InTh 类用于创建一个常量型中序迭代器，允许读取节点的值但不允许修改。iterator_InTh 类继承自 const_iterator_InTh，允许修改节点的值。

（1）BTNode* goFarLeft(BTNode* t)：一个重要函数，其作用是找到中序遍历序列的第一个节点，即最左子节点，由于使用了中序线索，这里不需要递归也不需要栈，从而避免了额外的空间开销。

```
  BTNode* goFarLeft(BTNode* t){
```

```
    if(!t)return nullptr;
    while(t->ltag == 0){   //有了线索后可以通过左线索标志位判断是否存在左子节点
        t = t->left;       //不需要栈
    }
    return t;
}
```

（2）const_iterator_InTh(BTNode* t)：构造函数，初始化迭代器起始位置为中序遍历序列的首元。

```
const_iterator_InTh(BTNode* t){current=goFarLeft(t);}
```

（3）const_iterator_InTh& operator++( )：迭代器的++操作，其作用是查找中序遍历序列的下一个节点。

```
const_iterator_InTh& operator++(){
    if(current->rtag == 0)      //如果有右子树，则下一节点是右子树的最左子节点
        current = goFarLeft(current->right);
    else                        //如果没有右子树，则下一节点是线索所指向的节点
        current = current->right;
    return *this;
}
```

这种增加中序线索的中序迭代器在中序遍历时效率高，因为不需要借助栈来保存节点，而是直接根据线索进行查找。在空间复杂度上也比使用栈的方式更节省。

2．增加先序线索的先序迭代器

增加先序线索的先序迭代器的实现也可以简化。对于++操作，也不需要使用栈来保存节点。

（1）const_iterator_PreTh(BTNode* t)：构造函数，初始化迭代器起始位置为先序遍历序列的首元。

```
const_iterator_PreTh(BTNode* t){current = t; }//先序遍历序列的首元就是根
```

（2）const_iterator_PreTh& operator++( )：迭代器的++操作，其作用是查找先序遍历序列的下一个节点。

```
const_iterator_PreTh& operator++(){
    if (current->ltag == 0)current = current->left;
    else current = current->right;
    return *this;
}
```

该函数通过检查 ltag 来决定下一个要访问的节点。如果 ltag 为 0，表示还有左子树，那么下一个节点就是左子节点；如果 ltag 为 1，表示没有左子树，那么下一个节点就是右子节点或右线索所指向的节点。增加先序线索的先序迭代器的二叉树类定义如程序 5.23 所示，该程序只提供了常量型迭代器。

程序 5.23

程序 5.23 增加先序线索的先序迭代器的二叉树类的定义

3．增加后序线索的逆后序迭代器

增加后序线索的逆后序迭代器的实现也可以简化。对于++操作，也不需要使用栈来保存节点。

（1）const_iterator_PreTh(BTNode* t)：构造函数，初始化迭代器起始位置为逆后序遍历序列的首元。

```
const_iterator_PreTh(BTNode* t){current = t; }//逆后序遍历序列的首元就是根
```

（2）const_iterator_PostTh& operator++( )：迭代器的++操作，其作用是查找逆后序遍历序列的下一个节点。

```
const_iterator_PostTh& operator++(){
    if (current->rtag == 0)current = current->right;
    else current = current->left;
    return *this;
}
```

该函数通过检查 rtag 来决定下一个要访问的节点。如果 rtag 为 0，表示还有右子树，那么逆后序遍历的下一个节点就是右子节点；如果 rtag 为 1，表示没有右子树，那么逆后序遍历的下一个节点就是左子节点或左线索所指向的节点。

程序 5.24 增加后序线索的逆后序迭代器的二叉树类的定义

5.4 平衡二叉搜索树

5.4.1 平衡二叉搜索树的基本概念

尽管二叉搜索树具有高效的搜索特性，但它也存在一个明显的局限性。当二叉搜索树的左右子树节点数量差异较大时，二叉搜索树的高度会迅速增加，甚至退化为线性结构。例如，如果按递增序插入有序序列的元素，这时每次插入的节点都成为当前二叉搜索树的最右侧节点，形成一条单侧链表。同样地，如果按某种特定的顺序删除二叉搜索树中的节点，也可能导致树的不平衡，甚至退化为线性结构。这样就会增大平均查找长度。

例 5.5 退化为线性结构的二叉搜索树。

设依次输入关键码{1,2,3,4,5,6,7}构造二叉搜索树。由于关键码的顺序是递增的，这棵二叉搜索树会退化为线性结构，如图 5.11（a）所示。其等概率条件平均查找长度为：ASL=(1+2+3+4+5+6+7)/7=4。

例 5.6 扁平结构的二叉搜索树。

设依次输入关键码｛4,2,6,1,5,3,7｝构造二叉搜索树。该二叉搜索树呈扁平结构，如图 5.11（b）所示，其等概率条件平均查找长度为：ASL=(1×1+2×2+3×4)/7=2.43。

相同的数据元素，因为输入顺序不同，构造的二叉搜索树的形态不同，其等概率条件下平均查找长度也不相同。从图 5.11 可以看出，二叉树越是呈扁平态，其平均查找长度越低。为此，提出了平衡二叉搜索树。

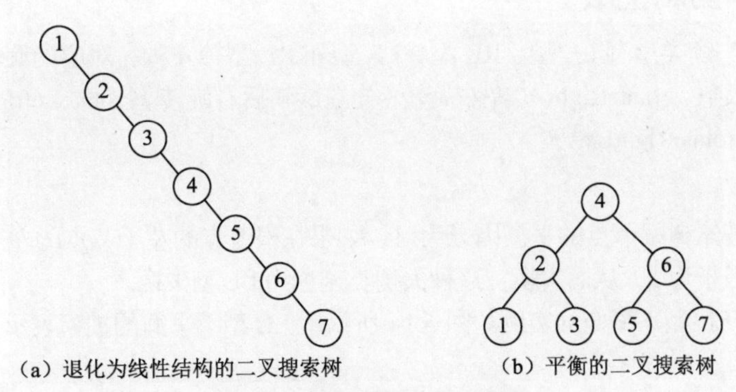

图 5.11 两种不同的二叉搜索树

平衡二叉搜索树（adelson-velsky and landis tree，AVL）是一种特殊的二叉搜索树，它或者是一棵空树，或者是具有下列性质的二叉搜索树。

（1）左、右子树高度之差的绝对值≤1。

（2）左、右子树是平衡二叉搜索树。

在平衡二叉搜索树中，每个节点都有一个与之相关的平衡因子。平衡因子是一个整数值，用于表示该节点的左子树高度与右子树高度之间的差异。它通常被定义为：

平衡因子=左子树高度−右子树高度

这个差值的绝对值表示了节点的平衡情况，分成以下情况。

（1）如果平衡因子等于 0，表示左子树和右子树的高度相等，树是平衡的。

（2）如果平衡因子为正数，表示左子树比右子树高，差值表示左子树比右子树高的层数。

（3）如果平衡因子为负数，表示右子树比左子树高，差值表示右子树比左子树高的层数。

在 AVL 树中，每个节点的平衡因子都必须为-1，或 0，或 1，否则该节点就被认为是不平衡的。当插入或删除节点时，需要更新节点的平衡因子，并检查树的平衡性。如果树中的任何节点的平衡因子不满足这个条件，就需要执行相应的旋转操作来修复树的平衡状态。保持平衡的 AVL 树，其查找的平均时间复杂度为 $O(\log n)$。

例如，对于图 5.12 的两棵二叉搜索树，图 5.12（a）的每个节点的高度之差的绝对值为 0 或 1，因此是平衡二叉搜索树；而图 5.12（b）的根节点的高度之差的绝对值为 2，因此它不是平衡二叉搜索树。

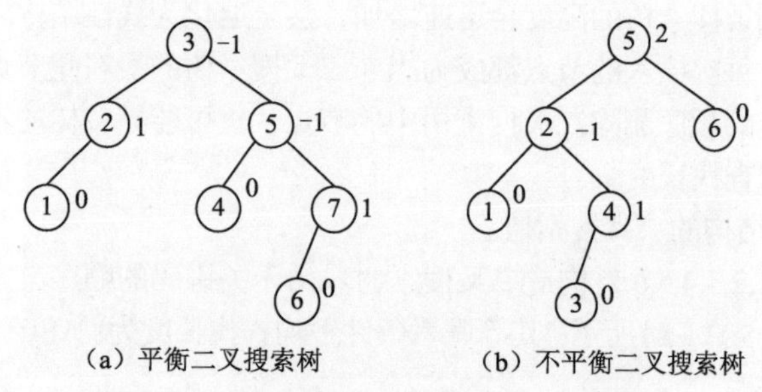

（a）平衡二叉搜索树　　（b）不平衡二叉搜索树

图 5.12　判断二叉搜索树是不是平衡二叉搜索树

平衡二叉搜索树类 AvlTree 的定义如程序 5.25 所示，与二叉搜索树类 BSTree 相比，它的节点结构增加了一个数据项 height，用于记录二叉搜索树的高度。同时，增加了 4 个旋转操作函数。

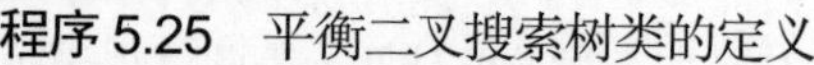

程序 5.25　平衡二叉搜索树类的定义

程序 5.25

5.4.2 动态平衡调整法

AVL 树的常见失衡类型有 LL 型、RR 型、LR 型和 RL 型等 4 种，对应的旋转操作分别为：左旋转（rotateLeft）、右旋转（rotateRight）、左右旋转（先左旋转后右旋转）（rotateLeftRight）、右左旋转（先右旋转后左旋转）（rotateRightLeft）。

1．LL 型失衡

假设平衡二叉搜索树根节点的平衡因子为 1，如果在根节点的左子节点的左子树上插入新的节点导致根节点的平衡因子为 2，从而失衡，这种失衡类型称为 LL 型失衡。

图 5.13 所示是 LL 型不平衡的实例。图 5.14 所示是 LL 型不平衡的抽象表示。图 5.15 所示是 LL 型调整方法。

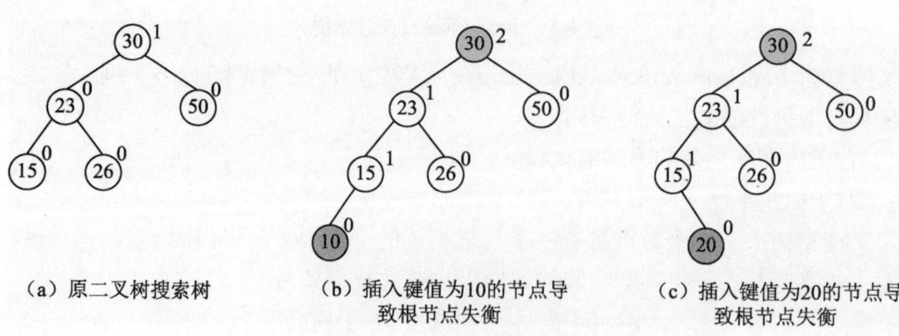

（a）原二叉树搜索树　　（b）插入键值为10的节点导致根节点失衡　　（c）插入键值为20的节点导致根节点失衡

图 5.13　LL 型不平衡的实例

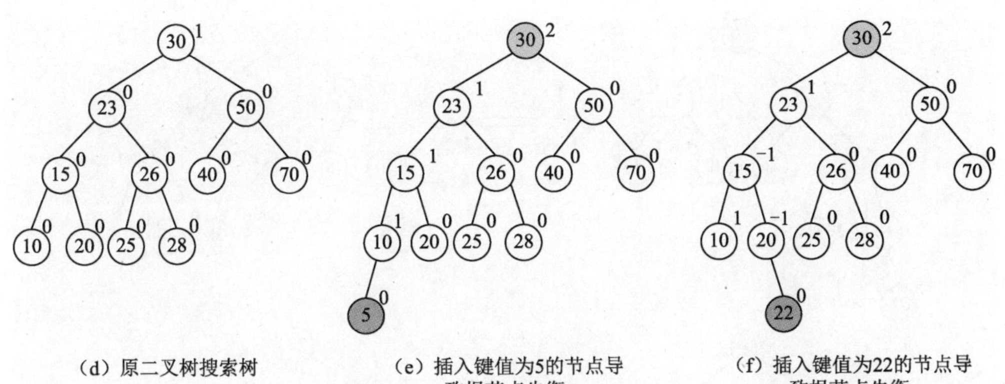

（d）原二叉树搜索树

（e）插入键值为5的节点导致根节点失衡

（f）插入键值为22的节点导致根节点失衡

图 5.13　LL 型不平衡的实例（续）

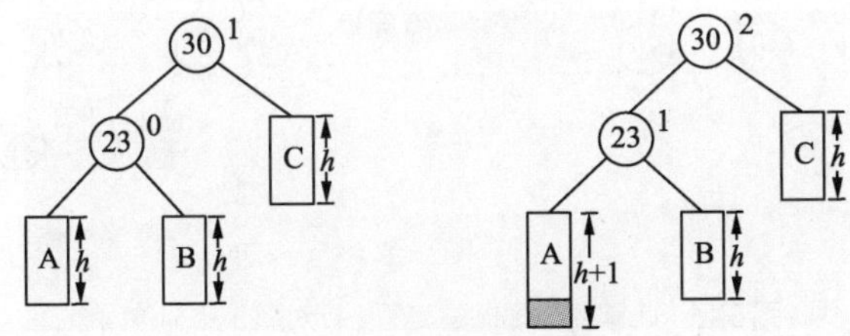

图 5.14　LL 型不平衡的抽象表示

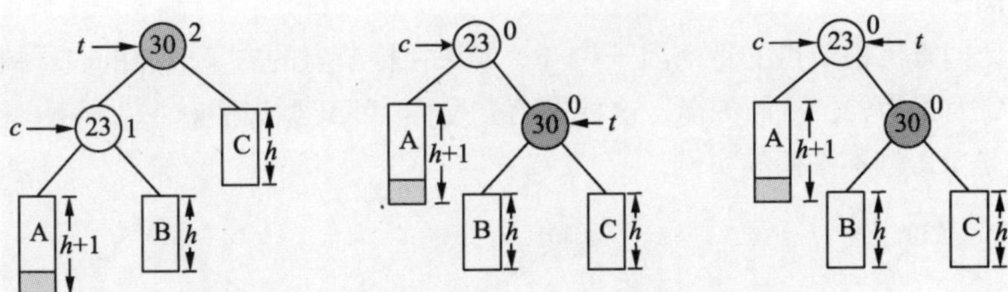

图 5.15　LL 型调整方法（围绕失衡节点做右旋转）

程序 5.26　LL 型调整的实现

图 5.16 所示是 LL 型不平衡调整实例。

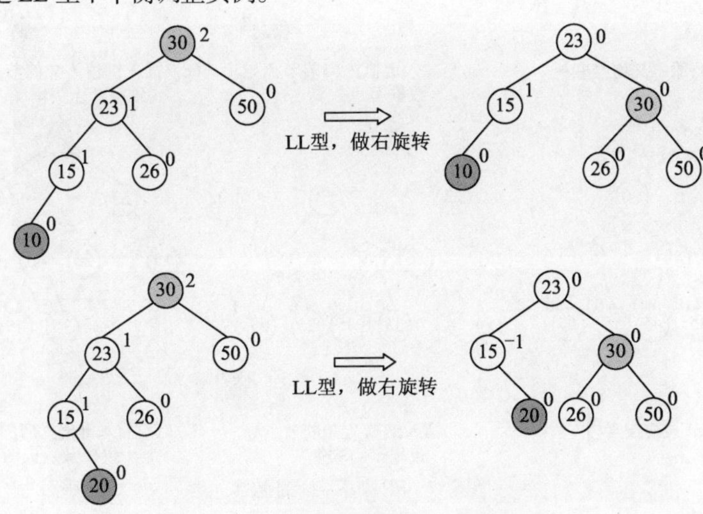

图 5.16　LL 型不平衡调整实例（针对图 5.13）

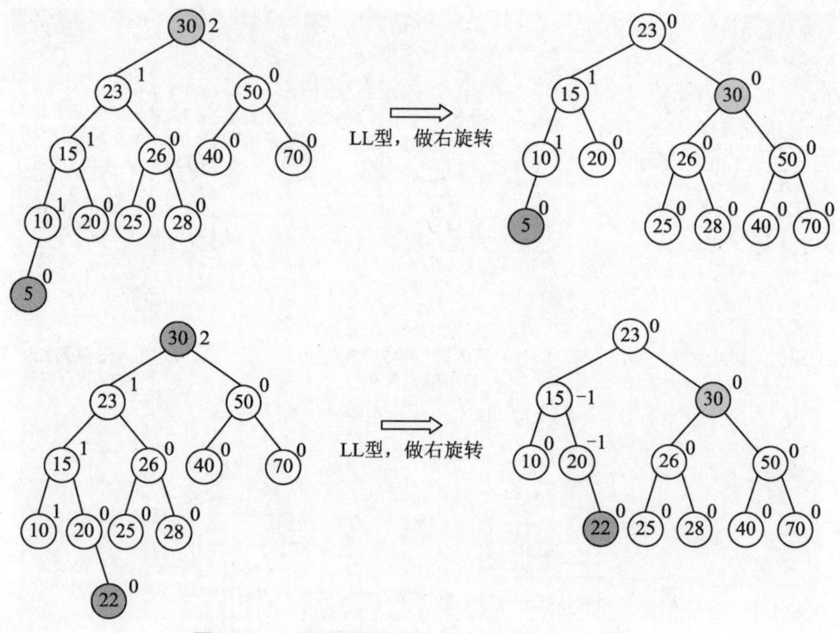

图 5.16　LL 型不平衡调整实例（针对图 5.13）（续）

2．RR 型失衡

假设平衡二叉搜索树根节点的平衡因子为-1，如果在根节点的右子节点的右子树上插入新的节点导致根节点的平衡因子为-2，从而失衡，这种失衡类型称为 RR 型失衡。

图 5.17 所示是 RR 型不平衡的实例。

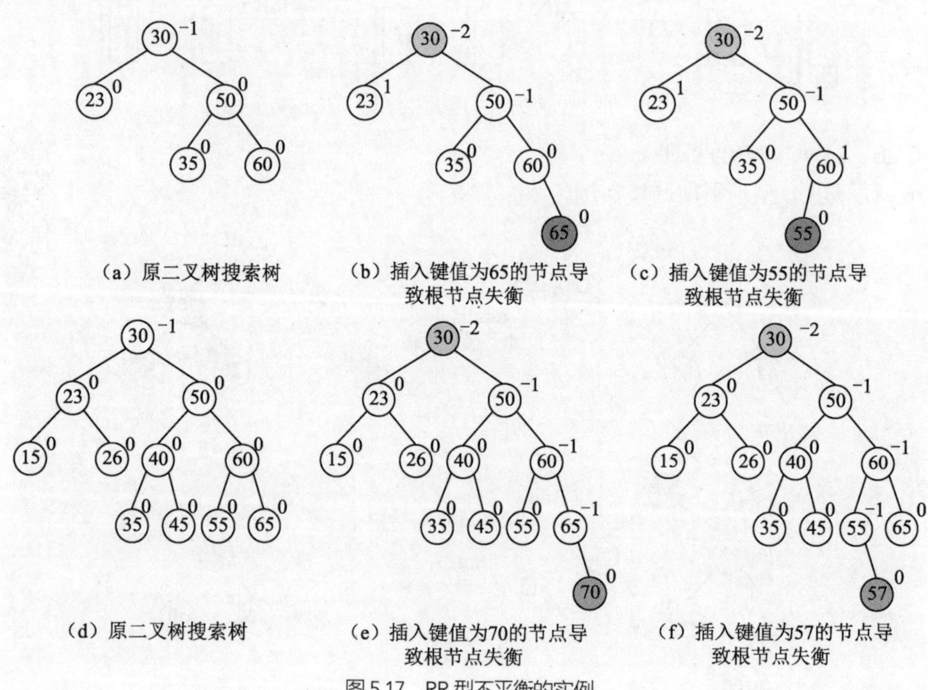

（a）原二叉树搜索树
（b）插入键值为65的节点导致根节点失衡
（c）插入键值为55的节点导致根节点失衡
（d）原二叉树搜索树
（e）插入键值为70的节点导致根节点失衡
（f）插入键值为57的节点导致根节点失衡

图 5.17　RR 型不平衡的实例

RR 型调整是围绕失衡节点做左旋转，称为左旋转，即 rotateLeft。图 5.18 所示是 RR 型不平衡的抽象表示。图 5.19 所示是 RR 型调整方法。

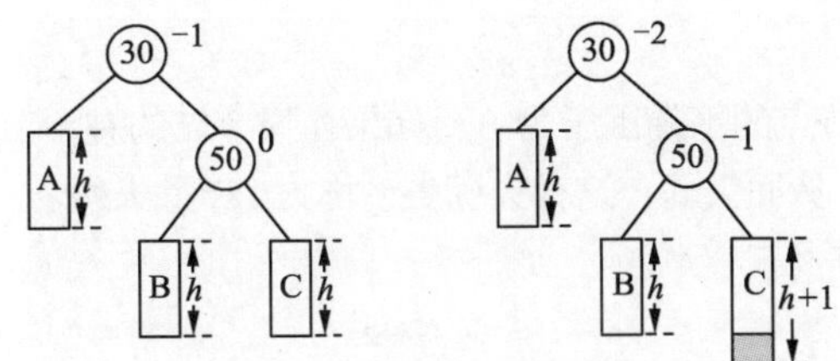

图 5.18 RR 型不平衡的抽象表示

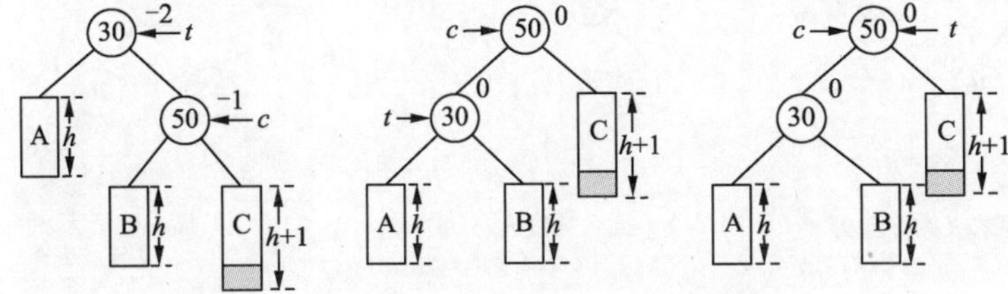

图 5.19 RR 型调整方法（围绕失衡节点做左旋转）

程序 5.27 RR 型调整的实现

图 5.20 所示是 RR 型不平衡调整的实例。

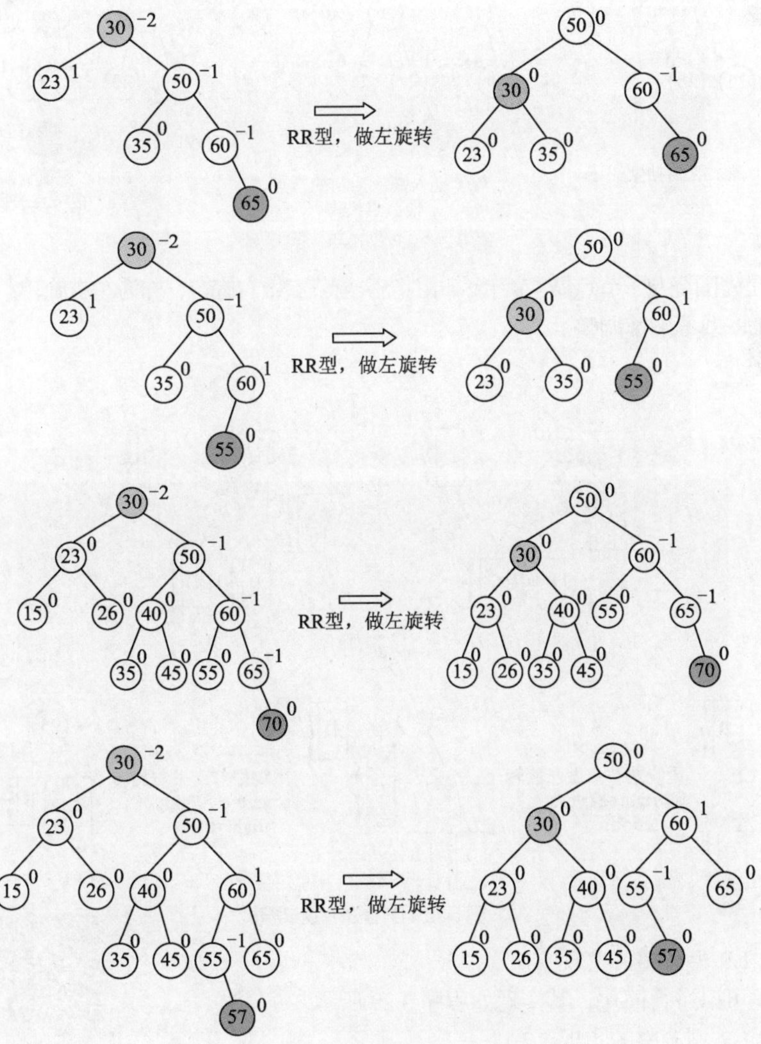

图 5.20 RR 型不平衡调整实例（针对图 5.17）

3．LR 型

假设平衡二叉搜索树根节点的平衡因子为 1，如果在根节点的左子节点的右子树上插入新的节点导致根节点的平衡因子为 2，从而失衡，这种失衡类型称为 LR 型失衡。

图 5.21 所示是 LR 型不平衡的实例。

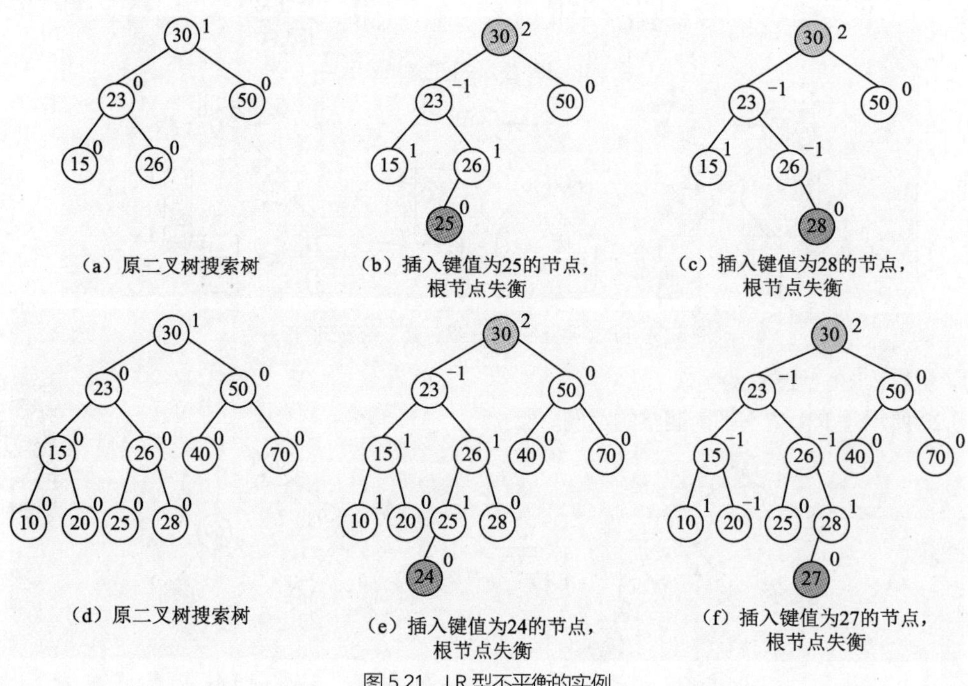

（a）原二叉树搜索树
（b）插入键值为25的节点，根节点失衡
（c）插入键值为28的节点，根节点失衡
（d）原二叉树搜索树
（e）插入键值为24的节点，根节点失衡
（f）插入键值为27的节点，根节点失衡

图 5.21　LR 型不平衡的实例

LR 型调整是先围绕左子节点做左旋转，再围绕失衡节点做右旋转，称为左右旋转，即 rotateLeftRight。图 5.22 所示是 LR 型不平衡调整。

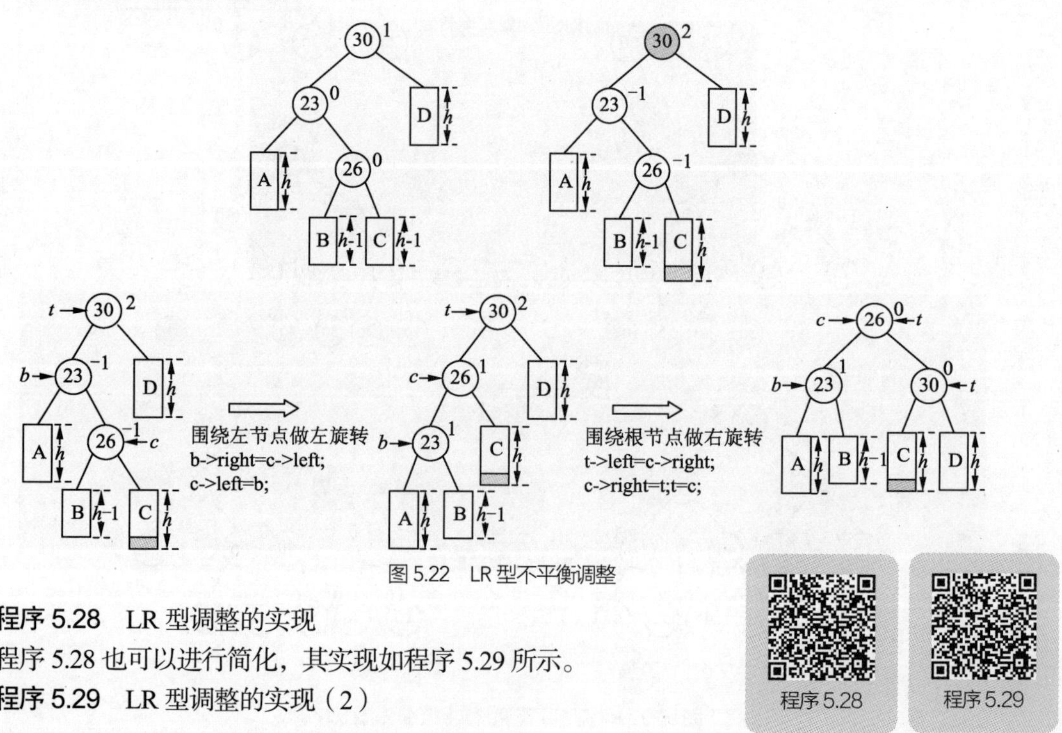

b->right=c->left;

t->left=c->right;
c->right=t;t=c;

图 5.22　LR 型不平衡调整

程序 5.28　LR 型调整的实现

程序 5.28 也可以进行简化，其实现如程序 5.29 所示。

程序 5.29　LR 型调整的实现（2）

程序 5.28　程序 5.29

图 5.23 所示是 LR 型不平衡调整的实例。

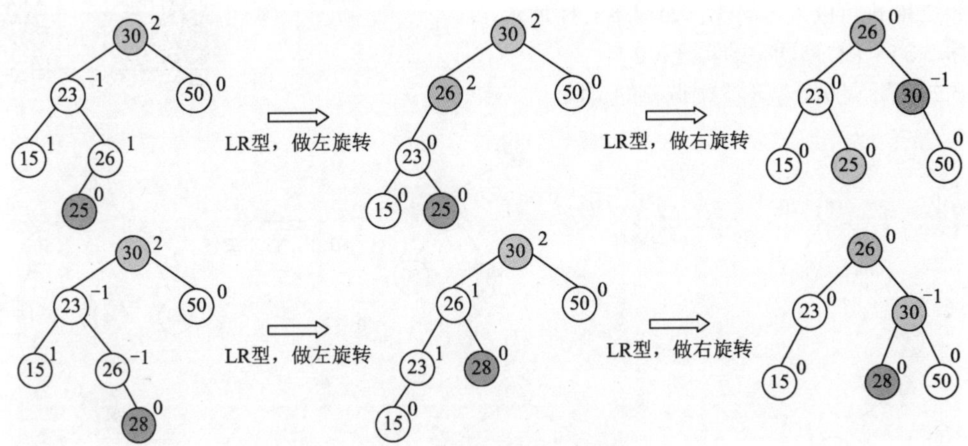

图 5.23 LR 型不平衡调整实例（针对图 5.21）

4．RL 型

假设平衡二叉搜索树根节点的平衡因子为-1，如果在根节点的右子节点的左子树上插入新的节点导致根节点的平衡因子为-2，从而失衡，这种失衡类型称为 RL 型失衡。

图 5.24 所示是 RL 型不平衡的实例。

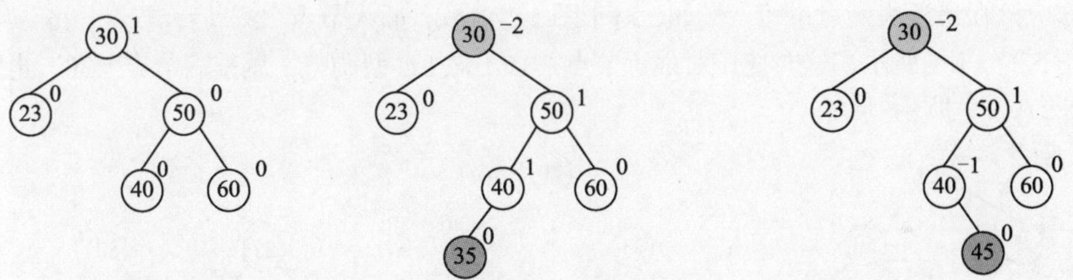

（a）原二叉树搜索树 （b）插入键值为35的节点，根节点失衡 （c）插入键值为45的节点，根节点失衡

图 5.24 RL 型不平衡的实例

RL 型调整是先围绕右子节点做右旋转，再围绕失衡节点做左旋转，称为右左旋转，即 rotateRightLeft。图 5.25 所示是 RL 型不平衡调整。

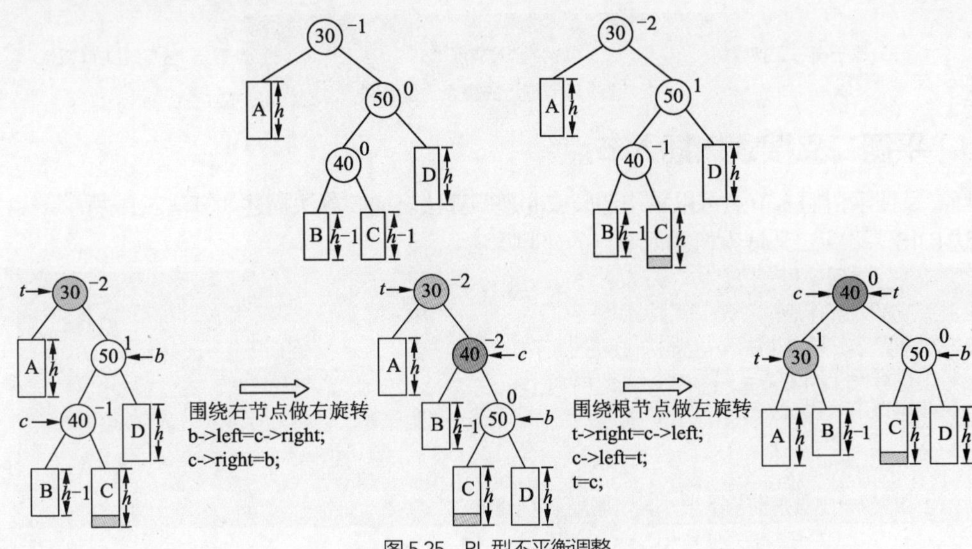

图 5.25 RL 型不平衡调整

程序 5.30　RL 型调整的实现

程序 5.30 也可以进行简化，如程序 5.31 所示。

程序 5.31　RL 型调整的实现（2）

图 5.26 所示是 RL 型不平衡调整的实例。

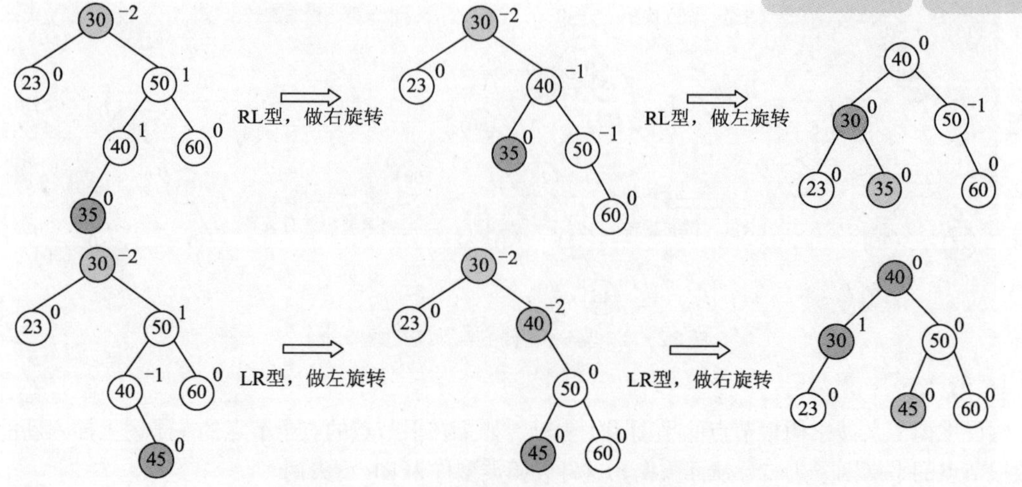

图 5.26　RL 型不平衡调整实例（针对图 5.24）

调整工作应该在最近失衡点进行。例如，对于图 5.27（a），插入节点“5”后，节点“15”和“30”都失衡，如图 5.27（b）所示，这时应该对最近节点“15”做 LL 型调整，调整后节点“30”也达到了平衡，如图 5.27（c）所示。

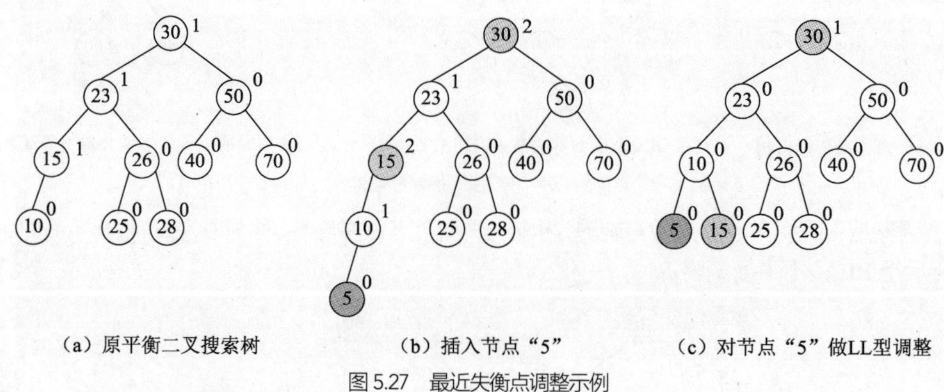

（a）原平衡二叉搜索树
（b）插入节点“5”
（c）对节点“5”做LL型调整

图 5.27　最近失衡点调整示例

5.4.3　平衡二叉搜索树插入节点

平衡二叉搜索树插入节点可以采用递归或非递归算法。递归算法描述如算法 5.16 所示。

算法 5.16　平衡二叉搜索树插入节点的递归算法

```
输入：平衡二叉搜索树，以及要插入的节点(其 data 值为 x)
输出：完成插入操作后的平衡二叉搜索树
1 如果(平衡二叉搜索树为空)，则执行以下操作：
    1.1 创建一个新节点，其 data 值为 x；
    1.2 将该节点设置为根；
    1.3 节点个数增 1；
2 否则，执行以下操作：
    2.1 如果(x 比当前节点的值小)，则执行以下操作：
        2.1.1 递归插入当前节点的左子树中；
```

```
        2.1.2 如果(当前节点的平衡因子为 2)，则执行以下操作：
            2.1.2.1 如果(x 小于当前节点的左子节点的值)，则围绕当前节点做右旋转；
            2.1.2.2 否则，围绕当前节点做左右旋转；
    2.2 如果(x 比当前节点的值大)，则执行以下操作：
        2.2.1 递归插入当前节点的右子树中；
        2.2.2 如果(当前节点的平衡因子为-2)，则执行以下操作：
            2.2.2.1 如果(x 大于当前节点的右子节点的值)，则围绕当前节点做左旋转；
            2.2.2.2 否则，围绕当前节点做右左旋转；
3 修改当前节点的平衡因子。
```

程序 5.32　平衡二叉搜索树插入节点的递归算法的实现

程序 5.32

平衡二叉搜索树插入节点的非递归算法的描述如下。

算法 5.17　平衡二叉搜索树插入节点非递归算法

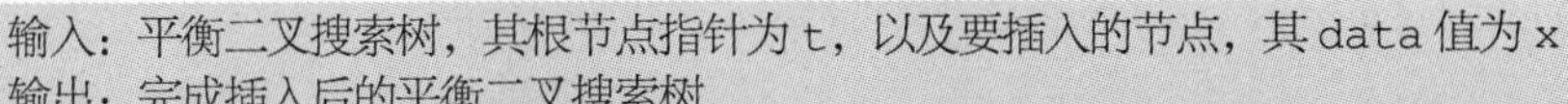

```
输入：平衡二叉搜索树，其根节点指针为 t，以及要插入的节点，其 data 值为 x
输出：完成插入后的平衡二叉搜索树
1 定义一个栈 sAvlNode，用于存储在查找插入位置过程中经过的节点指针的指针；
2 定义一个指向节点指针的指针 current，其初始值为指向根节点的地址指针，即 current = &t;
3 循环，执行以下操作，直到(current 所指向的节点指针为空，即*current==nullptr)：
    3.1 将指向当前节点指针的指针 current 进栈；
    3.2 如果(当前节点的值大于 x)，则将 current 指向当前节点的左子节点指针的指针；
    3.3 如果(当前节点的值小于 x)，则将 current 指向当前节点的右子节点指针的指针；
    3.4 如果(当前节点的值等于 x)，则直接返回；
4 创建一个新节点 newNode;
5 如果(sAvlNode 为空，这时平衡二叉搜索树为空)，则将新产生的节点作为根节点；
6 否则，执行以下操作：
    6.1 出栈，得到指向新节点的父节点指针的指针 parent;
    6.2 如果(parent 所指节点的值小于 x)，则将 parent 所指节点的右指针指向 newNode;
7 置当前节点的高度 height 为 1;
8 循环，执行以下操作，直到(sAvlNode 为空)：
    8.1 出栈，将出栈值赋给 parent;
    8.2 计算 parent 所指节点的高度 height;
    8.3 计算 parent 所指节点的平衡因子 balance;
    8.4 如果(balance<1)，则执行以下操作：
        8.4.1 如果(parent 所指节点的值大于 x)，则围绕 parent 对应节点做右旋转；
        8.4.2 如果(parent 所指节点的值小于 x)，则围绕 parent 所指节点做左右旋转；
    8.5 如果(balance>-1)，则执行以下操作：
        8.5.1 如果(parent 所指节点的值小于 x)，则围绕 parent 所指节点做左旋转；
        8.5.2 如果(parent 所指节点的值大于 x)，则围绕 parent 所指节点做右左旋转。
```

算法 5.17 的关键是步骤 3 和步骤 8。步骤 3 的任务是根据平衡二叉搜索树的性质找到新节点的插入位置，步骤 8 的任务是对新节点的祖先节点进行平衡调整。

程序 5.33

程序 5.33　平衡二叉搜索树插入节点的非递归算法的实现

在平衡二叉搜索树插入或删除节点非递归算法实现程序中需要使用二级指针。这是因为平衡二叉搜索在插入节点或删除节点时会修改平衡二叉搜索树的结构，而二级指针可以跟踪和修改树中各个节点的状态。如果只使用一级指针，那么在回溯过程中存储在栈中的指针将会指向节点复制后的内存区域，而不是原始节点的地址。这可能导致数据丢失或树的结构被错误地修改，从而破坏树的平衡性和正确性。

5.4.4 平衡二叉搜索树删除节点

在平衡二叉搜索树中删除节点，首先采用二叉搜索树删除节点的算法删除节点，然后从被删除节点的父节点开始向上更新所有节点的平衡因子，直到根节点，如果一个节点的平衡因子变为 2 或-2，则需要进行旋转调整以保持树的平衡。平衡二叉搜索树删除节点可以采用递归算法，也可以采用非递归算法。

算法 5.18　平衡二叉搜索树删除节点的递归算法

输入：平衡二叉搜索树，其根节点指针为 t，以及要删除的节点，其 data 值为 x
输出：删除节点后的平衡二叉搜索树
1 如果(当前节点为空)，则直接返回；
2 采用二叉搜索树查找节点算法(找到要删除的节点)；
3 如果(要删除的节点的左子节点和右子节点都不为空)，则执行以下操作：
　　3.1 找到要删除的节点的右子树的最左子节点或左子树的最右子节点；
　　3.2 用这个节点的值替换要删除的节点；
　　3.3 递归删除右子树的最左子节点或左子树的最右左子节点；
4 如果(要删除的节点只有一个子节点)，则直接删除节点，即用这个子节点覆盖要删除的节点；
5 如果(要删除的节点既无左子节点也无右子节点)，则直接删除节点；
6 在删除节点后，如果(二叉树为空)，则直接返回；
7 否则，计算并更新当前节点的高度，并进行平衡调整。

程序 5.34

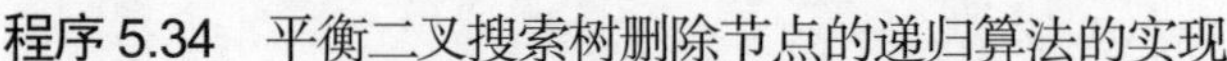
程序 5.34　平衡二叉搜索树删除节点的递归算法的实现

算法 5.19　平衡二叉搜索树删除节点的非递归算法

输入：平衡二叉搜索树，其根节点指针为 t，以及要删除的节点，其 data 值为 x
输出：完成删除操作后的平衡二叉搜索树
1 定义一个栈 sAvlNode，用于存储在查找删除节点过程中经过的节点的指针；
2 定义一个指向节点指针的指针 current，其初始值为指向根节点地址的指针，即 current = &t;
3 循环，执行以下操作，直到(current 所指向的节点指针不为空)：
　　3.1 将指向当前节点指针的指针 current 进栈；
　　3.2 如果(当前节点的值大于 x)，则将 current 指向当前节点的左子节点指针的指针；
　　3.3 如果(当前节点的值小于 x)，则将 current 指向当前节点的右子节点指针的指针；
　　3.4 如果(当前节点的值等于 x)，即已找到要删除的节点，则跳出循环；
4 如果(*current==nullptr)，则报告要删除的节点不存在，退出函数或返回错误提示信息；
5 如果(要删除的节点的左子节点和右子节点都不为空)，则执行以下操作：
　　5.1 定义一个指向节点指针的指针 successor，其初值为 successor = &((*current)->right)；
　　5.2 循环，执行以下操作，直到(successor 指向的节点的最左子节点不为空)：
　　　　5.2.1 将 successor 进栈；
　　　　5.2.2 将 successor 指向当前节点的左子节点，即 successor = &((*successor)->left)；
　　5.3 将要删除节点的后继节点进栈；
　　5.4 将 successor 指向的节点的值替换 current 所指向的值；
　　5.5 将 current 指向要删除节点的后继节点，即 current = successor;
6 定义指针 temp 指向要删除节点，即 AvlNode* temp = *current;
7 将 current 指针指向其子节点，并删除节点 temp；
8 循环，执行以下操作，直到(sAvlNode 为空)：
　　8.1 出栈，将出栈值赋给 current；
　　8.2 计算 current 所指节点的平衡因子 balance；
　　8.3 如果(balance>1)，则执行以下操作：
　　　　8.3.1 如果(current 的左子节点的左子树的高度大于右子树的高度)，则围绕 current 对应的节点做右旋转；
　　　　8.3.2 如果(current 的左子节点的左子树的高度小于右子树的高度)，则围绕 current 所指节点做左右旋转；
　　8.4 如果(balance<-1)，则执行以下操作：
　　　　8.4.1 如果(current 的右子节点的右子树的高度大于左子树的高度)，则围绕 current 所指节点做左旋转；

```
        8.4.2 如果(current 的右子节点的右子树的高度小于左子树的高度)，则围绕 current 所指节点做右左旋转。
```

程序 5.35 平衡二叉搜索树删除节点的非递归算法的实现

程序 5.35

5.4.5 平衡二叉搜索树的应用：词频统计

词频统计是自然语言处理中的一个基础任务，主要目的是统计每个单词（或词组）在文本中出现的次数。词频信息可用于构建文本向量，并进一步应用于文本分类、聚类等场景。

（1）问题描述

给定一段文本，统计文本中每个单词出现的次数。

（2）解决思路

可以使用平衡二叉搜索进行词频统计，先对文本进行分词，然后将单词填进平衡二叉搜索树中。如果平衡二叉搜索树中没有这个单词，就插入平衡二叉搜索树，并记数 1；如果存在这个单词，就将这个单词的记数增 1。

（3）算法及程序

为了对单词出现的次数进行统计，需要改造平衡二叉搜索树的节点定义，增加计数器 count。用于词频统计的平衡二叉搜索树的节点定义如下。

```
struct WordCountAvlNode {       //平衡二叉树节点结构
    T data;
    WordCountAvlNode* left, * right;
    int height;                 //记录二叉搜索树高度
    int count;                  //记录单词出现的次数
        WordCountAvlNode(const T& item, WordCountAvlNode* l = 0, WordCountAvlNode* r = 0, int h = 0,int c=1) :data(item),left(l), right(r), height(h), count(c) {}
};
```

词频统计的关键是要设计一个更新节点算法，当插入一个单词时，检查平衡二叉搜索树是否存在这个单词，如果存在就更新节点的计数器，如果不存在就把这个单词插入平衡二叉搜索树中。

算法 5.20 词频统计平衡二叉搜索树更新节点算法

```
输入：词频统计平衡二叉搜索树，一个单词，其 data 值为 x
输出：完成更新操作后的词频统计平衡二叉搜索树
1 在词频统计平衡二叉搜索树中查找单词为 x 的节点；
2 如果(查找成功)，则将该节点的记数器加 1；
3 如果(查找失败)，则将该单词插入词频统计平衡二叉搜索树中。
```

程序 5.36 平衡二叉搜索树更新节点算法的实现

要实现词频统计还需要设计一个函数，用于从字符串中提取单词并插入词频统计平衡二叉搜索树中。

程序 5.37 提取单词并插入到平衡二叉搜索树的函数的实现

程序 5.36

程序 5.37

在程序 5.37 中，line 一般来自于文本文件的输入，它是一个字符串，可以包含一个或多个单词。ss 是 stringstream 输入流对象，ss 通过使用>>运算符，可以从 stringstream 中提取数据，就像从文件流中读取数据一样。while(ss >> word)循环会逐个提取 line 中的单词，直到字符串结束。

程序 5.38 词频统计算法的测试主函数

在程序 5.38 中，getline(file, line)函数的作用是循环从文件 file 中读取一个整行，并将其存储在 line 变量中。extractWords(line, WordCountAVLTree)的作用是将 line 中的单词提取出来并插入词频统计平衡二叉搜索树中。完成文本遍历后，平衡二叉搜索树中

程序 5.38

包含了所有单词及其对应的计数。可以通过遍历树的方式，输出每个单词及其出现次数。

5.5 B-树

5.5.1 B-树的基本概念

B-树又称为平衡多路查找树或外部查找树，是一种组织和维护外存文件系统的有效数据结构。与平衡二叉搜索树不同的是，B-树的节点可以包含多个关键码。B-树的节点分为根节点、内部节点和叶子节点 3 类，根节点没有父节点；内部节点既有父节点，也有子节点；叶子节点只有父节点，没有子节点。根节点和内部节点拥有子节点个数的最大值称为 B-树的阶，且规定阶数不小于 3。若 B-树为空，则不包含任何节点。若 B-树（设 B-树的阶数为 m）不为空，则须满足以下要求。

（1）根节点至少有两个子节点，至多有 m 个子节点。

（2）每个内部节点至少有 $\lceil m/2 \rceil$ 个子节点，至多有 m 个子节点。

（3）根节点和内部节点的关键码的个数等于其子节点的个数减 1，即根节点至少有 1 个关键码，至多有 $m-1$ 个关键码，内部节点至少有 $\lceil m/2 \rceil-1$ 个关键码，至多有 $m-1$ 个关键码。根节点和内部节点的关键码按升序排列。

（4）叶子节点都在同一层上，叶子节点只含有关键码信息，其关键码个数的规定与内部节点相同，其所有指针为空。

图 5.28 所示是一棵 4 阶 B-树。

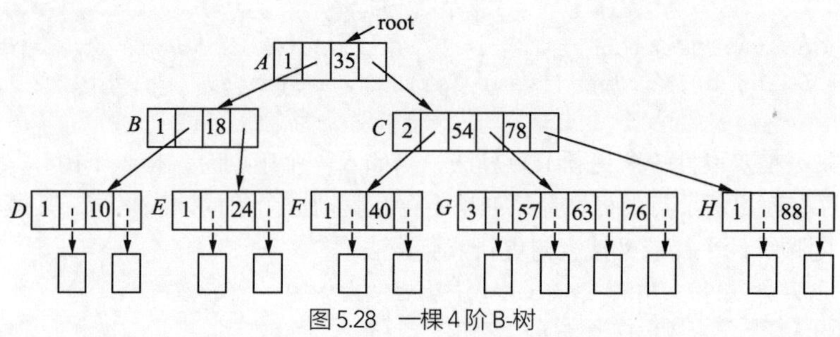

图 5.28　一棵 4 阶 B-树

B-树的每个非叶子节点不仅需要存储关键码，还需要存储指向子节点的指针，同时还需要一个数据项存储节点中关键码的个数，可以表示为：$(n,p_0,k_0,p_1,k_1,p_2,k_2,\cdots,k_{n-1},p_n)$，其中，$k_i$ 为关键码，p_i 为节点指针，节点中关键码的个数为 n，节点中指针的个数为 $n+1$；p_i 所指向的子树上的所有节点中的关键码均大于 k_{i-1} 且均小于 k_i。

程序 5.39　B-树节点的定义

程序 5.39

5.5.2 B-树的查找

B-树查找是根据给定的关键码在 B-树中定位一个特定的节点，在这个节点内查找与提供的关键码相匹配的关键码。如果找到了，则返回查找成功提示信息或关键码对应数据的详细信息；如果未找到，则提示查找失败。例如，针对图 5.28 所示 4 阶 B-树查找关键码为 63 的节点（查找成功）：首先在根节点 A 中进行查找，根节点只有一个关键码，其值为 35，待查关键码比 35 大，所以就沿 35 的右指针所指向的节点进行查找，找到节点 C，在节点 C 内部进行查找；待查关键码介于 54 至 78 之间，沿节点 C 的关键码 54 的右指针所指向的节点进行查找，找到节点 G，在节点 G 内部进行查找；G 的第 2 个关键码为 63，查找成功。类似地，查找关键码 65（查找失败），到达最后一层非叶子节点 G，没有与之匹配的关键码，最后由 63 的右指针指向叶子节点，查找失败。B-树查找关键码的算法描述如算法 5.21 所示。

算法 5.21　B-树查找关键码的算法

```
输入：B-树根节点 t 及关键码 x
输出：查找是否成功
1 如果(B-树为空)，则直接返回；
2 如果(当前节点为叶子节点)，则执行以下操作：
    2.1 循环，依次与当前节点内的关键码进行比较，执行以下操作；
        2.1.1 如果(x 小于当前的关键码)，则返回查找失败；
        2.1.2 如果(x 等于当前的关键码)，则返回查找成功；
    2.2 循环结束，返回查找失败；
3 如果(当前节点不为叶子节点)，则执行以下操作：
    3.1 循环，依次与当前节点内的关键码进行比较，执行以下操作；
        3.1.1 如果(x 小于当前的关键码)，则递归查找该关键码的左子节点；
        3.1.2 如果(x 等于当前的关键码)，则返回查找成功；
    3.2 循环结束，递归查找最后关键码的右子节点。
```

这是一个递归算法，递归出口是B-树为空或到达叶子节点。每到达一个节点，就在节点内部进行查找，如果查找成功就直接返回，否则就递归地沿着树的分支路径进行查找。由于节点内的关键码是有序的，在节点内部进行关键码查找时可以采用顺序查找，也可以采用二分查找。

程序 5.40　B-树查找节点的递归算法的实现（内部节点关键码采用顺序查找）

程序 5.40

查找操作的时间复杂度确实取决于B-树的高度以及在每个节点内部进行的顺序查找。在平均情况下，B-树的查找时间复杂度为 $O(\log_m n + k)$，其中 m 是B-树的阶数，n 是B-树中关键码的数量，k 是节点内部进行的顺序查找的查找长度。

5.5.3 B-树的插入

在 B-树中插入一个新的关键码时，需要遵循一系列规则以保持树的平衡和有序性。首先按照 B-树查找算法找到插入位置所在的节点 T，T 是最后一层的某个叶子节点。然后执行插入操作，插入关键码后，如果 T 的关键码个数小于或等于 $m-1$，则插入操作结束；如果 T 的关键码个数等于 m，则需要执行节点分裂操作。B-树插入关键码的算法描述如算法 5.22 所示。

算法 5.22　B-树插入关键码的算法

```
输入：B-树根节点 t 及关键码 x
输出：插入关键码后的 B-树
1 按照 B-树查找算法查找关键码 x，如果(t 中存在关键码 x)，则直接返回：
2 如果(t 为空)，则生成新的 B 树节点；
3 如果(t 为叶子节点)，则执行以下操作：
    3.1 则将 x 插入 t 的适当位置，t 的关键码数增 1；
    3.2 如果(插入 x 后 t 的关键码个数超过最大值)，则进行分裂(调用分裂节点算法)；
4 否则，循环，依次与 t 的关键码进行比较，执行以下操作；
    4.1 如果(x 小于当前的关键码)，则递归将 x 插入该关键码的左子节点；
5 循环结束，递归将 x 插入最后关键码的右子节点。
```

假设针对图 5.28 所示的一棵 4 阶 B-树（m=4）插入关键码 8，首先按照算法 5.22 找到插入位置，该位置为节点 D，将关键码 8 插入 D 中的适当位置，即将 8 插入关键码 10 的前面；然后将 D 的关键码个数由 1 修改为 2，如图 5.29 所示。由于插入后 D 的关键码个数小于 4（图 5.28 所示的B-树阶数为 4），插入成功。

B-树插入节点的程序如下。程序中 KEY_MAX 是节点关键码个数的最大值，KEY_MAX=m−1，其中 m 为B-树的阶数。

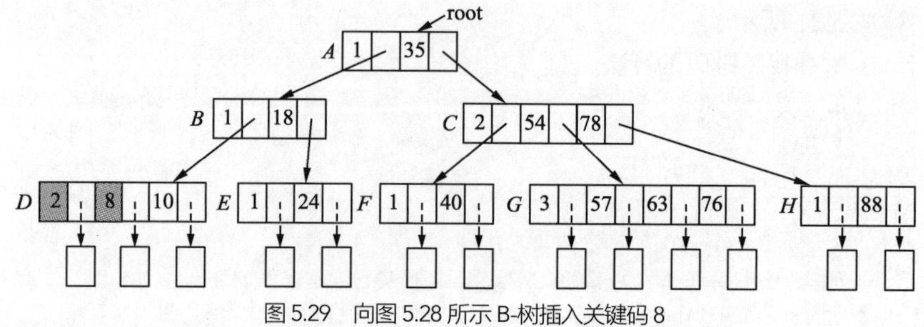

图 5.29　向图 5.28 所示 B-树插入关键码 8

程序 5.41　B-树插入节点的递归算法的实现

程序 5.41

B-树插入关键码的难点是分裂节点。如果插入关键码后节点 T 中的关键码个数等于 m，就要对 T 进行分裂。分裂时，要将节点中间位置关键码插入它的父节点中，使父节点的关键码的个数增 1，这可能会引发其父节点分裂，需要递归调用分裂节点算法。如果继续插入关键码，可能引发根节点分裂。根节点分裂需要生成一个新的根节点。新根节点包含一个关键码和两个指针，这两个指针分别指向原根节点分裂得到的两个节点。根节点分裂会使 B-树的高度增 1。B-树分裂节点的算法描述如算法 5.23 所示。

算法 5.23　B-树分裂节点的算法

输入：B-树的待分裂节点 T（节点 T 的关键码的个数为 m，其指针为 t）
输出：分裂后的 B-树
1 找到 T 的中间关键码位置，其对应数组下标为 $\lfloor (m-1)/2 \rfloor$，假设其值为 keyi；
2 创建两个新的节点 U 和 V；
3 将 U 的关键码个数置为 $\lfloor (m-1)/2 \rfloor$；将 T 中数组下标为 0，…，$\lfloor (m-1)/2 \rfloor -1$ 的关键码和对应的指针复制到 U 中；
4 将 V 的关键码个数置为 $m-\lfloor (m-1)/2 \rfloor -1$，将 T 中数组下标为 $\lfloor (m-1)/2 \rfloor +1$，…，(m-1) 的关键码和对应指针复制到 V 中；
5 如果（T 是根），则执行以下操作：
　　5.1 创建一个新的节点作为根节点 F，F 的关键码个数设置为 1，其唯一关键码设置为 keyi；
　　5.2 将 F 中关键码 keyi 的左指针指向 U，右指针指向 V；
6 否则，执行以下操作：
　　6.1 将 keyi 插入 T 的父节点 F 的适当位置（保持关键码递增有序），F 的关键码个数增 1；
　　6.2 将 F 中关键码 keyi 的左指针指向 U，右指针指向 V；
　　6.5 如果（F 的关键码个数等于 m），则调用分裂节点算法，对 F 进行分裂；
7 删除原节点 T。

假设针对图 5.28 所示的一棵 4 阶 B-树（m=4）插入关键码 70。首先按照算法 5.22 查找到插入节点 G，然后将关键码 70 插入节点 G 中，这时 G 的关键码个数为 4，如图 5.30（a）所示。这时 G 的关键码个数为 m，达到分裂条件，对 G 实施分裂。找到 G 的中间位置，其数组下标为 1，对应的关键码为 63。由于 G 不是根节点，于是找到 G 的父节点 C，将 63 插入 C 中适当位置（保持关键码递增有序），C 的关键码个数增 1；同时生成两个新的节点 U 和 V，置 U 的关键码个数为 1，将 G 的关键码 63 之前的关键码和指针复制到 U 中，置 V 的关键码个数为 2，将 G 的关键码 63 之后的关键码和指针复制到 V 中，如图 5.30（b）所示。将 C 中的关键码 63 的左指针指向 U，右指针指向 V，同时删除节点 G，如图 5.30（c）所示。由于 C 节点的关键码数目未达到 m，不需要对 C 做分裂操作，算法结束。

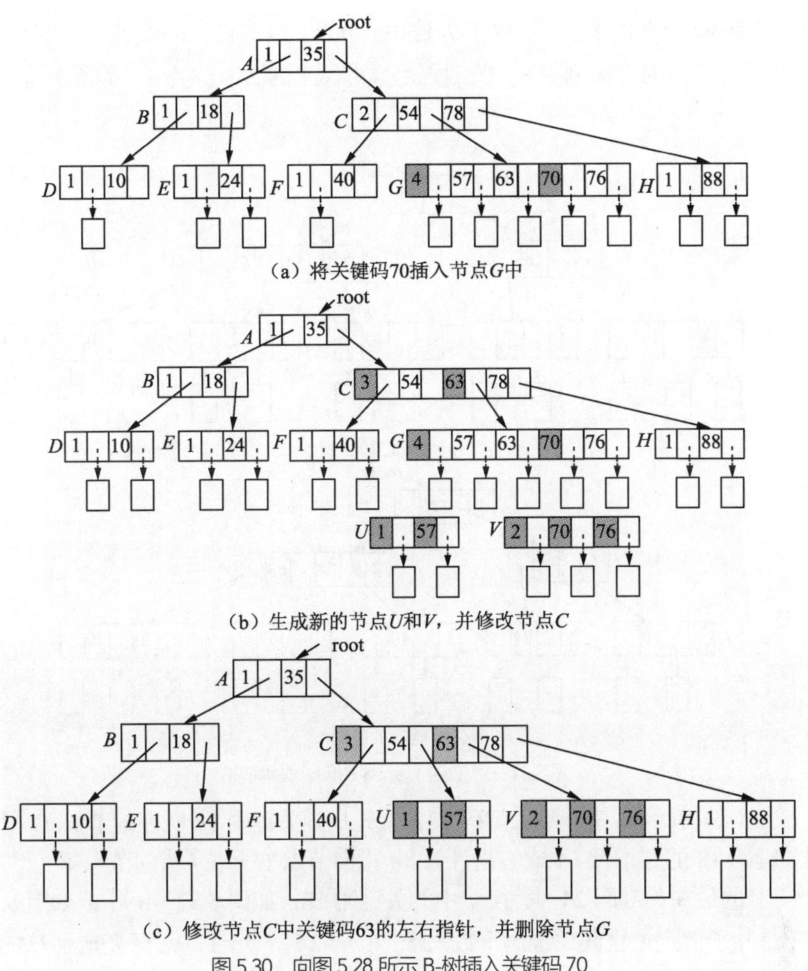

（a）将关键码70插入节点G中

（b）生成新的节点U和V，并修改节点C

（c）修改节点C中关键码63的左右指针，并删除节点G

图 5.30 向图 5.28 所示 B-树插入关键码 70

程序 5.42 B-树插入节点时分裂节点算法的实现

程序 5.42

5.5.4 B-树的删除

如果想在 B-树中删除关键码为 x 的数据元素，那么要先在树中定位包含该关键码的节点，然后执行删除操作，这时可能需要进行节点调整以保持树的平衡性质。在 B-树中删除关键码为 x 的数据元素的算法描述如算法 5.24 所示。

算法 5.24 B-树中删除关键码为 x 的数据元素的算法

```
输入：B-树节点 T（其指针为 t）和关键码 x
输出：删除关键码后的 B-树
1 利用 B-树查找关键码的算法定位待删除的关键码所在的节点 T；
2 如果（T 不是叶子节点），则执行以下操作：
    2.1 找到 x 在 T 中的左指针（设其指针数组下标为 i）或右指针（设其指针数组下标为 j）；
    2.2 用 i（或 j）所指的子节点 U（或 V）的最右（或最左）关键码替换 T 中的 x；
    2.3 递归删除 U（或 V）的最右（或左）关键码，一直到叶子节点为止；
3 如果（T 是叶子节点），则执行以下操作：
    3.1 如果（T 包含的关键码个数大于⌈m/2⌉-1），则删除 T 中的 x 和 x 右指针；
    3.2 如果（T 包含的关键码个数等于⌈m/2⌉-1），则调用删除节点 T 的左（或右）兄弟节点的最右（或最左）
关键码的算法；
4 如果（T 中不存在关键码 x），则直接返回。
```

算法 5.24 最终把删除关键码的操作转移到叶子节点上。如针对图 5.31（a）所示 3 阶 B-树删除关键码 8，先找到关键码 8 所在的节点 T，由于 T 是叶子节点，且 T 包含的关键码个数大于（$\lceil m/2 \rceil-1$）（这里 m=3），即大于 1，则直接删除 8，关键码个数由原来的 2 减少为 1，删除关键码 8 后的 B-树如图 5.31（b）所示。

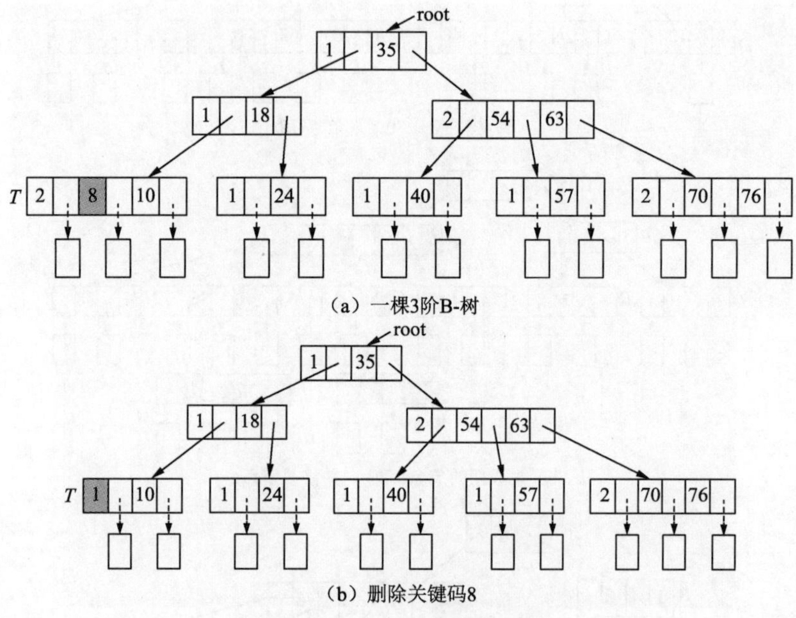

（a）一棵3阶B-树

（b）删除关键码8

图 5.31　对（a）所示 B-树删除关键码 8

如针对图 5.32（a）所示 B-树删除关键码 18，首先找到关键码 18 所在的节点 T，由于 T 不是叶子节点，就找到关键码 18 的左指针 i（或右指针 j）。i 指向节点 U（或 j 指向节点 V）。然后，用 U 的最右关键码 10（或 V 的最左关键码 24）替换 T 中的关键码 18，如图 5.32（b）[或如图 5.32（c）] 所示。由于 U（或 V）是叶子节点，且其关键码个数大于（$\lceil m/2 \rceil-1$）=1，就直接删除 U 的关键码 10（或直接删除 V 的关键码 24），如图 5.32（d）[或图 5.32（e）] 所示。

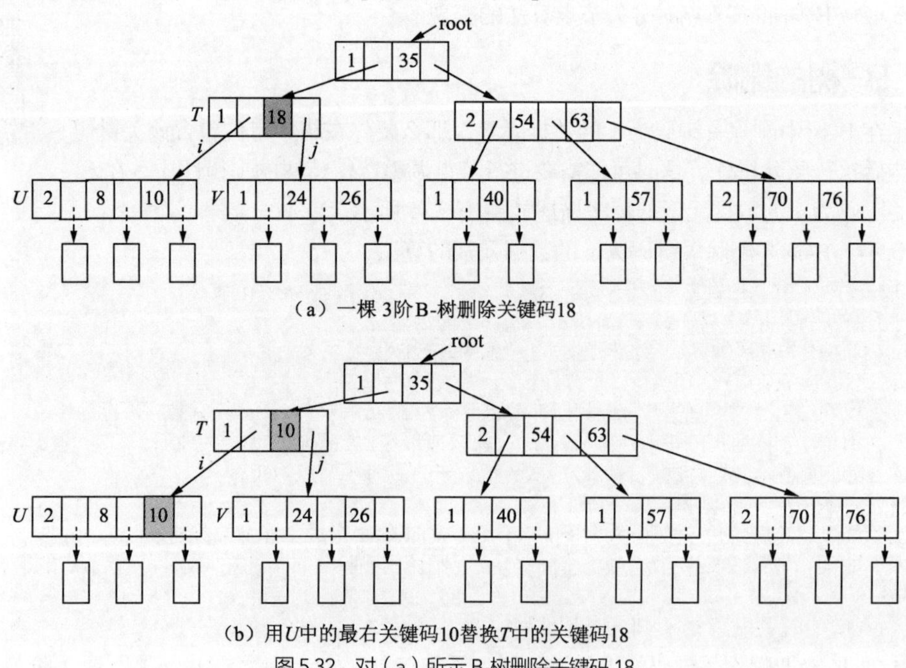

（a）一棵 3阶B-树删除关键码18

（b）用U中的最右关键码10替换T中的关键码18

图 5.32　对（a）所示 B-树删除关键码 18

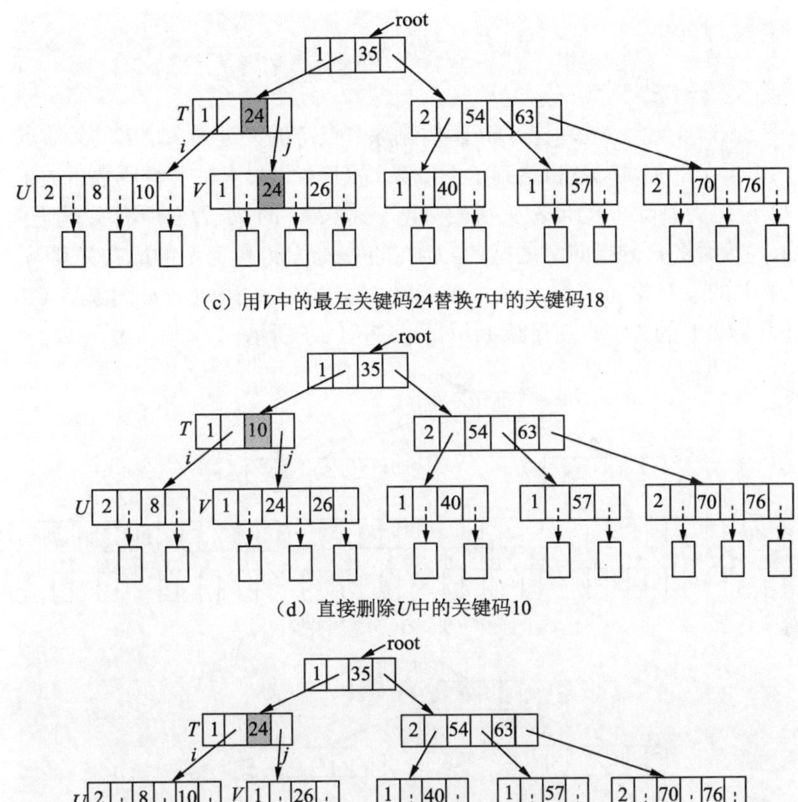

（c）用V中的最左关键码24替换T中的关键码18

（d）直接删除U中的关键码10

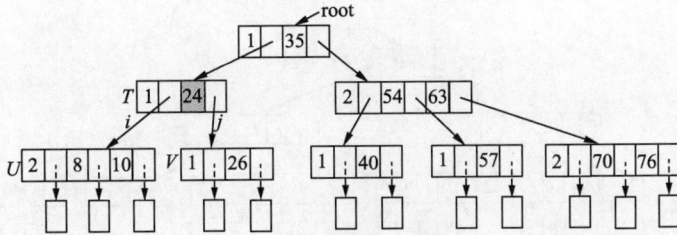

（e）直接删除V的关键码24

图 5.32 对（a）所示 B-树删除关键码 18（续）

程序 5.43 B-树删除关键码的算法的实现

程序 5.43

算法 5.24 的难点是，如果被删除关键码 x 所在的节点 T 是叶子节点，其关键码个数等于（$\lceil m/2\rceil-1$），即达到关键码数最小值，则检查其左（或右）兄弟节点的关键码个数，如果其左（或右）兄弟节点的关键码个数大于（$\lceil m/2\rceil-1$），就将删除 T 的关键码转化为删除其左（或右）兄弟节点的关键码。删除兄弟节点的关键码的算法如下。

算法 5.25 删除节点 T 的左（或右）兄弟节点的最右（或最左）关键码的算法

输入：B-树的节点 T（其指针为 t）和关键码 x

输出：删除关键码后的 B-树

1 如果（T 的左兄弟 U 的关键码的个数大于（$\lceil m/2\rceil$-1），则执行以下操作：

  1.1 将 T 中的 x 前面所有关键码后移覆盖 x，其对应指针也做相应移动；

  1.2 用 T 的父节点 F 中的指向 T 的指针的前一位置的关键码覆盖 T 的最左关键码；

  1.3 用 U 的最右关键码覆盖 F 中指向 T 的指针的前一位置的关键码；

  1.4 删除 U 的最右关键码；

2 否则，执行以下操作：

  2.1 如果（T 的右兄弟 V 的关键码的个数大于（$\lceil m/2\rceil$-1），则执行以下操作：

    2.1.1 将 T 中的 x 后面所有关键码前移覆盖 x，其对应指针也做相应移动；

    2.1.2 用 T 的父节点 F 中指向 T 的指针位置的关键码覆盖 T 的最右关键码；

    2.1.3 用 V 的最左关键码覆盖 F 中的指向 T 的指针位置的关键码；

    2.1.4 删除 V 的最左关键码；

2.2 否则，执行以下操作：

2.2.1 如果(T 的左兄弟和右兄弟所包含的关键码的个数均等于(⌈m/2⌉-1)，则调用合并节点的算法，将 T 与其左兄弟或右兄弟进行合并。

例如，针对图 5.33（a）所示的一棵 5 阶 B-树删除节点 T 的关键码 72，T 的父节点为 F，左兄弟为 U，右兄弟为 V。由于 T 的关键码数目达到了下限 2，而其右兄弟 V 的关键码数目大于 2，故可以将删除 T 的关键码 72 转化为删除 V 的最左关键码 84。先将 T 中的 72 后面所有关键码前移覆盖 72，如图 5.33（b）所示。然后将 F 的指向 T 的指针 j 所在的关键码 80 覆盖 T 的最右关键码，如图 5.33（c）所示。再将右兄弟 V 的最左关键码 84 覆盖 T 的指针 j 所在的关键码 80，如图 5.33（d）所示。最后删除 V 的最左关键码 84，V 的关键码数目减 1，如图 5.33（e）所示。

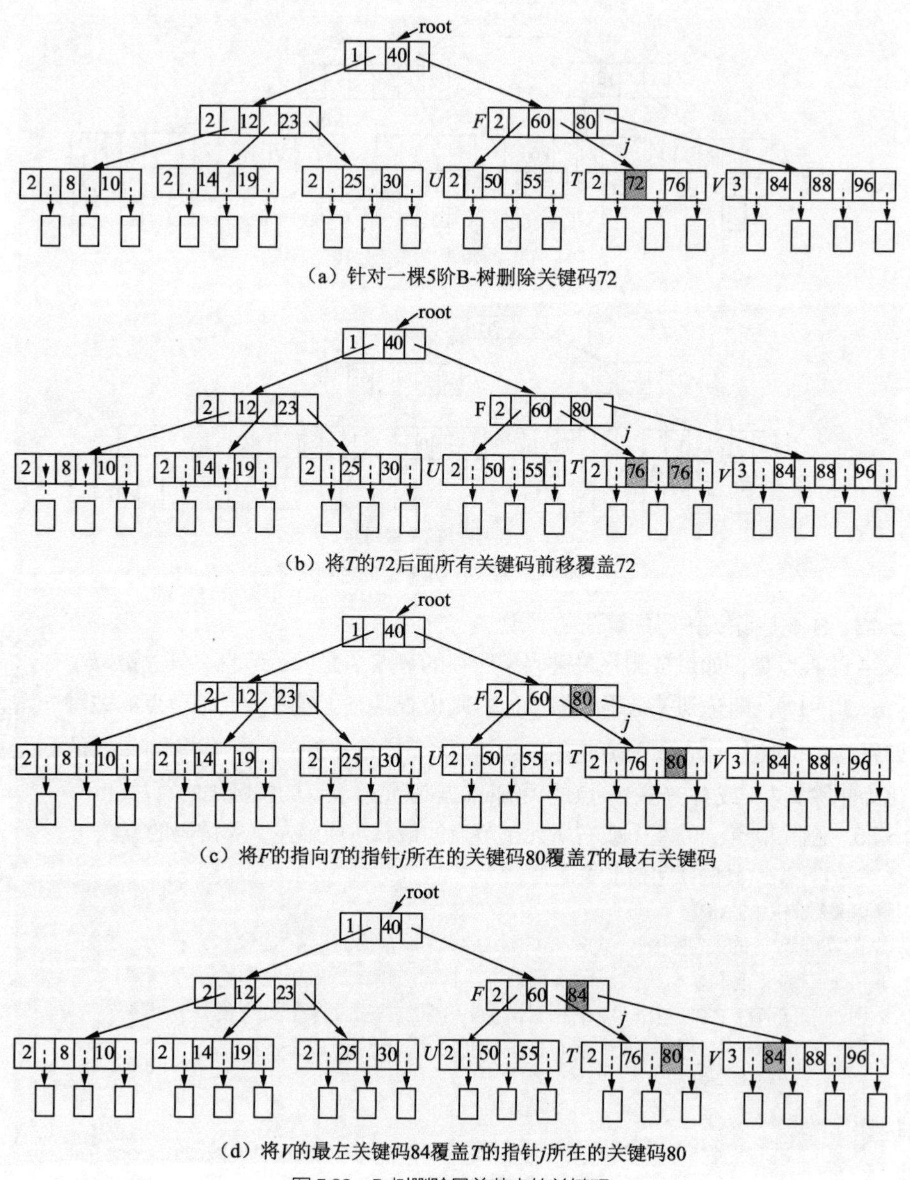

图 5.33　B-树删除兄弟节点的关键码

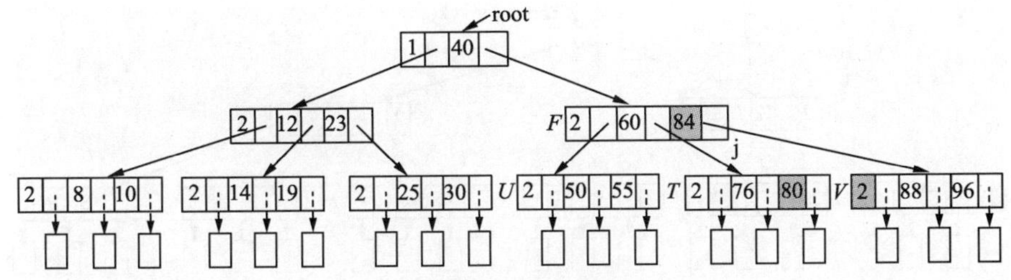

（e）删除V的最左关键码84

图 5.33 B-树删除兄弟节点的关键码（续）

程序 5.44　B-树删除兄弟节点关键码算法的实现

程序 5.44

算法 5.25 的难点是如果被删除关键码 x 所在的节点及其左右兄弟节点的关键码个数都等于（$\lceil m/2 \rceil -1$），即都达到关键码数目的下限，这时就要调用合并节点的算法。假设被删除关键码 x 所在的节点为 T，其左子节点为 U，右子节点为 V，T、U、V 的共同父节点为 F，合并节点是将 T 与 U 合并，或将 T 与 V 合并，这两种合并等价，只取其一。合并节点的算法被删除兄弟节点的算法调用，其传递的参数有 T 的父节点 F，T 的父节点 F 指向 T 的指针 j，被删除关键码 x。合并节点的算法描述如算法 5.26 所示。

算法 5.26　合并节点的算法

输入：被删除关键码所在节点 T 的父节点 F，F 指向 T 的指针 j，被删除关键码 x
输出：删除关键码 x 后的 B-树
1 生成一个新的叶子节点 newchild;
2 如果(T 是非叶子节点)，则置 newchild 为非叶子节点;
3 如果(T 有右兄弟 V)，则执行以下操作:
　3.1 将 T 中 x 以右的关键码逐一左移，其对应指针也做相应移动;
　3.2 用 F 中下标为 j 的关键码覆盖 T 的最右关键码;
　3.3 将 T 和 V 关键码复制合并到新节点 newchild 中，置 newchild 的关键码个数为 T 和 V 之和;
　3.4 将 F 的 j 指向 newchild;
　3.5 将 F 的 j-1 之前的关键码逐一右移，相应指针也向右移动，F 的关键码个数减 1，删除 T 和 V;
　3.6 置 newchild 的父节点为 F;
4 如果(T 有左兄弟 U)，则执行以下操作:
　4.1 将 T 中 x 以左的关键码逐一右移，其对应指针也做相应移动;
　4.2 用 F 中下标为 j-1 的关键码覆盖 T 的最左关键码;
　4.3 将 U 和 T 关键码复制合并到新节点 newchild 中，置 newchild 的关键码个数为 U 和 T 之和;
　4.4 将 F 的 j-1 指向 newchild;
　4.5 将 F 的 j 之后的关键码逐一左移，相应指针也向左移动，F 的关键个数减 1，删除 U 和 T;
　4.6 置 newchild 的父节点为 F;
5 如果(F 是根节点&& F 的关键码的个数为 0)，则删除根节点，将 newchild 作为根;
6 否则，如果(F 的关键码的个数小于(⌈m/2⌉-1)，则调用删除兄弟节点算法。

例如，针对图 5.34（a）所示的 5 阶 B-树删除关键码 19。

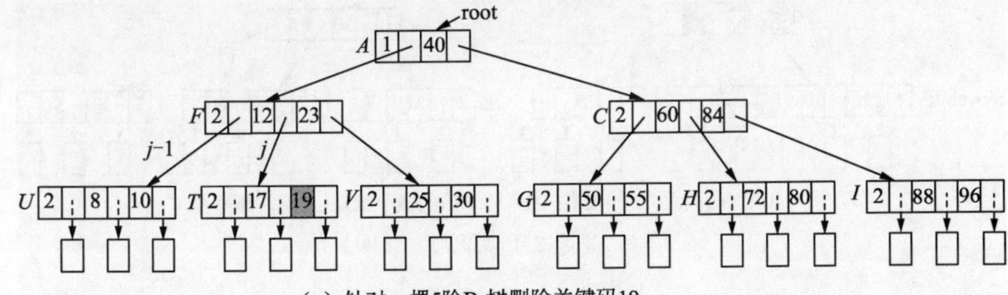

（a）针对一棵5阶B-树删除关键码19

图 5.34 B-树合并节点的示例

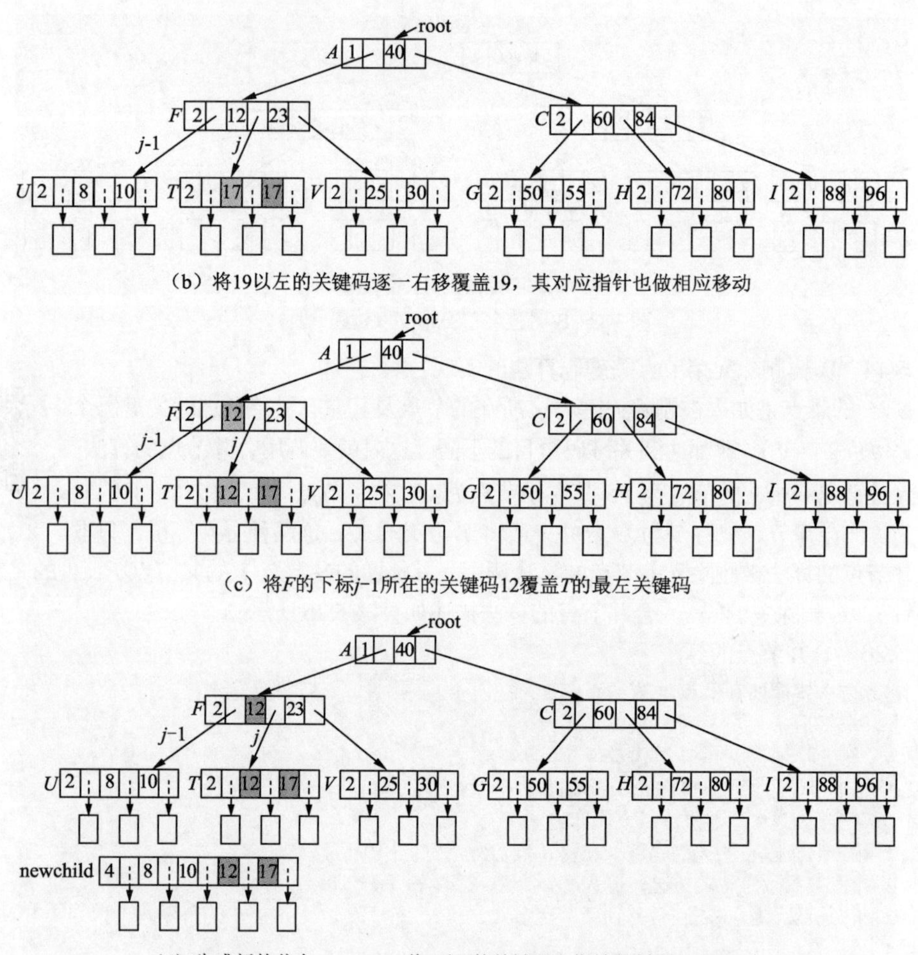

（b）将19以左的关键码逐一右移覆盖19，其对应指针也做相应移动

（c）将F的下标j-1所在的关键码12覆盖T的最左关键码

（d）生成新的节点newchild，将U和T的关键码和指针复制到newchild中

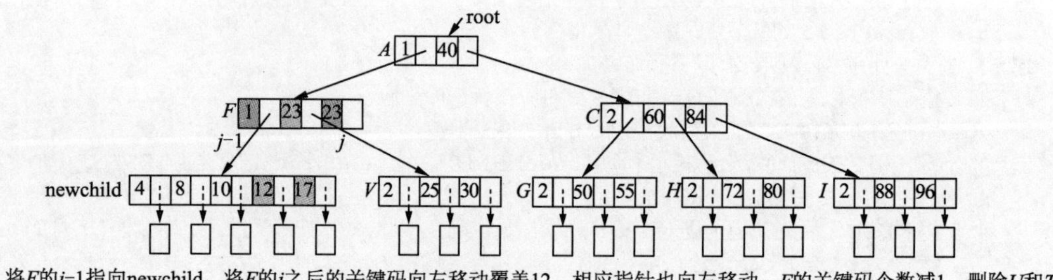

（e）将F的j−1指向newchild，将F的j之后的关键码向左移动覆盖12，相应指针也向左移动，F的关键码个数减1，删除U和T

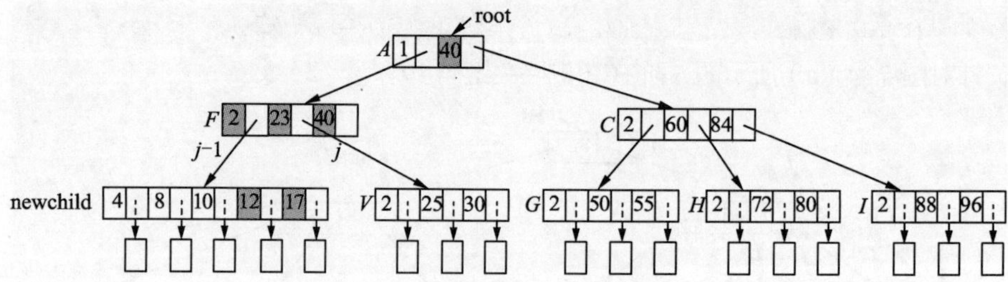

（f）将A的关键码40置为F的最右关键码，F的关键个数加1，同时删除根节点A

图 5.34　B-树合并节点的示例（续）

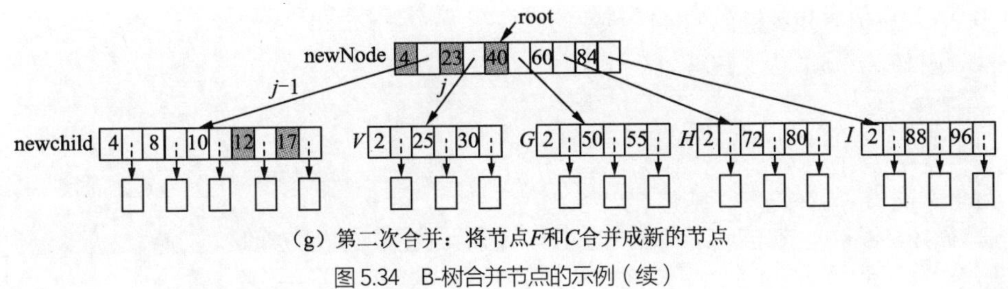

（g）第二次合并：将节点F和C合并成新的节点

图 5.34　B-树合并节点的示例（续）

程序 5.45　B-树合并节点的算法的实现

5.5.5　B+树

B+树是 B-树的一种变体，它在 B-树的基础上进行了一些改进，常被用于数据库索引结构。m 阶 B+树具有如下特点。

（1）每个节点至多有 m 个子节点，根节点至少有 2 个子节点，非根节点至少有$\lceil m/2 \rceil$个子节点。

（2）非叶子节点中关键码个数与指针个数相等。

（3）非叶子节点只作为索引使用，存储关键码和指向子节点的指针，而不存储具体的数据；叶子节点存储关键码及其对应记录的地址。

（4）非叶子节点的关键码 ki 是 pi 指向的子树中的最小（或最大）关键码。

（5）根节点关键码个数最少为 2，最大为 m；非根节点关键码个数最小为$\lceil m/2 \rceil$，最大为 m。

（6）叶子节点按照关键码的大小顺序排列，形成一个有序链表，这有利于进行范围查找。

图 5.35 所示是一棵 3 阶 B+树。

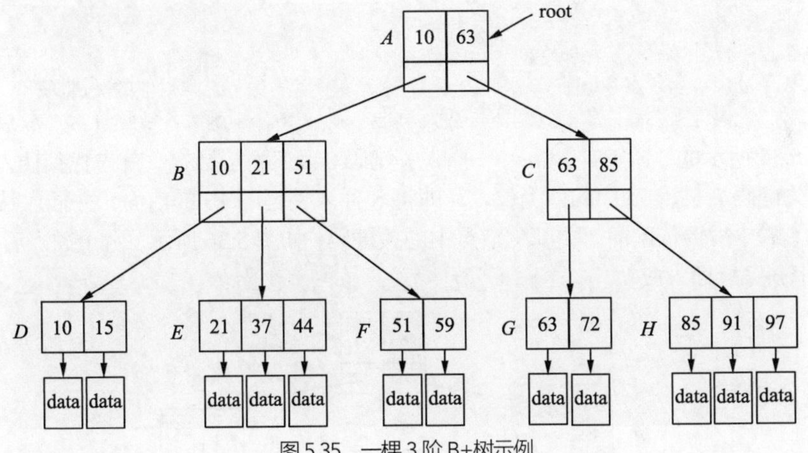

图 5.35　一棵 3 阶 B+树示例

程序 5.46　B+树节点的定义

1．B+树的查找

B+树的查找是根据给定的关键码在 B+树中查找对应的节点，返回查找是否成功信息。例如，针对图 5.35 查找关键码为 72 的节点（查找成功），首先在根节点 A 中进行查找，待查关键码比根节点 A 中的最后一个关键码 63 大，所以在根节点的最后一个子节点 C 的内部进行查找。在 C 节点中，待查关键码大于 63 且小于 85，则继续在 63 所对应的子节点 G 的内部进行查找。G 的第 2 个关键码为 72，查找成功。类似地，查找关键码 40，到达叶子节点 E，没有与之匹配的关键码，查找失败。B+树查找关键码的递归算法如下。

算法 5.27　B+树查找关键码的递归算法

```
输入：B+树根节点 node 及关键码 key
输出：查找是否成功
1 如果(当前节点为空)，则直接返回；
2 如果(当前节点不是叶子节点)，则找到 key 对应的子节点，递归查找该子节点；
3 如果(当前节点是叶子节点)，则执行以下操作：
    3.1 循环，将 key 依次与当前节点内的关键码进行比较，执行以下操作：
        如果(key 等于当前的关键码)，则返回查找成功；
    3.2 循环结束，返回查找失败。
```

这是一个递归算法，递归出口是 B+树为空或查找叶子节点。每到达一个节点，就递归地沿着树的分支路径进行查找，直到找到叶子节点。

程序 5.47　B+树查找关键码的递归算法的实现

程序 5.47

2．B+树插入关键码

在 B+树中插入关键码，首先按照 B+树查找算法找到插入位置所在节点 T，T 必须是叶子节点，然后执行插入操作。插入关键码后，如果 T 的关键码个数小于或等于 m，则插入操作结束；如果 T 的关键码个数大于 m，则需要执行节点分裂操作。B+树插入关键码的算法如算法 5.28 所示。

算法 5.28　B+树插入关键码的算法

```
输入：B+树节点 node，待插入的关键码 key，关键码对应的数据 data
输出：插入关键码后的 B+树
1 如果(B+树为空)，则生成新的 B+树节点；
2 如果(node 不为叶子节点)，则找到 key 对应的子节点，在该子节点中递归插入关键码 key；
3 如果(node 为叶子节点)，则找到关键码应插入的位置；
    3.1 如果(已存在此关键码)，则直接替换 data 值；
    3.2 否则，执行以下操作：
        3.2.1 插入此关键码 key 及数据 data；
        3.2.2 如果(插入点是该节点的首位)，则更新该节点的父节点中对应的关键码；
        3.2.3 如果(插入后该节点关键码个数大于 m)，则调用分裂函数分裂此节点。
```

假设对图 5.35 所示的 3 阶 B+树（m=3）插入关键码 8 及其对应数据，首先找到插入位置，该位置为节点 D，将关键码 8 插入 D 中的适当位置，即将 8 插入关键码 10 的前面，并插入其对应数据。由于插入在 D 的首位，故要依次向上更新父节点中的关键码。如图 5.36 所示。由于插入后 D 的关键码个数为 3，不大于 m，故插入成功。

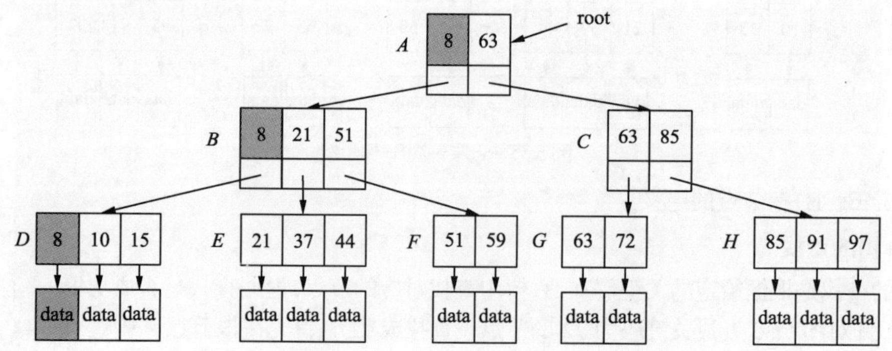

图 5.36　向图 5.35 所示 B+树插入关键码 8 及其对应数据

程序 5.48　B+树插入关键码算法的实现

如果插入点是该节点的首位，则需要更新该节点的父节点中对应的关键码，如程序 5.49 所示。

程序 5.48

程序 5.49 更新节点的父节点中对应的关键码

程序5.49

在插入关键码后，若节点中关键码个数大于 m，就要对节点进行分裂，其算法描述如算法 5.29 所示。

算法 5.29 B+树分裂节点的算法

```
输入：B+树的待分裂节点 node
输出：分裂节点后的 B+树
1 如果(node 是根节点)，则产生一个新的根节点 parent0，并置 node 为其第一个子节点；
2 取 node 的中间位置下标，mid =node->keyNum/2;
3 创建一个新节点 newnode，并置其为非叶子节点、其父节点为 node 的父节点，其 Pindex 为 node 的 Pindex+1;
4 如果(node 不是叶子节点)，则执行以下操作：
    4.1 将 node 中下标从 mid 开始往后的关键码和指针都赋给 newnode;
    4.2 将 newnode 的首关键码添加到 node 的父节点的关键码向量中；
    4.3 在 node 的父节点的指针向量中添加指向 newnode 的指针；
    4.4 node 的父节点关键码个数增 1;
    4.5 更新 newnode 的子节点的 Pindex;
    4.6 node 的父节点的从 newnode 往后的子节点的 Pindex 都增 1;
    4.7 将移走的关键码和子节点从 node 中删去；
5 如果(node 是叶子节点)，则执行以下操作：
    5.1 将 node 中下标从 mid 开始往后的关键码和对应数据都赋给 newnode;
    5.2 将 newnode 的首关键码添加到 node 的父节点的关键码向量中；
    5.3 在 node 的父节点的指针向量中添加指向 newnode 的指针；
    5.4 node 的父节点关键码个数增 1;
    5.5 更新 node 的父节点的子节点的 Pindex;
    5.6 将移走的关键码和对应数据从 node 中删去。
```

假设对图 5.35 所示的一棵 3 阶 B+树（m=3）插入关键码 40 及其对应数据，首先找到插入位置，该位置为节点 E，将关键码 40 插入 E 中的适当位置，即将 40 插入关键码 44 的前面，并插入其对应数据，如图 5.37（a）所示。由于插入后 E 的关键码个数为 4，大于 m，需要对节点 E 进行分裂。首先令 E 的中间位置下标 2 为 mid，并创建一个新节点 I。由于 E 为叶子节点，将 E 中下标从 mid 开始往后的关键码和对应数据都赋给新节点 I 中，如图 5.37（b）所示。然后将 I 的首关键码 40 添加到 B 的关键码向量中，同时添加指针指向 I，并将移走的关键码和对应数据从 E 中删去，如图 5.37（c）所示。由于对 E 进行分裂后，其父节点 B 关键码个数增加到 4，故要对 B 进行分裂。对 B 进行非叶子节点的分裂，分裂完成后的 B+树如图 5.37（d）所示。由于 A 的关键码个数不大于 m，不需要对 A 进行分裂操作，算法结束。

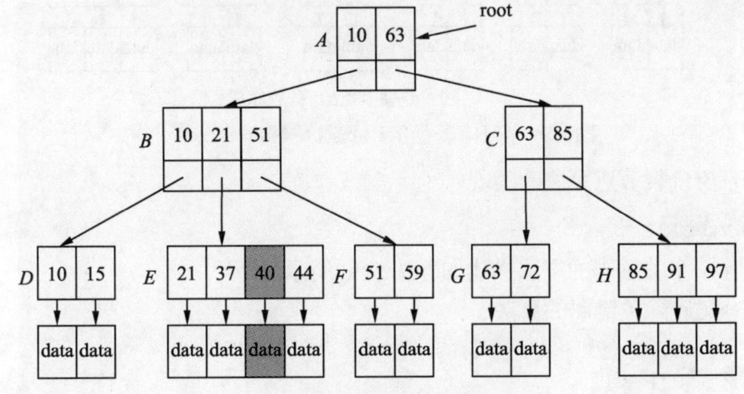

（a）将关键码40插入B+树中

图 5.37 向图 5.35 所示 B+树插入关键码 40

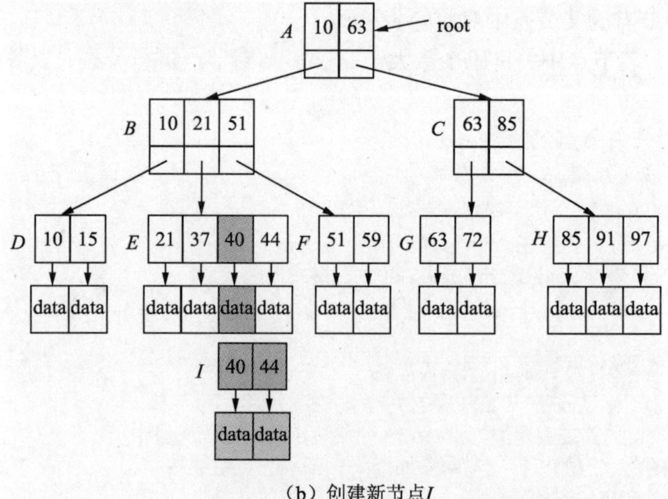

（b）创建新节点*I*

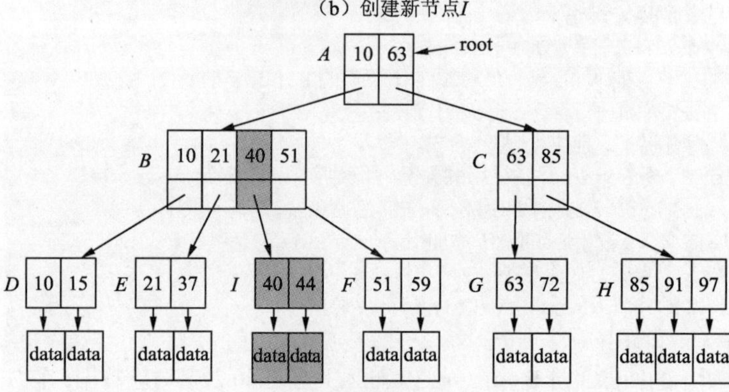

（c）将*I*插入父节点*B*中，并修改*E*

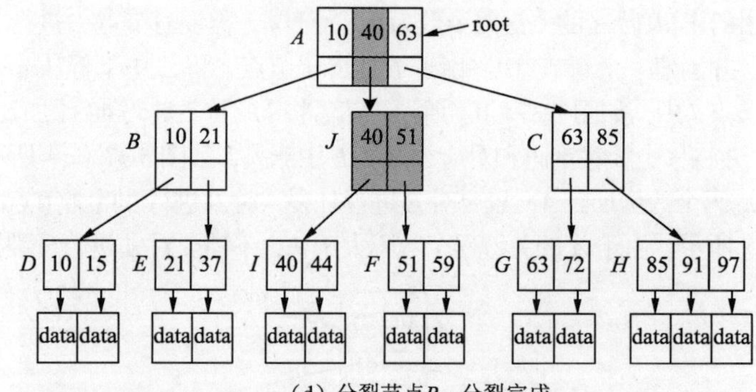

（d）分裂节点*B*，分裂完成

图 5.37　向图 5.35 所示 B+树插入关键码 40（续）

程序 5.50　B+树分裂节点算法的实现

程序 5.50

3．B+树删除关键码

在 B+树中删除一个关键码的算法描述如算法 5.30 所示。

算法 5.30　B+树删除关键码的算法

```
输入：B+树的节点 node，待删除的关键码 key
输出：删除关键码后的 B+树
如果(节点为空或关键码不存在)，则直接返回；
如果(node 不是叶子节点)，则找到 key 对应的子节点，递归删除该子节点的关键码 key；
否则，删除 node 中的 key 和对应的 data；
```

```
4 如果(被删除的是 node 的第一个关键码)，则更新其父节点对应的关键码;
5 如果(删除后该节点关键码小于非根节点的最小关键码数)，则从兄弟节点转移关键码或与兄弟节点合并;
6 否则，输出删除成功。
```

假设对图 5.35 所示的 3 阶 B+树（m=3）删除关键码 59 及其对应数据，首先递归执行删除函数，找到关键码 59 所在叶子节点，该节点为 F，然后在 F 中删除 59 和对应数据，输出删除成功，如图 5.38 所示。

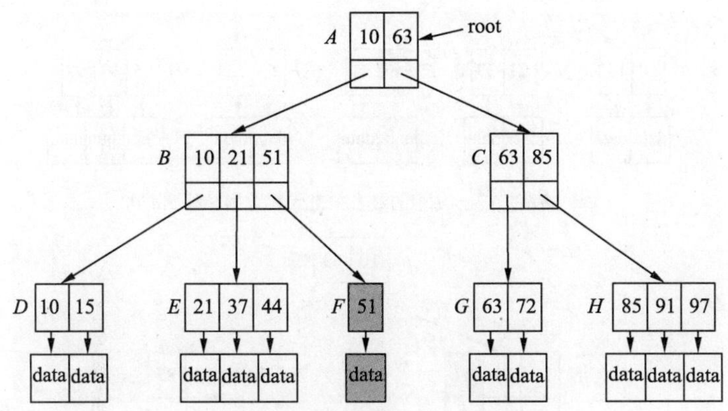

图 5.38　删除关键码 59 及其数据

程序 5.51　B+树删除关键码的算法的实现

程序 5.51

在图 5.38 中，F 删除关键码后只剩一个关键码，关键码个数小于节点最小关键码个数$\lceil m/2 \rceil$，这时需要对 F 进行调整。主要方法是检查其左兄弟节点或右兄弟节点的关键码个数是否大于$\lceil m/2 \rceil$，如果大于$\lceil m/2 \rceil$，可将其兄弟节点关键码转移到 F 中，如果小于$\lceil m/2 \rceil$，则需要合并节点。转移兄弟节点关键码的算法如下。

算法 5.31　B+树转移兄弟节点关键码算法。

```
输入：B+树节点 node 及其兄弟节点 brothernode
输出：转移节点后的 B+树
1 如果(brothernode 为左兄弟节点)，则执行以下操作:
    1.1 将 brothernode 的最右的关键码转移到 node 的关键码向量的首位;
    1.2 如果(node 是叶子节点)，则将 brothernode 最右的数据转移到 node 的数据向量的首位;
    1.3 如果(node 不是叶子节点)，则执行以下操作:
        1.3.1 将 brothernode 的最右的子节点转移到 node 的指针向量的首位;
        1.3.2 更新 node 的子节点的 Pindex;
    1.4 更新 node 在其父节点对应的关键码;
2 如果(brothernode 为右子节点的节点)，则执行以下操作:
    2.1 将 brothernode 的最左的关键码转移到 node 的关键码向量的末尾;
    2.2 如果(node 是叶子节点)，则将 brothernode 最左的数据转移到 node 的数据向量的末尾;
    2.3 如果(node 不是叶子节点)，则执行以下操作:
        2.3.1 将 brothernode 的最左的子节点转移到 node 的指针向量的末尾;
        2.3.2 更新 node 的最右子节点的 Pindex;
        2.3.3 更新 brothernode 的子节点的 Pindex;
    2.4 更新 brothernode 在其父节点对应的关键码;
3 node 的关键码个数增 1，brothernode 的关键码个数减 1。
```

例如，对图 5.38 所示 B+树中的 F 节点进行调整，首先将其左兄弟节点 E 中的最右关键码和数据转移到 F 中，如图 5.39（a）所示；然后将 F 在父节点 B 中对应的关键码更新为 44，如图 5.39（b）所示。

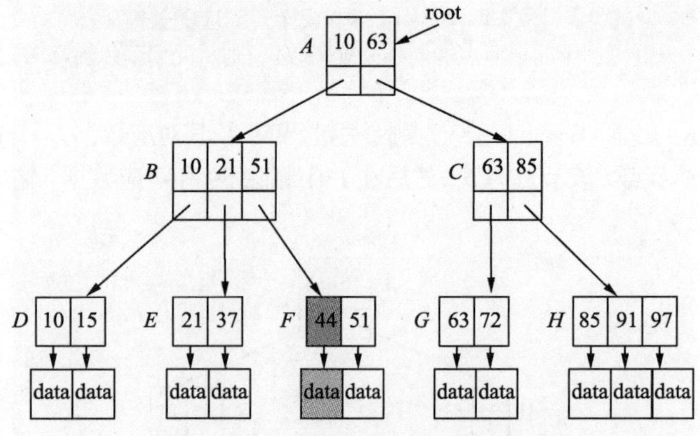

（a）将F的左兄弟E中的最右关键码和数据转移到F中

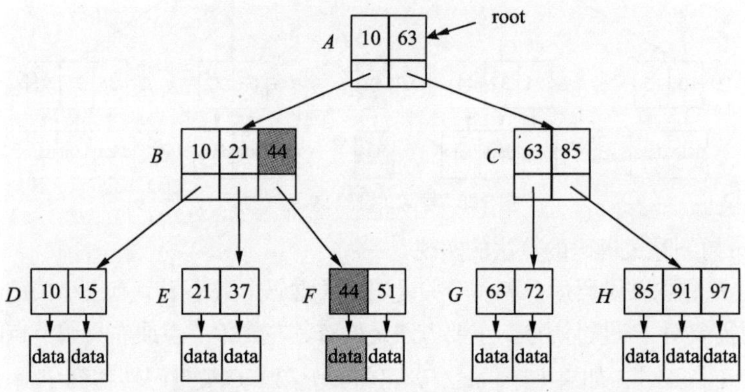

（b）将F在父节点B中对应的关键码更新为44

图 5.39　针对图 5.38 所示 B+树对 F的左兄弟节点 E转移关键码和数据

程序 5.52　B+树转移兄弟节点关键码算法的实现

程序 5.52

如果左右兄弟节点的关键码个数都等于最小关键码个数，无法向左右兄弟节点转移关键码，这时就需要将 F 与其左或右兄弟节点合并。合并节点的算法如算法 5.32 所示。

算法 5.32　合并节点的算法

输入：B+树节点 node
输出：节点合并后的 B+树
1 如果(node 有左兄弟节点)，则将 node 与其左兄弟合并：
　　1.1 将 node 的关键码尾插到左兄弟的关键码向量的末尾，左兄弟的关键码个数增 1；
　　1.2 如果(node 是叶子节点)，则将 node 的数据尾插到左兄弟的数据向量的末尾；
　　1.3 如果(node 不是叶子节点)，则执行以下操作：
　　　　1.3.1 将 node 的子节点尾插到左兄弟的指针向量的末尾；
　　　　1.3.2 更新左兄弟的子节点的 Pindex；
2 如果(node 有右兄弟节点)，则将 node 与其右兄弟合并，执行以下操作：
　　2.1 将 node 的关键码从最后一个开始依次插入右兄弟的关键码向量的首部，右兄弟的关键码个数增 1；
　　2.2 如果(node 是叶子节点)，则将 node 的数据从最后一个开始依次插入右兄弟的数据向量的首部；
　　2.3 如果(node 不是叶子节点)，则执行以下操作：
　　　　2.3.1 将 node 的子节点从最后一个开始依次插入右兄弟的指针向量的首部；
　　　　2.3.2 更新右兄弟的子节点的 Pindex；
　　2.4 更新右兄弟在其父节点中对应的关键码；
3 删除父节点中的 node 子节点对应的关键码，删除父节点中的 node 子节点，更新 node 的父节点的子节点的 Pindex，node 的父节点关键码个数减 1；

```
        4 如果(node 的父节点为根节点)，则执行以下操作:
            如果(node 的父节点的关键码个数小于 2)，则删除 node 的父节点，并令 node 为根;
        5 如果(node 的父节点不为根节点)，则执行以下操作:
            如果(node 的父节点的关键码个数小于非根节点最小关键码个数⌈m/2⌉)，则针对 node 的父节点或从其兄弟节点转移关键码或与兄弟节点合并;
        6 删除节点 node。
```

例如，如果对图 5.35 所示 B+树删除关键码 37、44 后，节点 E 中关键码个数减为 1，小于非根节点最小关键码个数 2，且其左右兄弟节点的关键码个数都为 2，等于非根节点最小关键码个数，如图 5.40（a）所示，这时 E 须与其左兄弟或右兄弟节点合并（选择左或右兄弟均可，这里选择左兄弟 D）。首先将 E 中关键码及数据都尾插到 D 的末尾，并将父节点 B 中对应 E 的下标位置上的关键码 21 删除，如图 5.40（b）所示。节点 B 关键码不小于最小关键码个数，故合并完毕。

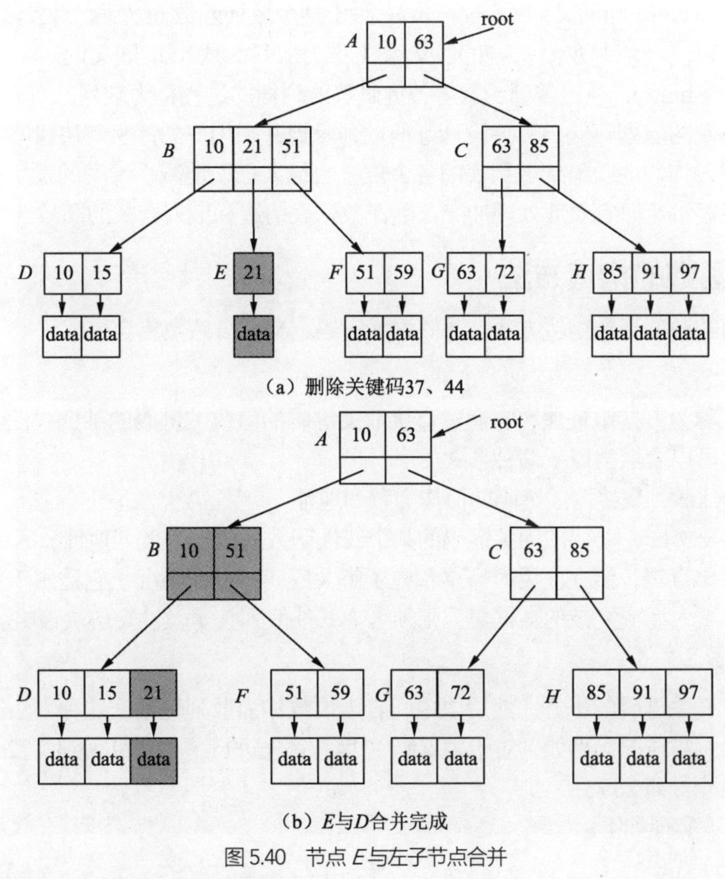

图 5.40 节点 E 与左子节点合并

程序 5.53

程序 5.53 B+树合并节点的算法的实现

5.6 散列

5.6.1 散列的基本概念

顺序表、二叉搜索树的查找都以关键码的比较为基础，查找的时间与关键码数量及分布有关。而散列是一种基于散列函数的间接寻址技术，它通过散列函数（映像函数），直接建立关键码与其存储位置的对应关系。理想情况下无须比较就可以直接找到关键码。散列查找的时间复杂度为 $O(1)$，相比之前的查找方法，查找速度大大提升。为了全面理解散列，先介绍以下基本概念。

（1）关键码（key）：能够唯一标识一条记录的数据项称为关键码，所有可能出现的关键码的集合称为关键码全集。

（2）散列表（hash table）：散列表也常被称作哈希表，是一种用于存储关键码对应的散列地址（散列值）的表，通常表示为 ht[0,1,2,…,b−1]。

（3）桶（bucket）或槽（slot）：在散列表中，每个存储位置被称为一个桶或槽。一个桶或槽可以存储一个或多个关键码。当多个关键码散列到同一个桶或槽时，会通过特定的冲突解决机制（如链表）来处理这些冲突。

（4）装载密度（load factor）：装载密度定义为 n/m，其中 n 是关键码的个数，m 是桶的个数。

（5）散列函数（hash function）：散列函数也常被称作哈希函数，用于将关键码映射到散列表的桶中，记为 hf：$U\to\{0, 1, 2, \cdots, b-1\}$，其中 b 是桶的个数，U 是关键码全集。

（6）冲突（collision）与同义词（synonym）：对于某个散列函数 hf 及两个关键码 k_i 和 k_j，如果 $k_i \neq k_j$，而 hf（k_i）=hf（k_j），这种现象称为冲突。k_i 和 k_j 称为散列函数 hf 的同义词。

（7）散列（Hashing）：通过散列函数将关键码映射到桶的过程称为散列。

为了实现更高效的散列存储，需要设计好的散列函数并采用好的冲突解决策略。一个好的散列函数应当能够将关键码均匀地映射到散列表的各个位置，最大程度地减少冲突的发生；而一个好的冲突解决策略则应该能够迅速而有效地处理冲突，确保散列表构造和散列查找的高效性。

5.6.2 散列函数的构造方法

下面介绍常用的散列函数构造方法，并假设关键码定义在自然数集合上。

1．直接地址法

直接地址法又称为直接定址法，它通过直接取关键码的值或关键码的某个线性函数的值作为散列地址，其散列函数可以表示为以下两种形式。

① H（key）= key，直接取关键码的值作为散列地址。

② H（key）= $a \times$ key + b，使用关键码的某个线性函数的值作为散列地址，其中 a 和 b 是常数。

直接地址法简单直观，但在应用时需要预先了解关键码的分布情况。它适用于数据集较小且关键码连续的情况。对于大型或复杂的数据集，则须考虑其他散列技术及冲突解决策略。

2．平方取中法

该方法首先计算关键码的平方，然后取中间若干位数作为散列地址。这种方法适用于关键码分布未知且位数不是很大的情况。例如，对于关键码 1314，首先进行平方运算得到 1726596，然后取中间三位数作为散列地址，即 265。

相应的 c++函数实现如下。

```
int hf(int key){                    // 平方取中法
    key *= key;                     // 计算关键码的平方
    key = key / 100;                // 去除平方结果的最右边两位
    return(key % 1000);             // 取平方结果的中间三位（低 5~3）数作为散列值
}
```

在此函数中，首先将关键码 key 进行平方运算，然后通过除以 100 来去除平方结果的最右边的两位数，最后使用模运算% 1000 来获取中间三位数作为散列值。

3．除留余数法

除留余数法的基本思想是将关键码除以某个正整数 p，然后取余数作为散列地址。即

$$H(\text{key}) = \text{key} \% p \qquad (p \leqslant m)$$

其中，p 通常取不大于散列表长度 m 的最大素数。之所以选择素数作为除数，是因为素数除了 1

和自身之外没有其他因子。这种特性使得通过除留余数法得到的散列值更有可能在散列表的范围内均匀分布，进而减少散列冲突的发生，提高查找效率。对应的c++函数的实现如下。

```
int hf(const int& key){
    return(key%11);    //关键码为正整数，返回值范围是 0~10
}
```

4．折叠法

折叠法的基本思想是将关键码从左到右分割成位数相等的段，最后一段如果位数不够可以短些，然后将所有段的叠加求和，最后按散列表长取模作为散列地址。这种方法适合于关键码位数较长，而散列地址范围有限的情况。折叠法通常有两种实现方式：移位叠加法和分界叠加法。

① 移位叠加法：将各段的最后一位对齐相加。

② 分界叠加法：从第一段开始沿各段分界来回折叠，再将各段的最后一位对齐相加。

例 5.7 设关键码位数为 15 位，散列地址为 4 位（0 ~ 9999），可以采用折叠法生成散列地址。对于 key=750840363029164，首先将关键码按四位分段为：7508 | 4036 | 3029 | 164，如果采用移位叠加法，直接将这四段相加，其算式如下：

```
  7508
  4036
  3029
+  164
------
 14737
```

将计算结果按散列表长度取模运算，14737%10000=4737，即取计算结果的后四位作为散列地址，即 hf（key）=4737。

如果采用分界叠加法，将第二段 4036 和第四段 164 转为逆序再相加，其算式如下：

```
  7058
  6304
  3029
+  461
------
 16852
```

将计算结果按散列表长度取模运算，16852%10000=6852，即取计算结果的后四位作为散列地址，即 hf（key）= 6852。

5．数字分析法

数字分析法的基本思想是根据关键码在各个位上的分布情况，选取分布比较均匀的数位组成散列地址。这种方法适合事先知道关键码的分布且关键码中有若干数位分布较均匀的情况。

例如，分析一个班的学生记录，其关键码是学号，学号的前几位通常是学校编号、院系编号、专业编号和入学年份，一般是相同的，而最后几位是学生编号，分布均匀，可以取最后几位作为散列地址。

5.6.3 处理散列冲突的方法

散列冲突的存在会影响到散列表的性能，降低数据访问的速度。因此，在设计散列表时，如何有效地处理散列冲突是一个非常重要的问题。常见的处理散列冲突的方法有链地址法、开放地址法、再散列法等。

1．链地址法

链地址法也称为拉链法，其基本思想是当多个关键码映射到同一个地址时，将这些关键码放入同一个链表中。链表节点包含一个关键码和一个指向下一个节点的指针。如果选定的散列表长度为 m，则可将散列表定义为一个由 m 个头指针组成的指针数组 $T[0,\cdots,m-1]$，凡是散列地址为 i 的数据元素，均以节点的形式插入 $T[i]$为头指针的单链表中。链地址法的链表的长度可以动态增长，适用于事先无法确定表长的情况。

例 5.8 关键码集为{47,7,29,11,16,92,22,8,3,50,37,89,94,21}，散列表表长为 11，散列函数为 H（key）= key mod 11，用链地址法处理冲突，建立该散列表，具体过程如图 5.41 所示。

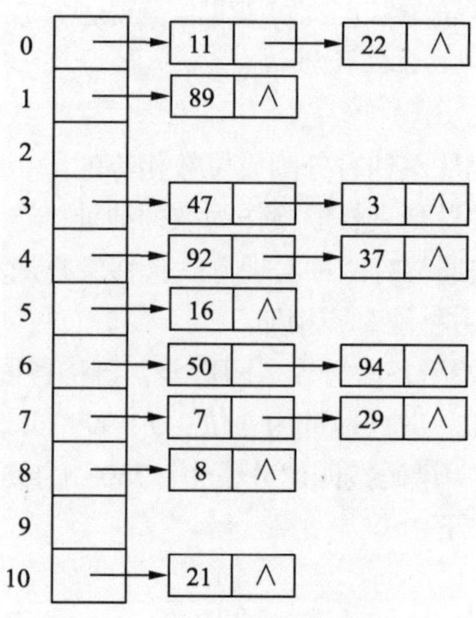

图 5.41 链地址法创建散列表示例

针对以上创建的散列表，查找 47、7、11、16、92、8、50、89、21 等关键码只需要比较一次，查找 29、22、3、37、94 等关键码需要比较 2 次，因此，等概率条件下查找成功的平均查找长度为

$$ASL_{成功} = \sum_{i=1}^{n} p_i c_i = \frac{1}{14}(1\times 9 + 2\times 5) = \frac{19}{14}$$

如果查找失败，不同的链表比较的次数各不相同。链表编号为 2 和 9 的 2 个链表只需要比较 1 次，即可判断查找失败；链表编号为 1、5、8、10 的 4 个链表需要比较 2 次，才可判断查找失败；链表编号为 0、3、4、6、7 的 5 个链表需要比较 3 次，才可判断查找失败。因此，等概率条件下查找失败的平均查找长度为

$$ASL_{失败} = \frac{1}{11}(1\times 2 + 2\times 4 + 3\times 5) = \frac{25}{11}$$

程序 5.54 基于链地址法的 HashTable 类的定义

程序 5.54

散列表类基本操作的实现如下：

① 将关键码为 x 的元素插入散列表

```
template<class T>
bool HashTable<T>::insert(const T& x){//插入
    list<T>& L=ht[hf(x)];
    if(::find(L.begin(),L.end(),x)!=L.end())//与内部函数同名，要加全局运算符
        return(0);
    L.push_back(x);
    size++;
    return 1;
}
```

② 将关键码为 x 的元素从散列表删除

```
template<class T>
bool HashTable<T>::remove(const T& x){//删除
    list<T>& L=ht[hf(x)];
    typename list<T>::iterator itr = find(L.begin(), L.end(), x);
    //当全局函数与局部函数同名时，要加作用域运行符
    if(itr==L.end())
```

```
        return 0;
    L.erase(itr);
    size--;
    return 1;
    }
```

③ 在散列表中查找关键码为 x 的元素

```
template<class T>
bool HashTable<T>::find(const T& x)const{ //查找
    const list<T>& L=ht[::hf(x)];
    if(::find(L.begin(),L.end(),x)!=L.end())
        return 1;
    return 0;
}
```

以上程序实现了一个散列表类，使用散列函数 hf 来计算元素的散列值，将元素插入对应的桶中。当出现冲突时，则将元素存入对应的链表中。在查找和删除元素时，同样可以通过遍历散列地址对应的链表来定位元素。

2．开放地址法

开放地址法的基本思想是，当发生冲突时，按照某种方法继续探测散列表中的其他位置，直到找到空位置为止。开放地址法可用如下公式表示：

$$H_i = (H(\text{key}) + d_i)\%m \quad (i = 1, 2, \cdots, k')\ (k' \leqslant m-1)$$

其中 H（key）为直接散列地址，d_i 为再次探测时的地址增量，i 为探测次数，m 为散列表长度，取模是为了避免超出散列表范围。

根据 d_i 的不同取值，开放地址法可分为以下 3 种。

① 线性探测法：$d_i = 1, 2, \cdots, m-1$

② 平方探测法：$d_i = 1^2, 2^2, \cdots, k^2$ （$k \leqslant m/2$）

③ 随机探测法：d_i =随机数

例 5.9　给定关键码序列为{19,14,23,01,68,21,84,38}，设散列函数为 H（key）= key mod 13，散列表地址空间为 0 ~ 12，用线性探测法构造散列表，并计算查找成功和不成功的平均查找长度。

散列表的构造过程如表 5.2 所示。

表 5.2　例 5.9 的散列表的构造过程

散列地址	0	1	2	3	4	5	6	7	8	9	10	11	12
关键码		14	01	68			19	84	21		23		38
探测次数		1	2	1			1	2	1		1		1
查找失败探测次数	1	4	3	2	1	1	4	3	2	1	2	1	2

查找成功的平均查找长度：

$$\text{ASL}_{\text{成功}} = \frac{1}{8}(1\times 6 + 2\times 2) = \frac{5}{4}$$

查找失败的平均查找长度：

$$\text{ASL}_{\text{失败}} = \frac{1}{13}(1\times 5 + 2\times 4 + 3\times 2 + 4\times 2) = \frac{27}{13}$$

例 5.10 给定关键码序列为{19,14,23,01,68,21,84,38}，设散列函数为 H（key）= key mod 13，散列表地址空间为 0 ~ 12，用平方探测法构造散列表（构造过程如表 5.3 所示），并计算查找成功和不成功的平均查找长度。

表 5.3 例 5.10 的散列表的构造过程

散列地址	0	1	2	3	4	5	6	7	8	9	10	11	12
关键码		14	01	68			19	84	21		23		38
探测次数		1	2	1			1	2	1		1		1
查找失败探测次数	1	2	4	2	1	1	5	3	2	1	2	1	2

查找成功的平均查找长度：

$$\text{ASL}_{成功} = \frac{1}{8}(1\times 6 + 2\times 2) = \frac{5}{4}$$

查找失败的平均查找长度：

$$\text{ASL}_{失败} = \frac{1}{13}(1\times 5 + 2\times 5 + 3\times 1 + 4\times 1 + 5\times 1) = \frac{27}{13}$$

线性探测法的优点是，只要散列表不满，就一定能找到一个不冲突的散列地址。它的缺点是当散列表趋于满时，探测过程可能会变得较慢，因为需要遍历较多的节点，这可能会导致性能下降。

平方探测法是线性探测法的一种改进，它将探测步长调整为一个平方序列，如 1、4、9、16 等。这样的改进在一定程度上减少了冲突的发生，从而提高了散列表的性能。平方探测法的缺点在于，由于探测步长是固定的平方序列，不易探查到整个散列空间，可能会出现遗漏一些可用的散列地址的情况。

以下程序通过一个完整的散列表类来实现这两种方法：该实现包含散列函数计算、冲突处理、数据插入和查找等核心功能。

程序 5.55

程序 5.55 基于开放地址法的 Hash 类的定义

Hash 类基本操作的实现如下。

① 输出原始数据。

```
template<class T>
void Hash<T>::displayTable(int n){//n 为原表的长度
    cout<<"原表为："<<endl;
    for(int i=0;i<n;i++)
        cout<<table[i].key<<" ";
    cout<<endl;
}
```

② 输出散列表的详细状态（含冲突信息）。

```
template<class T>
void Hash<T>::displayHashTable(){
    cout<<"散列表为（关键码，下标，探测次数）："<<endl;
    for(int  i=0;i<m;i++)cout<<"("<<hashTable[i].key<<","<<hashTable[i].loc<<",
"<<hashTable[i].times<<") ";
    cout<<endl;
}
template<class T>
void Hash<T>::createTable(T *a,int n){
    for(int i=0;i<n;i++)
```

```
        table[i].key=a[i];
    }
```

③ 采用线性探测法创建散列表。首先初始化散列表为空；然后对每个元素计算初始位置 p0，若发生冲突，则按线性探测法依次检查（p0+k）%m（k=1, 2, 3, …），直到找到空槽为止，将元素插入，并记录探测次数；最后将元素的关键码、原始位置和探测次数存入散列表。

程序 5.56

程序 5.56 线性探测法创建散列表的实现

④ 采用平方探测法创建散列表。首先初始化散列表为空；然后对每个元素计算初始位置 p0，若发生冲突，则按平方探测法依次检查（p0 + k^2）% m（k = 1, 2, 3, …），直到找到空槽为止，将元素插入，并记录探测次数；最后将元素的关键码、原始位置和探测次数存入散列表。相比线性探测，平方探测能有效减缓聚集现象，但可能无法遍历所有槽位。

程序 5.57

程序 5.57 平方探测法创建散列表的实现

3．再散列法

再散列法的基本思想是,通过应用另一个散列函数来为这些冲突的关键码重新计算散列地址，从而找到散列表中的另一个空位置，直到不产生冲突为止。假设 $RH_i()$是另一个散列函数，则新的散列地址为

$$H_i = \mathrm{RH}_i(\mathrm{key}), i = 1, 2, \cdots, k$$

4．建立公共溢出区

建立公共溢出区的基本思想是，将散列表分为基本表和溢出表两部分，凡是和基本表发生冲突的元素，一律填入溢出表。

5.6.4 散列查找

散列查找是一种高效的查找方法，其核心思想是利用散列函数将关键码映射到散列地址，然后通过处理冲突的方法来解决可能存在的散列表冲突。常见的解决冲突方法包括线性探测和链地址法。通过这些方法，查找操作能够在常数时间内完成，通常具有很高的查找效率。即使发生冲突，查找操作也会按照特定的策略继续进行，直到找到目标关键码或确定关键码不存在。

散列查找特别适用于大规模数据集，其查找效率对于系统性能至关重要。在实际应用中，散列函数的设计和处理冲突的方法会对性能产生重要影响。因此，选择合适的散列函数和冲突处理策略至关重要，可以有效提高查找效率，降低系统开销。

算法 5.33 基于线性探测法的散列查找算法

```
输入：散列表（hashTable），散列函数（hf），目标关键码（x）
输出：查找结果（查找成功或查找失败）
1 计算目标关键码 x 的初始散列地址 p0 = hf(x);
2 定义探测次数计数器 i，置其初始值为 0;
3 定义失败比较次数计数器 failures_times，置其初始值为 1;
4 循环，当（i 小于散列表长度 m）时，执行以下操作:
    4.1 计算当前探测地址 pi=(p0 + i) % m;
    4.2 如果（hashTable[pi].key 等于 NULLKEY），则输出"查找失败！"，比较次数为："i+1"
    4.3 否则，执行以下操作:
        4.3.1 如果（hashTable[pi].key 等于 x），则执行以下操作:
            4.3.1.1 输出"查找成功，在原表中的位置是：hashTable[pi].loc";
            4.3.1.2 输出"探测次数为：hashTable[pi].times";
            4.3.1.3 返回 1;
5 循环终止后仍未找到，输出"查找失败！"，返回-1。
```

程序 5.58 基于线性探测法的散列查找算法的实现

程序 5.58

平方探测法与线性探测法的主要区别在于地址计算方式，探测下一个槽位的增量是采用平方增量（i^2），而不是线性增量（i）。

算法 5.34 基于平方探测法的散列查找算法

```
输入：散列表(hashTable)，散列函数(hf)，目标关键码(key)
输出：查找结果(查找成功或查找失败)
1 计算目标关键码 x 的初始散列地址 p0 =hf(x);
2 定义探测次数计数器 i，置其初始值为 0;
3 循环，当(i 小于散列表长度 m)时，执行以下操作：
    3.1 计算当前探测地址 pi =(p0 + i*i)% m;
    3.2 如果(hashTable[pi].key 等于 NULLKEY)，则输出"查找失败！"，并返回-1;
    3.3 否则，如果(hashTable[pi].key 等于 x)，则执行以下操作：
        3.3.1 输出"查找成功，在原表中的位置是：hashTable[pi].loc";
        3.3.2 输出"探测次数为：hashTable[pi].times";
        3.3.3 返回 1;
    3.4 递增探测次数 i = i + 1;
4 循环终止后仍未找到，输出"查找失败！"，返回-1。
```

程序 5.59

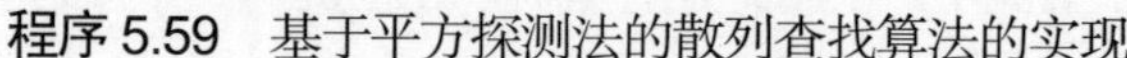
程序 5.59 基于平方探测法的散列查找算法的实现

5.7 本章小结

查找是指在数据集合中寻找满足条件的数据元素的过程，在数据库管理、信息检索、数据挖掘等领域中具有重要应用价值，对系统性能优化起着关键作用。本章系统地介绍了查找的基本概念、常见查找方法及其相关数据结构。通过学习本章内容，读者可以深入理解查找算法在实际应用中的重要作用和实现方式，进一步提升算法设计与编程能力。

首先，详细讲解了 3 种静态查找方法，包括顺序查找、二分（折半）查找和分块查找。顺序查找是一种最简单的线性查找方法，适用于数据规模较小或数据无序的情况。二分查找则基于有序表，通过每次折半缩小查找范围，显著提高查找效率，时间复杂度为 $O(\log_2 n)$。分块查找结合了顺序查找和索引机制，适用于分块结构的数据。

在动态查找结构中，重点介绍了二叉搜索树及其基本操作，如插入、删除和查找。本章特别引入了二叉树遍历迭代器的实现，包括先序遍历、中序遍历和后序迭代器，其中中序迭代器在二叉搜索树中尤为重要，因为二叉搜索树的中序遍历可以得到一个递增有序序列。为了更好地体现线索二叉树的应用价值，本书将线索二叉树的讲解延后至动态查找部分，在二叉树中增设前序线索、中序线索和后序线索，并实现了相应的遍历迭代器，从而提高了遍历的效率。平衡二叉搜索树是在普通二叉搜索树的基础上，增加了平衡性约束，强制保持二叉搜索树的高度。为了实现二叉搜索树的平衡，在插入、删除节点时需要对二叉搜索树进行动态平衡调整。此外，结合词频统计实例，展示了平衡二叉搜索树在实际应用中的效果。

在多路查找树方面，本章系统介绍了 B-树和 B+树的基本概念、结构特点及其查找、插入、删除操作。B-树通过节点的分裂与合并实现平衡，广泛应用于数据库系统和文件系统。本版教材增加了 B-树和 B+树的完整实现，完善了树型查找结构的内容体系。

最后，介绍了基于散列技术的查找方法，包括散列函数设计、冲突处理策略和散列查找过程。散列查找具有接近常数时间复杂度的高效性能，在实际应用中能够显著提升查找效率，降低系统开销。

图 5.42 是对查找方法的总结，帮助读者整体把握查找的基本内容。

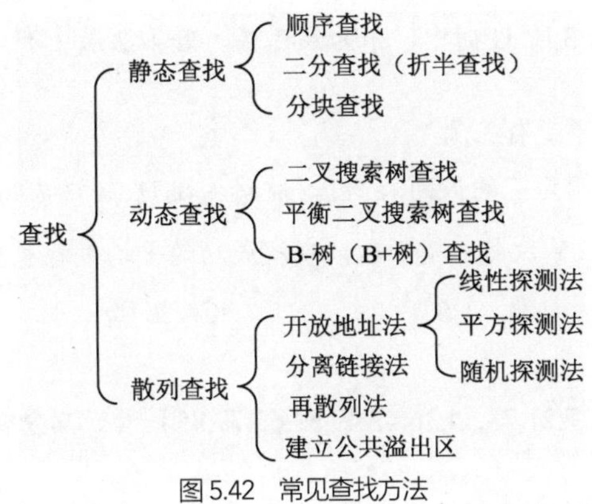

图5.42 常见查找方法

练习题

1. 选择填空题

（1）分别以下列序列构造二叉搜索树，与用其他3个序列所构造的结果不同的是（　　）。

A.（15,13,14,6,17,16,18）　　B.（15,17,16,18,13,6,14）

C.（15,6,13,14,17,16,18）　　D.（15,13,6,14,17,18,16）

（2）若一个有序顺序表表长为12，在等概率假定条件下，对该表进行二分查找时查找成功的平均查找长度为（　　）。

A. 1.2　　B. 2.8　　C. 3.1　　D. 4

（3）用顺序查找方法查找长度为 n 的线性表时，在等概率情况下的平均查找长度为（　　）。

A. n　　B. $n/2$　　C.（$n-1$）/2　　D.（$n+1$）/2

（4）中序遍历二叉搜索树可以得到一个（　　）序列。

A. 递增有序序列　　B. 递减有序序列

（5）设散列表长为17，散列函数为 $H(K)=K \bmod 17$。采用线性探测法处理冲突，将关键码序列26、25、72、38、8、18、59依次存储到散列表中。查找元素59需要搜索次数是（　　）。

A. 1　　B. 2　　C. 3　　D. 4

（6）已知一个长度为16的顺序表L，其元素按关键码有序排列，若采用折半查找法查找一个L中不存在的元素，则关键码的比较次数最多是（　　）。

A. 4　　B. 5　　C. 6　　D. 7

（7）分别用以下序列构造二叉搜索树，其中与其他3个序列所构造结果不同的是（　　）。

A. 120,100,110,95,150,250　　B. 120,95,100,110,150,250

C. 120,150,250,100,95,110　　D. 120,100,95,110,150,250

（8）用序列{15,13,16,28}构造一个平衡二叉搜索树，此时再加入一个新节点101，需要使用的动态调整操作是（　　）。

A. LL型调整　　B. RR型调整　　C. LR型调整　　D. RL型调整

（9）引入线索二叉树的目的是（　　）。

A. 便于快速查找节点的直接前驱或后继　　B. 为了实现插入和删除节点操作

C. 让遍历结果统一　　D. 为了方便找到左右子节点

（10）m 阶B-树是一棵（　　）。

A. m 叉搜索树　　B. m 叉平衡搜索树

C. $m-1$ 叉平衡搜索树　　D. $m+1$ 叉平衡搜索树

（11）在一棵高度为 3 的 3 阶 B 树中，根为第 1 层，若第 2 层中有 4 个关键码，则该树的节点树最多是（　　）。

A. 11　　B. 10　　C. 9　　D. 8

（12）现有长度为 7、初始为空的散列表 HT，散列函数 $H(k)=k\%7$，用线性探测再散列法解决冲突。将关键码 22、43、15 依次插入 HT 后，查找成功的平均查找长度是（　　）。

A. 1.5　　B. 1.6　　C. 2　　D. 3

2. 解答题

（1）假定对有序表｛13,17,21,28,34,36,42,49,53,62,77,85｝进行二分查找，试回答下列问题。

① 画出二分查找树。

② 若查找元素 81，需依次与哪些元素比较？

③ 假定每个元素的查找概率相等，求查找成功时的平均查找长度。

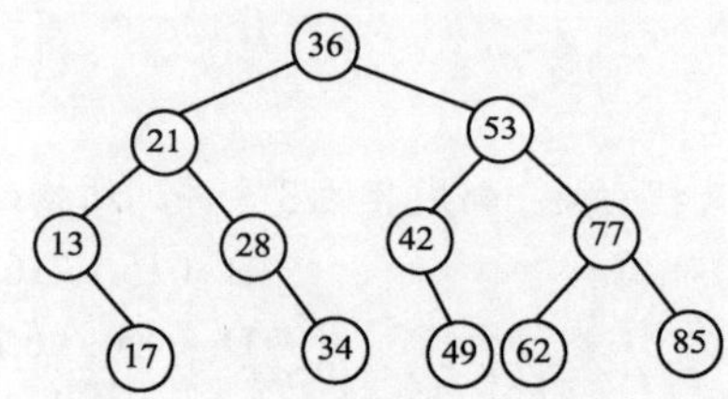

（2）已知长度为 12 的表（11,7,16,1,17,13,12,2,23,19,18,8），按表中的顺序依次插入一棵初始为空的二叉搜索树。

① 画出插入完成后的二叉搜索树。

② 计算在等概率条件下查找成功的平均查找长度 ASL。

② 画出删除节点 23 后的二叉搜索树。

（3）设依次输入关键码{23,12,5,8,7,1}构造平衡二叉搜索树，试画出其动态平衡调整过程，指出其旋转类型。

（4）设散列表的地址空间为 0～11，关键码序列为{15,14,23,11,66,33,21,75,37,24,19,30}，散列函数为 $H(\text{key})=\text{key}\%11$。试分别采用线性探测法和分离链接法构造散列表，并计算在等概率情况下查找成功的平均查找长度。

（5）在信息安全领域两个重要应用：文件校验和数字签名中，散列算法都是其现代密码体系中的一个重要组成部分。假如在传输某密码文件时，给出的散列表的地址范围为 0～17，散列函数为：$H(\text{key})=\text{key}\%16$。用线性探测法处理冲突，输入关键码序列：（10, 24, 32, 17, 31, 30, 46, 47, 40, 63, 49），构造散列表，试回答下列问题。

① 画出散列表。

② 若查找关键码 63，需要依次与哪些关键码进行比较？

③ 若查找关键码 60，需要依次与哪些关键码比较？

④ 假定每个关键码的查找概率相等，求查找成功时的平均查找长度。

3. 程序设计题

试编写算法程序，在二叉搜索树中插入一个值为 x 的节点，插入后仍为二叉搜索树。如果节点已存在则直接返回。

第6章 排序

排序是计算机科学中一项基础且重要的任务，广泛应用于数据处理、信息检索、数据库管理等领域。排序算法的核心目标是将一组数据按照特定的规则或顺序重新排列，从而提高数据的可读性和检索效率。根据数据存储位置的不同，排序算法可以分为内部排序和外部排序。内部排序在内存中完成数据排序，而外部排序则适用于数据量过大、无法完全加载到内存的情况。

本章将系统介绍各类排序算法，包括其工作原理、性能特点以及适用场景。从基础的直接插入排序、冒泡排序和简单选择排序，到更高效的希尔排序、快速排序和堆排序，每种算法都有其独特的优势和局限性。此外，本章还将探讨归并排序、基数排序等特殊场景下的排序技术，以及各类排序算法的性能比较。通过本章的学习，读者将掌握排序算法的核心思想，并能够在实际问题中灵活运用。

6.1 排序的基本概念

排序（sorting）是指将包含 n 个记录的集合重新排列为一种新的有序序列 $\{R_{j1}, R_{j2}, \cdots, R_{jn}\}$，使得每个记录 R 对应的关键码 K 满足如下关系：$K_{j1} \leqslant K_{j2} \leqslant \cdots \leqslant K_{jn}$（递增序列）或 $K_{j1} \geqslant K_{j2} \geqslant \cdots \geqslant K_{jn}$（递减序列）。在对数字进行排序时，每个记录本身可视为其关键码，如图 6.1 所示。

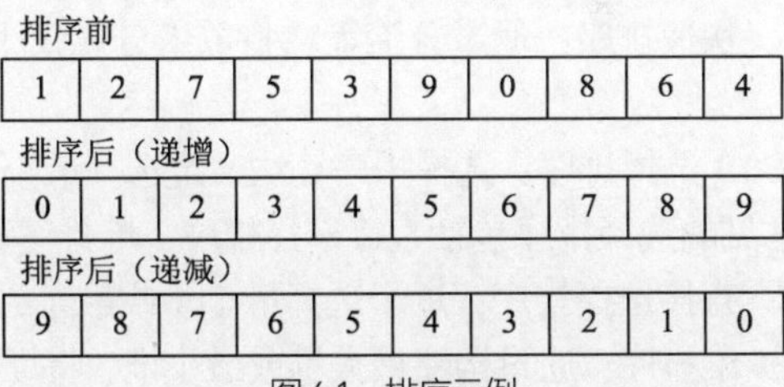

图6.1 排序示例

排序的稳定性是排序算法的一个重要性质，指的是在排序过程中，当元素的关键码相同时，排序算法是否能够保持它们在排序后的相对位置不变。设有两个记录 R_i 和 R_j，其关键码 K_i 和 K_j 相等（$K_i = K_j$），若排序后 R_i 与 R_j 的相对位置不变，则称此排序算法是稳定的，否则是不稳定的。如图 6.2 所示，其中，图 6.2（a）所示为原始序列；图 6.2（b）所示为排序后相同关键码元素顺序未变的序列，此种排序是稳定的；而图 6.2（c）所示为排序后相同关键码元素顺序改变的序列，此种排序是不稳定的。

1	2	7	5	3	9	7	8	6	4

（a）原始序列

1	2	3	4	5	6	7	7	8	9

（b）稳定的排序

1	2	3	4	5	6	7	7	8	9

（c）不稳定的排序

图6.2 排序的稳定性

在排序过程中，通常需要进行以下两种基本操作，这两种操作对于分析和比较排序算法的性能至关重要。

（1）关键码比较（key comparisons）：关键码比较是排序算法中最常见的操作之一。在排序过程中，算法需要比较不同记录的关键码（通常是记录中的某个属性，如数字或字符串），以确定它们的相对顺序。关键码比较次数（key comparison number，KCN）是评估排序算法性能的重要指标之一。一般来说，排序算法中关键码比较次数越少，其理论运行效率越高。因此，在设计排序算法时，需要尽可能在保证排序正确性的前提下减少关键码比较次数，以提高排序算法性能。

（2）记录的移动（record moves）：除了关键码比较，排序算法通常还需要移动记录，以便重新排列数据集。记录移动次数（record move number，RMN）是评估排序算法性能的另一个重要指标，它反映了在排序过程中数据元素发生物理位置变化的频率和规模。在设计排序算法时，要尽量较少记录移动次数，以降低算法的开销。

不同的排序算法在这两种操作上的表现各有不同，因此选择排序算法时，要考虑数据集的大小、数据分布以及性能需求。

常用的排序算法包括以下 5 种。

（1）插入排序：插入排序是一种简单且有效的排序方法，它将数据逐个插入已排序的子序列中。常见的插入排序包括直接插入排序、折半插入排序和希尔排序。

① 直接插入排序：逐个将元素插入已排序部分的适当位置，适用于小规模数据。

② 折半插入排序：对直接插入排序进行改进，使用二分查找算法在已排序部分中找到插入点，再将元素插入这个位置，可以提高效率。

③ 希尔排序：通过分组插入排序，逐渐缩小分组规模，可以显著提高效率。

（2）交换排序：交换排序算法通过比较和交换元素的位置来实现排序。常见的交换排序包括冒泡排序和快速排序。

① 冒泡排序：反复比较相邻元素并交换它们的位置，将较大（或较小）的元素逐渐推向最终位置。

② 快速排序：通过分治策略将数组分成较小的子数组，递归地排序子数组，然后合并得到有序数组。

（3）选择排序：选择排序算法通过选择最小（或最大）的元素并将其放置在正确的位置来实现排序。常见的选择排序包括直接选择排序、堆排序和锦标赛排序。

① 直接选择排序：逐个选择最小（或最大）的元素，放置在已排序部分的末尾。

② 堆排序：通过构建最大堆或最小堆，将堆顶元素与末尾元素交换，再重新建堆，逐渐得到有序序列。

③ 锦标赛排序：使用锦标赛比赛的方式来选择最小（或最大）的元素，以实现排序。

（4）归并排序：通过分治法将数组分成较小的子数组，然后递归地合并这些子数组，以得到有序数组。

（5）基数排序：一种非比较排序算法，适用于非负整数或可以转化为非负整数的数据，通过按位数逐步排序来实现排序。

这些排序方法各有优缺点，适用于不同大小的数据集和排序性能需求。

6.2 插入排序

6.2.1 直接插入排序

直接插入排序（insertion sort）是一种简单的排序算法，它适用于小型数据集或基本有序的数据集。

该算法的思想是逐个将元素插入已经排好序的子序列中，从而构建一个有序的序列。

算法 6.1 直接插入排序算法

```
输入：无序序列，用数组pa[]表示，长度为n
输出：有序序列，用数组pa[]表示
1 定义数组下标变量i，用于外循环遍历整个无序区，设其初值为 1；
2 定义数组下标变量j，用于内循环遍历已排序部分；
3 定义变量temp，用于暂存当前待插入的元素；
4 循环，当(i 小于n)，执行以下操作：
    4.1 将temp 赋值为pa[i] ；     //pa[i]为无序区的第一个元素
    4.2 将j 赋值为i - 1;          //j 指向有序区的最后一个元素
    4.3 循环，当(j 大于或等于 0 且 pa[j] 大于 temp)，执行以下操作：
        4.3.1 将 pa[j+1]赋值为 pa[j] ，即将大于 temp 的元素向后移动；
        4.3.2 将 j 减 1；
    4.4 将pa[j+1]赋值为temp；
    4.5 将i 加1；
5 输出有序序列pa[]。
```

以上算法的实现程序如下。

程序 6.1 直接插入排序算法的实现（1）

程序 6.2 直接插入排序算法的实现（2）

程序 6.1 与程序 6.2 的主要区别在于内部循环的实现方式不同。程序 6.1 使用 while 循环，而程序 6.2 使用 for 循环。它们的核心思想相同，都是将元素逐一插入已排序部分，确保整个数组有序。插入位置是通过比较待插入元素与已排序部分的元素，逐步将较大元素移到右侧，为待插入元素腾出位置。

例 6.1 采用直接插入排序算法对关键码序列{ 10,51,37,35,16,63,70,15,21,37*,23 }进行排序，写出每一趟排序结果。

排序前的初始状态为：（10）, 51, 37, 35, 16, 63, 70, 15, 21, 37*, 23

第 1 趟排序将第一个元素看作有序区。以下各趟，括号内的是有序区，括号后面的是无序区。

第 1 趟向有序区插入元素 51，其结果为：（10, 51）, 37, 35, 16, 63, 70, 15, 21, 37*, 23

第 2 趟向有序区插入元素 37，其结果为：（10, 37, 51）, 35, 16, 63, 70, 15, 21, 37*, 23

第 3 趟向有序区插入元素 35，其结果为：（10, 35, 37, 51）, 16, 63, 70, 15, 21, 37*, 23

第 4 趟向有序区插入元素 16，其结果为：（10, 16, 35, 37, 51）, 63, 70, 15, 21, 37*, 23

第 5 趟向有序区插入元素 63，其结果为：（10, 16, 35, 37, 51, 63）, 70, 15, 21, 37*, 23

第 6 趟向有序区插入元素 70，其结果为：（10, 16, 35, 37, 51, 63, 70）, 15, 21, 37*, 23

第 7 趟向有序区插入元素 15，其结果为：（10, 15, 16, 35, 37, 51, 63, 70）, 21, 37*, 23

第 8 趟向有序区插入元素 21，其结果为：（10, 15, 16, 21, 35, 37, 51, 63, 70）, 37*, 23

第 9 趟向有序区插入元素 37*，其结果为：（10, 15, 16, 21, 35, 37, 37*, 51, 63, 70）, 23

第 10 趟向有序区插入元素 23，其结果为：（10, 15, 16, 21, 23, 35, 37, 37*, 51, 63, 70）

直接插入排序是稳定排序，更适合于原始记录基本呈正序的情况。例如，在例 6.1 中，相同关键码 37 与 37*在排序前后的相对位置没有发生变化。

直接插入排序在最好情况（初始序列已有序）下，每趟只需进行一次关键码的比较和两趟移动，共有 $n-1$ 趟，其关键码比较的总次数为：$\mathrm{KCN}_{\mathrm{min}}=n-1$；其关键码移动的总次数为：$\mathrm{RMN}_{\mathrm{min}}=2(n-1)$。这时的时间复杂度为 $O(n)$。

在最坏情况（初始序列为逆序）下，每趟都要与前面所有元素进行比较和移动，共有 $n-1$ 趟，第

i 趟共比较 i 次，移动 i+2 次。其关键码比较的总次数为：KCN=$\sum_{i=1}^{n-1} i = \frac{n(n-1)}{2}$；其元素移动的总次数为：RMN=$\sum_{i=1}^{n-1}(i+2) = \frac{(n+4)(n-1)}{2}$。这时的时间复杂度为 $O(n^2)$。

直接插入排序只需要一个辅助空间 temp 来存储临时变量。因此，直接插入排序的空间复杂度为 $O(1)$。

6.2.2 折半插入排序

折半插入排序是直接插入排序的改进。它在每趟插入元素时，先采用折半查找法，在有序子集中找到插入点；然后，将插入点以后的元素依次向后移动一个位置；最后，将待插入元素插入插入点位置。

算法 6.2 折半插入排序算法

```
输入：无序序列，用数组 pa[] 表示，长度为 n
输出：有序序列，用数组 pa[] 表示
1 定义数组下标变量 i，用于外循环遍历无序区，设其初始值为 1；
2 定义数组下标变量 j，用于内循环遍历已排序部分；
3 定义变量 temp，用于暂存当前待插入的元素；
4 循环，当(i 小于或等于 n-1)，执行以下操作：
    4.1 将 temp 赋值为 pa[i]； // pa[i] 为无序区的第一个元素
    4.2 定义变量 middle，用于存储折半查找的中间位置；
    4.3 定义变量 left 和 right,用于分别指向有序区低位下标和高位下标,设其初值分别为 0 和 i-1；
    4.4 循环，当(left 小于或等于 right)，执行以下操作：
        4.4.1 计算中间位置 middle =(left + right)/ 2；
        4.4.2.如果(temp 小于 pa[middle])，则将 right 赋值为 middle - 1；
        4.4.3 否则，将 left 赋值为 middle + 1； //本循环结束时，left 即为插入点
    4.5 将 j 赋值为 i-1；
    4.6 循环，当(j 大于或等于 left)，执行以下操作：
        4.6.1 将 pa[j+1]赋值为 pa[j]，即将大于 temp 的元素向后移动；
        4.6.2 将 j 减 1；
    4.7 将 pa[left]赋值为 temp，即将 temp 插入位置 left；
    4.8 将 i 加 1；
5 输出有序序列 pa[]。
```

程序 6.3 折半插入排序算法的实现

程序 6.3

例 6.2 设待排的关键码序列为{ 10,51,37,35,16,63,70,15,21,37*,23 }，对其进行折半插入排序，其过程如下所示。

排序前的序列为：(10), 51, 37, 35, 16, 63, 70, 15, 21, 37*, 23

第 1 趟向有序区插入元素 51，插入点为 1， 其结果为：(10, 51), 37, 35, 16, 63, 70, 15, 21, 37*, 23

第 2 趟向有序区插入元素 37，插入点为 1， 其结果为：(10, 37, 51), 35, 16, 63, 70, 15, 21, 37*, 23

第 3 趟向有序区插入元素 35，插入点为 1， 其结果为：(10, 35, 37, 51), 16, 63, 70, 15, 21, 37*, 23

第 4 趟向有序区插入元素 16，插入点为 1， 其结果为：(10, 16, 35, 37, 51), 63, 70, 15, 21, 37*, 23

第 5 趟向有序区插入元素 63，插入点为 5， 其结果为：(10, 16, 35, 37, 51, 63), 70, 15, 21, 37*, 23

第 6 趟向有序区插入元素 70，插入点为 6， 其结果为：(10, 16, 35, 37, 51, 63, 70), 15, 21, 37*, 23

第 7 趟向有序区插入元素 15，插入点为 1， 其结果为：(10, 15, 16, 35, 37, 51, 63, 70), 21, 37*, 23

第 8 趟向有序区插入元素 21，插入点为 3， 其结果为：(10, 15, 16, 21, 35, 37, 51, 63, 70), 37*, 23

第 9 趟向有序区插入元素 37*，插入点为 6， 其结果为：(10, 15, 16, 21, 35, 37, 37*, 51, 63, 70), 23

第 10 趟向有序区插入元素 23，插入点为 4，其结果为：（10, 15, 16, 21, 23, 35, 37, 37*, 51, 63, 70）

排序后的序列为：10 15 16 21 23 35 37 37* 51 63 70

每一趟的结果与直接插入排序是一样的，移动元素的次数也是一样的。不同的是查找插入的比较次数减少了。比如，第 8 趟查找插入点时，第一次找到插入点位置为 3，第二次查找插入点位置为 1，第三次查找插入点位置为 2，这时 left=right=2，经过 3 次比较就可以找到插入点。而直接插入排序找到插入点需要从有序区的末尾开始逐个比较，直到找到合适的位置。例如，在第 8 趟插入元素 21 时，直接插入排序需要从有序区的末尾开始，依次与 70、63、51、37、35 比较，直到找到 21 应该插入的位置，共比较 5 次。因此，折半插入排序在查找插入点时的比较次数比直接插入排序少，尤其是在有序区较大时，折半插入排序的效率更高。虽然两种排序方法在移动元素的次数上是一样的，但折半插入排序通过减少比较次数，提高了整体的排序效率。

折半插入排序是一种稳定的排序算法。在查找插入位置和移动元素的过程中，相同元素的相对位置不会改变。

当为第 i 个元素（为无序区的第一个元素）寻找插入位置时，需要对有序区（从第 0 个到第 i-1 个元素）的 i 个元素进行折半查找，其查找长度为 $\lfloor \log_2 i \rfloor + 1$。总的比较次数为：$\text{KCN} = \sum_{i=1}^{n-1}\left(\lfloor \log_2 i \rfloor + 1\right) = n\log_2 n - n + 1$，时间复杂度为：$O\left(n\log_2 n\right)$。

当 n 很大时，总的比较次数比直接插入排序的最坏情况要好很多，但比最好情形要差。

折半插入排序的移动次数与直接插入排序相同，且与数据元素的初始排列有关。因此，折半插入排序总的时间复杂度仍为 $O(n^2)$。

折半插入排序的空间复杂度与直接插入排序相同，即需要一个辅助空间 temp 来存储临时变量。因此，它的空间复杂度也为 $O(1)$。

6.2.3 希尔排序

希尔排序也是直接插入排序算法的改进，其效率高于后者，适合处理中等规模的数据集。它由于采用了逐步缩小的分组策略，故又被称为“缩小增量排序”。其基本思想是把数据元素按下标的一定增量进行分组，通常初始增量为元素个数的一半，并对每个小组进行直接插入排序；然后将增量减小一半，按新的增量将所有数据元素重新分组，并对每个小组进行直接插入排序；当增量减至 1 时，所有元素被分成一组，最后对所有元素进行直接插入排序，算法便终止。随着增量减少，每组包含的元素增多，每组内部的元素的无序程序降低，其直接插入排序效率提升。

如果初始增量设为 d，则第一次分组时，所有元素被分为 d 个组，第 1 组的元素的下标依次为（$0,d,2*d,\cdots$），第 2 组的下标依次为（$1,d+1,2*d+1,\cdots$），…，第 d 组的下标依次为（$d-1,d+d-1,2*d+d-1,\cdots$），对每组使用直接插入排序算法进行排序；第二次分组时，增量 d 减半，即为 $d/2$，所有元素被分为 $d/2$ 个组，第 1 组的元素的下标依次为（$0,d/2,2*d/2,\cdots$），第 2 组的下标依次为（$1,d/2+1,2*d/2+1,\cdots$），…，第 $d/2$ 组的下标依次为（$d/2-1,d/2+d/2-1,2*d/2+d/2-1,\cdots$）；以此类推，直到增量减少为 1，所有元素被分成一组。

算法 6.3 希尔排序算法

```
输入：无序序列，用数组 pa[] 表示，长度为 n
输出：有序序列，用数组 pa[] 表示
1 定义变量 temp，用于暂存当前待插入的元素；
2 定义变量 d，用于表示希尔排序的分组增量，设其初始值为 n/2；
3 定义变量 i、j、start，用于循环；
4 循环，当(d 大于 0)，执行以下操作：
```

```
    4.1 将 start 赋值为 0；//start 用于遍历每一组
    4.2 循环：当(start 小于 d)，执行以下操作：
        4.2.1 将 i 赋值为 start+d；//i 用于遍历组内的无序区
        4.2.2 循环，当(i 小于 n)，执行以下操作：
            4.2.2.1 将 j 赋值为 i；//j 用于遍历组内的有序区
            4.2.2.2 将 pa[i] 赋值给 temp，即暂存当前待插入的元素；
            4.2.2.3 循环：当(j 大于或等于 d 且 temp 小于 pa[j-d])，执行以下操作：
                4.2.2.3.1 将 pa[j]赋值为 pa[j-d]，即将大于 temp 的元素向后移动；
                4.2.2.3.2 将 j 减 d；
            4.2.2.4 将 pa[j]赋值为 temp，即将 temp 插入正确的位置；
            4.2.2.5 将 i 加 d；
        4.2.3 将 start 加 1，即处理下一组；
    4.3 将 d 减半，即将 d 赋值为 d/2；
5 输出有序序列 pa[]。
```

例 6.3 设待排的数组的关键码序列为：{23,11,9,25,39,9*,5,7,16,28}，希尔排序过程如图 6.3 所示。

该数组元素个数为 10，可设初始增量 d_1=10/2=5。第一趟分组情况如图 6.3（a）所示，共分为 5 个组：

第 1 组元素为{23,9*}，对应数组下标为{0,5}，对该组元素进行直接插入排序，得到的结果为{9*,23}；

第 2 组元素为{11,5}，对应数组下标为{1,6}，对该组元素进行直接插入排序，得到的结果为{5,11}；

第 3 组元素为{9,7}，对应数组下标为{2,7}，对该组元素进行直接插入排序，得到的结果为{7,9}；

第 4 组元素为{25,16}，对应数组下标为{3,8}，对该组元素进行直接插入排序，得到的结果为{16,25}；

第 5 组元素为{39,28}，对应数组下标为{4,9}，对该组元素进行直接插入排序，得到的结果为{28,39}。

第 1 趟排序结果为：{9*,5,7,16,28,23,11,9,25,39}，如图 6.3（b）所示。

第 2 趟分组情况如图 6.3（c）所示，其增量 d_2=5/2=2，分为 2 个组：

第 1 组元素为{9*,7,28,11,25}，对应数组下标为{0,2,4,6,8}，对该组元素进行直接插入排序，得到的结果为{7,9*,11,25,28}；

第 2 组元素为{5,16,23,9,39}，对应数组下标为{1,3,5,7,9}，对该组元素进行直接插入排序，得到的结果为{5,9,16,23,39}。

第 2 趟排序结果为：{7,5,9*,9,11,16,25,23,28,39}，如图 6.3（d）所示。

第 3 趟分组情况如图 6.3（e）所示，其增量 d_3=2/2=1，共分为 1 个组，其元素为{7,5,9*,9,11,16,25,23,28,39}，对应数组下标为{0,1,2,3,4,5,6,7,8,9}，对其进行直接插入排序，得到的结果为{5,7,9*,9,11,16,23,25,28,39}，这也是最后的排序结果，算法结束，如图 6.3（f）所示。

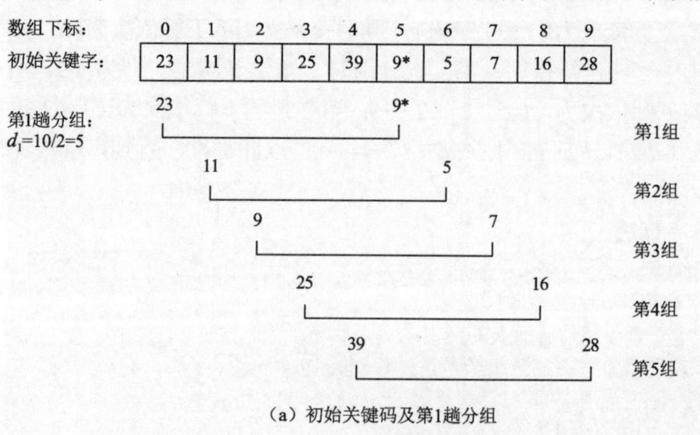

（a）初始关键码及第1趟分组

图 6.3 希尔排序示例

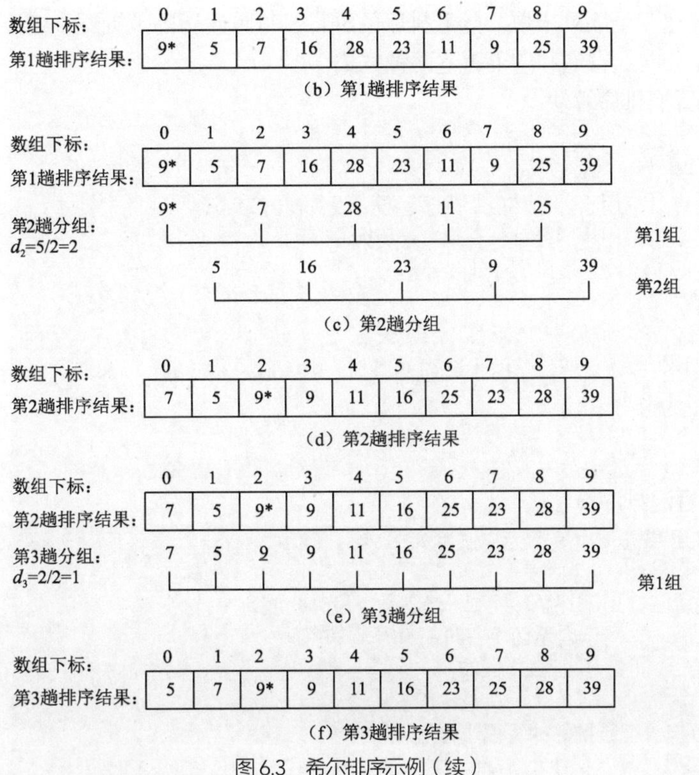

图6.3 希尔排序示例（续）

程序 6.4 希尔排序算法的实现

程序 6.4

希尔排序是一种不稳定的排序算法。因为在希尔排序的过程中，存在记录跳跃式的移动，所以它并不是一种稳定的排序方法。例如，在例 6.3 中，相同关键码 9 与 9* 在排序前后的相对位置发生了变化。

希尔排序是一种插入排序的改进版本，其时间复杂度的分析相对复杂，因为它的性能取决于所使用的间隔序列。希尔排序的时间复杂度通常介于 $O(n\log_2 n)$ 和 $O(n^2)$ 之间，具体取决于所选择的间隔序列。在实际应用中，通过选择合适的间隔序列，希尔排序可以在一些情况下表现得非常高效，比较和移动次数约在 $n^{1.25}$~$1.6n^{1.25}$，算法的时间性能明显优于直接插入排序。

希尔排序是一种原地排序算法，只需要常数级别的额外空间来存储临时变量。因此，希尔排序的空间复杂度为 $O(1)$。

6.3 交换排序

交换排序是一种基于比较和交换的排序算法。它的基本思想是通过对待排元素进行两两比较，如果发现逆序（前一个元素大于后一个元素），则交换它们的位置，直到所有元素有序为止。常见的交换排序有冒泡排序和快速排序两种。

6.3.1 冒泡排序

冒泡排序是一种简单、直观的排序算法，它会多次遍历无序序列。该算法的基本思想是：通过多次比较和交换相邻元素，将未排序序列中的最大（或最小）元素逐步“冒泡”到序列的一端，直至整个序列有序。在每一趟遍历中，算法从序列的一端开始，依次比较相邻两个元素的大小，若它们的顺序不符合排序要求（如递增排序中前者大于后者），则交换它们。如此一趟遍历之后，当前未排序部分的最大元素会被“冒泡”至序列末尾。随着排序的进行，每趟遍历的范围逐步缩小，最终实现整个序列的排序。冒泡排序分向上冒泡和向下冒泡两种方式。

算法 6.4 向上冒泡排序算法

```
输入：无序序列，用数组 pa[] 表示，长度为 n
输出：有序序列，用数组 pa[] 表示
1 定义数组下标变量 i，用于外循环控制排序趟数，设其初值为 0；
2 定义数组下标变量 j，用于内循环从左到右遍历无序序列；
3 循环，当(i < n-1)时，执行以下操作：
    3.1 将 j 赋值为 1；
    3.2 循环，当(j < n-i)时，执行以下操作：
        3.2.1 如果(pa[j] 小于 pa[j-1])，则将 pa[j] 与 pa[j-1]交换；
        3.2.2 将 j 增 1；
    3.3 将 i 增 1；
4 输出有序序列 pa[]。
```

算法 6.5 向下冒泡排序算法

```
输入：无序序列，用数组 pa[] 表示，长度为 n
输出：有序序列，用数组 pa[] 表示
1 定义数组下标变量 i，用于外循环控制排序趟数，设其初值为 0；
2 定义数组下标变量 j，用于内循环从右向左遍历无序序列；
3 循环，当(i < n-1)时，执行以下操作：
    3.1 将 j 赋值为 n-1；
    3.2 循环，当(j > i)时，执行以下操作：
        3.2.1 如果(pa[j] 小于 pa[j-1])，则将 pa[j] 与 pa[j-1]交换；
        3.2.2 将 j 减 1；
    3.3 将 i 增 1；
4 输出有序序列 pa[]。
```

例 6.4 设待排序的关键码序列为{10, 51, 37, 35, 16, 63, 70, 15, 21, 37*, 23}，现采用向上冒泡排序算法对其按从小到大的顺序进行排序，其排序过程如下所示。

排序前的初始状态为：10, 51, 37, 35, 16, 63, 70, 15, 21, 37*, 23

第一趟排序将最大元素 70 移到序列的最后面，移到后面的元素组成有序区。以下各趟，将无序区的最大元素移到有序区的最前面，如此重复，类似于向上冒泡一样按从大到小的顺序将元素放入有序区的前面，最后得到从小到大的排序序列。向上冒泡的过程如下所示，括号内元素为有序区。

第 1 趟将最大关键码 70 移到最后的位置，其结果为：10, 37, 35, 16, 51, 63, 15, 21, 37*, 23,（70）

第 2 趟将次大关键码 63 移到倒数第 2 位置，其结果为：10, 35, 16, 37, 51, 15, 21, 37*, 23,（63, 70）

第 3 趟将关键码 51 移到倒数第 3 位置，其结果为：10, 16, 35, 37, 15, 21, 37*, 23,（51, 63, 70）

第 4 趟将关键码 37*移到倒数第 4 位置，其结果为：10, 16, 35, 15, 21, 37, 23,（37*, 51, 63, 70）

第 5 趟将关键码 37 移到倒数第 5 位置，其结果为：10, 16, 15, 21, 35, 23,（37,37*, 51, 63, 70）

第 6 趟将关键码 35 移到倒数第 6 位置，其结果为：10, 15,16, 21, 23,（35, 37, 37*, 51, 63, 70）

第 7 趟将关键码 23 移到倒数第 7 位置，其结果为：10, 15,16, 21,（23, 35, 37, 37*, 51, 63, 70）

第 8 趟将关键码 21 移到倒数第 8 位置，其结果为：10, 15,16,（21, 23, 35, 37, 37*, 51, 63, 70）

第 9 趟将关键码 16 移到倒数第 9 位置，其结果为：10, 15,（16, 21, 23, 35, 37, 37*, 51, 63, 70）

第 10 趟将关键码 15 移到倒数第 10 位置，其结果为：10,（15, 16, 21, 23, 35, 37, 37*, 51, 63, 70）

最后排序的结果为：（10, 15,16, 21, 23, 35, 37, 37*, 51, 63, 70）。

针对例 6.4，如果采用向下冒泡排序算法对其按从小到大的顺序进行排序，其排序过程如下所示。

排序前的初始状态为：10, 51, 37, 35, 16, 63, 70, 15, 21, 37*, 23

第一趟排序将最小元素 10 移到序列的最前面，移到前面的元素组成有序区。以下各趟，将无序区的最小元素移到有序区的最后面，如此重复，类似于向下冒泡一样按从小到大的顺序将元素放入有序区的后面，最后得到从小到大的排序序列。向下冒泡的过程如下所示，括号内元素为有序区。

第 1 趟将最小关键码 10 移到最前的位置，其结果为：（10）, 15, 51, 37, 35, 16, 63, 70, 21, 23, 37*

第 2 趟将次小关键码 15 移到第 2 位置，其结果为：（10, 15）, 16, 51, 37, 35, 21, 63, 70, 23, 37*

第 3 趟将关键码 16 移到数第 3 位置，其结果为：（10, 15, 16）, 21, 51, 37, 35, 23, 63, 70, 37*

第 4 趟将关键码 21 移到数第 4 位置，其结果为：（10, 15, 16, 21）, 23, 51, 37, 35, 37*, 63, 70

第 5 趟将关键码 23 移到数第 5 位置，其结果为：（10, 15, 16, 21, 23）, 35, 51, 37, 37*, 63, 70

第 6 趟将关键码 35 移到数第 6 位置，其结果为：（10, 15, 16, 21, 23, 35）, 37, 51, 37*, 63, 70

第 7 趟将关键码 37 移到数第 7 位置，其结果为：（10, 15, 16, 21, 23, 35, 37）, 37*, 51, 63, 70

第 8 趟将关键码 37*移到数第 8 位置，其结果为：（10, 15, 16, 21, 23, 35, 37, 37*）, 51, 63, 70

第 9 趟将关键码 51 移到数第 9 位置，其结果为：（10, 15, 16, 21, 23, 35, 37, 37*, 51）, 63, 70

第 10 趟将关键码 63 移到数第 10 位置，其结果为：（10, 15, 16, 21, 23, 35, 37, 37*, 51, 63）, 70

最后排序的结果为：（10, 15,16, 21, 23, 35, 37, 37*, 51, 63, 70）。

程序 6.5　向上冒泡排序算法的实现

程序 6.6　向下冒泡排序算法的实现

程序 6.5

程序 6.6

从例 6.4 可以看出，向上冒泡从第 7 趟开始就没有了交换，以后各趟序列不变；向下冒泡从第 8 趟开始也没有了交换，以后各趟序列不变。这时可以增加标志量 change，其初值为 1，如果某趟排序没有了交换，就置 change 值为 0，提前终止外循环，从而节省时间开销。

程序 6.7　增加标志量 change 的向上冒泡排序算法的实现

程序 6.8　增加标志量 change 的向下冒泡排序算法的实现

程序 6.7

程序 6.8

冒泡排序也可以增加 last 标志量减少排序趟数。last 用于记录最后一次交换的交换点。

程序 6.9　增加 last 的向上冒泡排序算法的实现

程序 6.10　增加 last 的向下冒泡排序算法的实现

程序 6.9

程序 6.10

change 用于检测是否发生交换，提前终止排序；last 用于记录最后一次交换的位置，跳过已有序部分，逐步缩小每趟比较的范围，减少冗余操作。change 适用于任何冒泡排序的实现，last 适用于部分有序的数组。通过这种优化，可以提高冒泡排序的时间效率。

冒泡排序是稳定的排序算法，因为只有当后一个元素小于前一个元素时才会交换，相等元素不会交换位置。例如，在例 6.4 中，相同关键码 37 与 37*在排序前后的相对位置没有发生变化。

冒泡排序的时间复杂度与序列的初始状态密切相关。在最好情况下，若序列已经为正序，优化版本的算法（如从程序 6.7 到程序 6.10）只需进行一趟遍历，完成 $n-1$ 次比较且无须交换元素，即 $KCN_{min}=n-1$，$RMN_{min}=0$，这时时间复杂度为 $O(n)$。

最坏情况，已经为逆序，需要 $n-1$ 趟起泡，第 i 趟起泡需要 $n-i$ 次比较和 $3(n-i)$交换，最大比较次数为：$KCN_{max}=\sum_{i=1}^{n-1}(n-i)=\frac{n(n-1)}{2}$，$RMN_{max}=3\sum_{i=1}^{n-1}(n-i)=\frac{3n(n-1)}{2}$。这时时间复杂度为 $O(n^2)$。

冒泡排序更适合于原始记录基本呈正序的情况。

冒泡排序是一种原地排序算法，仅需一个额外的临时变量用于交换元素，因此空间复杂度为 $O(1)$。

6.3.2 快速排序

快速排序是一种基于分治策略的高效排序算法，其核心是通过递归的划分操作实现排序。快速排序可以视为对冒泡排序的改进。两种算法虽然同属交换排序，但采用了完全不同的策略：冒泡排序通过相邻元素的逐个比较和交换来消除逆序对，每次操作仅能消除一个逆序对；而快速排序通过基准元素的划分操作，能一次性消除多个逆序对，显著提高了排序效率。快速排序已在 3.4.6 节中做了介绍，本小节着重分析其算法特性。

快速排序是一种不稳定的排序算法，如果序列中存在关键码相等的元素，排序后它们的相对位置可能会发生变化。例如，假设有一个数组 { 4,3,5,3 }，其中有两个关键码为 3 的元素，为了区分起见，给第二个 3 加上下画线标记，快速排序后的结果为 { 3,3,4,5 }。可以看到，关键码为 3 的两个元素的排序前后的相对位置发生了变化。这说明快速排序是不稳定的。

快速排序 quickSort 函数的时间复杂度取决于执行一次 patition 的时间消耗和两次递归调用 quickSort 函数的时间消耗。patition 函数的时间复杂度为 $O(n)$，它与数据的初始状态无关，将其时间消耗记为 cn，其中 c 为常数。在最好情况下，即每次划分都能均匀地将数组分成两部分（pivot 总是选到中间元素），则时间消耗的递推过程如下。

第一次：$T(n)$<=cn+2($T(n/2)$);

第二次：$T(n)$<=cn+2(cn/2+2($T(n/4)$));

第三次：$T(n)$<=cn+2(cn/2+2(cn/4+2($T(n/8)$)));

…

第 $\log_2 n$ 次，也是最后一次：$T(n)<= cn\log_2 n+nT(1)=O(n\log_2 n)$。

因此，在最好情况下，总的时间复杂度为：$O(n\log_2 n)$。

在最坏情况下，即数组已经呈正序排列或逆序排序，partition 划分后前半区或后半区为空，除轴元素外，其他元素集中在一个半区。这时需要 $n-1$ 趟划分，时间消耗的递推过程如下。

第一次划分：$T(n)=cn+T(n-1)$

第二次划分：$T(n-1)=c(n-1)+T(n-2)$

…

第 $n-1$ 次划分：$T(2)=c\times 2+T(1)$

最终：$T(n)=c(n+(n-1)+ (n-2)+\cdots+2+1)=O(n^2)$

因此，在最坏情况下（近乎有序时），快速排序每趟只将一个元素放到正确位置，退化为起泡排序，其时间复杂度为 $O(n^2)$。这表明，快速排序在处理无序数据时性能较好。

快速排序也是原地排序，但由于采用递归实现，需要额外的栈空间支持，所需辅助空间的大小取决于递归深度。最好情况下的空间复杂度为 $O(\log_2 n)$，最坏情况下的空间复杂度为 $O(n)$。

6.4 选择排序

选择排序是一种基于选择的排序算法。它的基本思想是，每一趟从未排序序列中选出最小（或最大）的元素，将其放到已排序序列的末尾，直到整个序列排序完成。常见选择排序方法如下。

（1）直接选择排序：采用逐个枚举法，遍历未排序部分，找出最小（或最大）的元素，放到已排序部分的末尾。

（2）堆排序：利用堆数据结构（通常是大根堆或小根堆）高效地选择最大（或最小）元素，并将其放到正确的位置。

（3）锦标赛排序：通过模拟锦标赛的方式，逐步选出最小（或最大）元素，并将其放到正确的位置。它适用于外部排序等场景。

6.4.1 直接选择排序

直接选择排序又称为简单选择排序，其基本思想是，首先在所有数据元素中选出关键码最小（或最大）的元素，将它与第一个位置上的元素交换；然后在其余元素中选出关键码次小（或次大）的元素，将它与第二个位置上的元素交换；以此类推，直至所有记录排成递增序列（或递减序列）为止。

算法 6.6 直接选择排序算法

```
输入：无序序列，用数组 pa[] 表示，长度为 n
输出：有序序列，用数组 pa[] 表示
1 定义变量 i，用于遍历整个数组，设其初值为 0;
2 定义变量 j，用于遍历无序区;
3 定义变量 min，用于存储无序区中的最小元素的下标;
4 循环，当(i 小于 n-1)，执行以下操作:
    4.1 将 min 赋值为 i;
    4.2 将 j 赋值为 i+1;
    4.3 循环，当(j 小于 n)，执行以下操作:
        4.3.1 如果(pa[j]小于 pa[min])，则将 min 赋值为 j;
        4.3.2 将 j 增 1;
    4.4 如果(min 不等于 i)，则交换 pa[i] 和 pa[min];
    4.5 将 i 增 1;
5 输出有序序列 pa[]。
```

程序 6.11 直接选择排序算法的实现

程序 6.11

例 6.5 采用直接选择排序算法对关键码序列{48, 38, 65, 48*, 76, 11, 27, 59}进行排序，写出每一趟排序结果。

排序前的序列为：48, 38, 65, 48*, 76, 11, 27, 59

第 1 趟排序结果：（11）, 38, 65, 48*, 76, 48, 27, 59 //下标为 0 的元素与下标为 5 的元素交换

第 2 趟排序结果：（11, 27）, 65, 48*, 76, 48, 38, 59 //下标为 1 的元素与下标为 6 的元素交换

第 3 趟排序结果：（11, 27, 38）, 48*, 76, 48, 65, 59 //下标为 2 的元素与下标为 6 的元素交换

第 4 趟排序结果：（11, 27, 38, 48*）, 76, 48, 65, 59 //没有交换

第 5 趟排序结果：（11, 27, 38, 48*, 48）, 76, 65, 59 //下标为 4 的元素与下标为 5 的元素交换

第 6 趟排序结果：（11, 27, 38, 48*, 48, 59）, 65, 76 //下标为 5 的元素与下标为 7 的元素交换

第 7 趟排序结果：（11, 27, 38, 48*, 48, 59, 65）, 76 //没有交换

最后的排序结果：（11, 27, 38, 48*, 48, 59, 65, 76）

直接选择排序是一种不稳定的排序算法，相同元素的相对位置在排序前后可能会改变。比如，在上面的例子中，排序之初 48 在 48*的前面，排序结束后 48 在 48*的后面，它们的相对位置发生了变化。

直接选择排序的元素的比较次数 KCN 与元素的初始排列无关。对于 n 个元素，要进行 n−1 趟选择，第 i 趟选择要进行 n−i 次比较。总的比较次数为

$$\text{KCN}=\sum_{i=1}^{n-1}(n-i)=\frac{n(n-1)}{2}=O(n^2)$$

直接选择排序的元素的移动次数与元素的初始排列无关。在最好情况下，即初始有序，则移动的次数为 0；在最坏情况下，即初始逆序，则每趟都需要进行一次交换，每次交换涉及 3 次元素移动（temp = pa[i]; pa[i] = pa[min]; pa[min] = temp; ），总的移动次数为 RMN=3(n−1)，即为 $O(n)$。

直接选择排序是一种原地排序算法，不需要额外的数组或数据结构。算法仅使用少量辅助变量，如 min（存储最小元素的下标）和 temp（用于交换的临时变量）。这些变量的空间占用与输入规模 n 无关。因此，直接选择排序算法的空间复杂度为 $O(1)$。

6.4.2 堆排序

直接选择排序的主要时间消耗是从待排序序列中选择最小元素（或最大元素）。如果将待排序序列

调整为优先级队列，则可以优化这一步骤。堆是一种高效实现优先级队列的数据结构，在一个大（或小）根堆中查找最大（或最小）元素的时间复杂度为 $O(1)$，移除最大（或最小）元素并将剩余元素调整为堆的时间复杂度为 $O(\log_2 n)$。堆排序（heapSort）就是利用堆的这种性质对直接选择算法进行了改进。堆排序包括以下重要操作。

（1）建堆：将待排序序列构建成一个堆。对于升序排序，构建大根堆；对于降序排序，构建小根堆。建堆算法和程序见第 3 章的 3.5.2 节。

（2）排序：建堆完成后，将堆顶元素与堆的最后一个元素交换。这样，原堆的堆顶元素就被放置到了已排序部分的末尾。接着，将堆的大小减 1，并将除堆尾元素以外的其他元素重新调整为堆。重复这个过程，直到所有元素都被排序。

建堆的时间复杂度为 $O(n)$，因为高度为 h 的节点最多有 $\frac{n}{2^{h+1}}$ 个。每个高度为 h 的节点的调整时间为 $O(h)$。因此，总时间复杂度为

$$T(n) = \sum_{h=0}^{\log_2 n} \frac{n}{2^{h+1}} \cdot O(h) = O\left(n \cdot \sum_{h=0}^{\log_2 n} \frac{h}{2^{h+1}}\right)$$

由于级数 $\sum_{h=0}^{\log_2 n} \frac{h}{2^{h+1}}$ 收敛于一个常数，因此，$T(n)=O(n)$。

堆排序是一种不稳定的排序算法。在堆的构建和调整过程中，相同值的元素可能会交换位置，导致相同值元素的相对顺序发生改变。

建堆的时间复杂度为 $O(n)$。建堆是堆排序的第一步，它通过自底向上的方式构建初始的最大堆或最小堆。堆排序的时间复杂度为 $O(n\log_2 n)$。因为整个排序过程中需要调用 $n-1$ 次堆顶与堆尾元素的交换，而每次堆调整的耗时为 $\log_2 n$。

堆排序不需要额外的辅助数组或数据结构。排序过程中只需要少量的辅助变量，如用于交换元素位置的临时变量 temp。因此，堆排序的空间复杂度为 $O(1)$。

6.4.3 锦标赛排序

锦标赛排序（tournament sort）是一种基于树形结构的选择排序算法。它通过模拟锦标赛的方式，逐步选出最小元素（或最大元素），最终得到有序序列。整个过程可以分为两大阶段：构建锦标赛树和进行排序。

在构建锦标赛树阶段，首先将 n 个关键码作为叶子节点，并将 n 个关键码分为 $\lceil n/2 \rceil$ 组，每组两个关键码进行比较，选出较小（或较大）者晋级。如果 n 是奇数，则最后一组只有一个元素，直接晋级。接下来，在上一轮胜出的 $\lceil n/2 \rceil$ 个元素中，再次两两分组比较，选出较小（或较大）者晋级，形成新的较小规模的比赛。如此反复进行，经过 $\log_2 n$ 轮比较，最终在根节点得到当前所有元素中的最小（或最大）值。

在排序阶段，每次将根节点的最小（或最大）元素加入排序结果，并在锦标赛树中移除该元素（或标记为无效）。然后，重新调整锦标赛树，选出新的最小（或最大）元素。这个过程会重复 $n-1$ 次，直到所有元素都被移除，最终得到完整的有序序列。

（1）构建锦标赛树

锦标赛树是一棵满二叉树，用数组 tree[ ]存储，它的叶子节点存储所有的关键码，每上一层存储相应一轮的优胜者，根节点是一场比赛的最终胜者。锦标赛树定义如下。

```
template<class T>
struct DataNode {// 树的节点定义
    T data;    // 数据
```

```
    int index; // 参赛元素在 tree[] 数组中的下标
    int flag;  // 是否参赛标志位(1 表示参赛，0 表示不参赛)
    bool operator<(const DataNode<T>& other) const {// 重载小于运算符
        return data < other.data;
    }
};
template<class T>
struct TournamentTree {
    DataNode<T>* tree;          // 树的节点数组
    int bottomsize;             // 叶子节点个数
    int treesize;               // 树的总节点数
};
```

叶子节点的个数（假设为 bottomsize ）是不小于关键码个数的 2 的最小整次幂。假设关键码个数为 n，幂的指数为 m，则有 $2^{m-1} < n \leqslant 2^m$ ，即有 bottomsize = 2^m 。可以用函数 powerOfTwo(n)求出叶子节点的个数。

```
int powerOfTwo(int n) {
    int k = 2;
    while (k < n) k = k * 2;
    return k;
}
```

在标准 C++中，也可以用下面的公式函数求出叶子节点的个数：bottomsize=pow(2, ceil($\log_2 n$));

满二叉树的节点个数为 2×bottomsize−1。数组 tree[ ]的第一个元素的数组下标为 0，最后一个元素的数组下标为 2×bottomsize−2。最左第一个叶子节点的数组下标为 bottomsize−1。构建锦标赛树的程序如下。

程序 6.12 构建锦标赛树

（2）进行第一场比赛

程序 6.13 进行第一场比赛

程序 6.12　程序 6.13

（3）输出最小元素并调整锦标赛树

输出最小元素的操作是将锦标赛树的根节点关键码赋值给原数组 pa[ ]，根节点关键码是当前轮的最小值。调整树的操作是将当前轮的根节点对应的参赛叶子节点置为失败，不再参加比赛，从该叶子节点自底向上与其对应的兄弟节点进行比较，一直到根，得出新的最小关键码。调整锦标赛树的算法描述如下。

算法 6.7 调整锦标赛树的算法（updateTree）

```
输入：树数组 tree[]，当前节点索引 i
输出：更新后的树数组 tree[]
1 定义指针 i，初始值为当前节点的索引;
2 定义指针 j，用于存储当前节点的兄弟节点索引;
3 如果(i%2==0)，将 tree[(i-1)/2]赋值为 tree[i-1]; //即对手是左兄弟，得胜方为 i-1
  否则，将 tree[(i-1)/2]赋值为 tree[i+1];          //即对手是右兄弟，得胜方为 i+1
4 处理上一层，即将 i 赋值为(i-1)/2;
5 循环，当(i>0)，执行以下操作:
    5.1 如果(i%2==0)，将 j 赋值为 i-1; //j 为左兄弟索引
    5.2 否则，将 j 赋值为 i+1;  //j 为右兄弟索引
    5.2 如果(当前节点不参赛(tree[i].flag == 0))，则将父节点更新为兄弟节点;
    5.3 如果(兄弟节点不参赛(tree[j].flag == 0))，则将父节点更新为当前节点;
    5.4 否则，比较当前节点和兄弟节点，将父节点更新为较小的节点;
6 输出更新后的树数组 tree[]。
```

程序 6.14　调整锦标赛树的实现

算法 6.8　锦标赛排序的总体算法

```
输入：无序序列，用数组pa[]表示，长度为n
输出：有序序列，用数组pa[]表示
1 定义变量i，用于表示趟数，设其初始值0;
2 构建锦标赛树;
3 进行第一场比赛;
4 循环，当(i < n - 1)，执行以下操作:
    4.1 将当前锦标赛树的根节点的关键码赋值给pa[i];
    4.2 将根节点对应的叶子节点标记为不参赛;
    4.3 调整锦标赛树，即进行第二场比赛;
    4.4 将 i增1;
5 将最后的锦标赛树节点的关键码赋值给pa[n-1];
6 输出更新后的树数组pa[]。
```

程序 6.15　锦标赛排序算法的实现

例 6.6　采用锦标赛排序算法对关键码序列{21,25,49,26,16,8,63}进行排序，写出每一趟排序结果。

其排序过程如图 6.4 所示。最后的排序结果为：{8,16,21,25,26,49,63}。

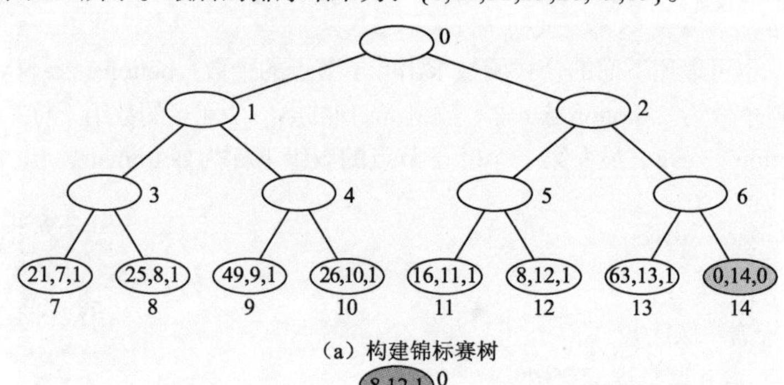

（a）构建锦标赛树

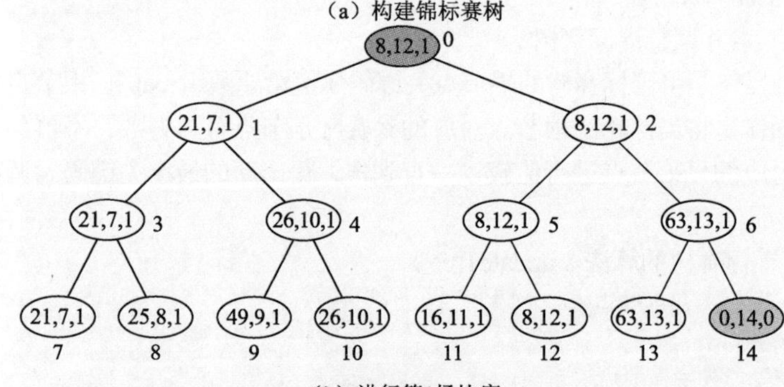

（b）进行第1场比赛

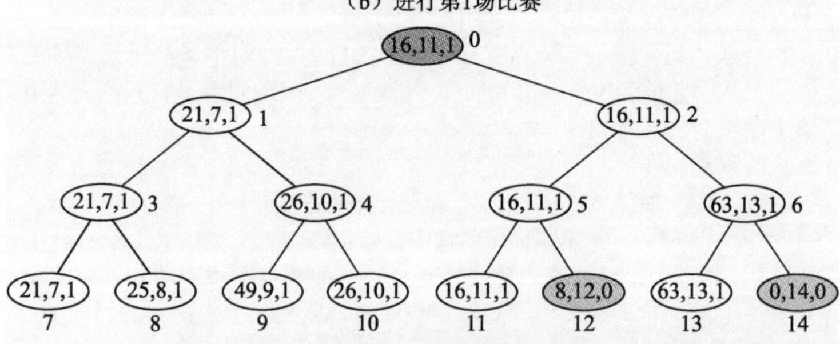

（c）获得最小关键码pa[0]=8，并将其设为不参赛，进行第1次调整

图 6.4　锦标赛排序示例

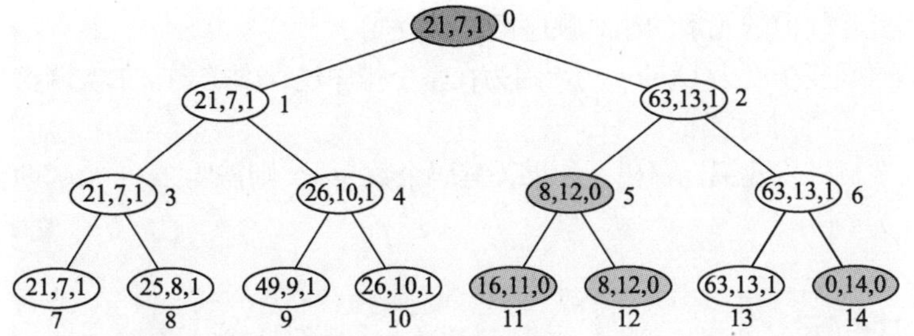

（d）获得次小关键码pa[1]=16，并将其设为不参赛，进行第2次调整

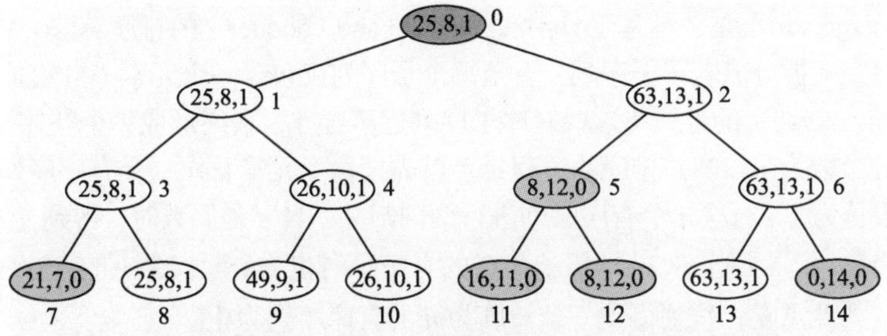

（e）获得关键码pa[2]=21，并将其设为不参赛，进行第3次调整

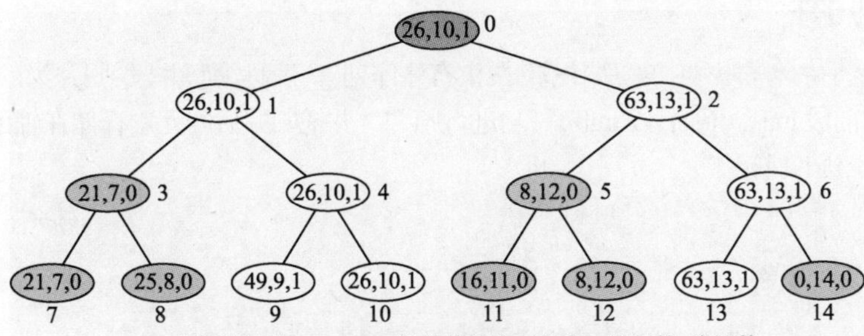

（f）获得关键码pa[3]=25，并将其设为不参赛，进行第4次调整

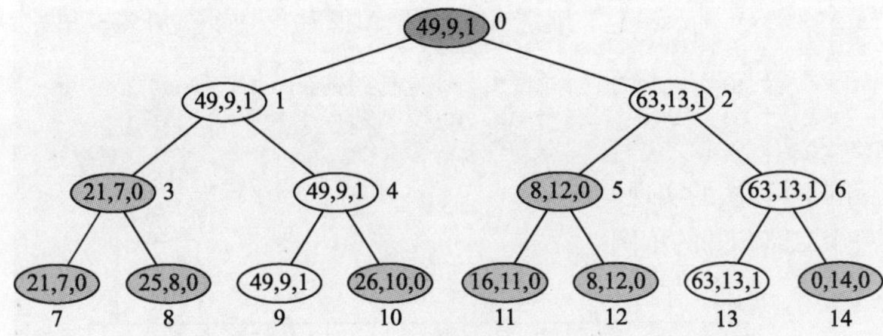

（g）获得关键码pa[4]=26，并将其设为不参赛，进行第5次调整

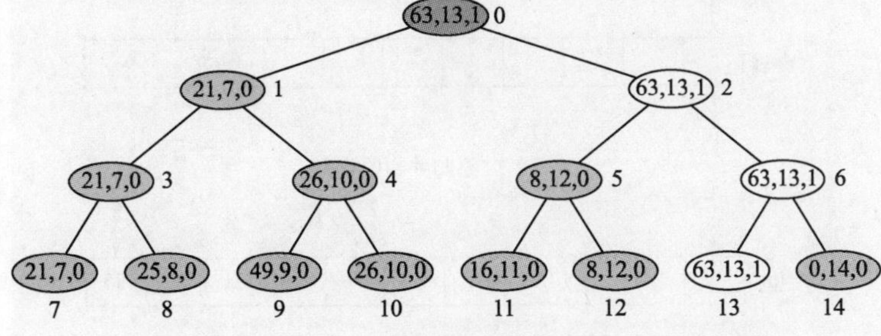

（h）获得关键码pa[5]=49，并将其设为不参赛，进行第6次调整

图6.4 锦标赛排序示例（续）

锦标赛排序是一种不稳定的排序算法。在比赛过程中，相同关键码的元素可能在不同轮的比赛中

顺序发生变化，因此相同值的元素的相对顺序可能会改变。

锦标赛排序的时间复杂度为 $O(n\log_2 n)$。因为在整个排序过程中需要 $n-1$ 次调整，而每次调整移动元素的次数为 $\log_2 n$，与堆排序类似。

锦标赛排序需要额外构建锦标赛树。如果关键码个数为 n，则需要 $2n-1$ 个辅助空间。因此锦标赛排序的空间复杂度为 $O(n)$。

6.5 归并排序

归并排序（merge sort）是一种基于分治法（divide and conquer）的排序算法。该算法的基本思想是：将原始序列递归地拆分成若干子序列，直至每个子序列仅包含一个元素（自然是有序的）；再通过二路归并（two-way merge）的方式将这些有序子序列逐步合并，最终形成一个整体有序的序列。假设初始序列的元素的个数为 n，归并排序的过程是：首先把每个元素看作一个有序序列，一共有 n 个有序序列，它们的段长为1，对这 n 个有序序列进行两两归并，当 n 是偶数时，得到 $n/2$ 个段长为2的有序序列，当 n 是奇数时，得到 $\lfloor n/2 \rfloor$ 个段长为2的有序序列和1个段长为1的有序序列；再对以上序列进行两两归并，如此重复，直到得到一个长度为 n 的有序序列为止。

6.5.1 二路归并

二路归并是指将待排序序列中前后相邻的两个有序序列（一般称为归并段）归并为一个新的有序序列。即将数组ini[s,e]的前段ini[s,m]和后段ini[m+1,e]进行归并，并把归并后的元素存储在辅助数组merge中。

算法6.9　二路归并算法

```
输入：有序序列 ini[s,m]和 ini[m+1,e]
输出：有序序列 merge[s,e]
1 定义指针 i，置初始值为 s，指向第一个序列的第一个元素；
2 定义指针 j，置初始值为 m + 1，指向第二个序列的第一个元素；
3 定义指针 k，置初始值为 s，用于表示结果数组 merge 的下标；
4 循环，当(i 于等于 m 且 j 小于或等于 e)，执行以下操作：
    4.1 如果(ini[i]小于 ini[j])，则将 merge[k]赋值为 ini[i]，并将 i 和 k 加 1；
    4.2 否则，将 merge[k]赋值为 ini[j]，并将 j 和 k 加 1；
5 循环，当(i 小于或等于 m)，则将 ini[i,...,m]复制到 merge[k,…,n]；
6 循环，当(j 小于或等于 e)，则将 ini[j,...,e]复制到 merge[k,…,n]；
7 输出有序序列 merge[s,e]。
```

程序6.16

程序6.16　二路归并算法的实现

图6.5展示了一个二路归并的示例。

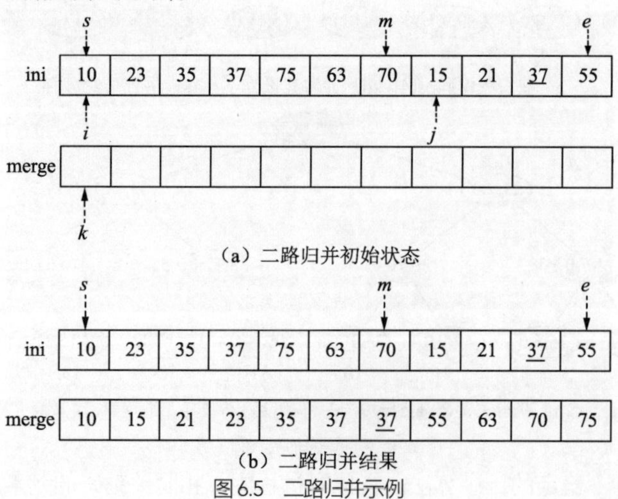

图6.5　二路归并示例

6.5.2 迭代归并排序

迭代归并排序是一种自底向上的归并排序算法。该算法的基本思想是：通过逐步增加归并子区间的长度，将原始序列分成若干个子序列，并在每一轮遍历中将相邻子序列归并成更长的有序序列，最终完成排序。在排序开始时，将序列中的每个元素视为一个长度为 1 的有序子序列；随后依次将长度为 1 的相邻子序列两两归并为长度为 2 的子序列，再将长度为 2 的子序列两两归并为长度为 4 的子序列……子序列长度会每轮翻倍（即 1→2→4→8→⋯），直到序列长度大于或等于数组长度 *n*，排序结束。

迭代归并的关键操作是一趟归并。一趟归并的基本思想是，将原始数组（设为 ini[ ]）按长度 len 连续划分为若干个归并段，每个归并段都有序，调用二路归并函数 twoWayMerge()依次将相邻的两个归并段归并成一组新的长度为 2len 的归并段，存储到辅助数组 merge 中。如果元素的个数 *n* 不是 len 的偶数倍，那么一趟归并到最后，可能会遇到以下两种情况需要分别处理。

① 剩下一个长度为 len 的归并段和一个长度不足 len 的归并段，这时可以继续调用二路归并函数 twoWayMerge()将其归并为长度小于 2len 的归并段。

② 只剩下一个长度为 len 或长度不足 len 的归并段，这时就不需要归并，直接将其移到辅助数组 merge 中。

程序 6.17 一趟归并算法的实现

程序 6.17

迭代归并首先设 len 为 1，调用一趟归并函数 mergePass()将相邻两个元素进行两两归并；然后将 len 增加一倍，即设为 2，再调用一趟归并函数 mergePass()将相邻的两组元素进行归并，每组含有两个元素；以此类推，直到所有元素归并为一组，即得到有序序列。

程序 6.18

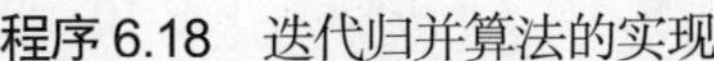

程序 6.18 迭代归并算法的实现

例 6.7 设待排关键码序列为{ 10,51,37,35,16,63,70,15,21,37*,23 }，对其进行迭代归并排序，其过程如图 6.6 所示。

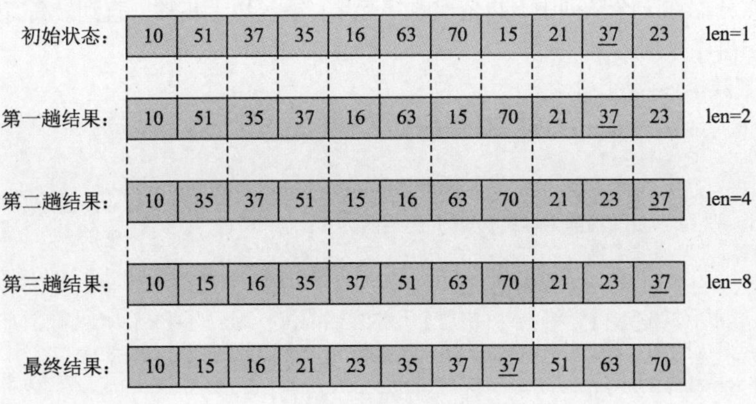

图 6.6 迭代归并示例

6.5.3 递归归并排序

递归归并排序的实现与快速排序类似，都是采用了分治递归的思路，但它们的处理方式和执行顺序存在显著差异：快速排序的递归过程类似于前序遍历，即先处理当前序列（选取枢轴并划分），再分别递归处理左右子区间，因此是“先划分，后递归”；递归归并排序的过程类似于后序遍历，即先将序列递归地划分到底层（每段只包含一个元素），再从底层开始，逐层归并两个有序子序列，因此是“先递归，后合并”。递归的出口是子序列只包含一个元素，此时无须归并。然后，逐步向上递归，每一层归并的都是两个有序序列。

程序 6.19 递归归并算法的实现

归并排序是一种稳定的排序算法。在归并的过程中，不会改变相等关键码的元素的相对顺序。

在迭代归并中，对 n 个关键码需要调用一趟归并函数 mergePass()的次数为 $\log_2 n$，一趟归并中调用二路归并函数 twoWayMerge()的次数为 $n/2$len，因此总的时间复杂度为 $O(n\log_2 n)$。

递归归并分为两个阶段。一是分解阶段，将原始序列分解为越来越小的子序列，直到每个子序列只有一个元素，一共要进行 $\log n$ 次分解，因此分解阶段的时间复杂度为 $O(\log n)$。二是归并阶段，将各个子序列归并成一个有序序列。归并过程的时间复杂度为 $O(n)$。由于需要合并 $\log_2 n$ 次，因此总的时间复杂度为 $O(n\log_2 n)$。

归并排序是一种非原地排序算法，归并过程中需要一个与原数组大小相同的辅助数组 merge，因此，归并排序的空间复杂度为 $O(n)$。

6.6 基数排序

基数排序（radix sort）是一种非比较型排序算法，它通过按位分配和收集的方式对关键码进行排序。基数排序适用于关键码为正整数或字符串的排序。基数（radix）是指排序过程中使用的进制数。对于正整数排序，基数通常是 10（十进制），即每一位的取值范围为 0 ~ 9。对于字符串，基数可以是字符集的规模（如 ASCII 字符集的基数为 256）。

基数排序需要建立 r 个队列，队列编号分别为 0 ~ r−1。r 为基数，对于十进制数，r 取 10。设元素个数为 n，基数排序的基本思想是，先按最低位（个位）的值，把 n 个关键码分配到这 r 个队列中；然后按队列编号从小到大的顺序将各队列中的关键码依次收集起来；再按次低位（十位）的值把刚收集起来的关键码再次分配到 r 个队列中，再依次收集起来；重复以上步骤，直到最高有效位；最后收集起来的序列即为已排序序列。

算法 6.10 基数排序算法

```
输入：无序序列，用数组 pa[] 表示，长度为n
输出：有序序列，用数组 pa[] 表示
1 定义队列数组 Q[10]，用于存储按位分配的关键码；
2 定义变量 base，用于表示当前处理的位数，初始值为 1；
3 定义变量 flag，用于标记是否还有更高位需要处理，初始值为 1；
4 循环，当(flag 为 1)，执行以下操作：
    4.1 循环，遍历数组 pa[]，将 pa[]中每个元素按当前位 base 的值 k 存入队列 Q[k] 中；
    4.2 循环，遍历队列 Q[0,...,9]，将队列中的元素依次回收到数组 pa[]中；
    4.3 将 flag 赋值为 0；
    4.4 将 base 乘 10，即晋升到上一位；
    4.5 循环，遍历数组 pa[]，检查是否有更高位需要处理：
        4.5.1 如果(有更高位)，则将 flag 赋值为 1；
5 输出有序数组 pa[]。
```

例 6.8 采用基数排序算法对关键码序列{485, 563, 103, 089, 273, 580, 982, 563*, 047, 521}进行排序，写出每一趟排序结果。原始序列如图 6.7（a）所示。

首先按关键码个位的值，把这 10 个关键码分配到 Q[0,⋯,9]队列中，如图 6.7（b）所示。然后把队列中的关键码收集起来，如图 6.7（c）所示。

再按关键码十位的值，把这 10 个关键码分配到 Q[0,⋯,9]队列中，如图 6.7（d）所示。然后把队列中的关键码收集起来，如图 6.7（e）所示。

最后，按关键码百位的值，把这 10 个关键码分配到 Q[0,⋯,9]队列中，如图 6.7（f）所示。然后把队列中的关键码收集起来，如图 6.7（g）所示。

由于没有更高位了，排序结束。最后的排序结果为：{047, 089, 103, 273, 485, 521, 563, 563*, 580, 982}。

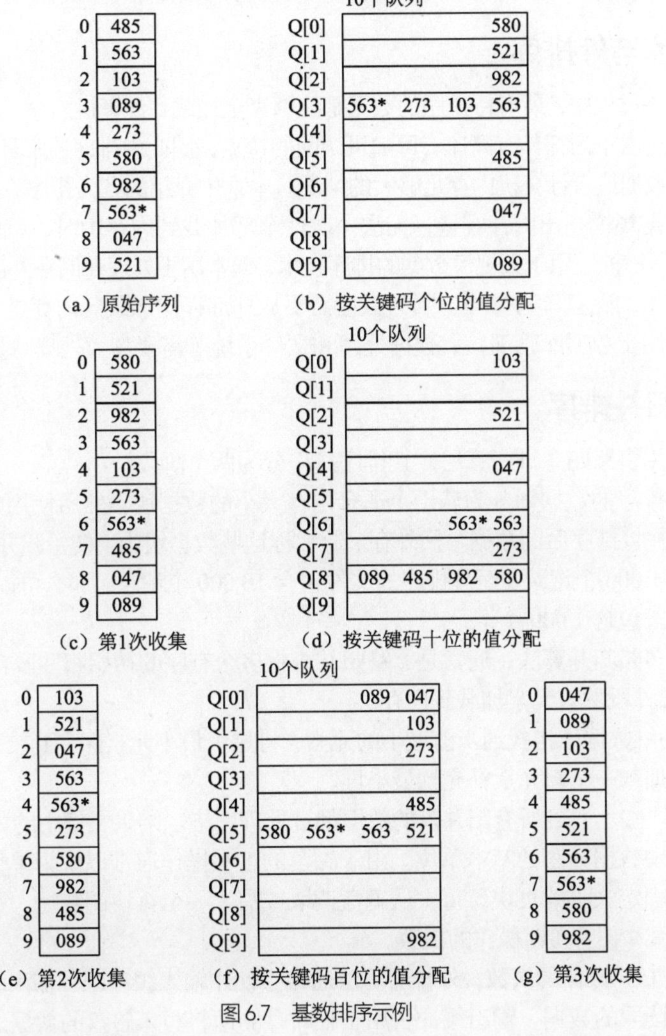

图 6.7 基数排序示例

程序 6.20 基数排序算法的实现

基数排序是一种稳定的排序算法。在分配和收集的过程中，相同关键码的元素在队列内的相对位置不会改变，因此相同关键码的元素在最终排序结果中仍然保持相同的相对顺序。例如，在例 6.8 中，相同关键码 563 与 563*在排序前后的相对位置没有发生变化。

基数排序要经过 d 趟，d 为最大关键码的位数。每趟将元素分配到队列的时间复杂度为 $O(n)$，从队列中回收数组中的时间复杂度也为 $O(n)$，探测高位的时间复杂度也为 $O(n)$，因此总时间复杂度为 $O(dn)$。由于 d 值一般都不大，基数排序的时间复杂度可以突破基于关键码比较排序法的下界 $O(n\log_2 n)$，从而达到 $O(n)$。

基数排序的实现程序里创建了一个名为 Q 的队列数组，共有 r 个队列（r 是基数。如果待排关键码是十进制数，则 r=10；如果待排关键码是字符串，则 r=256）。每个队列用于暂时存储元素，以便按其基数位进行分配和收集。在最坏情况下，一个队列可能包含所有元素，因此每个队列的空间复杂度为 $O(n)$。

由于有 r 个队列，因此总的空间复杂度是 $O(rn)$。但 r 通常较小，其空间复杂度可以简化为 $O(n)$。

6.7 外排序

6.7.1 内排序与外排序

内排序指在排序过程中，所有待排序的数据都能够完全加载到计算机内存（RAM）中，并在内存中完成整个排序过程。由于内存具有高速、可随机访问的特点，因此内排序通常具有较高的处理效率。内排序适用于小规模数据或者计算机内存足够大的情况。本章中介绍的各类排序算法均属于内排序算法。

当待排序的数据规模超出内存容量，无法一次性全部加载到内存中时，就需要借助外排序来完成排序任务。外排序是一种适用于大规模数据的排序技术，通常用于处理存储在外部设备（如硬盘或 SSD）上的数据，涉及大量的磁盘读写操作，因为数据需要从外部存储加载到内存进行排序，然后再写回外部存储。外排序常用于数据库管理、大数据处理和文件系统等需要高效处理海量数据的场景。

6.7.2 多路归并排序

外排序通常使用多路归并排序算法，其排序过程分为两个阶段。

第一阶段将待排序的数据划分为若干个适合内存大小的数据块，然后使用内排序算法对每个数据块分别进行排序，并将排序后的数据写回外存。通常称这些数据块为“初始归并段”或“顺串”。例如，假设内存可以容纳 1 000 个记录，而待排序的文件包含 10 000 个记录，那么可以将文件分成 10 个初始归并段，每个归并段包含 1 000 个记录。

第二阶段使用多路归并算法（通常是 k 路归并）将多个有序的初始归并段合并成更大的有序段。

（1）将 k 个归并段的首元素加载到内存。

（2）使用最小堆数据结构找到当前最小的元素，将这个最小元素保存到结果文件，同时从这个元素的所属归并段中加载一个新元素补充到最小堆。

（3）重复步骤（2）直到所有归并段的数据都被处理完毕。结果文件中的序列为有序序列。

页块是外排序中数据读写的基本单位。由于磁盘的读写操作通常以块为单位进行，因此外排序算法会将数据划分为固定大小的页块，每次从磁盘读取或写入一个页块的数据。页块的大小通常与磁盘的块大小一致，以减少磁盘 I/O 操作的次数。

为了减少磁盘 I/O 操作的次数，外排序算法通常会使用输入缓冲区和输出缓冲区。输入缓冲区用于临时存储从磁盘读取的数据，输出缓冲区用于临时存储即将写入磁盘的数据。缓冲区一般位于内存中，其大小根据系统的内存配置和数据块大小而定。通过合理地管理这些缓冲区，可以有效减少磁盘访问的频率，从而提高排序效率。

生成初始归并段（generateInitialRuns）函数和多路归并（mergeRuns）函数是外排序（external sorting）中的两个核心函数，它们通过分阶段协作，共同完成对大规模数据集的排序任务。

生成初始归并段的算法描述如下。

算法 6.11 生成初始归并段算法描述

```
输入：存储在外存(如磁盘)中的待排序大规模数据集
输出：numRuns 个保存到外存的有序归并段
1 定义待排序的文件包含记录总数为 N，每个归并段大小为 runSize，初始归并段的数量为 numRuns；
2 定义一个大小为 runSize 的缓冲区 buffer；
3 定义初始归并段的数量 numRuns 为⌈N/runSize⌉；
4 对于每个归并段 i(从 0 到 numRuns-1)，循环，执行以下操作；
    4.1 从外存中读取 runSize 个记录到内存的缓冲区 buffer 中；
    4.2 使用内排序算法(如 sort 函数等)对内存中的记录进行排序；
```

```
    4.3 将排序后的记录写回外存，形成有序的归并段 Ri，并保存为文件 run_i.dat。
```

程序 6.21 生成初始归并段算法的实现

程序 6.21

在获得初始有序归并段后，继续使用多路归并算法将它们整合成一个有序序列，并存入文件。

多路归并的算法描述如算法 6.12 所示。

算法 6.12 多路归并算法描述

```
输入：num_runs 个有序归并段文件 runFiles，每个归并段大小为 runSize
输出：完全有序的输出文件 outputFile
1 定义优先队列 minHeap，其元素类型为一个记录类型与文件索引的二元组；
2 打开所有归并段文件 runFiles；
3 循环，对于每个归并段 Ri(从 1 到 num_runs)，执行以下操作：
    3.1 从归并段 Ri 文件中读取 一个记录到输入缓冲区 buffer[i] 中；
    3.2 将元素和归并段索引插入最小堆；
4 打开输出文件 outputFile；
5 循环，当(仍有归并段的数据未处理完毕时)，执行以下操作；
    5.1 从所有归并段的输入缓冲区中选择当前最小的元素 minElem；
    5.2 将 minElem 写入输出文件 outputFile；
    5.3 从对应的归并段中读取下一个记录到缓冲区 buffer；
    5.4 如果(读取成功)，则将新记录与归并段索引一起插入最小堆；
6 当前 outputFile 中存储的数据集完全有序。
```

程序 6.22 多路归并算法的实现

程序 6.22

例 6.9 给定一个包含以下整数的输入文件 infile.txt：12、42、89、5、16、76、23、54、61、20、70、62、70、69、64、43、87、45、60、88、91、63，假设内存只能容纳 5 个整数，使用外排序（多路归并排序）对文件进行排序，并生成有序的输出文件 outfile.txt。其排序过程如下。

（1）生成初始归并段

内存容量为 5，因此每次从 infile.txt 读取 5 个整数到缓冲区，排序后写入临时文件。初始归并段生成如表 6.1 所示。

表 6.1 例 6.9 的初始归并段

归并段	原始数据（前 5 个）	排序后
run_0.txt	12, 42, 89, 5, 16	5, 12, 16, 42, 89
run_1.txt	76, 23, 54, 61, 20	20, 23, 54, 61, 76
run_2.txt	70, 62, 70, 69, 64	62, 64, 69, 70, 70
run_3.txt	43, 87, 45, 60, 88	43, 45, 60, 87, 88
run_4.txt	91, 63	63, 91

（2）多路归并

使用 5 路归并（因为初始归并段数量为 5），使用最小堆（优先队列）选择当前最小的元素。归并过程如下。

从每个归并段读取第一个元素：5（run_0.txt ）、20（run_1.txt）、62（run_2.txt）、43（run_3.txt）、63（run_4.txt）。最小堆初始状态：[5, 20, 43, 62, 63]。

弹出最小值 5（来自 run_0.txt），写入 outfile.txt，并从 run_0.txt 读取下一个数 12，插入堆。此时堆变为 [12, 20, 43, 62, 63]。

弹出最小值 12（来自 run_0.txt），写入 outfile.txt，并从 run_0.txt 读取下一个数 16，插入堆。此时堆变为 [16, 20, 43, 62, 63]。

弹出最小值 16（来自 run_0.txt），写入 outfile.txt，从 run_0.txt 读取下一个数 42，插入堆。此时堆变为 [20, 42, 43, 62, 63]。

弹出最小值 20（来自 run_1.txt），写入 outfile.txt，从 run_1.txt 读取下一个数 23，插入堆。此时堆变为 [23, 42, 43, 62, 63]。

弹出最小值 23（来自 run_1.txt），写入 outfile.txt，从 run_1.txt 读取下一个数 54，插入堆。此时堆变为 [42, 43, 54, 62, 63]。

弹出最小值 42（来自 run_0.txt），写入 outfile.txt，从 run_0.txt 读取下一个数 89，插入堆。此时堆变为 [43, 54, 62, 63,89]。

弹出最小值 43（来自 run_3.txt），写入 outfile.txt，从 run_3.txt 读取下一个数 45，插入堆。此时堆变为 [45, 54, 62, 63,89]。

弹出最小值 45（来自 run_3.txt），写入 outfile.txt，从 run_3.txt 读取下一个数 60，插入堆。此时堆变为 [54,60, 62, 63,89]。

继续此过程，直到所有归并段的数据被处理完毕。

（3）输出有序文件

最终输出有序文件 outfile.txt 为：5、12、16、20、23、42、43、45、54、60、61、62、63、64、69、70、70、76、87、88、89、91。

外排序是面对大数据时的一种重要解决方案，它需要高效地利用磁盘读写和内存的性能，以实现对大规模数据的排序。这种排序方法使得计算机可以处理超出内存容量的数据，从而应对现实世界中的大数据问题。

6.8 排序的应用：国际大学生程序设计竞赛成绩排序

排序算法在实际应用中有着广泛的应用价值，如数据库管理、搜索引擎优化、文件系统组织等。本节以国际大学生程序设计竞赛（ICPC）排名为例，介绍排序算法在实际问题中的应用。

（1）问题描述

在 ICPC 竞赛中，选手的排名规则涉及多个因素，具体规则如下。

① 解题数量（solved）是排名的首要依据，解题数量越多排名越靠前。

② 总用时（totalTime），即罚时，在解题数量相同时起决定作用，用时越少者排名越靠前。

③ 最后一次正确提交时间（lastSubmit）在前两个条件相同时决定排名，提交时间越早排名越靠前。

④ 选手 ID（id）作为唯一标识符，在所有其他排序条件完全相同时，ID 较小者排名靠前，以保证排名的稳定性。

为了实现这一排名规则，需要设计一个高效的排序算法对选手成绩进行排序。

（2）解决思路

考虑到数据规模可能较大，选择归并排序（merge sort）算法。归并排序的时间复杂度为 $O(n \log n)$，能够高效处理大规模数据。其合并过程可以按照 ICPC 排名规则依次进行比较，从而实现多关键码排序。此外，归并排序是稳定排序算法，能够保持相同关键码的原有顺序，确保在所有其他条件相同时，选手的 ID 作为最终排名的决定因素。

（3）算法及程序

算法 6.13 国际大学生程序设计竞赛成绩排序算法

```
输入：一个包含若干参赛选手成绩的数组
输出：一个按 ICPC 排名规则排序后的数组
```

```
1 递归：如果(数组长度 ≤1)，直接返回；
2 否则，执行以下操作：
    2.1 拆分：计算中点 mid，递归排序左半部 records[0,..,mid] 和右半部 records[mid+1,..,n]；
    2.2 合并：
        2.2.1 初始化指针 i、j、k 分别指向左、右子数组和合并数组；
        2.2.2 比较 records[i] 和 records[j]，按 ICPC 规则选择较小者放入合并数组：
            如果(records[i].solved > records[j].solved)，则选 records[i]；
            如果(records[i].solved == records[j].solved)，则执行以下操作：
                如果 records[i].totalTime < records[j].totalTime)，则选 records[i]；
                如果 records[i].totalTime == records[j].totalTime)，则执行以下操作：
                如果 records[i].lastSubmit < records[j].lastSubmit)，则选 records[i]；
                否则，选 records[j]；
        2.2.3 将剩余未合并元素直接追加到结果数组。
```

程序 6.23 国际大学生程序设计竞赛成绩排序的实现

程序 6.23

该代码使用归并排序实现选手排名，并严格遵循 ICPC 排名规则。通过递归拆分数组并合并排序，确保最终结果正确，同时保持相同关键码下 ID 的相对顺序，符合竞赛排名要求。

6.9 本章小结

排序算法作为计算机科学和算法设计的基础，在计算机科学领域具有重要地位。本章介绍了一些常用的排序算法，以及它们的性能和稳定性。

常用的排序算法包括插入排序、交换排序、选择排序、归并排序、基数排序等 5 类。其中，插入排序包括直接插入排序、折半插入排序和希尔排序；交换排序包括冒泡排序和快速排序；选择排序包括简单选择排序、堆排序和锦标赛排序。

直接插入排序、冒泡排序和简单选择排序是基本排序算法，它们的共同特点是实现方法简单，只需要一个辅助单元，属于原地排序算法，空间复杂度为 $O(1)$，时间复杂度为 $O(n^2)$，适用于小规模数据或基本有序的数据。

折半插入排序是对直接插入排序的改进，在数据量较大时，能显著减少关键码比较次数，但移动元素的次数与直接插入排序相同。其时间复杂度和空间复杂度也与直接插入排序相同。希尔排序也是对直接插入排序的改进，又称“缩小增量排序”，其时间复杂度取决于增量序列的选择，最坏情况下可达 $O(n^2)$，最好情况下可达 $O(n\log_2 n)$，而平均情况在 $O(n^{1.25})$到 $O(n^{1.6})$之间。其空间复杂度为 $O(1)$，属于原地排序算法。

堆排序是一种效率较高的选择排序算法，其时间复杂度的平均情况和最坏情况均为 $O(n\log_2 n)$，适用于大规模数据的排序，空间复杂度为 $O(1)$。其属于原地排序算法，但是需要额外空间存储堆结构。锦标赛排序与堆排序类似，也属于选择排序，其时间复杂度与堆排序相同，为 $O(n\log_2 n)$，但需要额外的数组空间存储比赛结果，空间复杂度为 $O(n)$。

快速排序属于交换排序，是对冒泡排序的改进，其时间复杂度的平均情况为 $O(n\log_2 n)$，最坏情况为 $O(n^2)$，适用于大规模数据，是常用的排序算法之一。它的空间复杂度为 $O(\log n)$，主要用于递归调用栈时的空间开销。

归并排序是一种分治算法，它将数组分成较小的子数组，然后将这些子数组递归地合并成一个有序数组。归并排序在平均情况和最坏情况下的时间复杂度均为 $O(n\log_2 n)$。它是一种稳定排序，适用于大规模数据和外部排序。归并排序需要额外的空间来存储归并过程中的临时数组，其空间复杂度为 $O(n)$。

基数排序是一种非比较排序算法，适用于非负整数或可以转化为非负整数的数据。基数排序总的时间复杂度为 $O(dn)$。由于 d 值一般都不大，因此基数排序的时间复杂度可以突破基于关键码比较排序法的下界 $O(n\log_2 n)$，从而达到 $O(n)$。基数排序需要额外的桶来存储数据，其空间复杂度为 $O(rn)$，其中 r 是基数。

在实际应用中，应基于具体的需求和数据特性选择合适的排序算法。例如，对于小规模数据或者已经基本有序的数据，简单的排序算法（如直接插入排序、冒泡排序）可能更为适用；而对于大规模数据或者需要考虑稳定性的排序，复杂的排序算法（如归并排序、基数排序）可能更为合适。表 6.2 给出了各种排序算法的比较。

表 6.2　各类内排序算法时间复杂度和空间复杂度比较

	排序方法	平均时间复杂度	最坏情况下时间复杂度	最好情况下时间复杂度	稳定性	辅助空间
插入排序	直接插入排序	$O(n^2)$	$O(n^2)$	$O(n)$	稳定	$O(1)$
	折半插入排序	$O(n^2)$	$O(n^2)$	$O(n\log_2 n)$	稳定	$O(1)$
	希尔排序	在 $O(n^{1.25})$到 $O(1.6n^{1.25})$之间	$O(n^2)$	$O(n\log_2 n)$	不稳定	$O(1)$
选择排序	直接选择排序	$O(n^2)$	$O(n^2)$	$O(n^2)$	不稳定	$O(1)$
	锦标赛排序	$O(n\log_2 n)$	$O(n\log_2 n)$	$O(n\log_2 n)$	稳定	$O(n)$
	堆排序	$O(n\log_2 n)$	$O(n\log_2 n)$	$O(n\log_2 n)$	不稳定	$O(1)$
交换排序	冒泡排序	$O(n^2)$	$O(n^2)$	$O(n)$	稳定	$O(1)$
	快速排序	$O(n\log_2 n)$	$O(n^2)$	$O(n\log_2 n)$	不稳定	$O(\log_2 n)$
	归并排序	$O(n\log_2 n)$	$O(n\log_2 n)$	$O(n\log_2 n)$	稳定	$O(n)$
	基数排序	$O(dn)$	$O(dn)$	$O(dn)$	稳定	$O(rn)$

在以上排序算法中，时间复杂度较低的有快速排序、归并排序、堆排序和锦标赛排序；时间复杂度较高的有直接插入排序、折半插入排序、直接选择排序和冒泡排序。空间复杂度较低的有直接插入排序、折半插入排序、希尔排序、直接选择排序、冒泡排序和堆排序；空间复杂度较高的有快速排序、归并排序、基数排序和锦标赛排序。稳定的排序算法有直接插入排序、折半插入排序、冒泡排序、归并排序和基数排序。

本章还介绍了外排序的概念，以便读者了解如何应对大规模数据外排序问题。

通过深入学习本章内容，读者将能够更好地理解和应用各种排序算法，以解决各种实际问题。

练习题

1. 选择填空题

（1）在下面的程序段中，对 x 的赋值语句的频度为（　　）。

```
for(i=1; i<n; i++)
   for(j=1; j<n; j++)
     {x=x+1;}
```

A. $O(2n)$　　B. $O(n)$　　C. $O(n^2)$　　D. $O(\log_2 n)$

（2）若需在$O(n\log n)$的时间内完成对数组的排序，且要求排序是稳定的，则可选择的排序方法是（　　）。

A. 快速排序　　B. 堆排序　　C. 归并排序　　D. 直接插入排序

（3）在下面的排序方法中，辅助空间复杂度为$O(n)$的是（　　）。

A. 希尔排序　　B. 堆排序　　C. 选择排序　　D. 归并排序

（4）对序列{15, 9, 7, 8, 20, −1, 4}进行排序，进行一趟后数据的排列变为{4, 9, −1, 8, 20, 7, 15}，则采用的是（　　）。

A. 选择排序　　B. 快速排序　　C. 希尔排序　　D. 冒泡排序

（5）采用快速排序方法对一组数据（<u>43</u>, 3, 43, 33, 38, 78, 73）进行排序，则以<u>43</u>为基准进行第一趟划分后数据的排序为（　　）（按递增序）。

A.（33, 3, 38, 43, <u>43</u>, 73, 78）　　B.（3, 33, 38, 43, <u>43</u>, 78, 73）

C.（3, 33, 38, 43, <u>43</u>, 73, 78）　　D.（38, 3, 43, 33, <u>43</u>, 78, 73）

（6）在N条记录中按关键码大小找出Top$K$（$k << N$）条记录，使用下列（　　）方法最节省时间。

A. 堆排序　　B. 希尔排序　　C. 快速排序　　D. 基数排序

（7）若表R在排序前已按关键码正序排列，则（　　）方法的比较次数最少。

A. 直接插入排序　　B. 快速排序　　C. 归并排序　　D. 简单选择排序

（8）用某种排序方法对线性表{25, 84, 21, 47, 15, 27, 68, 35, 20}进行排序时，排序过程如下。

① 25, 84, 21, 47, 15, 27, 35, 68, 20

② 21, 25, 47, 84, 15, 27, 35, 68, 20

③ 15, 21, 25, 27, 35, 47, 68, 84, 20

④ 15, 20, 21, 25, 27, 35, 47, 68, 84

其所采用的排序方法是（　　）。

A. 简单选择排序　　B. 希尔排序　　C. 归并排序　　D. 快速排序

（9）用向上冒泡的冒泡排序法对初始关键码序列（8, 13, 26, 55, 29, 44）递增排序，第一趟排序时关键码需要交换（　　）次。

A. 2　　B. 3　　C. 4　　D. 5

（10）下列关键码序列中，构成小根堆的是（　　）。

A.（84, 46, 62, 41, 28, 58, 15, 37）　　B.（84, 62, 58, 46, 41, 37, 28, 15）

C.（15, 28, 46, 37, 84, 41, 58, 62）　　D.（15, 28, 46, 37, 84, 58, 62, 41）

（11）一个序列中有10000个元素，若只想得到其中前10个最小元素，则最好采用（　　）方法。

A. 快速排序　　B. 堆排序　　C. 插入排序　　D. 归并排序

2. 解答题

（1）已知某文件的记录关键码集为{50, 10, 50, 40, 45, 85, 80}，选择一种从平均性能而言最佳的排序方法进行排序，且说明其稳定性。

（2）设用希尔排序对数组{98, 36, −9, 0, 47, 23, 1, 8, 10, 7}进行排序，给出的步长（也称增量序列）依次是4、2、1，则需要进行多少趟排序？写出第一趟结束后数组中数据的排列次序。

（3）设有一个待排序列{32, 60, 5,36,45, 8,77,30, 60, 11}采用快速排序方法进行排序，用第一个元素作为划分基准。

① 写出每趟划分的结果。

② 快速排序是不是一个稳定的排序方法？为什么？

（4）设待排序列为{16, 21, 16, 23, 27, 8}，请给出用直接插入排序算法排序的每趟排序结果。

（5）设待排序列为{23, 13, 8, 26, 39, 10, 18, 7, 33}，请写出用直接选择排序算法排序的每趟排序结果。

（6）采用基数排序法对待排序列{476, 513, 703, 189, 147, 577, 983, 521, 147, 532}进行排序，试写出各趟排序结果，并说明基数排序的稳定性。

3. 算法设计题

设待排序列为{49, 38, 65, 97, 76, 13, 27, 49*}。

（1）请写出用快速排序算法排序的每趟排序结果。

（2）写出快速排序的代码。

参考文献

[1] 李春葆. 数据结构教程[M]. 5 版. 北京：清华大学出版社，2017.

[2] 陈越. 数据结构[M]. 2 版. 北京：高等教育出版社，2016.

[3] 王红梅. 数据结构：从概念到 C++实现[M]. 3 版. 北京：清华大学出版社，2019.

[4] 王立柱. 数据结构与算法[M]. 北京：机械工业出版社，2013.

[5] Sartaj Sahni. Data structures, algorithms, and applications in C++ [M]. 2nd ed. Silicon Pr，2004.

[6] 邓俊辉. 数据结构（C++语言版）[M]. 3 版. 北京：清华大学出版社，2013.

[7] 殷人昆. 数据结构（用面向对象方法与 C++语言描述）[M]. 3 版. 北京：清华大学出版社，2021.

[8] 于泠，陈波. 数据结构案例教程（C/C++版）[M]. 北京：机械工业出版社，2021.

[9] WEISS MA. Data structures and algorithm analysis in C++ [M]. 4th ed. New York:Pearson，2013.

[10] SHAFFER C A. Data structures and algorithm analysis in C++ [M]. 3rd ed.New York:Dover Publications，2011.

[11] GOODRICH M T. Data structures and algorithms in C++ [M]. 2nd ed. Hoboken：Wiley，2011.

[12] FARRIER J. Data structures and algorithms with the C++ STL: a guide for modern C++ practitioners [M]. Birmingham: Packt Publishing，2024.

[13] SKIENA SS. The algorithm design manual [M]. 3rd ed. Ber Lin:Springer，2021.

[14] LIPPMAN S B, LAJOJ E J, MOO B E. C++ primer [M]. 5th ed. Reading：Addison-Wesley Professional，2012.

[15] 严蔚敏，吴伟民. 数据结构（C 语言版）[M]. 北京：清华大学出版社，2007.

[16] 严蔚敏，李冬梅，吴伟民. 数据结构（C 语言版）[M]. 2 版. 北京：人民邮电出版社，2021.

[17] 程杰. 大话数据结构[M]. 北京：清华大学出版社，2020.

[18] 李春葆，李筱驰. 新编数据结构习题与解析[M]. 2 版. 北京：清华大学出版社，2019.

[19] 陈越. 数据结构学习与实验指导[M]. 2 版. 北京：高等教育出版社，2019.

[20] 王红梅，胡明，王涛. 数据结构（C++版）学习辅导与实验指导[M]. 2 版. 北京：清华大学出版社，2011.